小故事　大智慧

——青年职场喻言

琚喜臣　编著

中国财经出版传媒集团
中国财政经济出版社

图书在版编目（CIP）数据

小故事 大智慧：青年职场喻言 / 琚喜臣编著. --
北京：中国财政经济出版社，2020.7
ISBN 978-7-5095-9803-0

Ⅰ. ①小… Ⅱ. ①琚… Ⅲ. ①职业选择—青年读物
Ⅳ. ①C913.2-49

中国版本图书馆CIP数据核字（2020）第075681号

责任编辑：彭 波　　责任印制：党 辉
封面设计：卜建辰　　责任校对：张 凡

中国财政经济出版社 出版
URL：http：//www.cfeph.cn
E-mail：cfeph @cfemg.cn

社址：北京市海淀区阜成路甲28号 邮政编码：100142
营销中心电话：010-88191537
北京中兴印刷有限公司印刷 各地新华书店经销
710×1000毫米 16开 24印张 351 000字
2020年7月第1版 2020年7月北京第1次印刷
定价：58.00元
ISBN 978-7-5095-9803-0
（图书出现印装问题，本社负责调换）
本社质量投诉电话：010-88190744
打击盗版举报热线：010-88191661 QQ：2242791300

PREFACE

前言

很久以来，一个想法时不时地在我脑海中闪现，这就是在力所能及的情况下，一定要做几件自己认为最有意义、此生无憾的事。直到离退休还有3年多的时间，这个想法终于有了第一个着落，那就是编写一本具有正能量和实用性的书。退休之后，这一想法愈加强烈。

编书的最初起因，是想为急于找工作的进城农民和大学毕业生做点事，使他们在看了自己所编的书之后，能在找工作时有所助益。因为出生在农村的我，知道农民进城找工作的不易；在公司工作时，我曾组织过对大学毕业生的招聘事宜，了解他们找工作的难处。

再者，在阅读过一些励志方面的书籍后，觉得这些书多是畅谈人生、明晰哲理、汲取智慧、如何做人做事，以及名人、伟人如何取得成功方面的内容。虽然涉猎广博，内容精彩，格调高雅，充满正能量，读后使人深受启发，收获很大。但对普通人如何进入、适应或驾驭职场等，譬如怎样找到工作；职场中如何履好职、尽好责；如何做营销、抓经营、搞管理，如何进行发明创新；以及如何开创一番事业等更加具体的一些方面，其针对性、指导性还可以进一步有所加强。所以就想，如果自己能编写一本对人们进入、适应或驾驭职场的针对性、指导性更强一点，更有直接的参考与借鉴意义的书就好了。

同时，觉得自己既在大学当过近10年教师，对理论务虚方面不陌生；又在一家公司工作了20多年，对公司的营销及日常经营管理耳濡目染，多少有一些体会；而且在公司长期负责内部报纸、期刊的编辑工作，搜集了不少编写素材，所以认为编本书还是具有一定基础与积累的。

基于上面的想法，那么要编写一本更具实用、参考与借鉴性且充满正能量的书，究竟应该选择哪些方面的内容呢？我主要从以下九个方面进行了选择。

一是求职找工作。找到工作尽快就业，是一个人的衣食父母与安身立命之本，是步入职场、自食其力、自谋生存的当务之急。

二是履职尽责。履好职、尽好责，是稳定就业、做好职业、加薪晋级、提升自己、开创事业的前提，是把握机会、改变命运的基础。

三是营销。营销是总裁的摇篮，营销工作是一个最能磨炼人、提升人的工作。身在职场，做好产品、服务以及自身的营销，对取得事业成就和人生成功具有至关重要的作用。

四是经营。无论是个人经营、公司经营，还是人生及各种事业的经营，都是细水长流、持之以恒、见功于日常的事情。如果你的经营蕴含着大爱，着眼于长远，注重策略与方法，吻合人们的需求，那么人生的成功和生活的幸福，必定会与你紧密相伴。

五是管理。如果说营销、经营主要着眼于事业与人生奋进和开拓的话，那么管理则是侧重于聚焦、用人、节制、防范等方面，是事业与人生之舟掌舵把方向、避开险滩暗礁、顺利驶向成功彼岸的关键。

六是发明与创新。发明与创新，既是人类社会不断进步、文明程度不断提高的重要前提和标志；也是一个国家与民族是否具有发展活力、能否持续强盛的重要因素；还是公司、团体、个人能否开创新的事业，不断做大、做强、做好，创造更大社会价值的强力推手。

七是创业。创业是艰难的，是成就事业，使人变得优秀、卓越甚至伟大的一种方式。当今社会许多公司大老板、著名企业家、文化与科技名人等，都是成功的创业者。所以，要提升自己的事业，开创人生的新局面，取得人生的更大成就和成功。创业，就成了试验你的雄心、勇气、胸襟和智慧的重要试金石。

八是机会。无论是找工作也好，在职场获得加薪晋升也好，还是做营销、抓经营、搞管理以及进行发明创新和创业也好，要能够达到预期目标，取得成功，把握机会是很重要的。而机会，总是青睐准备好了的人。

九是命运。改变自己卑微、平庸的命运，是每一个普通人梦寐以求的事。

但如何才能改变自己的命运？必须靠自己的思想、靠自己的选择、靠自己的行动、靠自己的规划、靠自己的应变、靠自己的不懈奋斗与拼搏。

明确了本书的内容，那么究竟应该用何种更为有效的形式来展现内容呢？就是选择故事的形式。因为故事主要侧重于对有寓意的事件发展过程的叙述，注重事件的情节、因果关系与连贯性，语言富有灵动性和简洁性，就像娓娓道来的口头讲述，通俗易懂，可最大限度地展现内容的生动性和趣味性，可以增加对读者的吸引力，利于读者对内容的“思”与“悟”，从而更好地发挥对读者的启发、参考与借鉴作用。

按照以上的想法和拟选的内容，我在阅读相关励志书籍等所搜集的数千个故事中，选出了328个与以上九个方面主旨相关的古今中外历史故事、现实故事、民间故事以及寓言、神话故事等进行编撰，并结合每一篇的主旨，对故事进行了适度的阐释与揭示。书中的故事，既有“下里巴人”，又有“阳阿薤露”，还有“阳春白雪”，无论对急于找工作的进城农民、大学毕业生、其他普通人和公司单位的一般职员，还是公司单位的中层经营管理者，以及公司单位的高层管理者和创业者等，都具有一定的适宜性和参考性；既有历史和现实的真实故事，又有寓言、神话等虚拟故事，不仅有一定的实际借鉴价值，而且还可以发挥对职场思维和智慧的启迪作用；每一个故事，都从不同的侧面向主旨聚焦，具有多角度的参考和借鉴性。

希望读者通过阅读这本书，尽快找到工作步入职场，在工作中履好职、尽好责；在职业和事业中做好营销、抓好经营、搞好管理；在进行发明与创新，开创自己的一番事业等方面，思想得到启迪，潜能得以激发，智慧得以聚焦，技巧得以提高，困难得以克服，问题得到解决，及时适应变化，从而能迅速地从求生存的职场进入到干事业的殿堂。在职场中和社会上如鱼得水，潇洒自如，创造自己的人生奇迹，从而在收获财富、成就、成功、名誉和人生幸福的道路上，走得更加顺畅。

希望是高的，但究竟能在多大程度上达到这个希望，读者只有在品读过这本书之后，才能从中体味到。

由于我的水平有限，书中的不足、缺点、错误在所难免。譬如，书中每个主题所选的故事内容，在不同主题之间你中有我、我中有你的情况无法避免；内容虽主要以故事的形式展现，但其中有些内容，并不完全符合故事叙述的要求；对书的整体与部分、部分与部分之间，在逻辑关系把握、因果关系把握、文字细节和精练程度把握、阐释准确的把握上，还存在不到位的情况。诸如此类，还有很多，不一一赘述。对书中的不足、缺点、错误，请读者予以批评指正，我将虚心、诚恳接受。

最后，如果这本书能对您就业、尽责，做职业、创事业，把握难得机会、创出人生奇迹，改变命运能有些许引导和帮助的话，我将会感到由衷的高兴与欣慰。

本书的成功问世，离不开朋友们的帮助和支持，在此一并表示由衷感谢！由于编者时间和水平有限，书中难免存在疏漏和不足，恳请同行专家和广大读者批评指正。

2019 年 12 月

CONTENTS

目录

第一篇　求职与招聘

第二篇 履职与尽责

第三篇　营　销

第四篇　经　营

第五篇　管　理

第六篇 发明与创新

第七篇 创 业

第八篇 机 会

第九篇 命 运

PART ONE

第一篇 求职与招聘

求职，说白了就是找工作，就是向用人单位谋求一份生存与发展的职业。招聘，是指用人单位对外招用自己所需要的人员或人才。求职与招聘，是一件事情的两个方面，对就业者个人来说，是求职；对用人单位来说，则是招聘，二者相互达成聘用协议，事情就完成了。

求职者如何找到自己赖以谋生的、心仪的、能够施展自己才华的工作，用人单位如何招到急需的、实用的人员或人才，都需要双方有所积累和准备，采用适当的方法，展现一定的品质和能力。

① 帮忙装车的求职者

某工厂要招聘工人，在发出招聘公告后的第三天，许多求职者闻讯赶来。

招聘面试还没有开始，外面就淅淅沥沥下起了小雨。这时，正在急着装车的工人进来向招聘负责人求援。负责人请前来应聘的人先去仓库帮忙装车，大家便呼呼啦啦跟着过去，一起帮着装起车来。

不大一会儿，一位厂领导来到仓库，问哪来这么多帮忙的人，招聘负责人就如实相告。厂领导转身大声训斥道："怎么搞的，不是说过了，过一段时间再招工吗！"

正在热火朝天帮忙装车的求职者们一听，不少人立刻就火了："这不是逗人玩儿吗？不干了。"说着便纷纷放下手中的货箱，一窝蜂地往外走去。这时，天空中还下着小雨，负责招聘的人看着大堆等待装车的货物，焦急地请大伙留下来帮着装车，并向众人许以一定报酬。结果，只有少数几个人在大家的讥笑中留了下来。

货装完了，在几个求职者往仓库外走的时候，负责招聘的经理赶忙走上前来，与他们握手说："祝贺你们通过了测试，你们被聘用了。"

那几个人一愣，迎面看到了厂领导赞许的目光和点头肯定。

这家工厂招聘工人的测试方法可谓实在而有效。这种测试真切地模仿了实际的工作场景，能测试出应聘者是否具有不怕吃亏、情绪平稳、服从肯干的品质。所以，能通过这种测试的，很可能会成为工厂真正需要的优秀工人。

② 诚心接受指责的青年

一位身在异乡漂泊的青年，四处寄信求职，但都石沉大海。

终于有一天，青年收到了一封回信。回信人斥责他没有弄清楚公司经营的项目就乱投求职信，并指出求职信中有些内容完全是词不达意、语句不通，借此将他好好羞辱了一番。

青年虽然有些沮丧，但他觉得这是别人给他回的第一封信，证实了他的存在，而且回信人在信中的确指出了自己的不足。为此，他心怀感激地回了一封信，对自己的冒失表示了歉意，并对对方的回复和指教表示了真诚的感谢。几个星期后，青年得到了一份合适的工作，录用他的正是回信斥责他的那家公司。

如果当初这名青年看了回信后，因没被录用反而被斥责、羞辱而愤怒、抱怨，结果又会如何呢？他只能继续在职业门外徘徊。

这位青年做了一件常人都能做但没有想去做、羞于去做的事，那就是接受别人的指责与羞辱，看清自己的不足，对指出自己不足的人表示感谢。正因为这样，他才找到了自己心仪的工作。

3 以阳光心态处事的小雯

小雯大学毕业时，就业形势非常严峻。好在功夫不负有心人，总算有一家公司给了她面试的机会。

面试过后，小雯和其他几个年轻人一起进入了公司最后的考核环节。公司给他们交代的任务是：将公司去年的部分文件整理归类并在计算机里建档保存。

他们忙碌了差不多一整天，总部却传来消息，说是暂停招聘新员工。听到这个消息后，其他人纷纷挤到人力资源部抗议："怎么能这样，这不是要我们吗？"人力资源部经理费尽口舌，给他们做出了解释，并承诺给他们争取一些报酬，他们这才不欢而散。经理折回时，发现小雯还在档案室的文件堆里忙碌。

经理歉疚地看着小雯，说："真不好意思，让你白忙活了一天。没办法，这是总公司临时的决定……下班了，回去吧，你明天就不用来了。"小雯站起身来，微微一笑，说："没事，只是这些文件我都整理一多半了，如果换成别人，又要从头开始。活儿没干完我心里不踏实，我明天还来吧，再干一上午就足够了。"第二天，她如期而至。离开的时候，一部分文件档案已按类别在计算机桌面建好，还留下了一排排装订整齐的文件和一间整洁的档案室。

不久后的一天，小雯接到一个电话，是那家公司的人力资源部经理打来的，说公司有职位邀请她前去应聘。就这样，她以阳光的心态和踏实的处事方式，赢得了这家公司的认可，顺利成为该公司的一员。

心态好，遇变不惊，遇事不抱怨、不急躁；做事踏实，事没做完、没做好心有不甘。对这样的人，很少有单位不愿为其提供工作平台。

4 叫学生名字的试讲者

某学校招聘教师，要通过试讲从几名应聘者中选出一位。

为此，几位应试者都做了精心的准备。铃声响了，一个个试讲者分别微笑着走上讲台。师生互相致意后，开始讲课。导入新课、讲授正文、总结概括、复习巩固……各项工作进行得还算顺利。

为了避免满堂灌，最后的一位试讲者也效法前面几位的做法，试讲中设计了几次并不高明的课堂提问，但效果一般。试讲结束后，比较自己与前几名试讲者的效果，他觉得自己会输。

第二天，这位试讲者却接到被录用的通知。惊喜之余，他问校长为什么会选中他。“说实话，论那节课的精彩程度，你还稍逊一筹。”校长微笑着说，“不过，在课堂提问时，你叫的是学生的名字，而其他人却叫学号或用手指，我们怎么能录用一个不愿去了解和尊重学生的教师呢？”

授课提问时叫学生的名字，而不是叫学号或用手指，事情虽小，却反映了讲课者对学生的尊重，体现了对了解学生的重视和精心。所以对于应聘教师这样的应试者来说，除了备好课之外，花时间记住学生的名字，不仅是一种必要的试讲准备，而且是蕴含尊重与爱心的更深入的准备。这样的教师，会成为一名学生尊敬的称职教师。

5 勇敢“走出自己”的求职者

在某个大城市，一家新加坡企业要招聘20名工作人员。公司良好的发展前景与优厚的待遇，使得求职者趋之若鹜。面对办公室外被挤得水泄不通的过道，人力资源部经理只好通知大家到办公楼的外面去等。

到了办公楼的外面，女秘书将印有面试号码的纸条分发给大家。应聘的人群乱糟糟的，拿到面试号的人，有的兴高采烈，信心十足；有的垂头丧气，担心面试过不了关。

女秘书发完了号，转身要上台阶，突然，意想不到的事情发生了。只见她身子一晃，脚一下子蹬空了，整个身体从台阶上摔了下来，高跟鞋被甩出了老远，更让人尴尬的是，秘书那紧裹着身子的旗袍从下面一直扯到了腋下……顿时，全场哗然。女秘书满脸通红，顾不上浑身的疼痛，坐在地上慌乱地用手去抓旗袍。

“没摔伤吧？”这时，一个小伙子从人群中跑过来，脱下自己的外套，迅速盖在了小姐裸露的双腿上。

“没事儿，可能是脚崴了。”女秘书疼得汗从脸上淌了下来。

小伙子不再说话，快速捡起高跟鞋，抱起女秘书往楼里走去，身后传来了一阵笑声与幸灾乐祸的口哨声。

过了一会儿，人力资源部经理走了出来，告诉大家，现在招聘名额只剩下了19个……。无疑，那个小伙子第一个被这家企业聘用了。

一位哲人曾说：“倘若有一万个人一字排开，只有勇于向前跨一步的人，才有机会被人赏识。”事实上，向前跨出一步并不难，难的是你是否有勇气走出你自己。走出了自己，机会往往就会前来迎接你。

那位小伙子以助人的心怀、不避世俗的勇敢、得体的语言以及大方不做作的“救美”行为，跨越了众人，走出了自己，先人一步获得了招聘企业的认可与聘用。

6 让别人记住自己的张文昌

当年，张文昌去现在工作的这家公司求职时，论学历和工作经验，他都不占优势，但却胜出了许多求职者。

面试的第一关，是要求求职者作三分钟的自我介绍。如何用好这三分钟，把自己的长处尽可能地展示出来，张文昌当时紧张得手心全是汗，没办法只有硬着头皮上了。

张文昌刚要站起来，一位求职者已经冲上讲台。由于太紧张，他说话磕磕巴巴，只想着介绍自己的经历，却忘了介绍自己的名字，因而介绍完了也没人知道他是谁。

张文昌要求第二个作自我介绍。上台后，他觉得应先放松一下紧张的心情，就介绍说："从前我写过文章，有人评价说是王大妈的裹脚布又臭又长，没办法，我名字叫张文昌，所以写的文章也是长文章……"这一番开头，令招聘方和求职者都开怀大笑，气氛顿时轻松多了。

另外，在大家作自我介绍时，出于习惯，张文昌在笔记本上记下了一些人的特点以及他们的长处。自我介绍完毕，主持人说："谁来为别人做点评呢？"张文昌第一个举手上台，一气呵成地点评了五个人。

第二关，要求求职者在顾客与推销员这两个角色中任选一个角色，现场演示一下如何做推销。绝大多数都选择了被动的顾客角色，而张文昌却选择了做推销员，虽然推销演示不是很理想，但给招聘方留下了不错的印象。

张文昌顺利通过了面试，成了该公司的一员。后来，几位进行面试的老总见到他时，都这样说："哈，张文昌啊，你那天的介绍非常精彩，我一下子就记住了你……"

张文昌的故事告诉我们，在参加求职面试或与人交流时，我们应该设法克服羞怯与紧张的心理，运用自己的智慧，展现自己的特点，给人留下深刻的印象。这样我们才能被人了解、接纳、认可，才会踏上良好的发展平台。

7 连捡垃圾都一丝不苟的王进

王进，是一所高校的大学生。大学毕业后，他前往广州想靠打工闯出一番事业来。但很不幸，一下火车，他的钱包被偷，钱和身份证都没了。在受冻挨饿两天后，他决定捡垃圾谋生，虽然会遭白眼，但至少能解决吃饭问题。

一天，王进正低头捡垃圾时，忽然觉得背后有人注视自己。他回头一看，发现一个中年人站在他的背后。中年人拿出一张名片对他说："这家公司正在招聘，你可以去试试。"

那是一个很热闹的场面。一大堆人同在一个大厅里，其中很多人西装革履、举止优雅。再看自己寒碜的样子，王进有点自惭形秽，想退下来，但最终还是等在了那里。当他一递上中年人给的那张名片时，招聘小姐就伸出手来说："恭喜你，你已经被录取了。这是我们总经理的名片，他曾吩咐，有个青年会拿名片来应聘，只要他来，就成为我们公司的一员！"

就这样，王进没有经过任何面试，就进入了这家公司。后来，努力加勤奋的他，成了公司的副总经理。"你为什么会选择我？"闲聊时，他问总经理这个问题。"因为我会看相，知道你是栋梁之材。"总经理神秘兮兮地笑着说。

又过了两年，公司业务越做越大，总经理要去新城市投资。临走之前，经过慎重考虑，总经理决定将这个城市所有的业务都委托给了王进。送行那天，王进和总经理在贵宾室面对面坐着。"你肯定一直都很想知道，我为什么会选择你。那次，我偶然看见你在捡垃圾，我观察了你一阵子，你每次都把有用的东西拣出来，将剩下的垃圾整理好，再放回垃圾箱。当时我就想，如果一个人在这样不利的环境下还能注意到这些细节，那么，无论他是什么学历、什么背景，我都应该给他一个机会。而且，连这种小事都可以做到一丝不苟的人，不可能不成功。"

听了总经理的话，王进这才知道了自己当年一个"捡垃圾的小子"，究竟是如何得到总经理的帮助和被公司招聘的原因。

"贫贱不能移"是一种难能可贵的品格。故事中的王进就是一位具有这种品格的人。他原本所具有的做事认真、有条不紊、注重细节的品质，并没有因为自己突陷贫贱之中、为了活下去不得不靠捡垃圾度日而有所改变。正是这种可贵的品格，使他受到了"贵人"的欣赏与帮助，获得了就业、重用的机会，从而快速地走出贫贱，踏上了走向优秀与卓越之路。

8 比别人多懂一点的面试者

某大型企业要招聘一名职业经理人。经层层选拔，两名求职者脱颖而出。

二人的资历、才华相当，就连相貌也同样俊朗，但职位却只有一个。

面试官举棋不定，只好去请示上司。上司只是简单扫了一眼二人的简历，就决定录用A。

后来大家才知道，原来面试那天，这位上司曾在会议室和面试者闲聊过几分钟。刚好上司是个中医养生爱好者，而A恰好也懂一点中医，于是二人便聊了一些中医养生的话题。就是这次聊天，让上司对A留下了不错的印象，A也因此赢得了这份心仪的工作。

“世事洞明皆学问。”比别人多懂一点，有时候并不是多么困难的事，只需在工作和生活中稍加留心和学习即可。但有时恰恰就是这多懂得的一点点，为你的能力和形象加了分，为你步入心仪的职场提供了踏脚石。

9 迟到的应聘者

以前，某大公司要招聘一名发报员，凡是熟悉国际通用莫尔斯电码的人，都可以来应聘。许多应聘者闻讯而来，被安排在公司的办公大厅里等候面试。

大家来了以后，发现这儿环境太差了。这个公司业务繁忙，办公大厅里人来人往，有的在互相谈话，有的在打电话，人声嘈杂。几十位应聘者一排一排坐在椅子上等候。面试地点在大厅尽头一个神秘的小屋子里。大家就这么长时间地等着，等待人事经理来叫人。

这个时候，来了一个迟到的小伙子。他排在应聘者的最后，连座位都没有了。他站了一会儿，然后就径直往那个神秘的小屋子走去，推门而进。所有人都很奇怪：他为什么不排队就进去了呢？过了一会儿，主管招聘的人事经理带着小伙子从小屋子里出来了，对所有坐着的应聘者说：“对不起，这个发报员的职位已经有人了。你们可以回去了。”

其他应聘者都愤愤不平：“这小子迟到了，还径直闯进门去，居然就得到了职位！我们等这么久，你一个问题都没问，连机会都没给我们，就拒绝了我们。为什么？”人事经理回答道：“我们特别选择了在这样一个嘈杂的环境里招聘，这个环境中一直在发送着一种莫尔斯电码的电波，解读出来的意思是：

谁要是听懂了这个电码的话，现在请直接进入小屋子面试。这个小伙子虽然来晚了，但他在嘈杂的环境中，听懂了电码语言，所以他谋得了想要的岗位。”

其他的应聘者听了人事经理的解释后，虽心有不甘，但也无话可说，谁让自己只顾对嘈杂的环境心怀不解、不满，而没有静下心来仔细倾听、认真思考呢？

故事说明，求职者在应聘时能否做到坦然、平静、主动思考与行动，对能否获聘具有重要作用。作为招聘方，为了招到高素质的职员，会对应聘者采取不同的方法、设置不同的环境进行考验，如果应聘者不能坦然面对考验，自然容易心浮气躁，因此就无法把握要领、主动出击，竞聘失败往往难以避免。

10 突遭“打击”的求职者

学广告设计的张颖，大学毕业一年多一直没找到心仪的工作。后来，她顺利通过一家广告公司的笔试，挤进了只有3个人参加的面试。面试那天，她侃侃而谈，自我感觉良好。

正当张颖洋洋洒洒讲述自己的广告创意时，面试女主考官突然严肃地对她说：“对不起，你讲得漏洞百出，我们认为你不适合这个工作，请另谋高就吧。”她感到莫名其妙，非常尴尬。但她暗暗告诉自己，败也要败得有风度。她向面试考官们深深鞠了一躬，以掩饰自己的尴尬与失落，在深吸一口气平复自己的心情后，面带微笑地说：“谢谢你们给了我这次面试的机会，在这次面试中我学到了很多。谢谢！”出门后的一刹那，她的眼泪涌了出来。

3天后，张颖接到广告公司的一个电话，通知她被公司录用了，她很有些奇怪。第二天她去证实真假，那位女主考官笑着拍了拍她的肩膀说：“没弄错。面试时打断你、否定你、说你不合适，那是一道如何面对突然‘打击’心理素质测试题。另外两个人，女孩当场就哭了；男孩则发火拍桌子，说这次招聘有猫腻。姑娘，那天你是表现最好的一个。”她笑了，原来如此！

求职者参加面试时，难免会遇到心理、品行、知识、智慧、毅力等各方面的测试。无论面对任何考问与测试，如果求职者能遇变不惊、心态平和、沉着应对，言行中始终体现正面、谦逊、大度、积极向好的阳光心态，求职成功的机会就会大大增加。

⑪ 以诚实取胜的求职者

有一个求职者到一家公司应聘，由于各方面的条件都不错，他很快便从众多的应聘者中脱颖而出，进入最后的面试。

最后的面试由公司总裁亲自主持。当这位求职者刚跨进总裁的办公室，总裁看了他一眼便惊喜地站起来，走上前紧紧握住他的手说："世界真是太小了，真没想到会在这儿见到你，上次在东湖游玩时，我的女儿不慎掉进湖中，多亏你奋不顾身地跳进去将她救起。我当时忘记询问你的名字了。你叫什么？"

这位求职者被弄糊涂了，但他很快想到是总裁认错人了。于是，他平静地说："总裁先生，我从来没在东湖救过人，你一定是认错人了。"但无论这位求职者如何解释，总裁仍一口咬定自己不会记错。求职者呢，也犯起了倔强，就是不肯承认自己救过总裁的女儿。过了好一会儿，总裁才微笑着拍拍这位求职者的肩膀说："你的面试通过了，明天就可以到公司来上班，现在就到人事部报到吧！"

原来，这是总裁导演的一场心理测试。在这位求职者前面进来的几位，因为将错就错，乘机揽功，结果全被淘汰了，而这位求职者却在面试时展示了自己诚实的美德，所以获得了竞聘的工作。

诚实，是做人最基本的道德要求，是一个"好人"最基本的人格素养，也是求职者取信于公司或单位、取信于老板的重要条件。因此，求职者的成功获聘，往往与诚实结伴而行。

⑫ 独辟蹊径的竞聘者

有一家知名的大型企业，登广告面向社会公开招聘一名开拓性强的业务经理。

由于这家公司知名度高，而且待遇在同行业里面是最好的，因此对外招聘的当天上午，面试者蜂拥而至。虽然只招一个人，但是一下子来了好几十个。后来，因为来的人太多，公司里面试的人一时应付不过来，于是总经理就让人吩咐公司的保安不要再让其他的面试者进去了。于是很多人只得怏怏而回，有些不甘心的还等在外面。

针对上述情况，其中有一个年轻的应聘者可不想就这么放弃机会。于是，经过一番思考和进一步对企业情况了解后，他径直来到保安室，要保安向总经理通报，他是从外地来的公司的一位大客户，看中了公司的某种产品，希望能够和总经理面谈。

就这样，这个人顺利地见到了公司的总经理。在交谈的过程中，总经理似乎是漫不经心地问他是如何避开保安的阻拦而进入公司的，他便把自己刚才的一番经过如实相告。总经理听后大为赞赏，立即向其他等待面试的人宣布，今天的面试到此结束，他们已经找到合适的业务经理人选，此人将负责统管公司国内市场的开拓。这个人就是自己直接找到总经理的那个年轻人。

于是，那些面试者有的失望，有的羡慕，但都毫无例外地认为这个人的运气真是太好了，能在这么多人中胜出，为什么自己就没有这么好的运气呢？

也许，这些人没有认真地去想，那个人为什么会运气好，难道就没有其他方面的原因吗？在那么多的面试者中，为什么其他的人就想不到采取那个年轻人的方法直接去见总经理呢？而单单只有他一个人想得到呢？原因很简单，就是因为他有智慧和勇气，能够开动脑筋想办法，果敢采取行动。而这，就是一次展示自己可以胜任业务经理职位的有力证明。

所以，要成为一个优秀的业务人员，在和别人遭遇相同困难的情况下，需要一种独辟蹊径的智慧和曲径通幽的果敢。而这，也正是那位年轻人能在业务经理异常激烈的竞聘中获胜的主要原因。

13 考试不肯作弊的刘辉

有家知名电子商务公司要招聘业务经理，名额只有一个，但当天前来应聘参加考试的却有几十个人。

年近30岁的刘辉是参加考试的一名应聘者。考前他留意了一下其他应聘者的求职材料，他们有的是硕士，有的是双学士，而且都是名牌学府的高才生。而自己所拥有的仅仅是一张通过自学考试取得的大学本科文凭，只是勉强符合招聘条件中学历的最低要求。

笔试的考题发了下来，刘辉粗略看了一下，题量不大，但总体难度较大。他就像蚂蚁啃骨头一样，先易后难，一点一点地慢慢答题。

监考的有两个人，一个高瘦，一个矮胖，相映成趣。或许是对莘莘学子高度信任的缘故，两人都有些心不在焉。期间，那个高个子拿着杯子去倒水，先开溜了；接着矮个子的手机响了起来，也出去了。

没有了监考，考场顿时变成另外一种模样。有的人变戏法般拿出了参考书，有的人偷偷掏出掌上电脑，有的人索性打手机求援。刘辉不经意朝身后一瞥，目光刚好与坐在窗子旁边正在作弊的一名考试者的目光相接。这名作弊者朝他努努嘴，那意思是说，大家都在作弊，你还不快下手？他只是不屑地摇了摇头。

又过了大半个小时，两名监考官才说笑着返回考场。考试结束时，刘辉还有最后一道题没答完，心想这次输定了。

但出乎意料的是，一周后，刘辉居然收到了这家公司的录用通知书。

次日，刘辉敲开了公司总经理办公室的门。还没等他开口，总经理就抬起头冲他微笑：“我们见过面，还记得吗？”见他一头雾水，总经理哈哈一笑说：“我就是笔试那天朝你努嘴的那个考生，忘了？”他这才恍然大悟。总经理又说道：“我姓高，是这家公司的负责人。我们是一家商务公司，最讲究的是诚信。业务经理的权力很大，而且许多事情需要独立完成，所以在缺乏公众监督的情况下，对这一职位的诚信度要求很高。出于这番考虑，公司招聘采用了特殊的方式，经过综合评定，我们认为你就是理想的人选。”

就这样，考试不肯作弊的刘辉成了几十个应聘者中的优胜者，当上了这家公司的业务经理。

考试作弊是一种品质不诚、行为作假的表现。有这种思想和行为的人，如果在公司掌握了一定的资源或权力，在难以有效监督的情况下，一旦受到利益的诱惑，就会很容易走上邪路，使公司利益遭受损失。而这，正是几十个应聘者竞聘失败的原因。而文凭、学历缺乏权威性但考试不屑于作弊的刘辉，正是凭着自己真诚的品格获得了公司的青睐，赢得了竞聘的成功。

14 直率的李先生

一家跨国公司要面向社会公开招聘一名高级质量管理员。由于受聘者年薪高，而且各种待遇相当优厚，所以报名竞聘者如潮。

经过笔试、面试和实际操作等几项严格筛选后，只剩下张先生、王先生和李先生三个人。面对应试成绩出众、才能难分高下的三位竞聘者，这家公司总裁最后决定亲自面对面地对他们进行一次考察。

最后一次考察是在总裁的办公室进行的。三位竞聘者依次走了进去。

张先生进去后，看到总裁的鼻尖和脸颊上各有一小块溅上去的墨汁，他几乎要条件反射地笑出声来，然而他毅然忍住了。因为他清楚地知道，这是一个决定自己命运的非常时刻，任何对总裁的嘲笑和不敬，都无异于自动退出竞聘现场，是拿自己的命运开玩笑。他终于落落大方又从容不迫地回答了总裁的提问，带着良好的自我感觉离开了总裁的办公室。

接着是王先生进去。和张先生一样，他也一眼看到了总裁脸上的墨汁，同时还发现总裁的领带没有系紧，衬衣的第一颗扣子没有扣好。但他从不关注与他正在做的事情无关的事，他倾心聆听着总裁的询问，对答如流地阐述了总裁提出的关于如何严格检验产品质量的问题，心中怀着无比的自信和满意，就像一位胜利者一样走出了考察现场。

李先生最后一个走进总裁的办公室。当他和前两位竞聘者同样发现总裁的不雅之处时，总裁已经开始向他提问了。面对总裁的发问，他神情严肃而又毋庸置疑地对总裁说：“总裁，请允许我向您提三点建议：第一，在您的鼻尖和脸颊上各有一处黑色的墨汁；第二，您的衬衣扣子没有扣好；第三，您的领带没有系紧。相信这是您一时的疏忽和不经意，但作为一位跨国公司的总裁，这将有损于您自己和公司的形象……”听着李先生的话，总裁像是一脸的尴尬，他没有继续发问，只是轻声地对李先生说了一句：“你现在可以走了。”

当李先生怀着忐忑不安的心情走出总裁的办公室，正准备“打道回府”的时候，却接到了总裁秘书的通知：明天到公司的人事部报道，然后正式上班。李先生终于在无数的竞聘者中脱颖而出，成了最后的胜利者。

对于一名求职竞聘者来说，李先生的故事可为我们提供如下借鉴：

一是质量管理员的职位或岗位，需要在遇到缺陷或问题时不怕得罪人、直言不讳的率直性格，所以在知识技能不相上下的三人中，直率的李先生最终能够脱颖而出；

二是从招聘单位来说，会根据拟招聘的职位或岗位的要求，在对应聘者进行专业知识、技能等显性考察的同时，会设置看似与考查本身无关的环节或内容，重点对人的品质、性格等进行隐性考察，这需要引起竞聘者的思考和关注；

三是从竞聘者自身来说，在竞聘某些职位或岗位时，除了考虑自己的专业知识、技能外，也要考虑自己的性格、特点等是否适合想要竞聘的职位或岗位的要求。

15 以品行取胜的求职者

一外资企业高薪招聘技术总监。在招聘的考卷里，有这么一道分数占比很高的测试题：你所在的企业或曾任职过的企业经营成功的诀窍是什么？技术秘密是什么？

许多应聘者为了展示自己的才华，奋笔疾书，洋洋洒洒，将考卷答得满满的。

唯独一位从工厂下岗的高工，手中的笔迟迟落不下去。多年的职业道德在约束着他：厂里的数百名职工还在惨淡经营，我怎么能为自己的饭碗而砸大家的饭碗呢？他思前想后，最后挥笔在考卷上写下四个大字：无可奉告！

招聘的结果出人意料，对那道题没有回答的高工被外资企业聘用，而且签订了终身合同。因为那道题考的是人的品行、道德和气节。具有忠诚、保守秘密、心系他人个人品行和职业道德的人，往往会受到招聘单位的青睐，而对“卖主求荣”的耍小聪明者，无论什么单位，不管在什么时候，都不会愿意聘用。

在对人聘用或升职这样的关键环节，企业固然会重视人的才干，但会更加重视人的道德品行。因为有才无德固然能暂时成事，但更会坏事；有道德品行的人即使不能成事，但也不会坏事，更何况有道德品行的人不见得就没有才干；而有德有才的人不但能成事，而且还能成大事。

所以，外资企业聘用有道德、有气节、深明大义的下岗高工来当技术总监，的确是明智之举。

16 错失面试机会的小丹

有家餐饮公司要招聘一名餐馆的高级女领班，只剩下最后面试一关。

早已做好面试准备的小丹胸有成竹，可由于转达面试信息的亲戚把面试时间安排记错了，使她白白失去了面试的机会。但她没有抱怨任何人，而是等整个面试一结束，就勇敢地闯进面试现场——公司总经理办公室，在礼貌地向面试官问好后，从容地说：“错过面试时间安排不准参加面试，是贵公司的权力，我无权苛求，但我必须把话说清楚，因为这直接关系到我的信用。”接着，她把事实的真相解释了一遍，然后说了声：“谢谢你们倾听了我的解释，再见。”待她面带真诚微笑、从容向面试官鞠过躬转身将要出门之时，奇迹发生了。

总经理突然叫住了小丹，问道：“姑娘可以对本公司留点什么建议吗？”“谢谢，如果要让我再说点什么，那就是，我为我不能成为贵公司的一员而深感痛心。因为据我所知，贵公司的创始人是在8年前白手起家的，公司能发展到现在的规模，取得客户的高度认可和很高的口碑，的确非常不容易，如此坚韧不拔的创业者是我最好的榜样，可我偏偏无缘加入，岂不痛心？”这句话引起了总经理的兴趣和情感上的共鸣。

小丹走了，深受小丹话语感染的总经理站了起来，兴致勃勃地对在场的面试考官们说："这就是我们要找的人，请通知她，我们选择的女领班就是她。"

小丹虽然错失了面试机会，但她能适时地、勇敢地闯进总经理办公室解释原因，展现了她能够把握时机、有勇气、重沟通、会打感情牌等优点，所以也难怪总经理会对她另眼相看，要将她招入麾下了。

17 陈帆的忍耐与诚实

某大公司总裁陈帆，多年前曾有一次有趣的应聘经历。

大学毕业后，陈帆去一家公司应聘。负责接待的秘书对他说，经理让他去自己的办公室。他象征性地敲了两下门就推门进去了，正要作自我介绍，经理生气地说："你怎么没有得到我的允许就进来了？"

"抱歉！这是我的错。秘书说你让我进办公室，我以为你已经做好让我进来的准备，所以我忽略了某些问题。"他说。"你现在可以出去重新敲一次门。"经理说。

"行，这是应该的。"他边说话边退出经理的办公室，关上门后抬手轻轻敲了两下门，朗声问道"经理先生，我是前来面试的陈帆，请问可以进来吗？""进来吧！"经理说。陈帆进入办公室后，还没来得及开口说话，经理却对他说："年轻人，你觉得敲门时敲两下礼貌吗？你难道不知道应该敲三下吗？这次的表现不够好，你能再来一次吗？"

"这……可以，当然可以！"陈帆退出办公室，然后轻轻地敲了三下门后说："经理先生，我是前来面试的陈帆，请问我可以进来吗？"经理又同意了。可没想到进去之后，经理又说："我觉得还不够满意，你能再来一遍吗？"

这次，经理连理由都没说，陈帆心想肯定是我存在某些问题，于是又退出办公室重新来过。但怎么也没有想到，他就这样进进出出一共重复了10次，经理还是不满意。当他第10次走出办公室时，生气了，觉得经理根本就不是要招聘人，而是在戏弄人，就决定放弃这次求职。为了维护自己的尊严，他第11次敲响了经理办公室的门，他要进去告诉经理自己的尊严受到了伤害，所以要放弃这次求职！

可没想到，当他第11次进入办公室后，还没来得及说话，经理就鼓掌说："年轻人，好样的，你被录用了！刚才我一直在试探你的忍耐力，当你第11次敲门时，说明你的耐性已经达到我们的要求了！"

陈帆实在没有想到结果会是这样的，但是他对经理说："谢谢你要录用我，但我觉得自己根本无法胜任这份工作，因为我的耐性在第10次走出办公室后已经达到了极限，而我第11次敲门并不是因为我有足够的耐力，我进来只是因为我想告诉你我要离开，所以其实我并没有达到你的要求。"

"你现在其实可以隐瞒你的真实想法，也可以假装你是因为有足够的耐性而敲第11次门，你为什么要把真相说出来呢？"经理有些不解地问。

"我必须诚实，所以很抱歉，我要告辞了！"陈帆转身打算走出办公室，可这时经理却在他身后说："等等，我要邀请你到公司工作，现在已经不再是一场面试，而是一次正式的邀请，我真诚地邀请你来公司工作，可以吗？"

"为什么？"陈帆好奇地问。"因为，这是一个诚实的人所应有的待遇！"经理说。

陈帆的故事告诉我们，做事既有耐心，又为人诚实，是取得成功的重要法宝。具有这种品质的求职者，会给招聘方留下很好的印象，可能会成为推进事业发展的重要人才，所以自然会得到招聘方的聘用。

18 坐着面谈的求职者

一家大公司要招聘一名办公室副主任，并在省城的几家报上登出了"高薪诚聘"的广告。有近百人报名参加初试，经过筛选，剩下三人参加最后面试，他们是：一个硕士毕业生、一个有着5年相关工作经验的年轻人和一个曾在大学任学生会副主席的应届毕业生。

最后的面试由总经理亲自把关。面试的地方是临时腾出来的，设在人事部的一间小办公室里。就在面试谈话要开始的时候，工作人员才发现室内恰好少了一把应聘者坐的椅子。工作人员正要到隔壁办公室借一把椅子，总经理却挥手制止了他。

第一位进来的是硕士生。总经理对他说："你好，请坐。"他看看自己周围，并没有可坐的椅子，充满笑意的脸上立刻出现了明显的茫然与尴尬。"请坐下来谈。"总经理又微笑着对他说。他有些不知所措，略作思索后，谦卑地笑着说："没关系，我就站着吧！"

接下来轮到了有工作经验的年轻人。他环顾左右，发现并没有可供自己坐的椅子，也是一脸谦卑地说："不用了，不用了，我就站着吧！"总经理微笑着说："还是坐下来谈吧！"年轻人很茫然，回头看了看身后，总经理似乎恍然大悟，说："啊，请原谅我们工作上的疏忽。那好，你就委屈一下，我们站着谈吧！不过，很快就会谈完的。"

几分钟后，那个应届毕业生进来了。总经理的第一句话仍然是："你好，请坐。"大学生看看周围没有椅子，愣了一下，立即笑着请示总经理："您好，我可以到外面搬一把椅子进来吗？"总经理脸上的笑意舒展开来，温和地说："为什么不可以？"大学生就到外面搬了一把椅子进来，坐着和总经理有礼有节地完成了面试谈话。

最后，总经理留用了这位应届毕业大学生。他的理由很简单：我们需要的是有思想、有主见的人，没有自己的思想和主见，一切的学识和经验都毫无价值。事实也证明了总经理的判断准确无误，因为在不长的时间里，应届毕业生就凭借自己的努力和工作能力，"坐到了"总经理助理的位置上，成为公司最年轻的高层管理人员。

故事揭示了主见、主动在求职中的重要作用。即使许多方面条件都不错的人，如果处事缺乏主见、被动、唯唯诺诺，求职成功的机会往往会与其失之交臂；反之，如果遇事有主见、会沟通，主动采取措施、积极行事，就能谋得心仪的职位。

19 把重负变成梯子的女士

一家外企欲聘用一名总裁助理。经过层层筛选，最后剩下三男一女4个人进行竞聘角逐。

最后一项测试是攀爬比赛。规定参赛者须带着一捆用长绳子捆得结结实实的木棍，谁能在最短时间内经过布满深沟、壁垒的一段路程，将木棍送达指定地点，谁就是优胜者。

比赛之前，那个女士灵机一动，迅速把捆着木棍的绳子解开，把木棍一根根地绑在绳子上，扎成了一架简易的软梯。这样一来，沉重的一捆木棍就变成了有用的攀爬工具。最终，她凭着自己的智慧赢得了这场比赛，获聘了总裁助理的职位。

要成为称职的总裁助理，主要靠的是智慧而不是体力。故事告诫我们，面对不同岗位或职位的招聘，对我们要求更多的是开动脑筋，运用智慧，能将重负变成攀爬工具或踏脚之石，能将不利因素转变为有利因素。展现了这样的智慧，我们就会成为招聘单位争抢的香饽饽。

20 坚持到最后的钟女士

有一年夏天，一家世界500强国际公司在北京设立办事处，要在当地高薪招聘一名负责人。面试时，作为公司总部人事主管的主考官，通过一个细节，来重点考察求职者的忍耐与坚持能力。

当时，共有7名求职者，其中有一位姓钟的女士。考官故意把求职者的位置安排在一个房间对着空调的地方，而且将空调的功率开得很大，使面试房间的温度很低。结果，6位男士都无法忍受长达两小时的低温考验，只有钟女士坚持到了最后。

当面试结束时，主考官对钟女士说：“由于公司刚在北京设立办事处，属于万事开头难的阶段。所以，只有忍耐和坚持，才能适应变化的环境，勇于接受挑战，并且以平和愉快的心情去面对压力，这样的人才会被我们录用。钟女士，欢迎你加入到我们公司中来。”

一个人要取得成就、成功，克服困难、战胜挫折是必需的。这就需要顽强的忍耐与坚持，能够顺应环境的变化。否则，就可能半途而废，一事无成。所以能够忍耐低温、坚持到最后的钟女士，才有资格获得办事处负责人的职位。

21 先当“保姆”的博士

一位有能力的计算机博士，毕业后在人才市场试水找工作，竟然接连碰壁，许多公司都将他拒之门外。凭自己这样高的学历、吃香的专业，为什么找不到一份合适工作呢？万般无奈之下，博士决定换一种方法试试，即降低身价先找到工作，在工作中展示才华，再实现自己的梦想。

再去参加面试时，他不说自己是博士了，而是以最低的身份去求职。果然见效，不久他便被一家电脑公司聘用，成了一名基层的程序录入员。程序录入员是一份没人缘的工作，有学历的人都不愿意做，但这位博士却干得非常认真。没多久，上司发现他很有才华，因为他能看出程序中的错误。上司了解了他的情况后，给他安排了一个与本科毕业生对口的工作，因为他跟上司说自己是本科毕业生。又过不久，老板发现他不但能胜任新的工作，还能提出很多有价值的建议，于是又找他谈话。谈话后，老板又提升了他。

又经过一段时间的观察，老板发现他专业知识的广度与深度非硕士可比，就又找他谈话。这时，他才亮出了自己的博士学位证书，并跟老板说明了自己这样做的原因，老板毫不犹豫地重用了他。

先当“保姆”，再当“管家”；先坐“冷板凳”再睡“热炕头”，这也是一种不得已而用之的策略。面对严峻的就业竞争形势，毕业后的学子们为了一份心仪的工作，有时不得不运用相应的策略，采取不同的办法。

不论是策略还是办法，虽然不可或缺，但都不能成为就职后取得成就、获得成功的根本。其实，要谋取好职位，取得成就、获得成功，良好的心态、优秀的品质和干事创业的真才实学，才是关键的因素。

22 缺乏主动性的丁畔

丁畔是一家公司的职员。有一天，她在地铁站远远看到一个人朝她走来：“嗨，丁女士。”丁畔忙回：“哦，邱女士，真是好巧。”两面之缘，两人都对对方记忆深刻。

原来，邱女士是丁畔之前应试的一家企业的人事部经理。那家企业招聘的岗位，工作中可以到全球各地出差，所以丁畔对这家企业心仪已久。在收到竞聘通知后，她以最短的时间，结合那家公司的企业文化把自己的简历做成了PPT，并做了充分的竞聘准备。两轮测试下来，丁畔能感到他们对自己的满意。

最后，丁畔接到公司的电话，说还有最后一轮德国总部的面试，时间初步定在周五，具体要等通知。可是周五过去了，一个星期过去了，……丁畔都没有等到通知，她只好加入了现在的公司。

这次相遇，邱女士告诉丁畔，当时两轮淘汰过后有两个人脱颖而出，其中一人就是她。面试组出了最后一个题目，就是看谁的主动性更强、更在乎这个岗位，公司就聘用谁。结果，周五丁畔没有打电话询问，另外一个人却不断跟进，最后被公司聘用。邱女士还说，看似一个电话，对应聘者来说，却意味着很多。

丁畔失去心仪工作的故事，说明了人的主动性对把握竞聘机会的重要意义。我们可以从中获得这样的启示：遇事能积极主动，就会想出办法、找到措施，把握获胜的机会；遇事消极被动，就好比等天上掉馅饼，最终自然是好梦难圆一场空。

23 勇进皇家学院的装订工

迈克尔·法拉第是英国19世纪著名的物理学家、化学家。他首次发现了电磁感应现象，揭示了交流电的产生方法，发明了发电机和电动机，将人类文明向前推进了一大步。由于在电磁学方面的伟大贡献，他被称为“电学之父”和“交流电之父”。

可是又有谁能想到，在从事科学事业之前，法拉第竟是一个仅上过两年小学、家境穷困、辛苦工作、勤学不辍的书本装订工。

1791年，法拉第出生于离英国伦敦不远的纽因格顿的一个铁匠家中。他有9个兄弟姊妹。由于家境贫穷，幼年的法拉第仅仅读了两年小学便被迫辍学。14岁那年，他在一间书店学习书本订装技术。这份工作给予了他很多阅读学习的机会，他尤其喜欢读物理和化学方面的书，还经常去听各种科普报告和演讲。学徒期满后，他决心献身科学事业。

有一次，英国皇家学会要为皇家学院大名鼎鼎的琼斯教授选拔科研助手。这个消息让法拉第激动不已，他赶忙到规定地点报了名。但临近选拔考试的前一天，法拉第却被意外告知，他不具备考试资格，因为他是一个普通的装订工人。

法拉第愣住了，他气愤地赶到选拔委员会去理论，但委员们傲慢地嘲笑说："没有办法，一个普通工人想到皇家学院来，除非你能得到琼斯教授的同意！"

法拉第犹豫了。如果不能见到琼斯教授，自己就没有机会参加选拔考试。但一个普通的书籍装订工人，要拜见大名鼎鼎的皇家学院教授，他会理睬吗？

法拉第顾虑重重，但为了实现自己的科学梦想，他硬是鼓足勇气站到了琼斯教授的家门口。教授家的门紧闭着，法拉第在门前徘徊着。

终于，教授家的门被一颗忐忑而勇敢的心叩响了。

门口没有声响，当法拉第准备第二次叩门时，门却"吱呀"一声打开了，一位面色红润、须发皆白、精神矍铄的老者注视着他，"门没有锁，请进来。"老者微笑着对他说。

"教授家的门整天都不锁吗？"法拉第疑惑地问。

"干吗要上锁呢？"老者笑着说，"当你把别人关在门外时，也就把自己关在了屋里，我才不当这样的傻瓜呢！"这位老者就是琼斯教授。他将法拉第带到屋里坐下，聆听了这个年轻人的叙述后，立即写了一张纸条递给法拉第："年轻人，你带着这张纸条去，告诉委员会的那帮人，说我已经同意了。"

经过严格激烈的选拔考试，法拉第脱颖而出，出人意料地成了琼斯教授的科研助手。从此，他走进了皇家学院那高贵、华美的大门，为自己圆梦科学事业掀开了崭新的一页。

一个科学家的心所蕴含的力量是不应被低估的。尽管法拉第只是一个小小的书籍装订工，但他献身科学事业的巨大决心，使他战胜了世俗嘲笑、内心恐惧和面对巨大身份差距时的怯懦，终于勇敢地敲开了那扇紧闭的科学之门。

可能我们的出身贫寒，可能我们的身份卑微，可能我们没有受过多少正规教育，但法拉第的故事告诉我们，只要我们看得起自己，不自卑，不怯懦，心域高远，树立大志，自学不辍，勇于挑战自己，那么我们就没有敲不开的就业之门，没有进不去的事业之殿，没有走不远的成功之路。

24 精确到“分”的卡耐基

以前，美国有家公司要招聘职员，工作岗位是采购物品。

经过一番测试筛选，两名年轻人得以参加最后的面试。最后面试的题目为：“假定公司派你到某工厂采购2000支铅笔，你需要带多少钱？”

第一个应聘者的答案是120美元。他表示，采购2000支铅笔可能要100美元，其他杂费就20美元吧。

第二个年轻人名字叫安德鲁·卡耐基，他回答说：需要带113美元86美分。主考官不禁有些惊奇。年轻人解释说：“铅笔每支5分，2000支是100美元。从公司到工厂，乘汽车来回票价0.8美元；午餐费2美元；从工厂到公交车站为半英里，请搬运工需1.5美元；还有……因此，总费用是113美元86美分。”

主考官一听，顿时眼前一亮，觉得能把账算得如此精细的人，卡耐基一定是个能成事的人，自然就录用了他。当然，这位主考官确实没有走眼，通过自己的不懈努力，卡耐基后来成了大名鼎鼎的钢铁大王。

要做事用钱，对于精确到几角几分的尾数钱，看起来并不起眼，但却能说明一个人的心思是否严谨和做事的态度怎样。讲求精确的人，思维严谨，工作注重细节、追求完美，做起事来让人放心，自然会被聘用；只讲笼统、讲大概的人，常给人心不细，做事不精心、随便、马虎的印象，不被聘用也在情理之中。

25 福特求职的“敲门砖”

亨利·福特被誉为“美国汽车之父”，他的公司名扬天下，不仅使美国汽车产业在世界独占鳌头，而且在助推美国经济快速发展中发挥了重要作用。但谁又能想到，该奇迹的创造者福特当初进入汽车公司的“敲门砖”，竟是“捡废纸”这个微不足道的举动。

大学毕业后，福特到一家汽车公司应聘，一同应聘的几个人学历都比他高，他因此感到自卑，在其他人参加面试时，他感到自己没有希望了。当他敲门走进公司董事长的办公室时，发现门口的地上有一张纸，就很自然地弯腰把它捡了起来。他看了看，原来是一张废纸，随后就把它放进了废纸篓。这一切被董事长看在眼里。当福特刚说了一句话：“我是来应聘的福特”，董事长随即就发出了邀请：“很好，很好，福特先生，你已经被我们录用了。”

董事长的这个让福特感到惊异的聘用决定，实际上源于他“捡废纸”那个不经意的动作。进入汽车公司以后，奋力拼搏的福特不断得到重用，他努力工作，如鱼得水，从此开始了自己的辉煌之路，直到把公司改名，让福特汽车成为闻名世界的著名品牌。

一个微不足道的行为，或许会改变人的一生。福特求职能顺利获聘，看似偶然，实则必然。因为他“捡废纸”的下意识动作出自一种良好习惯，而好习惯的养成则源于他做事精细、积极进取的人生态度。

26 因捡大头针获聘的莱菲斯特

莱菲斯特是法国知名的银行家，但他年轻时的求职，真可谓“屡败屡战”。就在他失望之极时，却因一次“捡大头针”的举动，才使他获得了心仪已久的工作。

一天，他又一次鼓起勇气到一家大银行找董事长求职，可是一见面便被董事长拒绝了。他这种求职被拒的经历，已经有50多次了。

他沮丧地从董事长办公室往外走，走到门口时，不小心被地上的一个大头针扎伤了脚。“谁都跟我作对！”他愤愤地小声说道。转而他又想，不能叫它再扎伤别人了，就弯腰把大头针捡了起来。

谁想，第二天莱菲斯特竟收到了银行录用的通知。他在激动之余又有些困惑：不是已经拒绝了吗？原来，在他蹲下身拾起大头针的瞬间，恰巧被董事长看在了眼里。这个微不足道的小动作，使董事长认为他是个谨慎细致而能为他人着想的热心人，于是改变了原来对他不予聘用的主意。

莱菲斯特从此就在这家银行起步，通过不断努力，后来成了法国一位功成名就的银行家。

地上的大头针，虽然不是对莱菲斯特的有意测试，但他在被扎伤之后能很快从沮丧、不平的心情中走出，以自己的善心和细心将大头针捡起来，打动了董事长，从而使自己的求职获得了转机。

故事告诉我们，即使在走霉运的时候，仍然要保持一颗平和善良之心，这样或许命运之神就会为我们打开好运之门，我们的求职之路也可能因此而被打通。

27 别出心裁的福格

西蒙·福格是英国《泰晤士报》的总编辑，当年在求职时，他曾用自己的机智创作过一个“别出心裁”的故事。

那是从伯明翰大学毕业的第二天，福格为了寻找职业南下伦敦。几天后，他走进了很多求职者向往的《泰晤士报》的总经理办公室。

“您这儿需要编辑吗？”他问。总经理：“不需要。”

“要记者吗？”他又问。总经理：“也不！”

“那么排字工、校对呢？”他继续问。总经理：“不，都不。”

“那么你们一定需要这个了。”福格从包里掏出一块牌子，上面写着：额满，暂不雇用。

总经理一看，会心地笑了。

结果，福格被留了下来，做报社的宣传工作。25年后，他成了报社的总编辑。

福格能很快打动总经理，顺利实现自己求职目标的故事，看起来似乎很简单，其实并没有那么简单，它是福格事前调查了解并掌握报社情况、对求职充满信心以及做事机智、别出心裁的一种必然结果。

28 不放过失败机会的亚当斯

奥利弗·B. 亚当斯原来只是新英格兰一家小杂货店的伙计，但通过自己的努力，他取得的成绩令人刮目相看。之所以能有这样的结果，是因为他不肯放过一次失败的求职机会。

亚当斯出生在一个贫困家庭，12岁那年，父亲意外因病去世。为了帮助母亲养家糊口，辍学后他开始在一家杂货店打工。不过，他在那里只干了三年时间，老板便将杂货店转卖了出去，他失业了。

走投无路之际，亚当斯揣着自己攒下来的一点钱去了纽约。在那里，他白天在一家公共市场打工，晚上去一所夜校“充电”学习。几年后，当他从夜校毕业时，学校为毕业生安排了一系列职业指导讲座。在听讲座时，他认识了当地著名的奥斯瓦尔德广告公司的总裁詹姆斯·奥斯瓦尔德。对方极富趣味性和启发性的讲演，令他听得如醉如痴。那一刻，他立志要成为一名成功的广告人。

如何才能进入广告行业呢？这成了困扰亚当斯最大的难题。一天早晨他一觉醒来，突然决定去找詹姆斯·奥斯瓦尔德。这个念头把他自己都吓了一跳，人家会接待自己这个小人物吗？不过，就算对方不见自己，但至少也要给自己一次失败的机会，不努力去试一试又怎么知道呢？他在心里给自己鼓气。

于是，一天下午，他前往奥斯瓦尔德公司所在的办公大楼去见奥斯瓦尔德。前台的接待小姐通知亚当斯，她已经给那位大人物打电话报上了他的姓名，但大人物很忙，没工夫接待他。他想了一会儿说：“告诉他，我可以等1小时10分钟。”

前台小姐吃了一惊，因为人们不习惯于向老板传达这样的话，但眼前这个小伙子的简单直率似有种魔力，让她觉得他的要求既合情又合理。最后，前台小姐原原本本地向总裁复述了亚当斯的话。“他大约20分钟后见你。”打完电话后，前台小姐告诉他。

“年轻的亚当斯走进来时，严肃得像一个教堂执事。我上下打量他，发现他是一个相貌极其平平的男孩。在我看来，还相当缺乏活力，看上去也不特别聪明，在回答问题时，思维也没有那么敏捷。但有一点对方打动了我。”奥斯瓦尔德谈到初次见到亚当斯的情形时说，“他听得很认真，非但没有乞求我给他一次就业机会，反而感谢我这次接见，并且在他站起来要走时说：‘好的，奥斯瓦尔德先生，我决心已定，要进入广告行业，而且我想为您工作。虽然我没有您想象的那么好，但我必须要充分证明给您看我能行。’”最后，没等奥斯瓦尔德开口说话，亚当斯就转身离开了。

亚当斯的坦率和真诚，在那一刻打动了奥斯瓦尔德。于是，第二天上午，他不由得派人找到亚当斯，给了他一份核查和归档期刊的工作。而亚当斯也抓住了机会，勤奋工作，不断学习，积极进取，最终成为奥斯瓦尔德广告公司的副总裁和常务执行官。

即使是面对一次99%概率都会失败的机会，但只要你的决心与勇气足够大，行动果敢，就可能将失败的概率变为成功的概率。争取每一次机会，也不要放过任何一次很可能失败的机会，用不了多久，你一定会收获更多的自信与成功。

不放过失败中的机会。以这样的心态去求职，你一定会得到机会的青睐，一次不成你会尝试第二次、第三次……，直至最后求职成功。

29 肯干的雷克

有一年，美国通用公司西雅图分部要招聘1名后勤副经理，经过筛选后，进入最后大名单的有10个人。根据公司规定，他们必须实习三个月，在通过公司的考核后，才能知道谁是最后的获聘者。

三个月来，每个人都准时上下班，都在自己的岗位上兢兢业业，谁也不敢大意，且每个人都自我感觉良好，认为自己将会被公司留用。3个月后的一天，公司人事部经理将10名实习者召集在公司大楼门前，宣布了公司的人事决定：“最后被留用的，是你们中的雷克。”结果一出来，顿时炸了锅：“怎么会是雷克？他干活又慢又笨，而且还只有高中学历。”“是呀，雷克原来可是清洁工，难道我们还不如一名扫大街的？”

人事部经理示意大家不要说话，他指着公司门口说：“你们看见没，我们公司大楼的位置正处于一个风口，这里上午刮西南风，下午刮东北风。刮风的时候，会有很多垃圾被吹到公司门口，满眼看去，尽是些树叶、灰尘、纸片等，看起来非常不雅观。”

“这和我们的工作有什么关系吗？”有人问经理。“当然有，”经理说，“你们每天下班时，都会从这些垃圾前走过，除了雷克外，你们都表现得熟视无睹。而雷克却不一样，他每天下班后，都要多干一会儿，就是把公司门前的这些垃圾清扫干净。有一天，总经理下班时，正好碰见雷克在扫垃圾。第二天，他就向我打听那位扫垃圾的小伙子是谁。所以，你们不要抱怨，最后决定是总经理下的。但是，总经理让我转告你们，清除垃圾只是举手之劳，为什么你们不愿意去做？在这件简单的事情上，我们通用的用人观点是，不需要你的‘能干’，而是需要你的‘肯干’。现在，你们明白只有高中学历的雷克为什么会被录用吗？”人事部经理的一番话，说得大家不得不服。

肯干，不仅蕴含了一种积极的工作态度，还体现了一种工作担当和敬业精神。因此，肯干的雷克被聘用，尽管大家有些不服气，但也确实无话可说。

故事告诉我们，如果能用心主动去做事，完成那些让老板或上司感动或超过他们期望的工作，你就会成为他们心目中优秀、卓越的职员，被聘用或重用就成了一件容易的事。

30 以“爱心”获聘的丽莎

纽约一所幼儿园对外公开招聘园长，优厚的待遇引来了众多报名者，其中有专攻幼儿心理学的女研究生和多名女白领。然而，最终通过测试被录用的却不是她们，而是一个学历不高、扎着小辫的名叫丽莎的文静姑娘。

经过考试后，要对通过考试的应聘者进行最后一轮面试，地点就设在幼儿园的三楼。在应聘者必经的二楼通向三楼的楼梯拐角处，有个拖着鼻涕、脏兮兮的小男孩，正泪汪汪地站在那儿盼望着什么。当一个又一个应聘者从小孩身边走过去参加面试时，只有丽莎在小男孩面前停了下来。“别哭，是不是找不着妈妈了？”她掏出手帕一边给孩子擦鼻涕一边亲切地对他说，“等我一小会儿，姐姐去去就来，帮你找妈妈好吗？”

面试一结束，丽莎就急急忙忙来到那个小男孩身边，对待自己并不认识的邋遢小男孩，她耐心地询问他、安慰他，就像哄自己的亲弟弟，真情地给他唱歌，投入地给他讲故事。这一切，都被摄入了早已架设好的摄像机镜头！

应聘者当然没有想到，这个小男孩原来是幼儿园特意安排的！

当老园长宣布丽莎被录用，并以播放丽莎如何对待小男孩的录像来说明原因时，其他所有的应聘者才恍然大悟，羞愧不已……

故事告诉我们，一个人的人品、对所爱事业的关注程度，会从其平时的言行中表现出来。对别人视若无睹的脏男孩，丽莎不仅能关注到，而且关爱有加，从而很好地诠释了她善良、热情的品格和对幼教事业的真爱，所以她成了幼儿园园长的不二人选。

31 会“微笑”的珍妮

有一个叫珍妮的小姐，一次参加一家航空公司的招聘，她长得既不出众，又没有任何背景，完全是凭着自己的本领去竞聘。最终她在众多的竞聘者中脱颖而出，被公司选中，原因呢，就是她具有的最大优点——甜美的微笑。

令珍妮惊讶的是，面试的时候，主试者在讲话时总是把身体转过去背对着她。你不要误会，这位主试者并不是不懂礼貌，他是在感受和体会珍妮微笑的音容。因为珍妮所竞聘的岗位工作是通过电话进行的，是有关预定、取消、更换或确定飞机班次的事情。

后来，那位主试者微笑着对珍妮说：“小姐，你被录取了，你最大的资本就是你自然的微笑，你不光脸上和神态带着微笑，而且说话声音也让人感受到了甜美的微笑。你要在将来的工作中充分运用它，让你的顾客都能从你的电话中感受到你灿烂的微笑。”

虽然顾客很少会看见她的微笑，但他们通过电话，就会知道珍妮的微笑将一直伴随着他们。

会微笑也是一个人的求职优势。因为会心的微笑，就像春天里温暖的阳光、轻柔拂面的清风，是吸引顾客的强力磁场。微笑可以使顾客摆脱尴尬，将烦恼或矛盾化解于无形；能使顾客紧张的情绪得以放松，戒备心和陌生感得以消除，信任感、亲切感和愉快感得以产生。

如果你能以阳光的心态、灿烂的微笑去求职，相信你获得成功的概率会增加不少。

32 吃得苦中苦的詹姆斯

维斯卡亚公司，是美国20世纪80年代著名的机械制造公司，其产品销往世界各地，代表着当时重型机械制造业的最高水平。

因此，许多大学生毕业后都想到这个公司工作，但他们的求职均遭到了拒绝。原因很简单，该公司的人员早已爆满。不过，令人垂涎的待遇和足以自豪炫耀的地位，仍然向那些有志的求职者闪烁着诱人的光芒。

有一个叫詹姆斯的名牌学校的优秀毕业生，和许多人的命运一样，在该公司每年一次的用人测试会上，他已几次遭到拒绝。其实，这时的用人测试会已经徒有虚名。然而詹姆斯并没有死心，他发誓一定要进入这个公司。于是，他采取了一个特殊的策略：假装自己一无所长。

詹姆斯找到该公司人事部，请求为公司提供无偿劳动，表示无论公司给他分派任何工作，他都会不计任何报酬来尽力完成。公司起初觉得这简直不可思议，但考虑到不用任何费用，也用不着操心，于是便分派他去打扫车间里的废铁屑。

一年来，詹姆斯勤勤恳恳地重复着这种既简单又劳累的工作。同时为了糊口，他还要利用晚上和礼拜日的时间去酒吧打工。他的辛勤付出，虽然得到公司管理者和工人们的好感，但仍然没有一个人提到录用他的事情。

1990年初，公司的许多订单被纷纷退回，理由均是公司产品质量有问题，公司将因此蒙受巨大损失。董事会为了挽回局面，紧急召开会议商议解决办法。当会议进行到一大半仍未有任何眉目时，詹姆斯闯入会议室，说自己有办法解决存在的问题。

会上，詹姆斯把出现这一问题的原因作了令人信服的分析与说明，并就工程技术上的问题提出了自己的看法，拿出了自己对产品的改造设计图。这个设计非常先进，不但克服了产品存在的缺陷，而且恰到好处地保留了原来机械的优点。总经理及董事们见这个编外清洁工如此专业，便认真询问起他的情况来。詹姆斯面对公司的高层管理人及决策者们，将自己的真实情况全盘托出。最后，经董事会表决，詹姆斯当即被聘为公司负责生产技术问题的副总经理。

原来，詹姆斯在做清扫工作时，利用可以到处走动的便利，细心察看了公司各个车间的生产情况，并一一做了详细的分析与记录。在这个过程中，他发现了公司产品存在的技术性问题，并找到了解决问题的办法。为此，他在既要来公司正常上班工作，还要另外打工挣钱糊口的情况下，不畏千辛万苦，花了整整一年时间查资料、做研究、搞设计，进行了大量的数据统计分析，为最后展现自己的实力做了充分的准备，所以他才抓住了难得的机会。

詹姆斯的故事，向我们深刻阐释了“功夫不负有心人”这句话的内涵。讲究策略、能吃苦中苦、暗中蓄力，发现难题能找到解决办法的詹姆斯，最终在正式被心仪公司聘用的同时，一下子就站到了常人难以企及的非常高的发展平台上，这不能不使人钦佩，也很值得下定决心要获得心仪单位及工作岗位的求职者加以借鉴。

33 公司聘司机

某大公司准备以高薪聘用一名小车司机。

经过层层筛选和考试之后，只剩下三名技术最优秀的竞争者。最后测试时，主考问他们：“悬崖边有块金子，你们开着车去拿，觉得能距离悬崖多近而又不至于掉落呢？”“两公尺。”第一位应聘者说。“半公尺。”第二位应聘者很有把握地说。“我会尽量远离悬崖，越远越好。”第三位应聘者说。

结果，这家公司录取了第三位应聘者。

司机的职责是开好车，而开好车的一个重要因素是安全，安全就不能冒险，更不能冒无谓的风险。所以，公司招用第三位应聘者的道理就在于此。

34 著名的测试

有一家著名咨询公司要招收一名职员，报名者众多。在公司对应聘者的测试中，有一道非常著名的测试题。

这道测试题讲的是，在一个风雨交加的晚上，你开着一辆车经过一个汽车站。车站有三个人正在等公共汽车，一个是得了急病有生命危险的老人，非常可怜，急需送医院救治；一个是你熟识的医生，他曾救过你的命，是你的大恩人，你做梦都想要报答他；还有一个女人（男人），她（他）是那种你做梦都想娶（嫁）的人，也许错过这次机会就再也难遇到了。如果你的车只能坐一个人，你会如何选择？请解释一下你的理由。

在200多个应试者中，只有一个人被聘用了。对这个关键的试题，他并没有选择其中的任何一个人，也没有解释任何的理由，只是做了这样的回答："我会把车钥匙交给医生，让他带着得了急病的老人去医院，而我则留下来，陪我的梦中情人一起等公共汽车！"

每个人都认为他的回答是最好的，但众人中却没有一个人一开始就能想到这样的答案。

这道试题，是一道对应试者综合思维能力的测试题。首先是逆向思维。如果你不会逆向思维，就会被禁锢在"选择"与"解释"之中。因为每一个选择都不会错，都有合理的理由。其次是舍与得的考量。必须先放弃自己的钥匙、放弃自己的车，也就是要放弃自己的优势或权利，才能获得自己梦寐以求的姻缘。最后就是虑事周全，实现自己利益的最大化。

被聘用者能在200多个人中脱颖而出，足见他的思维不拘常理、不落俗套，敢于否定和逆向思考，且思域宽阔、思虑周全，具备了咨询公司的聘用要求。

35 东西要倒怎么办?

有个年轻人去参加一家公司的招聘面试，公司人事主管出了一道独特的面试题：“假如你手上抱有一个很重的东西，不巧的是，有人碰了你的手一下，手上的重物即将倒下去，而且已经来不及阻止了，你该怎么办？”

“用剩余的力量，尽可能将东西倒向没有人的地方。”年轻人说。

“如果四周都是人，怎么办？”主管继续追问。

年轻人沉思了一下，接着说：“倒向男人而不要倒向女人；倒向男人的次要部位，而不要倒向他们的要害部位。”

主考官露出了满意的笑容，年轻人顺利通过了面试。

故事启示我们，即使失败不能避免，但只要我们不放弃努力，我们的精神支撑就不会垮塌，就能将失败的损失降到最低程度，还可以从失败中总结教训和经验，从而为事业的重新起航储能蓄力。因此，对面临失败不肯放弃努力的人，招聘单位是会优先考虑予以聘用的。

当失败的结局不可避免时，如果认为反正已经失败了，何必再枉费心机呢？因而放弃努力，破罐子破摔，这必然会导致最大的损失，事后也会使人后悔不迭。当然，有这种想法和做法的人如果去求职，最后被淘汰的可能性是非常大的。

36 总裁选助理

一个公司要招一名总裁助理，人力资源部最后精挑细选了12名应聘者。总裁一一约见他们进行面试，面试时只提一个问题：“在你看来，一个公司里，股东、客户和员工，哪个最重要？”

应聘者中，有的回答股东最重要，因为迎合老板很关键；有的回答客户最重要，因为客户才是企业的衣食父母；有的回答员工最重要，因为只有员工满意，客户才能满意，股东才能满意。这些人回答时，都分析得头头是道，总裁觉得他们个个都很优秀，但还是觉得欠缺点什么。

最终，总裁从12名应聘者中选出了自己认可的助理，他是这样回答提问的：“如果我是首席财务官，我一定会说股东最重要，……；如果我是首席营销官，我一定会说客户最重要，……；如果我只是一名普通员工，那我一定会说员工最重要，……。所以我觉得，这个问题的回答应该考虑不同的角色、角度，因人、因事、因情而有所不同。”

其实，总裁在提这个问题时，根本没有具体的答案，他只是想看看谁的思维更辩证、全面，谁的思辨能力更强。在他看来，考虑问题越周全、思辨能力越强，协调能力就会越好；协调能力好，就越能胜任总裁助理这个职位。

相比于其他11位应聘者，被总裁认可的那位应聘者，因为他的考虑既全面、又辩证，能站在不同的角度考虑问题，且思维缜密，回答问题滴水不漏，符合总裁内心对助理的要求，所以他才会被总裁选中。

37 包拯选师爷

北宋时期的包拯，是我国古代一位非常著名的铁面无私的清官。在他就任开封知府后，需要选一名师爷。经过笔试，他从众多的应聘者中选出10个很有文才的人进行最后面试。

包拯让人把十个人一个一个叫进去，随口出题，当面回答。面试题目出的很别致，就是问自己长得怎么样。前面9个面试者一一依序进入包拯的官署后，包拯都指着自己的脸问：“你看我长得怎么样？”那9个人抬头一看包拯的脸庞，吓了一跳：头和脸都黑得烟熏火燎一般，乍一看，简直就像一个黑坛子放在肩上，两只眼睛大而圆，瞪起来白眼珠多、黑眼珠少。他们想，如果把他的模样如实讲出来，那他一定会火冒三丈，哪还能当师爷，说不定还会遭一顿呵斥呢！不如循守常道，恭维一番，讨他个欢喜。于是一个个恭维他眼如明星，眉似弯月，面庞俊秀，纯粹是副清官相貌，气得包拯将他们一个个赶走了。

第十个应试者进来了，包拯也问同样的问题。那个人向包拯打量一番，说道：“老爷的容貌吗！……”“怎么样啊？”“脸如坛子，面似锅底，不仅说不上俊美，实在是丑陋无比，特别是两眼一瞪，还有几分吓人呢！”包拯一听，故意把脸一沉，喝道“放肆，你竟敢这样说起本官来了，难道就不怕本官怪罪你吗？”那人答道：“老爷您别生气，小人深信只有诚实的人才可靠，老爷的脸本来就是黑的，难道别人说一声白就变美了吗？老爷虽然相貌丑，但心如明镜，忠君爱国，天下人皆知‘包青天’的美名，难道老爷没有见过白脸奸臣吗？”一席话说得包拯心中大喜，即日便聘他为师爷。

第十个面试者之所以成为幸运者，是因为他是一个不媚上、有哲思的智慧之人。他敢说包拯的缺点且所说的都很实在，他的赞扬更是说到了包拯的心坎上，足见其处事辩证且心思缜密。由缺点推到优点，通过对包拯相貌的据实而言和人品的真诚赞美，终使他争取到了能够施展才华的心仪职位。

38 选尖底桶的人

古时候，有位皇帝想选一位使者，出使路途遥远、千难万险的一个国家。为了找一个可担此任的使者，皇帝让人在全国范围内进行选拔。

经过层层筛选，最终确定了两位候选人。可皇帝无法从中选出一个最好的，于是，便去一个著名禅寺找智慧的方丈帮忙。

方丈听完皇帝的来意，沉思了一会儿，便带着皇帝和两位候选人来到斋房。斋房里堆放着几种水桶，方丈对两位候选人说：“你们一人选一对桶，从山底挑一担水上山，看谁先到达山顶。”两人各有所思，打量了一阵，便过去选桶。第一个人将水桶反过来倒过去地比较，最后选择了其中两个最小的桶；第二个人则从中选择了两个尖底水桶。然后，两人便下山挑水去了。

两位候选人走后，方丈笑着问皇帝：“陛下认为哪一位可先到达山顶？”皇帝一笑，对方丈说：“当然是选小桶者先到。”方丈摇了摇头说：“老衲认为，选尖底桶者应先到。”皇帝不信，便和方丈打赌。

一个时辰后，有人到达了山顶，还真应了方丈所言，果然是挑尖底桶者。皇帝不解，忙问为什么。方丈则叫来那位候选人，问道：“施主为何选尖底桶？”那位候选人笑着对方丈说：“挑起尖底桶，可以催促我赶快上山啊！因为我挑起担子便不能让桶再着地，一旦着地，水便会泼掉，我就完成不了任务。所以，为了不让水泼掉，我必须持之以恒地走下去，直到上了山顶。所以，我选了尖底桶。”皇帝听后，豁然开朗，心中便有了出使的人选。

不一会儿，挑着两只小桶的人也到了山顶。当他知道自己不是先到山顶的人时，一脸羞愧。方丈把他叫了过去，问道：“施主知道自己为什么没有先到达山顶吗？”那人面露愧色，对方丈说：“我原以为我的桶小，挑起来省力，肯定会比他先到，所以在路上没有太急……”

最后，选尖底桶的候选人如愿以偿地成了担当大任的使者。

每个人心中都有梦想，可能否使梦想成真，取得成就与成功，关键在于能否负重前行！勇于逼迫自己，敢给自己压担子，持之以恒地艰难前行，就能到达梦想的顶峰。给自己减负，会在无形中松懈进取的意志，虽使你享受一时的轻松，却让你无法实现梦想的目标。

故事中选尖底桶的人之所以能够如愿以偿被皇帝选中，就是因为在不同的选择面前，他没有挑肥拣瘦，而是选择了勇敢的负重前行。

39 彼得罗一世选法官

从前，西班牙有一位叫彼得罗一世的国王。一天，他宣布将要公开选拔一名大法官。

有三个人毛遂自荐，一个是宫廷的贵族，一个是曾经追随国王南征北战的勇猛武士，还有一位是资深教师。在宫廷人员和三个候选人的陪同下，国王离开王宫，率领众人来到一个池塘边。池塘的水上漂浮着几个橙子。

“池塘上一共漂着几个橙子啊？”国王问贵族。

贵族走到池塘边，开始点数。

“一共6个，陛下。”

国王没有表态，继续问武士同样的问题：“池塘上一共漂着几个橙子啊？”

“我也看到了6个，陛下！”武士甚至没有走近池塘就直接回答了国王的提问。

国王没有说话。

“池塘里有几个橙子啊？”国王最后问教师。

教师什么也没说，径直走近池塘，迅速脱掉鞋子，跳进池塘把橙子拿了出来。

“陛下，一共是3个橙子！因为它们都被从中间切开了。”

“你知道如何执法”，国王说，“在得出最后的结论之前，应该先行证明，因为并不是我们所看到的就是事情的真相。”

教师自然成了国王心目中想要选用的大法官。

故事告诉我们，生活是复杂的，我们遇到的情况和问题也可能是多种多样的。所以，遇事需全面观察，认真分析，深入论证，千万不要根据表面现象就轻易做出评判或抉择。否则的话，就可能被假象迷惑，分不清是与非，步入失败的误区。

对故事中的贵族和勇士来说，他们根本就不知道，作为一名称职的大法官要判断事情，最重要的是去求证，获得足够的证据，所以在看到表面现象后就轻易下了结论，那么他们不被国王选中就是再自然不过的了。

PART TWO

第二篇
履职与尽责

履职，即履行自己的职责，就是按照自己的岗位职责或要求，开展相应的工作。尽责，就是尽到自己的责任，履行好自己的职责，将工作做到位。履职与尽责，是职业工作的做与做好的关系，两者都体现在工作的践行之中。

一个人如果仅仅讲履职，只是被动地、不付出努力和艰辛地将工作做完了事，那他就是一个对工作不尽责的人，注定会是一个一事无成的平庸者；反之，在工作中积极主动、尽心竭力地履职，付出自己的思想、勤奋、智慧和坚持，那他就能尽到、尽好自己的职责，就能尽自己最大努力将工作和事情做到最好，那么工作的成效、薪职的提升、事业的成就，以及人生的财富、荣誉与成功就会因此接踵而来。

1 细心把事“做好”的看车大妈

在某市一家麦当劳店门口，有个看自行车的大妈。

夏天时，她都会给所有自行车的车座，覆盖上自己带来的塑料布。顾客取车走时，她还会笑着拧一把湿布，帮你擦擦车坐垫，降降温。她从来没有开口，但很多人会主动多给她一点钱，还连声道谢。

大妈和其他只是看车人的区别，就是“做好”和“做了”的差距——在收入上，差距至少是一倍；在认可度或成就感上，被人感谢与不被人感谢，差距那真是大了去了。

看车大妈的故事告诉我们，即便是再普通、平常的一件小事，履好职、尽到责的“做好”与仅仅履行了职责的“做了”是大有区别的。区别就在于前者不需要用心和更多付出，而后者则必须用心并付出更多，才能让顾客从心底感到满意。

2 用想象力解决难题的青年工人

有家建筑公司的经理，一次偶然看到一份购买两只小白鼠的账单，不由好生奇怪。经了解，这两只小白鼠是他的一个青年工人买的。

他把那位工人叫来，问他为什么要买两只小白鼠？工人回答道：上星期我们公司去修缮的一所房子要安装新电线，必须把电线穿过一根10米长但直径只有几厘米的管道，而管道砌在砖墙里，并且弯了4个弯。大家试了多次也没穿过去，而且谁也想不出办法怎么让电线穿过去。最后，我想到了一个主意。我到一个小动物商店买来两只小白鼠，一公一母，然后把一根小细绳绑在公鼠身上并把它放到管子的一端，让一名同事把那只母鼠放到管子的另一端，逗它吱吱叫。公鼠听到母鼠的叫声，便沿着管子跑去救它。公鼠沿着管子跑，身后的那根小细绳也被拖着跑。之前我们就把电线拴在细绳上，小公鼠就拉着小细绳和电线跑过了整个管道，这样，我们的难题就解决了。

经理听后，对自己手下这位青年工人用想象力巧妙解决难题的做法，给予了由衷的称赞，并认为这个小伙子是一个做事喜欢动脑筋的人。在以后的日子里，这位青年工人也得到了经理的重用和提拔。当然，青年工人也屡屡以自己的创新之举，为公司发展解决了许多难题，创造了源源不断的价值。

想象力，是创新与创造的源泉，是解决工作难题、履好职、尽好责的重要推手，是人所具有的一种强大软实力。工作中如果你能有意识地开发与运用自己的想象力，你就能成为一个遇事有办法、有所创新和创造的人，那么履好职、尽好责自然不在话下。

3 干成大事的养路工

吴磊，只是一名普通的最基层的秦巴山区的铁路养路工，但他心怀梦想，在艰苦的工作之余，努力学习新知识、新技术，不畏艰辛，克服重重困难，最终用自己设计的落石监测系统，解决了铁路线山体滑坡危害的难题，为保障山区铁路线的安全做出了突出贡献，从而在平凡岗位上干成了人所难干的大事，在履职尽责中成就了自己的卓越人生。

高中毕业的吴磊，经历了军旅磨炼。从部队复员，他在技校学习了一段时间后，便来到川陕交界的大巴山，成了一名铁路养路工。工作中，他的一项重要职责就是把上级下达的紧急文件等信息传送给每个铁路段的工友们。但由于地理条件限制，工段上工人接收信息的渠道十分有限，等他把文件送到时，有些文件已经失去了“紧急”的效应。

一个偶然的机会，吴磊接触到了云计算。于是，喜欢互联网技术但只有高中学历的他，一边刻苦自学，一边通过各种渠道拜师求教，硬是靠着一股子钻劲，运用云计算设计出一个文件传输系统。这样一来，上级的文件和指令便能迅速传到大山深处，从而保证了文件、指令的及时贯彻和生产安全。

走在移动互联网的最前沿，充分服务于自己喜爱的工作，一直是吴磊的梦想。为此，他把所有业余时间都花在学习编程、网页制作上，同事们都知道他是一个电脑迷，但根本没人相信他能搞出什么大名堂。

一次，吴磊从电视中得知，湖北南漳一酒店后山突发山体崩塌，酒店部分房屋被掩埋。这让他触目惊心，他当时就想，难道就不能像天气预报一样，对各种地质灾害进行准确的预测吗？于是，爱钻研的他说干就干。

他所处的秦巴山区，是个人烟稀少的贫困地区，每年四五月份风沙肆虐，而到了夏天，气温常常高达40℃。面对如此恶劣的环境，他没有被吓到。为获取更准确的数据信息，他与同事们一直坚持奋战在崎岖的山路上，靠着一股子拼劲，运用云计算设计出一套落石监测系统。

系统设计出来后，吴磊并没有停下脚步，而是继续完善设计。那一段时间，他经常加班到深夜，有时一干就是一个通宵。后来，在阿里巴巴集团王坚博士的帮助下，他成功利用北斗定位系统，做到了可以实时获取滑坡体位置的信息。接着，吴磊与同事们在容易滑坡的地点安装了含有太阳能供电系统的观测桩，结合云计算和地基增强系统，可以将北斗定位系统误差修正到毫米级别。

就这样，通过落石监测系统，铁路养路工人们就像有了超能力一样，坐在电脑前，对山体发生的微小移位都可以看得一清二楚。再将这些移位数据进行分析处理，他们就可判断出山体是否会发生滑坡，以及滑坡的具体时间，这就为防范地质灾害、保障铁路线的安全运营提供了强力支撑。

通过落石监测系统的设计、完善和运用，吴磊由一名普通的基层工人迅速成长为一名有杰出贡献的专家，崇高的荣誉、更重要的职位以及更丰厚的收入，自然会与他紧紧相随。

吴磊的故事告诉我们，学历不高、身处基层、条件艰苦的人，一样能干成大事。关键是要心怀梦想，树立“兵为将谋”的大志，立足本职、刻苦学习、勤于钻研、善于合作、勇于实践、锲而不舍，这样，你就能卓越地履好职与尽好责，在普通岗位上超越自我，取得一般人所不能取得的成就。

4 把工作做到心坎上的郭先生

大学毕业的郭先生，是一家外资公司做行政工作的职员。

按照惯例，每年年终的时候，公司都会召开全国代理商大会，一是为了交流经验，二是趁此机会，老板代表公司表达对大家的感谢。公司总部在新加坡，平时董事长很少来中国，但每年年终大会的答谢晚宴，他一定会来参加。

又是一年的年终答谢会到来了。原来一直担任答谢会主持人的行政主管，因为生病住院，公司就把主持的任务临时交给了郭先生。按照一般人的想法，主持一个晚宴并不复杂，无非就是耍耍嘴皮子，把气氛搞得热烈一些。但郭先生觉得不能小看这顿晚宴，董事长和大家见一次面很不容易，一定要想办法创造出最好的气氛来。

既然见面，一个重要环节是互相介绍，能不能从这里下功夫？他开始琢磨起来，董事长和大家难得见一次，就算以前和一些代理商见过，可能很快就忘了。另外，每年都有新的代理商加入，还有一些代理商换人，所以，绝大部分的代理商，董事长都不认识。

可能很多人会想，不就一个介绍吗？把董事长往大家前面一领，挨个说："这位是山东的李总，这位是湖南的王总……"互相握个手，寒暄几句，也就完了。事情并不像大家想象的这样简单。晚宴开始前，董事长在贵宾室休息时，郭先生准备了一张上面有内容的纸，折叠好让人送给了董事长。

很快，晚宴正式开始。董事长做了一个简单的开场讲话后，郭先生就领着董事长逐一来到经销商桌前，挨个介绍："这是山东的总代理。"董事长一听，立即握住对方的手，热情地说："李总，您好啊！去年，山东的销售额做到12亿元，是中国区业绩最好的，非常感谢您。"李总不觉一愣，心想："我们是第一次见面，他怎么对我的情况这样清楚？"随即，李总觉得心里暖洋洋的。接下来的介绍，董事长叫出许多经销商的名字，讲了他们的业绩，与他们有了更多交谈的实际内容，让大家有了一种前所未有的好感觉。

对一些代理商，董事长根本没有见过面，怎么会了解他们的情况呢？原来，秘密就在郭先生递的那张纸上。纸上简要明了的表格，按业绩大小列好了一些重点代理商的名字、他们当年经营的具体数据等情况，再加之董事长超强的记忆，情况就不难理解了。结果，这一年的晚宴，比以往任何一年的气氛都要融洽。不少代理商向董事长表示，来年一定要做得更好。

而董事长呢，以往多次参加晚宴，都是人云亦云空寒暄，唯有这一次的郭先生那么用心，自己没有想到、没有要求的，小伙子主动想到、做到了，觉得他把工作做到了自己的心坎上。事情过后，郭先生很快被提拔。7年之后，他成了公司的中国区总裁。

在一次论坛会上，有人就此事向郭先生提问：同样一件事情，许多人都在做，为何其他人做不到这样好的效果？而他是第一次主持年终代理商宴会，就能做到与众不同，从而赢得一般人得不到的机会呢？他的回答很简单："没别的，不管干什么工作，我都要求自己，既然要做，就一定要尽力做到最好。"

郭先生因一件偶然事情而受到老板青睐的故事，包含着一种工作尽职尽责、做事尽心尽力的必然性结果。所以无论做什么工作，一旦你具备了"竭尽全力将事情做到最好"的精神，就没有做不好的事，即使出现的机会非常偶然，你也一定能够及时将机会抓在手里。

5 张凯被提拔的秘诀

张凯和李明都在一家公司的超市工作，他们进入这家公司的时间相差无几。开始时，两人一样，都从最底层干起。可不久，张凯便受到总经理的青睐，一再被提升，从领班直到部门经理。而李明呢，虽然工作也很努力，但像被人遗忘了一样，一直是底层的一般职员。

终于有一天，李明忍无可忍，向总经理提出辞呈，并痛斥总经理用人不公平。总经理耐心地听着，他了解这个小伙子，工作吃苦肯干，但似乎缺少了点什么。缺什么呢？他忽然有了主意。

"李明先生，"总经理说："请您马上到集市上，去看看今天有什么卖的。"李明很快从集市回来说："刚才集市上只有一个农民拉了一车土豆在卖。""一车大约有多少袋，多少斤？"总经理问。李明又跑出去询问，回来说"有10袋，大约1000斤。""价格怎样？"李明再次跑到集市上又跑回来。

总经理望着跑得气喘吁吁的李明说："请休息一会儿吧，你可以看看张凯是怎么做的。"说完，他让人叫来张凯说："张凯先生，请你马上到集市上，去看看今天有什么卖的。"一会儿，张凯从集市回来了，向总经理汇报说：到现在为止只有一个农民在卖土豆；车上的土豆有10袋，大约1000斤；每斤五角钱，价格适中，质量不错；而且这个农民还说，过一会儿另有几筐西红柿拉来卖，并对总经理建议说：这个农民的菜质量不错，价格公道，可以进一些货。并判断这种质量和价格的土豆总经理可能会感兴趣，所以他不仅带回了几个土豆样品，而且还把那个农民也带来了。总经理看了一眼尴尬万分的李明，对张凯说："请那位农民进来。"……

张凯被提拔的秘诀，就是在工作和具体事情的处理上，他能结合自己的工作实际，比李明超前多想了几步或几个方面，对自己经过思考认为正确的，不仅能向老板提出自己的建议，而且还主动采取了措施。所以，他得到老板的青睐是令人信服的。

其实，人与人的差距，更多体现在思想方法上，虽然初始时像亚马孙河的蝴蝶扇动翅膀，就那么一丝丝微风，但日积月累就会不断放大。一个人工作中要获得加薪、晋级，走向成功，必须从履好职、尽好责开始。这需要结合工作实际，主动思考、观察、学习和总结，采取合适的方式方法积极做事，把自己的工作干好、干到位。反之，不积极思考、增长智慧、主动决策与行动，仅仅靠一味简单苦干，干一步说一步，只埋头拉车而不抬头看路，结果常常是原地踏步，今天仍旧重复昨天的故事。

张凯被提拔的故事告诉我们，要切实履好职、尽好责，不仅需要实干苦干，而且更需要动能、悟性与洞察力。只有在工作中态度积极，善于学习、思考与总结改进，增强沉稳和随机应变的能力，才能把工作做得滴水不漏，才会获得老板的青睐，从而在成功的道路上不断前进。

6 "孺子牛"与"望天猴"

职场上努力上进的人，有两种类型，一种是"孺子牛"，即努力工作但不重视甚至不屑于及时请示和汇报的人；另一种是"望天猴"，即不仅认真工作还经常积极主动请示、汇报。你到底要做哪一种人呢？许多人的选择可能是"孺子牛"，认为踏实勤奋、埋头苦干更靠谱。但实际情况是，"孺子牛"往往敌不过“望天猴”，因为“望天猴”更容易得到老板的认可与信赖。

有这样两个年轻人，一个是“孺子牛”小范，一个是“望天猴”小刘。他们俩在大学毕业后同时进入一家公司，两人专业知识都很扎实，工作也很勤奋，个人工作业绩也都不错。可是几年后，小刘成了业务主管，小范却依然默默无闻。为此，私下里有许多议论，甚至有人说小刘是老板的亲戚。有人就他俩的情况问过他们的上司，但上司只说了一句话：“只是有的人做事让你放心而已！”

原来小范只知道埋头工作，很少主动向上司请示汇报工作。而“望天猴”小刘呢，非常懂得工作汇报和请示的重要性，除平时有机会向上司汇报谈心培养感情外，有事主动向上司请示，在事情办理的一些环节或办完后，及时向上司汇报办理情况或办理结果。如每次出去谈项目，小刘都要在结束后的第一时间将情况报告给自己的上司，遇有一些特殊情况，也总是先请示上司有什么意见和指示，再作决定；每次出差在外都要报告工作情况，回公司的第一件事也是先向上司汇报事情的办理情况。

所以，上司对小刘做的事儿既了解又放心，非常愿意安排给他一些重要的项目和外出任务。这样一来，小刘就掌握了很多资源，建立了广泛的人际关系，业绩提高得也很快，在公司的地位和影响也越来越大，提升他做业务主管就成了水到渠成的事。

努力履职尽责，取得职场成功，是许多人的想法。但是，埋头苦干并不意味着就是履好了职、尽到了责，就能在职场取得好的收获。因为通过吃苦耐劳，以甘当“孺子牛”来获得老板认可与赞赏的做法，已经很难在职场取得实效。而在努力工作的同时，重视沟通，善于汇报，如何把事情做得使上司真正放心、安心、称心，才是能否真正将履好职尽好责落到实处、取得进步与成功的关键。

7 小李为什么被评为优秀？

小李是一家知名机械公司的工人，他连续多年被评为优秀员工。

一次聚会时，好朋友小王问他："老哥，说实话，你工作虽然很努力，但工作成绩大家有目共睹，并不是最出色的啊，可为什么年年都被评上优秀呢？"

"当领导批评我时，我并没有立即反驳它，为自己辩解，对吧。"小李呷了一小口酒，问小王。小王点了点头。

"可是，没有当面反驳并不意味着我放弃了自己的原则。有时当领导因误会批评我时，我会在事后，等他心平气和时，再私下里求见他，向他解释清楚。这样，既给了领导面子，又为自己讨回了清白。所以，大小领导都喜欢我。"

"这一招，真是高！"小王佩服地说，"那么你又是如何讨好所有同事呢？"

"讨好！你见我讨好过谁了？"小李又呷了一口酒，"那不叫讨好，叫真诚赞扬，因为没有人不喜欢被别人肯定。就拿上次小张那件事说吧，他独自开发了一个新项目，取得成功时，除了我之外，没有一个同事向他表示祝贺。我却当众向他表示祝贺，是因为我真心佩服他。他能克服重重困难，独立开发出一个新项目，就证明了他与众不同的能力。但那天下班回家时，我特意和他一起坐车回家，路上我告诉他，他那孤僻和清高的性格应该改一改，因为大家都各有所长，你如果能和大家团结在一起，工作肯定能取得更大的成就。"

"那小张听了你的话吗？"

"当然，小张说他非常感谢我当众对他的赞扬，也很感激我能在私下里指出他的缺点。所以，我们现在也成了'铁哥们'。"小李说完，又开心地呷了一口酒。

小李的故事告诉我们，在努力工作的同时，如果你既能站在对方的立场或角度考虑问题，宽容地对待他人，顾及别人的面子，又能坚持自己正确的做人原则，巧妙地让别人理解自己的观点与做法，就会获得别人的认可与称赞，就能为自己创造良好的职场环境，那么"优秀""先进"的荣誉还会不经常亲近你吗？

故事也说明，要履好职、尽好责，获得大家的认可与称赞，不能只管"自扫门前雪”，仅仅做好自己的本职工作而不讲协作与配合是不够的，而是要把人缘做好，会沟通、讲合作、肯付出，处好上下左右的关系，在营造团结、和谐的氛围中发挥正能量，这更会有利于公司事业和自己职业生涯的发展。

8 多做分外事的唐朝晖

唐朝晖，2007年联合创建艾德思齐科技有限公司，成为艾德思齐的董事长；是“2014中国互联网经济年度人物”，在数据挖掘领域和搜索引擎技术上持有20多个美国的专利权。

唐朝晖之所以能在事业上取得如此优异的成就，与他多做一点“分外事”是分不开的。

20世纪80年代末，在美国留学的唐朝晖，有机会进入微软公司做了一名普通的经理秘书。这份工作，说好听了叫秘书，说现实一点就是打杂，专门做一些整理文件、打印材料之类的细小琐事。

这样的工作单调而乏味，公司里很多从事和他同类工作的人都觉得无所谓，差不多把工作混过去就算了。可心怀事业梦想的唐朝晖，却总是一丝不苟地完成每一项任务，不仅如此，如果发现有同事因为偷懒或粗心做漏了一些事情，他也会主动去帮忙。那些美国年轻人看唐朝晖这么“笨”，就经常出于一种欺负他的心态把自己的工作推给他去做，唐朝晖对这些“分外事”也从不抱怨。

在公司做了一年的秘书后，唐朝晖发现公司的很多文件中都存在问题，甚至在经营运作方面也存在不少漏洞。虽然同事们对这些问题视而不见，但他却主动将如何解决这些分外的问题当成了自己的职责：每天除了做好自己的本职工作之外，他还针对存在的问题，主动搜集资料，进行分类整理和数据分析，然后写出改进或解决的建议或想法。有时候，为了弄清一些复杂的问题，他还经常去图书馆查阅资料或者请教专家……

就这样加班加点辛勤工作了一年后，唐朝晖已经整理出厚厚一叠的运行分析和发展见解材料，在将材料形成报告后，他将报告交给了分部经理。分部经理看了之后，惊讶得说不出话来，连忙将其作为一份“珍贵资料”呈给了总裁比尔·盖茨。比尔·盖茨详细阅读了这份报告后，同样也被里面的内容深深吸引，马上叫人把唐朝晖请进了自己的办公室……

几天后，比尔·盖茨决定将唐朝晖提升为部门经理，并让他领导公司的其他一些骨干人员一起仔细研究这份材料，查漏补缺，制订出更加完善的策略。也就是在此期间，唐朝晖为公司发明了微软关键字服务平台，进一步保障和推动了微软公司的业务发展和效益提高。唐朝晖也凭着这份“多做一点分外事”的精神，在微软公司里获得重用与提升，他在微软公司担任首席部门经理长达10年之久，为微软公司的全球发展立下了汗马功劳。

后来，唐朝晖回国创业，在北京创办了艾德思奇数字营销公司并亲任CEO。在随后10年时间里，他把艾德思奇打造成了一家拥有超过400名专业员工，在中美两国设有多家办事处的行业领导者，其尖端软件和服务更是遍及世界各地。

唐朝晖的故事告诉我们，作为一名心怀事业梦想的打工者，如果你能处处为公司着想，把公司的事当成自己的事，把一些“分外事”当成“分内”的事来做，在发现阻碍公司发展的问题时，不抱怨、不躲避，也不仅仅是把问题反映出来，而是能结合实际对问题进行认真的钻研分析，提出解决问题的意见或建议，并及时报告给上司，你就能成为一个卓越的履职尽责者，就能很快得到上司的提拔或推荐，受到公司的重用，从而也为自己积蓄能量和资源，为开创自己的事业打下基础。

9 走在老板前面的主编

为人低调的刘明，是一家大型企业的内部报刊主编，工作任务就是每周出一期报纸。曾有几次，他因给董事长写文稿，受到董事长的口头表扬。

有一年，以往给董事长写年终工作报告的董事长助理因故外出，董事长就让刘明“操刀”来撰写工作报告。刘明放弃休息，利用春节放假一周的时间，加班加点完成了工作报告。后来，报告受到了董事长的肯定和大家的好评。

但是，刘明觉得因为缺少素材，报告写得还有不足之处，如果时间和素材再充裕些，报告还可以写得更好。事后，他怕董事长会叫他写下一年度的工作报告，于是就多了一个心眼，平时就主动收集素材。如董事长在哪儿发表讲话了，有什么新观点、新提法，他就收集起来，每季度还到财务部门收集有关的数据；他也采访了一些创业初期的老员工，更加全面地了解企业发展的历史和董事长的思想、观点。就这样，在日常工作之余，他就在准备董事长的年终工作报告，并不断进行打磨、修改、充实与完善。

果然，第二年董事长又让刘明写年终工作报告。这一次他交上去的报告，董事长看了很满意，标题新颖，警句频出，朗朗上口。董事长在工作大会上作完报告后，受到大家的“热捧”。而幕后的功臣刘明，也因此更加受到董事长的重视，加薪提职也就成了顺理成章的事。

要想在职场受到重用，一个最好的办法，就是日常履职时多付出，将今天的工作消化在昨天，将预知的工作消化在日常，让自己走在老板的前面。这样，才能将工作做扎实、做到位，使自己的履职尽责行为超出老板的期望，从而增加你在老板心中的分量，增强老板对你的需要和依靠，你的付出也必定会获得更高、更好的回报。

10 主动打扫卫生的李强

李强曾是一个名牌大学的理工科学生。大学毕业后，他被分到了一家国有电子企业，从事化工配染工作。

刚下车间那会儿，李强的工作简单而枯燥。师傅说，拿矢量剂来，他立马去拿；师傅说，去拿烧杯，他马上递上；师傅说，剂量称好摇匀，他二话不说照办。敏感的李强注意到，师傅带领学徒干活儿倒也尽心尽责，但却从不把手中的配方传授给他，个中原因，大家心照不宣。

一天下班后，李强轮值打扫卫生。在倒纸篓时，他多了个心眼儿，纸篓中的一个纸团引起了他的注意。他小心翼翼地展开纸团，不禁眼前一亮，原来正是师傅下午用过的配方。第二天，李强主动请缨，对师傅说：“今后打扫卫生的活儿都交给我吧，您回去多陪陪师母。”师傅欣然应允。从此，李强每天都负责打扫卫生，当然也会收集到不同的配方。

一段时间后，师傅因老家有急事请假几天。这期间，厂里接到一个紧急任务，需要一种产品的配方，车间主任急得满头大汗。李强对主任说：“我来试试行吗？”主任满腹狐疑：“你行吗？”李强说：“您放心，没问题，我立军令状。”主任将信将疑地同意了。

后来师傅假满归来，内心忐忑的主任赶紧请师傅进行核查，结果完全符合标准。主任用欣赏的目光看着李强，说道：“真有出息，你一个参加工作不久的小伙子也能完成这样的任务，不愧是名师出高徒哇。”师傅在一旁不知如何应答，李强笑笑，说：“都是师傅平时教得好。”这句话让颇显尴尬的师傅顿时轻松了许多。

过了几天，厂里召开职工大会，领导除了表扬李强外，还隆重表扬了师傅。领导是这样说的：“我们这位师傅教徒有方，他带的徒弟时间不长就可以独当一面，其他师傅要向他学习，要勇于丢弃教会徒弟饿死师傅的落后观念。”通过这件事，师傅觉得李强聪明懂事，好感顿生，以后就主动把一些配方和经验传授给他。在师傅的悉心指导下，李强的技能快速提升。

同时，李强也在结合实际刻苦研究本领域的前沿理论。不久，总经理办公室收到一份建议书，起草者正是李强。李强根据厂里的实际情况，用离子分析、科学预算等方法，提出了一份关于减少化工原材料消耗的建议书。这份建议书经过厂领导班子的讨论，4天后开始执行，8天后得到证实——每月能为厂里节省8万多元的原材料。

从此，李强越发受到领导的器重，从而快速地从一名工人提升为车间副主任、主任，继而迈进了企业的高层领导班子。

假如你是一位名牌大学毕业的职场新人，尽管你有令人羡慕的学历或不平凡的过去，但作为一个新入职者，就必须了解并顺应职场的法则和潜在规则，主动从微不足道的小事做起，做到工作上勤奋、精细和为人上的谦逊、低调。这样，你才能为自己营造良好的工作环境，把握难得的机遇，从而在履职尽责中如鱼得水，发挥自己的能量，有所作为、有所成就。

⑪ 负完责再走的唐佣

唐佣是某市一家杂志社的编辑兼撰稿人。一次，深圳一家为他开了两年专栏的杂志社老总打来电话，建议他“换个工作环境”，收入待遇是他现在的3倍。这样的好事他当然无法拒绝，但是他请那位老总等他3个月。

唐佣请老总等他3个月的原因，是因为他跟原单位的合同还没到期。也许他不应该让人家等那么久，因为那时候离合同到期只有一个月了，他把离开的时间定在3个月之后，是觉得应该给单位足够的时间去寻找接替他的人。

一个月之后，单位果然还没有招聘到合适的接替者。这不是单位的要求高，而是他们只想招到一个对待工作跟唐佣差不多的人：认真负责，勤勤恳恳，任劳任怨。这12个字，是社领导平时对他的评价。

虽然还没有找到接替者，但这并不意味着唐佣走不了。实际上，通情达理的社领导尽管一直对他的工作评价很高，舍不得他离开，但是他们已经意识到耽误他的“前程”是一件不道德的事，既然他们无法给他“好处”，那么他们就没有权力不让别人给他“好处”，所以他们并不阻拦他，甚至动员他早点走，担心再耽误下去，深圳那边会变卦。

坦率地说，唐佣也想早点离开，早点到深圳去挣高工资，甚至恨不得插上翅膀马上飞过去。可他是个说话算数的人，不能把自己的承诺当作一个玩笑，否则就一钱不值；承诺一钱不值，那么做出这个承诺的人也一钱不值。他不知道这是否合乎逻辑，但他就是这么想的。

又是一个月过去了，单位经过无数次大浪淘沙，终于挑选到一个不错的小伙子。但唐佣仍然没有急于离开，因为小伙子是个新手，他觉得有责任向他传授他的“工作经验”。直到小伙子上手了，他才去了深圳。

在离开的头一天，单位全体人员设宴为唐佣送行。那是一个令人动容的场面，他的眼睛不知红过多少次，因为在频频碰杯的过程中，他不知听到过多少次这样的嘱咐：“唐佣，如果在深圳待不下去了，就回来，这里的大门永远向你敞开。”说这些话的，不仅有领导，还有同事。虽然他并没有当真，但是不争气的眼泪，最终还是流了出来，险些让他放弃赴深圳的决定。

唐佣在深圳待了不到四个月，他们的“预言”果然变成了现实：由于一些他至今无法得知的原因，当初请他加盟的老总被排挤出局；新老总一直是原老总的死对头，他是原老总请来的，自然也是新老总的死对头；既然是死对头，那么自然只有走人的下场。

事情发生得太过突然，唐佣一点思想准备都没有，有些措手不及。深夜，他终于忍不住给原单位领导打了个电话。他并不希望他们能够再次将他“收留”，但是觉得应该把他的情况告诉他们，因为这也是他当初的承诺。

唐佣已经想好了：打完这个电话，就收拾行李回家。然而，出乎意料的是，他的话音刚落，老领导就在电话那头说：“如果你不嫌待遇低，就回来干。”“可是，你们已经不缺人了，其他几位领导，能同意我回去吗？”他问道。老领导说：“明天我们开会研究一下，你等我的消息。”第二天他得到的消息是：“一致欢迎你回来。”

自那以后很长一段时间，唐佣都没弄明白他们为什么一致欢迎他回去，因为有了他这个“多余人”，意味着他们将多付出一个人的开支，而单位早就“断奶”，这又意味着什么，不言而喻。后来他才知道：正是他当初对工作“负完责任再走”的态度与做法，成了他“绝路逢生”的“救命稻草”。

在人们的职业生涯中，工作究竟做得好还是不好，究竟尽到了责还是没有尽到责，一个重要的决定性因素，就是是否具有对工作认真负责的态度。有了这种态度，你对待工作一定会尽职尽责，单位领导或上司对你的认可与肯定自然不在话下，工作就会成为你的“铁饭碗”。

12 有办法的街道干部

在某市一个小区里，有一栋新建的居民楼，住户都已经搬进去一年多了，可煤气一直都没开通。原因是这栋楼有好几个单元房没人住，房主又找不到。

开始时，居民们反映到煤气公司，煤气公司说我们找了居委会，也找了物业，可都没办法找到房主，我们进不了房，所以没办法测试气压，所以也是干着急。

居民们又找到物业和居委会，他们都说我们也都想方设法与户主联系了，有几家实在联系不上，我们总不能干违法的事，撬开人家的房门进入房间吧。

居民们也向有关方进行了投诉，但问题都没能得到解决，一拖就是一年多。有位街道干部知道了这一情况，他对居民们说：“人不能被尿憋死，你们放心，我来想办法尽快解决，总不能因几户找不到人而影响一百多户居民用煤气吧！”经过认真考虑后，他让物业和居委会各派一个负责人，让楼栋的居民们选出两个代表，又请了管户籍的民警参加，四方共同见证，最后请开锁公司派人开锁进户、煤气公司派人测试气压等，并对大家说如果出了问题由自己来负责。

结果呢，在这位街道干部的推动和主持下，没过几天，这栋楼的居民们都用上了煤气，一直拖了一年多的问题终于得到了圆满解决，居民们也都在内心为这位街道干部点赞。

作为一名基层街道干部，履职尽责的一个重要体现就在于积极作为，能够解民难、舒民忧。而要做到这一点，必须有敢于负责、勇于担当、甘冒风险的精神。有了这种精神，工作起来就会主动、认真，就没有想不出来的办法，没有不能采取的措施，没有解决不了的难题。

故事启示我们，无论做任何事情，只要有了积极作为的态度和担当精神，方法就一定会比困难多，再大的难题也能及时解决，履职尽责中就会亮点频出，工作中就会取得一般人无法取得的绩效。

13 走出职场阴影的小程

女孩小程名校毕业后，到了某市的一家服装设计院工作。从小学、中学到大学，小程一直都很优秀，可参加工作后一直不顺畅——老是和周围的同事、上司搞得磕磕绊绊。

陷入职场阴影的小程，曾到一个亲戚那儿哭诉。亲戚听了，也都是些鸡毛蒜皮的小事。譬如，她下班喜欢待在办公室多看些资料，便有同事说她想表现自己来吸引领导注意；她在业务研讨会上谈了设计改革理念，得到总经理几句口头表扬，办公室的几个同事便都给她丢脸子，阴阳怪气地说她“真有本事”，有的还私下里散播她的蜚短流长；她大学学的是英语，为了能博采众长，业余时间到一家语言学校学习意大利语，又招来冷嘲热讽，说她哪里是学习语言呀，是为了傍个老外……

以前热情开朗的小程，两三年下来，弄得情绪低落，经常唉声叹气。怎样帮小程走出这种阴影呢？一次，亲戚给小程出了这么一个主意：不和他们“缠斗”，专心致志搞你的业务工作。并告诉小程，嫉妒往往发生在差不多同一个档次的人之间。只要你业务上脱颖而出了，这些蜚短流长自然就会消退。你可以嫉妒周围的张三、李四，有谁嫉妒过爱因斯坦、鲁迅？路边一块小石子，可能很多路人都会踢上一脚，而面对着大山，大家都只有仰视的份了。所以，与其和人无谓“缠斗”，不如踏踏实实学好本事，扎扎实实壮大自己。

亲戚的话，小程显然是听进去了。有一年多了，亲戚再没有听到过她抱怨什么，明媚阳光又回到了她的脸上。倒是有一次，亲戚在报纸上看到过她获得一个服装设计奖的消息。元旦前的一个晚上，小程打电话告诉亲戚，最近又在上海一个服装展览会上斩获一个奖项，老板重奖了她。现在，同事们正在为她开派对庆贺呢！

小程的经历告诉我们，职场既是复杂的，又是简单的。身在职场，面对形形色色的人、可能随时飞来的流言蜚语或冷嘲热讽，如果你看得很重，情绪受到影响，心理蒙上阴影，那么你要想履好职、尽好责，将会困难重重，职场就会成为让你身心俱疲、难以应对的羁绊与泥淖之地；反之，如果你目标与信念专注，对那些嫉妒、讽刺言行视若无睹，一心一意履职尽责，尽最大努力做好自己的工作，同时又谦和待人，那么职场就会成为你应对自如的简单职场，就是充满明媚春光与奋进之歌的用武之地。

14 与众不同的侍应生

一次，某公司白领汉森到一家繁忙的饭店吃午饭，因为已经没有桌子可用，他只好坐到了吧台旁。

一个侍应生端着一盘刚用过餐的碗碟，经过汉森身边时，对他说："请您稍等一会儿，我马上就回来招呼您。"侍应生回来后告诉汉森："这不是我负责的工作，但我不想让您一直等着。"

侍应生拿起他的点菜单，其中包括一杯无糖可乐。"我们不供应这个，先生。"侍应生说。汉森告诉侍应生，那就来一杯水好了。几分钟后，侍应生端来汉森所要的食物，然后迅速回到他的岗位上。

当侍应生再次出现在汉森面前时，给了他一个意外的惊喜：一瓶冰过的无糖可乐。"你从哪里弄来的？"汉森问。"街角有一个杂货店。"侍应生告诉他。"但你忙得团团转，怎么有时间去买？"汉森奇怪地问。"不是我去买的，先生。"侍应生说，"是我叫我的经理帮我买的。"

两个月后，汉森再次来到那家饭店，要求他最喜欢的那位侍应生来为自己服务。"他不再做服务生了，"汉森被告知，"老板升他去了管理部门。"汉森听后一点都没有惊讶，他好像是早就预料到了。

尽管只是一个饭店跑堂的侍应生，但只要态度积极，工作勤恳，服务热心，尽心尽力做好分内工作和分外力所能及的事，必要时主动寻求帮助，他就会成为一个超过顾客期望的优秀尽责者，那么得到上司的青睐与重用自不待言，实现与众不同的人生也不再是什么奢望。

15 理直气和的服务员

"小姐！小姐！你过来！过来！"有位顾客指着面前的杯子高声喊，满脸寒霜地说："看看！你们的牛奶是坏的，把我一杯红茶都糟蹋了！"

"真对不起！"服务小姐忙微笑着赔不是："我立刻给您换一杯。"新红茶和牛奶很快就准备好了。小姐将红茶和牛奶轻轻放在顾客面前，轻声地说："我是不是能建议您，如果放柠檬，就不要加牛奶，因为有时候柠檬酸会造成牛奶结块。"顾客的脸一下子红了，匆匆喝完茶就离开了。

有顾客笑着对服务小姐说："明明是他土，你为什么不直说呢？他那么粗鲁地叫你，你为什么不还以一点颜色？""正因为他粗鲁，所以要用婉转的方法对待；正因为道理一说就明白，所以用不着粗声大气！”服务小姐说，“理不直的人，常用气壮来压人。理直的人，要用气和来交朋友！”每个在场的人都点头笑了，对这家餐厅增加了许多好感。

在以后的日子，许多经常光顾这个餐厅的顾客，每次见到这位服务小姐，都会想起她“理直气和”的理论，也用他们的眼睛，证明了这位服务小姐的话有多么正确。因为他们经常看到，那位曾经粗鲁的客人，来这个餐厅的频率更高了，而且总是和颜悦色、轻声细气地与服务小姐寒暄交流。

有人认可“理直气壮”的痛快，却往往忽视“理直气和”的绝妙。因为社会上更多的人都有“吃软不吃硬”的特点，即便“理”在你这边，但你噼里啪啦一顿理直气壮的话，轻则使人心里不痛快，重则使人难堪出丑，所以会遭人记恨，是“绝路”之举。而“理直气和”呢，往往有“以柔克刚”之效，给人以“春风化雨”之感，因此是一种交友的“铺路”之道，当然也是践行“顾客为上帝”服务经营之道的重要法宝。

身处服务行业的我们，工作中要履好职、尽好责，做到使顾客心满意足，可一定别忘了：无论你是否有理，都要真诚地用气和交朋友噢！

16 “福尔摩斯太太”玛莎

玛莎，是比利时赫斯特市劳伦提保洁公司的一名普通保洁员，曾被派往一家跨国公司所租赁的当地一栋大厦里，做专职清洁工作。

当时，谁都不曾料到，安静、瘦得像一滴水珠一样的玛莎，会在此创下一项清洁员的纪录。

“起初，看到被玛莎收拾过的地方，只是为其整齐与干净感到惊奇。等发现玛莎对保洁员一职的热情、专业之后，我们感到这简直就是一种震撼，”玛莎所服务的公司经理洛杰说，“她似乎不是在扫地、抹桌子，而是像侦探在破案，每个细节都不放过。”因此时间久了，公司的人都不再叫玛莎的名字，而是充满敬意与爱戴地尊称她为“福尔摩斯太太”。

这位“福尔摩斯太太”的工作时间是下午4点到晚上9点，负责清扫、打理员工下班后的办公室。无论是谁的办公桌，无论什么东西，玛莎总是原物拿起，擦去灰尘，再放回原处。但凡经过玛莎清洁过的地方，干净得就像神迹降临。包括左撇子戴维的速算尺与图画笔，都总是几年如一日地摆放在戴维办公台的左手一边，而且是唾手可得的最合适位置，就好像玛莎变身成戴维放上去的一样。

为了不留任何缺憾地完成好自己的工作，玛莎学习了传真机的使用、复印机纸张的填装等，以备在大家下班后出现的不时之需。在她自己做的工作手册中，记有每名员工的联系方式，包括姓名、电话、地址；记录有公司主要客户的姓名及其主要特征，甚至包括客户喜欢在哪个位置谈话或处理事情、喜欢热咖啡还是冰汽水等。手册附页上第一项是每天的天气情况，如有风雨，则标明需关好窗户；如天晴风轻，则标明应将窗扉半开，以便空气流通。第二项是公司当天的活动安排，包括有无会议、有无客户到来、有无人员休假、机器是否要特别检视一下是否关好……，而所有人但凡找什么不好找的东西，只要一问玛莎，她总能有条不紊地从某个地方给你找到，无论是一张误被废弃的传真，还是一个顺手写在小纸片上而被扔掉的电话号码。

“你有特异功能吗？”时间久了，相处得像家人一样的员工问玛莎。“哪有什么特异功能啊”，玛莎不好意思地回答，“我不过是将一时无法判定你们是不是真的没用的东西，暂时存放起来罢了。”玛莎打开她存放清洁用品的柜子，大家看到了一只自制的纸质“百宝盒”，里面像是存放机要文件似的存放着玛莎所说的“一时无法判定你们是不是真的没用的东西……”。

玛莎多年来一以贯之像侦探一样精细的保洁工作，获得了公司上下一致的高度称赞，许多年来劳伦提保洁公司还一直保存着那家玛莎服务了12年的公司的一封感谢函：“玛莎改变了我们整个公司的工作作风，继而改变了我们的命运。”

无论干什么工作，都要明确自己的职责是什么？卓越地履行好自己的职责应该干好哪些具体事情？干好了应干的具体事情，自然就能够履好职、尽好责。只要充满热情、主动，尽心尽力、一丝不苟地去做好自己的工作，即便是保洁这样一般人不愿干的工作或认为微不足道的事情，也能做到令人念念不忘的境界。

⑰ 为梦想打工的齐瓦勃

齐瓦勃是美国著名的企业家，为美国钢铁工业发展做出了突出贡献。有人可能会认为他有着优越的出身或背景，其实不然，他是从一个“为梦想打工”的小小打工仔一步一步干出来的。

齐瓦勃出生在美国乡村，只受过很短的学校教育。15岁那年，一贫如洗的他做了一个马夫。然而，他雄心勃勃，每天坚持自学，无时无刻不在寻找着发展的机会。3年后，他来到钢铁大王卡耐基所属的一个建筑工地打工。一踏进建筑工地，他就抱定了要做同事中最优秀的人的决心。当其他人在抱怨工作辛苦、薪水低而消极怠工时，他却在勤奋工作的同时，默默地刻苦学习建筑与管理知识，为自己积累胜任重要工作的知识和能力。

在打工的同事中，一些人讽刺、嘲笑他假积极、出风头，他回答说：“我不只是为老板打工，更不只是为了赚钱，我是在为自己的梦想打工，为自己的远大前途打工。我们只能在学习和业绩中提升自己，我要使自己工作所产生的价值，远远超过所得到的薪水，只有这样，我才能得到重用，才能获得机遇。”

一天晚上，同伴们有的在闲聊，有的在娱乐，只有齐瓦勃躲在角落里看书。那晚恰巧公司经理到工地检查，发现了正在埋头读书的齐瓦勃。经理看了看他手中的书，又翻开他的笔记本浏览一下，什么也没说就走了。第二天，经理把他叫到办公室问：“你学那些东西干什么？”他回答说：“我想我们公司并不缺少打工者，缺少的是既有专业知识又有工作经验的技术人员或管理者，对吗？”经理点了点头，对他好感顿生。

抱着“为梦想打工”的信念，凭借着自己努力工作、认真尽责、勤学不辍的精神，以及快速增长的实用知识和技能，不久齐瓦勃就被提升为技师，后又一步步升到了总工程师的职位上。25岁那年，他成了这家建筑公司的总经理。

当时在钢铁大王卡耐基的公司，有一个天才的工程师兼合伙人叫琼斯。在筹建公司最大的布拉德钢铁厂时，琼斯发现了齐瓦勃超人的工作热情和管理才能。当时身为建筑公司总经理的齐瓦勃，不仅意气风发，调度周全，做事一丝不苟，而且每天都是最早来到建筑工地的，这一切都被琼斯看在眼里。当琼斯问齐瓦勃为什么总是来这么早的时候，他回答说："只有这样，如果有什么急事的时候，才不至于被耽搁。"

工厂建好后，琼斯推荐齐瓦勃做了自己的副手，主管全厂事务。两年后，琼斯在一次事故中丧生，他便接任了厂长一职。因为他的超人工作态度及天才管理艺术，布拉德钢铁厂成了卡耐基钢铁公司的灵魂。因为有了这个工厂，卡耐基才敢说："什么时候我想占领市场，市场就是我的。因为我能造出又便宜又好的钢材。"几年后，齐瓦勃便被卡耐基任命为钢铁公司的董事长。

在齐瓦勃任董事长的第7年，控制着美国铁路命脉的大财阀摩根提出想与卡耐基联合经营钢铁。开始的时候，卡耐基没有理会。于是摩根放出风声说，如果卡耐基拒绝，他就找当时居美国钢铁业第二位的贝斯列赫姆钢铁公司联合。这下卡耐基着急了，他知道贝斯列赫姆若与摩根联合，就会对自己公司的发展构成威胁，所以觉得应该尽快与摩根联合。

一天，卡耐基递给齐瓦勃一份清单说："按上面的条件，你去与摩根谈联合的事宜。"齐瓦勃接过来看了看，对摩根和贝斯列赫姆公司了如指掌的他，微笑着对卡耐基说："你有最后的决定权，但我想告诉你，按这些条件去谈，摩根肯定乐于接受，但你将损失一大笔钱，看来你对这件事并没有我调查得详细。"经过齐瓦勃的分析，卡耐基承认自己过高地估计了摩根。

于是，卡耐基全权委托齐瓦勃与摩根进行谈判。谈判取得了对卡耐基有绝对优势的联合条件，摩根感到自己吃了亏，就对齐瓦勃说："既然这样，那就请卡耐基明天到我的办公室来签协议。""从51号街到华尔街的距离，与从华尔街到51号街的距离是一样的。"齐瓦勃说。摩根沉吟了半晌说："那我过去好了。"摩根从未屈就到别人的办公室去，但这次他遇到的是全身心投入的齐瓦勃，所以只好低下了自己高傲的头。

齐瓦勃的不断努力，使他后来终于建立起了自己的伯利恒钢铁公司，并创下了非凡的业绩，从而实现了他从一个打工者、管理者到创业者、企业大亨的巨大飞跃。

尽管你可能出身卑微、贫穷且很少接受正规学校教育，但如果你能像齐瓦勃那样，心怀梦想、胸有大志，具有巨大的工作热情、超人的勤奋与坚韧，不断学习、拼搏与进取，持续地、坚韧不拔地为自己的梦想和未来打好工、履好职、尽好责，就能从不断提高的工作业绩和更大价值的创造中提升自己，能够成就自己一番轰轰烈烈的事业，完成从一个小打工仔到企业大亨的蜕变。

18 让工作变得有趣的山姆

美国人山姆，小时因为家境不好，没有读完中学就肄业了。后来，他只好找了一份在火车头公司的车间里做螺丝钉的工作。

时间不长，他感觉这份工作乏味透了，很想辞职走人。但是，以自己的一无所长，又能找到什么工作呢？他很快想通了，与其怨天尤人，还不如设法让自己眼下的工作变得有意思。为了找到乐趣，他动员车间临近的工友与自己进行生产比赛，看谁在同样时间内生产的螺丝钉数量多。谁输了，谁就在下班以后请喝啤酒。为了公正，他们就换着机器进行比赛。一下子，乏味的工作变得生动而有趣起来，后来很多工友都参加了进来。这样，整个车间里，大家你追我赶，增加了乐趣，提高了螺丝钉的产量和质量。

这个车间里发生的故事，让没有多花费一分钱的老板喜出望外。老板轻易地就了解到这个车间的秘密，而且非常欣赏这个会动脑子的年轻人。老板的欣赏，进一步点燃了山姆的工作激情，他干得更加卖力也更加倾注自己的智慧了。没过多久，他就以带头创新赢得了老板的青睐，被破格提拔为车间负责人。

这样一来，他不仅工作更加努力了，而且还带头学习管理知识和作业技术。后来，他又被提拔为工厂技术负责人、副总经理。15年以后，38岁的山姆坐上了巴尔温火车头制造公司董事长的位置。

也许你正在从事着日复一日简单、枯燥乏味的工作，但这不是不能改变。如果你能像故事中的山姆那样，开动脑筋，采取措施，让眼下的工作变得有趣味、有意义，就能激发出巨大的工作热情和敬业之心，从而在履职尽责中将工作做到位、做出业绩、做到老板的期望上。这样，获得老板的青睐、取得事业的成就和人生的成功，就成了一件很自然的事。

19 让工作可爱起来的霍华

霍华是美国著名的营养学专家和奶业大亨。说起他的成功之路，能让工作变得可爱起来，是他使自己逐渐变得与众不同、不断走向卓越的开端。

霍华小时候家境贫困，以至于读中学时，家里根本没有钱给他交学费和生活费，他只能在学校的福利社里洗盘子、擦柜台、卖冰激凌等，来挣钱交学费和生活费。在他拼命干着这些活儿时，他的同学们在打网球或者跟女同学约会。显然，霍华也不满意自己的生活，不甘心眼下的状态，但他更希望自己能够改变贫困的现状。可是，想来想去，他没有什么好办法可以改变现状。既然没有什么办法，埋怨也没有意义，他觉得应该想一些办法，努力使自己喜欢眼下的工作，让工作变得有内涵和可爱起来。于是，他在卖冰激凌的时候，开始研究冰激凌是怎么做成的，使用了什么配方，那些好卖的冰激凌有什么特别之处等等。

在醉心于研究冰激凌化学成分时，霍华渐渐对化学有了兴趣。他夜以继日用心钻研化学知识，一个学期以后，他成了全年级的化学尖子。到了高中毕业时，他的化学成绩更加出类拔萃，没费吹灰之力就顺利考入了马萨诸塞州州立大学化学系，专门研究食物营养学。后来，当局颁布了一个新的法案，即：牛奶里面所含的细菌，必须是可以计数的。这项科技含量很高的法案，让霍华的专业知识派上了用场，14家牛奶公司都争着聘请他担任专业技术顾问。

毫无疑问，好运都顺理成章地眷顾了霍华。后来，他不仅成为美国的营养学专家，牛奶产业的技术权威，而且他所开办的公司也成了美国牛奶生产企业的龙头老大。

霍华在成为富翁功成名就后，并没有忘记那些昔日的老同学和老朋友。他把那些失业的老同学、老朋友都召集到自己的公司，让他们做一些力所能及的工作，使他们不再为生活担忧。

霍华的故事告诉我们，无论做什么事，如果你能使自己喜欢这件事，让它变得有意义，变得可爱起来，就会将完成这件事当成自己最重要的职责，就会在工作中倾注自己全部的情感和努力，尽职尽责，将事情做深做透，从而使自己的潜能与智慧得以聚焦，以点带面，形成事业发展的良性循环，最终取得常人无法比拟的成就。

20 能力先于职位的助手

成功学专家拿破仑·希尔雇了一位年轻的小姐当助手，替他拆阅、分类及回复他的大部分私人信件。这位助手的薪水，与其他从事类似工作的人没有什么区别。

但这位小姐每天下班用完晚餐后，都回到办公室从事不是她分内而且没有报酬的工作。她认真研究拿破仑·希尔的回信风格，努力把每封信回复得跟拿破仑·希尔写得一样好，有时甚至比他的还好。很长时间她一直保持着这个习惯，直到拿破仑·希尔的私人秘书辞职。

当拿破仑·希尔开始找人填补私人秘书的空缺时，很自然地就想到了这位女助手。因为在拿破仑·希尔正式给她私人秘书的职位之前，她已经在主动地接近它了。由于她坚持在下班之后进行学习研究，对自己进行长期的秘书职能训练，所以她已经准备好的能力，终于使她完全有资格成为拿破仑·希尔的私人秘书。

不仅如此，这位年轻小姐的工作能力与办事效率还引起了其他人的注意，一些人愿意为她提供更好的职位。最后，拿破仑·希尔以她当时四倍的薪水聘用她做了自己的私人秘书。

故事揭示了能力与职位的关系。能力是职位的基础，有了相应的能力，你才能履好职、尽好责、坐稳位。反之，如缺乏相应的能力，就无法履行好自己的职责，要么会与职位无缘，要么虽暂时获得职位，但也难以坐稳、坐久。

21 冒险调车的收发员

青年卡纳奇，是国外一家铁路公司一个铁路分段的电报收发员。一天早晨，当他来到办公室的时候，得知一辆被撞毁的车子阻塞了道路，铁路运输和公路交通都陷入瘫痪状态。更要命的是，铁路分段长司各脱不在。

按照条例规定，只有铁路分段长才有权发调车令，别人这样做会受到处分，甚至被革职。但堵塞的道路上车辆越来越多，喇叭声、行人的咒骂声此起彼伏，有人甚至动起手来，如任其这样下去，后果将会相当严重。虽然卡纳奇设法通知了司各脱，但司各脱根本不可能在短时间内赶来。

不能再等下去了！卡纳奇毅然发出了调车电报，但上面签着司各脱的名字。司各脱终于回来了，此时阻塞的道路和铁路已畅通无阻，一切顺利如常。不久，司各脱任命卡纳奇为自己的私人秘书。后来，司各脱升职，又推荐卡纳奇做了这一段铁路的分段长。

在一般情况下，对制度规定是应该严格遵守的。但在特殊情况下，为了解决燃眉之急来避免重大危害，只要你动机纯正、行事正确，以敢于负责、勇于担当的精神，破规而果敢行动，从而使整个事态向好的方向转变，那你就是一个具有正确机变思维的、优异的履职尽责者，必能得到上司的认可与赏识，自然会受到加薪晋升的关照。

22 过期面包与押货员

美国犹太裔面包大王凯瑟琳·克拉克，宣称自己公司的面包是市场上最新鲜的面包。为了取信于消费者，她让公司在包装上特别注明烘制日期，并对客户保证绝不对外出售存放超过3天的面包，这在20世纪五六十年代是非常不容易做到的事。

凯瑟琳认为，吃的东西，新鲜度是最重要的。只要在消费者心目中树立起良好的信誉，自己的面包就是不同于别人的面包，也就成功了一半。针对经销商方面的问题，她实行了一套新的办法。由公司派人把烘烤好的面包用车直接送给经销商，并按地区排了一个循环表，每3天送一次，同时把经销商没卖完的面包收回；如果有的店不到3天就把存货卖完了，可以随时用电话告知，公司马上送货上门。这种方法，麻烦了自己，方便了经销商，使得公司“面包超过3天不卖”的原则得以落实，保证了上市面包的新鲜，提高了公司信誉。

在公司内部，凯瑟琳制定了严格规定，要求自己的员工不得向顾客售卖过期面包，违规者将受到开除的惩罚。但一次严重的水灾，终于让一个押货员用自己的智慧和巧妙的方法，在不违背公司规定的前提下，着实对公司进行了一次效果良好、影响巨大的营销宣传。

当年的一个秋日，在美国的一条公路上，急驰着一辆凯瑟琳公司的收货面包车。这个地方发生了严重水灾，粮食紧缺，面包脱销，人们饥肠辘辘。面包车走到半路时，被饥饿的人们发现，车子被团团围住，人们争抢着要购买车上的过期面包。

押货员感到很为难，说自己怎么也不会卖已经过期的面包。这时，恰巧有记者跑来，探询发生了什么事情。记者一听，觉得有趣，一方是急需购买面包，一方是押货员碍于公司规定，怎么也不卖过期的面包。“不是我不肯卖，”押货员说，“我们老板的规定太严格，她规定不论在任何时候、任何情况下，都不许卖过期面包。如果有人明知故犯，把过期面包卖给了顾客，一律开除。我要是把过期面包卖给他们，我的饭碗就给砸了呀!”他的话虽然能引起人们的同情，但怎么能止得住饥饿者们往外直冒的口水？记者说：“先生，现在是非常时期，你就把这车面包卖了吧，总不能让这些饥饿者失望吧！”

押货员无奈，灵机一动，带着神秘的表情，凑到记者面前说：“卖，我是说什么也不敢的，如果他们强行上车去拿，我就没责任了。”“那岂不是抢劫吗?”记者说。“他们把面包强行拿走，凭良心留下应交的几个钱，岂不就不是抢劫，而是强买吗?”记者恍然大悟。记者向饥饿的人们一说，片刻，一车面包就这样被“强买”一空。

几家媒体的新闻记者知道这事后，将获得的这一独家新闻着力渲染，成了轰动一时的报道。凯瑟琳公司的面包新鲜，诚实无欺，给消费者留下了非常深刻的印象。几天后，这件事情又在报上被详细披露出来，使凯瑟琳面包公司的信誉更高了。

押货员的机智及巧妙举动，既没有违反公司的规定，又解决了人们的果腹之急，还大大增加了公司的信誉度和美誉度。所以，公司的管理制度必须遵守，但在特别时期的特殊情况下，执行起来应该智慧一点，就像故事中这位押货员那样让过期面包“被强买”的做法，才是真正地对顾客负责、对公司负责，才是真正的尽职尽责。对这样的员工，相信老板不但不会责罚，反而会给予重赏和重用。

23 对工作极度负责的穷小子

山姆·沃尔顿是世界零售巨擘沃尔玛公司的创始人，1985年他成了美国首富。但在年轻时，他却是一个连读大学的学费都交不起的穷小子。

经过努力，高中毕业的沃尔顿，终于收到了耶鲁大学的录取通知书。但因为家里贫穷，他交不起学费，面临失学的困境。于是，他决定趁假期去打工，像父亲一样做油漆工来挣自己的学费。

沃尔顿接到一笔为一栋大房子做油漆的业务，尽管房子的主人迈克尔很挑剔，但给的报酬很高，他高兴地接受了这项业务。工作过程中，一向极度负责的沃尔顿，做事自然尽心尽责、一丝不苟，这让几次来察看的迈克尔感到满意。

这天，是房子即将完工的日子。沃尔顿为拆下来的一扇门板刷完最后一遍漆，就把它支起来晾晒。做完这一切，他长出了一口气，想出去歇息一下，不想却被脚下的砖头绊了个踉跄。这下子坏了，他碰倒了支起来的门板，门板倒在刚粉刷好的墙壁上，墙上出现了一道清晰的痕迹，还带着红色的漆印。沃尔顿立即用切刀把漆印切掉，又调了些涂料补上。可是，做好这些后，他怎么看都觉得补上去的涂料色调和原来的不一样，新补的一块和周围的颜色显得很不协调。怎么办？沃尔顿决定把那面墙再重新刷一遍。

又用了半天时间，沃尔顿把那面墙刷完了。可是，第二天沃尔顿又沮丧地发现，新刷的那面墙又与其他墙壁的色调不一致，而且越看越明显。沃尔顿叹了一口气，决定再去买些材料，将所有的墙重刷。尽管他知道这样做要比原来多花近一倍的本钱，他也会因此赚不了多少钱，可是，沃尔顿还是决定要重新刷一遍。他心中想的是，一定要对自己的工作负责，要把事情做到毫无瑕疵。

沃尔顿刚把所需要的材料买回来，迈克尔就来验工了。沃尔顿向他道了歉，并如实地将事情经过和自己内心的想法说了出来。迈克尔听后，不仅没有生气，反而对沃尔顿竖起了大拇指。

事后，作为对沃尔顿工作的奖励，迈克尔愿意赞助他读完大学。最终，沃尔顿接受了帮助。后来，他不仅顺利读完大学，毕业后还娶了迈克尔的女儿为妻，进入了迈克尔的公司工作。10年后，他成了这家公司的董事长。再后来，他不仅开创了自己的事业，而且成了世界零售商业的翘楚。

有人曾戏说，是一面墙改变了穷小子沃尔顿的命运，使他有机会获得资助读完名牌大学，顺利进入迈克尔的公司并得到重用，最终成为沃尔玛公司的董事长和美国首富。但确切地说，是他对工作极度负责的态度，做事尽职尽责、追求完美的执着，才使他的困境获得转机，他的命运发生转变，他生命的辉煌得以展现。

24 勇于认错担责的艾伦

美国曼哈顿有一家玩具公司，公司销售部的经理叫艾伦，他是一个只读过四年小学但善于担责并解决问题的人。

10年前，艾伦离开贫困的家乡来到公司做推销员，10年后他坐上了销售部经理的职位。销售部一些高学历的年轻推销员，对此有些想不明白，认为一个连小学都没毕业的人，会有什么样的才能胜任这个职位呢？对工作中一个难题的解决使他们认识到了艾伦的能力。

一次，销售部有一个名叫约翰的推销员，从一个巴西商人手中得到一大笔业务。等约翰把订单带回公司后，艾伦马上就把业务通知给了生产部。原本约翰应该享受到一大笔奖金，可还没等到那批玩具生产出来，约翰就辞职了。因为他的父亲突然去世了，他必须赶着回去接管父亲留下的农场才行。

半个月后，那批玩具生产出来了，可就在准备报关时，那个巴西商人却告诉艾伦说，他早就已经通知取消订单了，然而约翰并没有向公司反馈这个信息。虽然约翰已经辞职了，但他怎么能一推不管呢？这样一来，身为经理的艾伦恐怕就要背这个黑锅了。推销员们都帮艾伦经理想办法，希望他能把责任推在约翰身上，更何况这也是事实，那样他就能免受老板的处罚了。但艾伦却摇摇头，然后主动到老板那里说明了一切，并且真诚地说："这是我的错误和责任，请老板处罚。不过我希望老板能给我机会，让我把这批玩具卖出去。"

"其实这也不能完全怪你，但不管怎么说，我很欣赏你的这个决定，这件事就交给你负责吧。"老板不仅没有批评和处罚艾伦，而且还十分赞赏他，并且还拿出一些资金来帮助他。结果只用了1个月的时间，艾伦不仅把这批玩具成功地卖了出去，而且还为公司争取到一个愿意长期合作的意大利大客商。

老板也因此更加欣赏和信赖艾伦了。3个月后，老板将艾伦提拔为副总裁。在赴任的前一天，艾伦对销售部的同事们说："一个人如果没有勇气认错担责，就不会有决心去解决错误，这样的错误就会永远都是错误；一个人只有敢于承认错误、承担责任，才能有决心去解决错误。而解决错误不仅能显示你的能力，更能赢得上司或老板的信任，这样的错误就会变成一次难得的机遇。"

确实，假如艾伦先生和大家想的一样，把责任都往约翰身上推，那么老板是万万不可能提拔他当副总裁的。艾伦先生上任前的话，是他对部下的叮咛，也是对自己的总结，更是对一些年轻部下心中那个困惑的完美解答。

工作中遇到问题，不管原因如何，能做到不推诿，肯于认错，勇于揽责，敢于担当，善于作为，不仅是一个人自信、成熟和有能力的表现，更是履职尽责的一种认真践行和一种难能可贵的品质。对于这样的人，老板没有理由不欣赏，没有理由不提拔。

25 化解客户怨气的博洛莫

曾任美国西方电气公司经理的博洛莫，在他事业成功的经验里，有这样一条经验：耐心倾听抱怨，勇敢承认错误。

在博洛莫还是西方电气公司的普通职员时，有一天公司收到一封客户的斥责信。信中用极严厉的措辞倾诉了他对电气公司服务的不满，说如果电气公司不给他一个很好的交代，他会不断地向别人提起这事。

公司派博洛莫去调解此事。博洛莫了解到那位客户的住处后，就亲自登门道歉。当博洛莫向客户说自己是电气公司派来的人，只见那老头立刻绷紧了五官，不容博洛莫说一句话就大发牢骚。博洛莫在老头破口大骂时，没有解释一句，没为电气公司反驳一句，只是恭敬地倾听，让那老头尽情发泄心中的怨气。

终于，老头把所有的愤懑话都说尽了，自己也说累了，停了下来。这时博洛莫方一脸诚恳地说："先生，我首先代表电气公司的全体职员向您道歉，由于我们工作的疏忽给您带来了不便，是我们的错。希望您刚才已经把怒火发泄掉了，我们不希望让这件事始终困扰您，无论如何请您原谅。"

博洛莫说完，老头终于露出了微笑，态度也平静了下来，缓缓地说："年轻人，你这话倒是让我满意，不过还是请你原谅我刚才的粗鲁，我是针对那混蛋的电气公司的。"博洛莫见老人家完全平息了怨气，才敢提出一个小小的请求。他说："您给电气公司提出的意见我们会虚心接受的，不过我想知道，现在您是否觉得问题已经得到解决了，否则我是不能回去的。""好了，"老头说，"看在你的面子上，就让那件事见鬼去吧，我保证不再往电气公司写信了。"

从此，博洛莫便得到了"耐心倾听抱怨，勇敢承认错误"这条宝贵的职场经验。

其实，每个人有了不满都希望通过倾诉将不满发泄出来，也喜欢谈论自己觉得自豪的事及感兴趣的话题。所以，善于倾听客户倾诉、抱怨和说话，无形中就满足了客户的优越感，就会使客户觉得心情愉快，因此也就很容易认可与接纳你，接下来再与客户进行沟通，就会使问题的解决取得事半功倍的效果。

故事告诉我们，究竟如何对待客户的抱怨，也是身处职场的我们能否履好职、尽好责、圆满完成工作任务的一项重要内容。对待客户的抱怨，我们应该持有同情之心耐心倾听，肯于承受，善于疏导与化解。这样，我们才能处理好与客户的关系，维护公司的信誉，才能助推公司实现良性发展。

26 不再特立独行的丹尼斯

丹尼斯·米伦伯格在51岁时，登上了美国某著名公司首席执行官的宝座，在职场上可以说干得风生水起。但年轻时初入职场的他，虽然能力特别突出，工作勤奋，但却是一个特立独行、同事和上司都不喜欢、先后被三家公司解雇并为此困惑沮丧的人。

当时，在华盛顿圣马修大教堂里，有个德高望重且富有智慧的老牧师，经常有人去向他请教一些人生的难题与困惑。

一天，年轻的丹尼斯满脸愁容地来到教堂，他问老牧师："牧师先生，我的文凭很好，能力也很强，而且还非常勤奋，可为什么却被三家公司解雇呢？"

"他们为什么会解雇你？"老牧师问。

"我觉得同事们的能力都太差，他们的业绩都远远比不上我，觉得和他们没什么好交流的，我从不参加部门里的任何讨论会，只管自己努力创造业绩，所以同事们就非常不喜欢我。"丹尼斯说，"后来，我的老板让我多依靠团队的力量去创造业绩，可我觉得根本不需要依靠他们，所以根本不愿意听从老板的建议，后来老板就把我解雇了。"

老牧师点点头，从地上捡起一块石头问丹尼斯："你觉得这块石头够坚硬吗？"丹尼斯仔细观看了一下说："看得出来，这是一块非常坚硬的石头。""那好，既然它这么坚硬，你去用它造一座堡垒吧！"老牧师说。"这……牧师先生，一块石头怎么可以造堡垒呢？它再怎么坚硬也无法单独成为一座堡垒呀！"丹尼斯不解地说。

"不错，一块石头再怎么坚硬也无法单独成为一座堡垒，可你在工作中为什么总想凭自己一个人的力量去创造一座堡垒呢？"老牧师微笑着说，"做人做事和建造堡垒是一样的，必须要懂得包容与团结，一座堡垒离不开每一块坚硬的石头，同样也离不开填充缝隙的碎石和泥浆。因此，不愿意接纳和认可别人的石头，就是再坚硬也只能是一块毫无意义的石块而已！"

"不愿意接纳和认可别人的石头，就是再坚硬也只能是一块毫无意义的石块？"丹尼斯喃喃地重复了一遍老牧师的话，少顷，他露出了顿悟的笑容，满脸感激地对老牧师说："牧师先生，我懂了，谢谢您！"

从此以后，丹尼斯决心改变自己。他不再特立独行，逐渐学会了团结与包容，积极主动融入团队与同事们合作，有好经验就与伙伴们分享，积极依靠大家的力量把业绩做得更大更好。同事们不仅没有再远离他，反而都开始慢慢视他为领袖。他也没有辜负同事们的希望，带领大家不断在优秀、卓越的道路上前进。30年后，他晋升到波音公司首席执行官的职位，成了一位著名的企业家。

丹尼斯的故事告诉我们，一个看不起别人、喜欢特立独行而不与人合作的人，即使能力再强，也会被人们所讨厌，会在履职尽责中处处为自己设置障碍，不但干不成大事，还会霉运连连，处处碰壁。反之，学会欣赏别人，懂得分享与合作，就能充分发挥自己的能力，在履职尽责中获得支持与称赞，最终干成大事，成就自我。

27 为金钱工作的大卫

那是个炎热的夏天，一个铁路段的铁路维修主管——大卫·安德森和他的同事们正在路基上工作。这时，缓缓开过来一列火车，打断了他们的工作。

当火车停下来时，一节特制并带有空调的车厢窗户被打开了，只听到一个低沉且友好的声音道："大卫，你在这里吗？"大卫连忙应和着那个熟悉而亲切的声音说："是我，吉姆，好久没有相见了，今天能见到你我感到非常高兴。"于是，铁路小主管大卫·安德森和铁路大总裁吉姆·墨菲友好、亲切、愉快地进行了一次长达一个小时的交谈。由于工作都很忙，谈话一结束，两人便依依不舍地握手道别了。

当吉姆·墨菲离开以后，大卫的下属立刻包围了他，他们不知道他还有一个当铁路总裁的朋友，于是对他们的友好交谈感到非常好奇，都想听听他们之间的故事。于是大卫解释说："我与吉姆·墨菲是20多年的好朋友，我们在一起工作，在一起吃饭，共同的目标就是为这条铁路服务，我们是同一天有这个目标的。"

大卫的一个下属半认真半开玩笑地问大卫："真奇怪，人家已经成为铁路总裁，可是你为什么还在骄阳下工作？"大卫满脸惆怅地说："20年前我为一小时2美元的薪水工作，是金钱的奴隶；而吉姆·墨菲却成了金钱的主人，他不为钱而工作，而是把工作当作自己的事业来做。所以，他今天成了总裁，而我依然站在骄阳之下，做着与你们同样的工作。”听了大卫的话后，下属们都若有所思，默然不语。

20年前为一小时2美元的薪水而工作的人，现在仍然为金钱而奔波；20年前为拓展事业而工作的人，现在则成了团队的总裁。由此可知：平庸、平凡的人往往看到眼前短浅的利益，而优秀、卓越的人，则懂得把眼前的工作当成未来长远发展的铺路石。

故事启示我们，人一旦成了金钱的奴隶，就不会有长远的眼光，就难以实现对自我的主宰，成就与成功也就很难与自己结缘。所以，如果你想做个积极进取超越自我的人，就不能仅仅为目前的薪水、待遇而工作，而应该为梦想和长远事业而履好职、尽好责，这样你才能成为成就和成功的主人。

28 尽职警察与爱心公民

有一年冬天，在巴黎市区的一个广场上，有位双腿残疾的乞丐，斜倚在一尊石雕前。因为天气寒冷的缘故，衣衫单薄的他，被冻得直发抖。

伴随着一阵阵剧烈的咳嗽，乞丐忍不住低头吐了口痰。这时，一位执勤的警察仿佛从天而降，他迅速拿出纸和笔，对他这种随地吐痰的行为，开出了一张冰冷的罚单。

乞丐显得很无奈，却没有辩解什么，他将大半天乞讨来的零钱全部凑在一起，勉强交足了罚款。广场上，来来往往的行人很多，没有人肯停下脚步，只有一位来自东方的女士，对乞丐生出无限的同情心，也在心底狠狠诅咒着警察的冰冷无情。她赶快跑过去，摸出一把零钱，放在了乞丐面前。

又过了半个小时，那位警察似乎下班了，他换了一身便衣，再次来到广场。这次，令人瞠目结舌的是，他不但给了乞丐几张崭新的钞票，还将一包药放到他的面前。那位东方女士恰好还在，她忍不住有些好奇，用蹩脚的法语与警察交谈：“你刚刚罚了他的款，现在又给他送钱物，这不是自相矛盾呀？”

警察听了，淡淡地回答："刚才罚款，因为那是我的工作职责。现在送他东西，因为我是有一个有同情心的公民，就这么简单！"

如果你不遵守法规，即使乞讨得来的钱，也必须交罚款，因为没有任何人可以凌驾于法律之上。如果你真的需要帮助，我一定慷慨解囊。这位法国警察的"助与罚"看似矛盾，其实不然，他既是一个尽职尽责的警察，又是一个富有爱心的公民，让人不由肃然起敬。

也许我们的职业不一样，但作为一名执法者，要忠诚地履职尽责，有时即使对待社会弱势群体也应该铁面无私，但决不能有看不起弱势群体的高傲与鄙视，而应有尽责行为后的善心与帮助。这样，你才能在履好职尽好责的同时，成为一名和谐社会的建设者和贡献者。

29 福楼拜"服毒"试验

居斯塔夫·福楼拜，是法国著名作家，被人誉为"自然主义之父"和"新小说"派的鼻祖。求真求实，是他作品的一大特点。

福楼拜的代表作《包法利夫人》，最终结局是女主角服毒自杀。当写到这里时，他遇到了困难。他没服过毒，觉得不能真实地写出服毒感受。怎么办？福楼拜决定自己做服毒试验。于是，他要医师为他准备了一包解毒药，等他吞下毒药，体验毒性发作的痛苦后，再用解毒药挽救他的生命。

因为这个计划的危险性实在太大，医师就把这个计划偷偷告诉了福楼拜的朋友——诗人裴莎先生。这位老诗人一听，立即否定了这个计划，但他们都知道福楼拜处处写实的风格不可改变。

经过考虑，裴莎先生想出了一条两全之计，于是就对医师"如此这般"了一番。

第二天，医师给福楼拜服了一包"毒药"。福楼拜正襟危坐，等待体验服毒后的感受，果然10分钟后，他的腹部绞肠刮肚般的痛了起来，不久便咕噜作响，像沸水在里面翻腾。他正专心体验着，肚子里好像连肠子都在上下翻动，便急忙跑进厕所。从厕所出来时，医师赶忙让他服了"解毒药"，他立刻感觉好多了，于是立即奋笔疾书起来。

写了一阵子之后，当他出来看见裴莎在客厅里时，才知道医师开的是泻药。

为了塑造出真实的人物形象，福楼拜不顾生命危险而亲身体验“服毒感受”，这是对文学创作事业的一种高度尽职尽责，是一种崇高的敬业精神。也正是这种尽职尽责的创作精神，才使他开创了文学史上的新纪元，成为西方现代小说的奠基者。

30 超难度挑战

弗里德里克·弗朗索瓦·肖邦，1810年出生于波兰，是历史上最具影响力和最受欢迎的钢琴作曲家之一，被誉为“浪漫主义钢琴诗人”。

据说，肖邦曾有过这样一段学艺经历。他在大学学习钢琴演奏时，指导教授是个有名的钢琴大师。授课的第一天，教授给了肖邦一份乐谱，“试试看吧！”教授说。乐谱难度极高，他觉得完全超越了自己的能力，他翻着乐谱，喃喃自语，感觉自己对弹奏钢琴的信心似乎跌到谷底。他弹得生涩僵滞、错误百出。“还不成熟，回去好好练习！”教授在下课时，如此叮嘱他。

肖邦辛苦地练习了一个星期，第二周上课时正准备让教授验收，没想到教授又给了他一份难度更高的乐谱，“试试看吧！”上星期的课教授根本没提。肖邦再次挣扎于更高难度的技巧挑战中。

第三周，更难的乐谱又出现了。这样的情形持续着，肖邦每次在课堂上都被一份新的乐谱所困扰，然后把它带回去练习，接着再回到课堂上，重新面临两倍难度的乐谱，他怎么样都追不上进度，一点也没有因为上周练习而有驾轻就熟的感觉，他感到越来越不安、沮丧和气馁，但面对教授自己的钢琴大师，他只有拼命地练习、再练习。

已经三个月了！自从跟了这位新的指导教授之后，不知道教授为什么要以这种方式整人。勉强打起精神，他开始用自己的十指奋战、奋战、奋战……，琴音盖住了教室外面教授走过来的脚步声。

教授走进练习室，肖邦再也忍不住了，他向钢琴大师提出了这三个月来为什么不断折磨自己的质疑。教授没开口，抽出最早的那份乐谱交给他，“弹奏吧！”教授以坚定的目光望着他。不可思议的事情发生了，连肖邦自己都惊讶万分，他居然可以将这首曲子弹奏得如此美妙、如此精湛！教授又让他试了第二堂课的乐谱，他依然呈现出超高水准的表现。

演奏结束后，肖邦怔怔地望着老师，说不出话来。“如果，我任由你表现最擅长的部分，可能你还在练习最早的那份乐谱，就不会达到现在这样的程度。”钢琴大师缓缓地说。

其实，每个人都具有无限的潜力。对工作和事业而言，人的潜力挖掘和发挥，是提高履职尽责能力和水平、取得成就的重要前提。而人的潜力挖掘和发挥，是与不断克服困难相辅相成的，克服的困难越多、越大，潜力的挖掘和发挥就越充分，人的进步和提升就会越快，履职尽责能力就越强，所取得的成就与成功就会越大。

31 给对方好感觉的雕塑家

欧洲“文艺复兴”三杰之一的意大利艺术家米开朗基罗·博那罗蒂，是举世闻名的雕塑家、建筑师、画家和诗人，同时他也是一位为了艺术的完美而控制自己、给对方好感的人。

米开朗基罗被公认的最伟大作品，是用大理石雕刻的大卫像。当时，在他倾注全部心血刚雕好大卫像时，一位主管官员前来察看，竟然对雕像不满意。

“有什么地方不对吗？”他问。

“鼻子太大了！”那位官员说。

“是吗？”米开朗基罗站在雕像前看了看，大叫一声：“可不是吗？鼻子是大了一点，我马上改。”说着就拿起工具爬上架子，叮叮当当修饰起来。随着他的凿刀舞动，掉下好多大理石粉渣，官员不得不躲到一边。

隔了一会儿，米开朗基罗修好雕像后爬下梯子，请那位官员再去检查：“您看，现在可以了吧？”

官员看了看，高兴地说："是啊，好极了！这样才对啊！"

送走了官员，米开朗基罗开心地自乐起来。为什么？因为他刚才只是偷偷抓了一些大理石碎屑和一把石粉到上面做做样子，从头到尾，他根本没有改动原来的雕像。

据说，米开朗基罗是一个脾气暴躁、不合群的人，但为了保持艺术的完美，面对不懂艺术的官员，他却展现了顺从、听话、处事讲求艺术的一面。因为他知道，如果他不这样做，而是跟那位官员争执，一定不会有什么好结果。

故事启示我们，在工作和事业中，有时我们所做的事情或完成的物品可能会是抽象的，即没有具体尺度和标准可用来衡量与遵循，而常常是凭感觉来判断。面对此类事情，如果我们与外人发生了矛盾或问题时，要真正地履好职、尽好责，保持抽象事情或物品的正确与完美性，需要采取迂回的策略，先主动退让一步，让对方的感觉好了，矛盾与问题就容易解决了，我们的目的也就容易达成了。

32 醉心于工作的罗丹

法国伟大的现实主义雕塑艺术家奥古斯特·罗丹，是西方传统雕塑艺术的集大成者和雕塑史上的划时代人物，同时也是一个醉心于工作、一旦工作起来就忘掉一切的人。

奥地利德语作家茨威格在25岁的时候，有一次到罗丹家里做客。

到了罗丹的工作室，罗丹罩上了粗布的工作衫，他就好像变成了一个工人。他站在一个台架前，"这是我的近作。"他说。他把湿布揭开，现出一座女子正身像，是黏土塑成的。"这已完工了"。茨威格想。

罗丹后退一步，仔细看着塑像。但是在审视片刻后，他低语着："这肩上的线条还是太粗，对不起……"他拿起刮刀，木刀片轻轻滑过软和的黏土，给肌肉一种更柔美的光泽。他健壮的手动起来了，他的眼睛闪烁着。"还有哪里……还有哪里……"他又修改了一下。他把台架转过来，含糊地吐着奇异的喉音。时而，他的眼睛高兴得发亮；时而，他的双眉苦恼地蹙着。他捏好小块的黏土，贴在塑像身上，刮开一些。这样过了半点钟，一点钟……他没有再向身边的人说一句话。他忘掉了一切，除了他要塑造更崇高形体的工作。他专注于自己的工作，最后，带着舒叹，扔下刮刀，像一个男子把一个披肩披到他情人肩上一样，温存而充满关怀地把湿布蒙在女子塑像上。接着，他转身就要走。

在罗丹走到门口之前，他看见了茨威格。罗丹凝视着，就在那时他才记起自己的客人，他显然对自己的失礼而惊惶。"对不起，先生，我完全把你忘记了，可是你知道……"罗丹握着茨威格的手，感到非常歉疚。

茨威格回忆道："在罗丹工作室的那天下午，我学到的比在学校所有时间所学的都多。从此，我知道了人类的工作必须怎样做，假如那是好的又值得的。再没有什么像亲见一个人全然忘记时间、地点与周边的一切那样使我感动。那时，我参悟到一切艺术与伟业的奥妙——专注，完成或大或小的事业的全力集中，把易于弥散的意志贯注在一件事情上的本领。"

"专注"是倾注全部身心履好职、尽好责，将事情做到极致，成就伟大艺术、伟大事业的重要前提。如果一个人有了专注的品质，能为工作和事业而心无旁骛，投入所有的时间和精力，发挥全部的潜力和才能，那么伟大的成就就会向他招手，他的人生就会闪烁巨大的光芒。

33 将"恶名"留给自己的晏婴

晏婴，我国春秋时期著名的政治家、思想家和外交家，是齐国的重臣和贤臣。他历任齐灵公、庄公和景公三朝，辅政长达50年，不仅为国、为民办了不少好事，而且遇事能够主动揽过，自觉维护上司的形象。

有一次，齐景公强令民工造大台，闹得齐国民不聊生，百姓苦不堪言。晏婴出使回来后知道了这一情况，马上进宫向景公进言不要造台。经过一番苦劝，景公总算同意了。可晏婴却不急于回家，而是立即赶到造台工地，催促民工抓紧干活，稍有懈怠，就大声呵斥并以鞭子威吓。晏婴喊累了、骂累了，这才回家。他刚离开工地，齐景公的传令官就到了，下令停止施工，解散民工，让他们回去和家人团聚。民工一听此令，齐声欢呼，像遇到大赦一般，高高兴兴地赶回家去了。

晏婴这样做，是故意把“圣明”让给君王，把“恶名”留给自己。孔子对他大为赞许，说他既纠正了君王的过失，又使百姓感受到了君王的仁义。人无完人，即便是君王，也总有出错的时候。在这时候，顾全大局的下属就会为挽回上司的形象而不遗余力。其实，每个人都难免有犯错的时候，如何巧妙地让犯错者特别是自己的上司从尴尬中走出来，既是一门高超的学问，也是一种机变的本领。

故事中晏婴的做法，值得职场中的我们予以效仿。如果你是一位高层副手或中层干部，在单位出现问题或上司出现疏漏或差错时，如果能够像晏婴那样，尽心劝谏，顾全大局，主动推功揽过，这样的履职尽责，会收到“一箭双雕”的效果。因为这样做，于公可以保全单位的对外形象，维护单位的整体利益；于私，上司会非常感激你的奉献与牺牲，会对你另眼相看，那么有了晋级加薪的机会，一定会首先想到你。所以，你的付出看似很多，而你的收获可能会更多。

34 跳出物质局限的冯谖

孟尝君，名田文，战国四大公子之一，是齐国的股肱之臣，封地在“薛”这个地方。他广招门客，以“好客养士”“好善乐施”名闻天下，据说有三千余门客。

一天，孟尝君拿出账本问门客们：谁熟习会计，可以帮我到薛地去收债？曾向孟尝君索取过不少待遇的门客冯谖，自告奋勇地领受了这个任务。辞行时，冯谖问孟尝君：“债收完了，买些什么回来？”孟尝君回答说：“你看我家缺什么，就买些什么回来吧。”

赶到薛地后，冯谖把欠债的百姓找来，核验了债务凭证，了解了家庭穷富收入情况，将能收的债都收上来后，便假借孟尝君的命令，把剩余的债券当场烧掉了。看到这一幕，欠债百姓感动得热泪盈眶，从此深感孟尝君的恩德。

冯谖回来后，面对孟尝君的诘问，他回答道："您曾说'看我家缺什么'，我私下考虑您宫中积满珍珠宝贝，马房多的是骏马，狗圈多的是猎狗，后庭多的是美女，您家里所缺的只不过是'仁义'罢了，所以我用欠债为您买了'仁义'回来。"

孟尝君虽然心中不悦，认为无此必要，倒也没有责怪他。事情过去不久，齐王听信谗言，让孟尝君交出相印，退隐薛城。孟尝君离京来到薛地时，百姓扶老携幼出城十里夹道远迎。孟尝君见此情景，非常感慨地对冯谖说："先生原来为我买的'仁义'，今天确实让我看到了。"

在冯谖的努力周旋下，几个有利于孟尝君的消息接连传回都城，齐王听后深悔自己不察，就将孟尝君重新迎回都城当面致歉。由于冯谖有远见的做法，不仅使孟尝君避免了一场政治危机，而且还使他的地位更加稳固了。

在"看我家缺什么"的认识方面，冯谖与孟尝君显然存在着分歧。细心推究，其实孟尝君还停留于物质层面，而冯谖则跳出了物质局限。他从孟尝君作为臣子的身份着眼，看到了为政潜在的风险，用"仁义"提前为其作了修补，用自己的"远见卓识"为孟尝君这个主人尽好了职责、尽到了忠心，他也因此深得孟尝君的器重。

一个人究竟最缺什么，往往会因时因地因情而不同，既包括各种有形的物质财富，更包括精神、健康、品质、能力、知识、修养等无形财富。不但清楚拥有什么，更要明白最缺什么，及时对"最缺"进行弥补，就是一种高超的智慧。能不能及时发现面临的"最缺"，及时进行弥补，不仅是检验一个人省察和执行能力的重要参照，也是履好职、尽好责，获得上司器重，取得事业与人生成功的重要方面。

35 心有大格局的张昭

张昭，字子布，是三国时期孙吴的重臣。看过《三国演义》的人，可能会对张昭有反面人物的印象，认为他胆小怕死，苟且偷生，是一个为了身家性命而甘愿投降的懦夫。其实，历史上真实的张昭，不但性格刚直，胸怀磊落，敢于直谏，而且是一位心中有大格局的人。

赤壁之战前夕，面对曹操想一举吞并孙吴的野心和强大的军事实力，张昭主和，希望用外交和政治谋略手段保实力、求生存；周瑜主战，打算通过军事手段，以战求生存。作为孙吴主要的文臣和武将，两人在大堂之上各抒己见，一度争得面红耳赤。

最终，当孙权采纳了周瑜的意见决定出兵抗曹后，张昭不但不心存成见、暗中拆台使绊，而是转为积极执行孙权的决策，主动配合、支持周瑜调度用兵，共辅孙权守土抗敌，为赢得赤壁之战贡献了自己的力量，并留下了一段千古佳话。

张昭的故事启示我们，在职场履职尽责过程中，与同事有意见分歧乃至纷争，实属正常，并不可怕。凡事在谋定之前，尽可各抒己见；但在决策之后，则决不可因观点相异而不作为甚或暗中使绊子。如能像张昭那样，心有大格局，涵养乐见其成的雅量，处处补台，成人之美，方能凝心聚力，告成大功。

36 利在千秋的苏堤

苏轼，字子瞻，又字和仲，号东坡居士，世称苏东坡，是北宋著名文学家、书法家、画家。

苏轼不仅是宋代文学最高成就的代表，在诗、词、散文、书、画等方面取得了很高的成就，而且还是一位革新除弊，因法便民，利在长远，在多地修筑堤坝造福于民，颇有政绩的好地方官。

徐州有个苏堤，就是苏轼当年主政该地时修建的。苏堤静卧近千年，向后人揭示了当年作为知州的苏轼，是如何“干好前任”、践行“利在千秋”的事业的。

在苏轼赴任徐州知州时，恰遇黄河泛滥。当时水围彭城，“彭门城下，水二丈八尺”，百姓处于巨大灾祸和水深火热之中。他挺身而出，发誓“我在这里，决不能让水淹了城池”，及时采取措施，迅速组织军民抗洪抢险。他自己也拿着畚箕、铁锨，身穿粗布衣服和草鞋，长时间住在城楼上，数过家门而不入，与军民同甘共苦，直至取得抗洪的胜利。

抗洪胜利后，百姓逐渐得以安居乐业。作为现任的他，已经尽到了自己作为知州的职责。但他并不满足于此，又提出“筑堤防水，利在百世”，要为百姓修筑一条能长久抗得起洪水的堤坝。随后，他调用大量人力财力，带领民众用石头筑堤“七百九十丈”，修成了利在百世、功在千秋的苏堤。

北宋的时候，黄河泛滥周期是二三十年，而地方官一般任期3年。所以在一些人看来，他作为前任，完全可以不必为后任考虑，去费力劳神地修筑这个堤坝。但他心怀“为官一任、造福千秋”的宏愿，不仅修筑了，而且还修筑了一条经得起洪水与历史检验的堤坝。

苏轼修筑苏堤，是一种为政高远、情操高洁、功在千秋的履职尽责行为，值得从政为官者学习与效法。

37 到位与越位

名牌大学毕业的小王和小刘，都是某公司一个部门的普通职员，他们有一个共同的特点，就是遇事果断，办事能力强。但该部门的主管，办起事来却有些优柔寡断。

对此，心高气傲的小刘早有微词，内心有些看不起主管。一次公司向部门下达了新的业务指标，主管反复考虑，瞻前顾后，一直无法提出具体的工作计划与落实方案。心怀不满的小刘直接向总经理打报告，提出了自己的一套计划与方案。而为人低调的小王，则选择跟主管共同商量，拿出相应的计划与对策。在小王的积极参谋下，主管凭借自己丰富的工作经验，向公司高层提交了一套更切合实际、便于实施的计划与方案。毫无疑问，公司肯定、采纳了主管的方案。

过了一段时间，主管调任其他职务，在他的推荐下，小王接替了主管的位置。而怨气冲天、深遭领导反感的小刘，很快便离开了公司。

实际上，每个公司都像一部复杂而精密的机器，每一个部件都在固定的位置发挥着作用，这是保障整部机器顺利运转的法则。如果有人为了突出自己而干一些越位、越级的事，就会扰乱公司正常的工作秩序，造成人为的关系紧张，影响或破坏公司的整体运行效率。所以，越位、越级干事者往往会使自己陷入尴尬的境地，堵死自己的发展之路。

故事提示我们，职场中的越位、越级行事，是履好职、尽好责、获得认可与成功的大敌，是处好上下左右关系的“拦路虎”。凡想在职场有所作为的人，对此应该深以为戒。

38 两个调查专员

在我国某市，曾有两家房地产公司，都想在一个郊区投资，就各自派了专员去那里调查情况。

甲公司的专员在进行实地考察后，向公司报告说：“那里人口稀少，房地产业发展机会渺茫，房子修好了也不会有人来住。”

而乙公司的专员在调查分析之后，向公司报告说：“该地虽然人口稀少，但交通便利、环境优雅，人们厌倦了城市的喧嚣，会喜欢在那里置业生活。”

后来的情况果然不出乙公司专员所料。随着城市的“人满为患与车满为患”，城里人越来越向往环境比较好的乡村生活，因此在郊区置业的越来越多，同时，一些乡村旅游、农家乐项目，也在那里办得如火如荼。所以，乙公司的投资很明智，投资收益也很丰厚。当然，调查专员为公司郊区项目的发展立下了功劳，也越来越受到老板的重用。

一个目光短浅的人，只能看到眼前事物的表象，行事作为也会是一种短期行为。这样的人，在履职尽责中往往不堪重用，也不会取得大的进步。而一个人目光高远，就能高瞻远瞩，洞悉事物发展趋势，在履职尽责中就能把握事业发展的机遇，使企业获得长远的利益，自己的发展之路也会愈加开阔。

39 要辞职的小周

某公司业务部的小夏和小周，既是同事也是一对很要好的朋友。一天，业务做得一直有点不上不下的小周对小夏说：“我要离开这个公司，我恨这个公司！”

小夏建议道："我举双手赞成你辞职报复！破公司一定要给它点颜色看看。不过，你现在离开，我觉得还不是最好的时机。"

小周问："为什么？"小夏说："如果你现在走，公司的损失并不大。你应该趁还在公司的机会，拼命去为自己拉一些客户，成为公司独当一面的人物，然后带着这些客户突然离开，公司才会受到重大损失，处于被动。"

小周觉得小夏说得很在理，于是便努力、勤奋地工作，学习与践行更好的营销方式，用自己的勤奋、技巧和诚信大力拓展客户，逐渐事遂所愿。经过一年多的努力后，他拓展了许多忠实客户，取得了优异的业绩。

两人在一起喝酒时，小夏问小周："现在是时机了，要跳槽赶快行动哦！"

小周淡然笑道："老总跟我长谈过，准备升我做总经理助理，我暂时没有离开的打算了。"其实，这也正是小夏的初衷。

努力工作、更好尽责，永远是对自己的恩惠。只有工作付出与贡献大于获取，让上司、老板看到你的能力大于职位，能为公司创造更大的价值，才会给你更多的机会、更高的职位，让你为公司创造更多的利润。当然，你自己得到的不光有成长与进步，还会有不断提高的收入、待遇和职位。

40 过分表现的小刚

在大学生毕业由国家分配工作的20世纪80年代末，小刚毕业后，被分到一个事业单位。刚进单位，他决心要好好地表现一番，争取给领导和同事们留下一个最佳的印象。

于是，他每天提前到单位打水扫地，节假日也主动要求加班。对领导布置的任务，有些明明超出自己的能力范围，他也硬着头皮一概承揽下来。本来，刚刚走上工作岗位的青年人积极表现自我，并没有什么不妥。但问题是，小刚当时的表现与其真实的能力、思想觉悟、为人处世的一贯态度和行为模式相差甚远，夹杂着"过分表现"或"表演"的成分，因而难以有长久的坚持。

几个月过去了，渐渐地，小刚水也不打了，地也不拖了，有时还迟到、早退，对领导布置的工作任务更是挑肥拣瘦。结果，领导和同事们对他的印象由好转坏，甚至比那些刚开始来就表现不佳的青年印象还坏。因为一来大家对他已有了一个“高期待、高标准”；再则就是认为他是个不诚实的人，他最初的积极表现，完全是装出来的。

一年时间还不到，小刚觉得在单位再也待不下去了，最后只有辞职了事。

小刚过分表现的故事，值得新入职的年轻人借鉴。踏实做事，真诚待人，不做作，不过分，是职场对职员的基本要求，也是职业人士履好职、尽好责，走向成熟、取得成就的重要基础。

41 经常帮忙的小董

小董在一家4S店做汽车销售，不但能力强，人缘也挺好。因为用起来很顺手，老板就经常让他帮忙处理分外的事。但凡能帮的，小董都尽量帮着做。

老板从不跟小董客气，一会儿让他去外地调个车，一会儿让他帮客户开车、取车，甚至修车。总之，就是各种杂活都让他干，他也从来没有拒绝过，反正自己都办得到。可老板没有认真想一想，他的工作职责是汽车销售啊！

有一次，老板又让小董帮忙去服务一个客户，因为客户的车出了点小毛病。碰巧那时小董自己分内的事还没有处理完，就拒绝了。这下老板有意见了，不开心了。在以后的日子里，老板就给小董的工作设置障碍，刁难小董。最后，小董只有辞职不干了事。

通常来说，能做到4S店老板的人，按说气量也不会小，但他还是落入了“升米恩，斗米仇”这样的行事窠臼。

“一个人做一件好事并不难，难的是做一辈子好事”。有时候，好人好事无须做尽。虽然都知道“滴水之恩当以涌泉相报”，可当一方的慷慨成为另一方的习惯，并养成心理依赖时，一旦其慷慨发生变故，受帮助的一方可能会走入“斗米仇”的牛角之中。所以，慷慨助人也要讲究“度”，只有适度的慷慨，彼此的关系才能细水长流、历久弥香。

故事告诉我们，身在职场，要履好职、尽好责，首先要明确自己的职责是什么，自己的本职工作有哪些，哪些事是自己必须做好的分内事。将分内事做好了，才能达到履好职、尽好责的要求。对于分外的事，不是不可以做，但要以不影响做好分内事和实现自己的奋斗目标为原则。

42 “建造生活”的老木匠

有个优秀的老木匠即将退休，他告诉老板说要离开建筑行业，回家与妻子儿女享受天伦之乐。

老板舍不得他的好工人走，问他是否能帮忙再建一座别墅，老木匠说那我就把这所房子建好再走吧。但是大家都看得出来，他的心已不在工作上了。他用的是软料，出的是粗活。

别墅建好的时候，老板把大门的钥匙递给他说，“这是你的房子，是我送给你的礼物。”老木匠听后，震惊得目瞪口呆，羞愧得无地自容。如果他早知道是在给自己建房子，怎么会这样建呢？现在他要住就得住在一幢粗制滥造的房子里！

社会上有许许多多这样的例子。有些人遇事不是积极行动，而是消极应付；凡事不肯精益求精，而是得过且过；平时松松散散，即使在关键时刻也不能尽最大努力履好职尽到责，一生都在漫不经心地建造自己的生活。而当惊觉到自己的处境时，却早已被深深地困在自己建造的“房子”里了。

让我们汲取老木匠的教训吧！我们的生活是我们自己创造的，而且是我们一生唯一的创造，就像那个老木匠最后盖的房子，既无法进行修缮，更不能抹平重建。因此，不论我们做什么工作，应该想到这是在建造自己的房子，都要时时刻刻履好职、尽好责，每垒一块砖，上一片瓦，竖一面墙，敲一颗钉，铺一块板，都要事事认真，处处精细，都要竭尽我们的智慧和能力。否则的话，到时就是再后悔也来不及了。

43 盘子不洗七遍的打工学生

在日本餐饮业有个不成文的规定，即餐馆的盘子须用水冲洗七遍。而餐馆对洗盘子的工作，是按件计酬的。

有一位在饭店打工的学生，对餐饮业冲洗七遍盘子的约定俗成不以为然，认为只要能洗干净，不一定非得冲洗七遍。在洗盘子时，他经常少冲洗一两遍。这样，他的“工作效率”自然不俗，工钱挣得也多。一起洗盘子的同伴向他请教技巧，他毫不隐讳地说：“你看，洗了七遍的盘子和洗了五遍的盘子有什么区别？你就少洗一两遍嘛。”同伴诺诺，与他渐渐疏远了。

餐馆老板偶尔会抽查盘子的清洗情况。一次抽查中，老板用专用的试纸测出盘子的清洁度不够，当责问这位学生时，他还振振有词：“洗五遍和洗七遍不是一样保持盘子的清洁吗？”老板只是淡淡地说：“你是一个不诚实的人，请你离开这里。”

为了生计，他又到其他餐馆应聘洗盘子，但再也没有老板肯用他。不仅如此，他的房东要他退房，原因是他的名声对其他租户产生了不良影响。他就读的学校也找他谈话要他转学，因为怕他影响了其他的学生……。万般无奈，他只好收拾行囊，搬到另一座城市，一切从头开始。

日本餐饮业盘子要冲洗七遍，不仅仅是一种约定俗成，它更是对做事尽职尽责、追求完美的工作态度，以及为人处世、精神品行上的要求。如果你投机取巧少洗一两遍，不但说明你的工作态度有问题，做事没有尽到责任，也说明你的精神品行也存在缺陷，这样的人谁敢雇用呢？

在工作和生活中，不欺别人或许容易做到，而不自欺有时则难以做到。所以我们要履好职、尽好责，活得充实，不自欺、能慎独，是需要我们加以修炼并长期保持的一种品行。

44 忙着锯木头的木工

以前，有一个靠锯木头为生的木工，他的生意很好，每天虽然忙得晕头转向，心里却很充实。

他整天猫着腰很吃力地锯木头，旧的还没锯完，新的又送来了。木头越堆越多，他只好延长工作时间，加大工作强度。

有位好心人提醒他："你的锯子钝了，所以木头锯得慢，只要将锯子磨得锋利些，就可以改善木头越堆越多的情况。"

这个木工忙得头也不回地答道："正事忙得都做不完，哪来的时间磨锯子！"

好心人仍不死心，问道："那你何时才有空磨锯子？"他累得有气无力地应道："等我锯完这些木头再说吧！"

俗话说："磨刀不误砍柴工。"但在现实工作中，只顾砍柴而顾不上磨刀的情况还真不少。比如顺应创新发展和客户需求的知识与技能培训，其实就是"磨刀"工作，但有管理者根本不予重视。陷入这种情况的人，不仅履职尽责事倍功半，办事效率低，而且工作质量、水平也难以提高，甚至还有可能降低。对此，我们应该引以为戒。

45 最粗的苹果树

悉尼·布伦纳，南非著名的生物学家，是2002年诺贝尔生理学奖的获得者。

一次，布伦纳应邀前往伦敦大学演讲。当布伦纳准备向学生介绍自己的研究成果时，坐在前排的一位学生站起来说："布伦纳先生，你今天能从生物学的角度，向我们讲一讲为人处世方面的一些经验吗？"这个问题令布伦纳始料未及。

但学识渊博的布伦纳很快就反应过来，他微笑着对提问的学生说："当然可以。"说完，他反问这位学生："如果你走进一片苹果园，凭肉眼你能很快找出园中最粗的一棵苹果树吗？"这位同学想了想，然后摇摇头："这似乎有些困难。"

布伦纳看了一眼台下的学生，说道："其实并不难，那棵结果最多的苹果树，一定是最粗的。""这有什么说法吗？"有学生马上提出疑问。

布伦纳提高了声音说："因为地球上的生命是个相互连通的整体。从生物学的角度来讲，每个个体都是地球能量的载体和流通的管道。只有自己的能量输送出去了，才会有更多的能量补充进来。所以，我们经常会发现这样一个现象：苹果树结果的初期，有些果树长得又粗又壮，但因结果少，几年后就被结果多的果树超过了。只有那些愿意奉献自己能量的苹果树，才能得到土地的能量回馈，从而长得更加粗壮，结出更多的果实来。”

学生们听了布伦纳的讲解，都认为这是自己听到的收获最大、最有意义的一次演讲。

天人相连，物我相通。其实，人们的工作与处世做人，就像苹果树成长结果一样，如果你不肯付出，履行职责不肯尽心竭力，就是拒绝成长。一个付出、奉献越多的人，其存在就越强大，工作成果就越丰硕，生命也就愈加丰富和繁盛，取得的成就和成功就会更加卓越。

46 被打进钉子的老苹果树

美国有一个名叫詹姆斯·米切纳的著名作家，在5岁那年，有一次他看见一个农民将八枚钉子深深地打入了一株树龄已老而久不结果的苹果树干上。到了秋天，竟然发生了奇迹，这株老树又结出了丰硕的苹果。

米切纳感到非常奇怪，不知道这究竟是怎么回事，就向老农询问。这位老农告诉他：“把生锈的钉子打进树干内，犹如给了它阵阵震动，并提醒它，它的任务是要长出苹果来！结果这棵老苹果树果真又长出了苹果。”

这实在是个令人深思的现象，一个近乎残忍的举动，竟然能让老苹果树“恢复青春”，重新长出苹果来。虽然有些不可思议，但其中却蕴含着深刻的哲理与职场法则。

喷泉有压力才会喷发，火花需碰撞才会产生。假如你是一位久居职场的老资格，如果你在履职尽责中迷恋轻松安逸，就会甘于平庸，成为老化的不能结果的“苹果树”。在这种情况下，如果我们的内心不再有呐喊，我们的思想不再去碰撞，我们的筋骨不再去锤炼，不能自我施压重新奋起，制订并践行新的奋斗目标，我们的人生终将黯淡无光。反之，我们的职业生涯就会焕发新的青春，就能老当益壮，再次踏上成就与成功的新征程。

47 用动机引导解决难题的老者

一则故事说，在美国的一个小镇里，有几个孩子在一位老者家门前嬉闹，喊叫与打跳声不断。老者劝说无果，几天下来，中午无法休息，实在不堪忍受。于是，经过琢磨后，他想出一个绝妙的法子解决了这一难题。

开始的时候，老者出来给了每个孩子25美分，对他们说："你们让这儿变得很热闹，我觉得自己年轻了不少，这点钱表示谢意。"孩子们很高兴地收了钱。第二天他们兴致不减，一如既往地嬉闹。老者再出来，给了每个孩子15美分。他解释说，自己没有什么收入，只能少给一些。15美分也还可以吧，孩子们仍然兴高采烈地走了。第三天，老者只给了每个孩子3美分。孩子们勃然大怒，"一天才3美分，知不知道我们多么辛苦！"他们向老者发誓，再也不会为"他"玩了！

就这样，老者顺利解决了自己不能午休的难题。

这是个很值得回味的故事。针对影响自己午睡的孩子们，在劝说不听的情况下，老者先采用"美分奖赏"的方法，将孩子们"为自己快乐而玩"的内部动机，逐渐引导成了"为得到他的美分而玩"的外部动机。然后老者通过操纵"美分"这个外部因素，采取"断层式"降低奖赏的方式来操纵孩子们的行为，激起孩子们的不满，坚决不再为"他"而玩，从而解决了自己面临的难题。

从故事联想到身在职场的我们，这个老者像不像我们的老板、上司？而美分，像不像我们的工资、奖金及各种物质奖励呢？

故事启示我们，无论在什么情况下，我们都要高度重视与充分发挥内因、内部动机的作用，平衡好心态，控制好情绪，避免自己的行为被外部动机、外部因素所驱使，同时努力使自己理解、看重履职尽责的意义，增强对本职工作的兴趣及责任感与敬业心。

如果我们能保持一种积极向上的内在工作动机——快乐、充实、意义、成就感和自豪感，那么在履职尽责时就会动力十足，不惧任何困难和挫折，就会在精神、智慧、知识和技能等方面不断提升自己，取得常人难以取得的成就。

48 清扫明天落叶的小和尚

在一个寺院里，有个小和尚，每天早上负责清扫院子里的落叶。

一大早起床扫落叶实在是一件苦差事。尤其在初冬时节，每一次起风时，树叶总会随风飞舞飘落，小和尚得冒着寒风，需要花费许多时间才能费力地把树叶清扫完，这让他头痛不已。为此，他一直想找个好办法能使自己轻松一些。

后来有个和尚跟他说："你在明天打扫之前先用力摇树，把落叶统统摇下来，后天就可以不用再扫落叶了。"小和尚觉得这是个好办法，于是隔天他起了个大早，使劲摇动院子里的树，果然有许多树叶落了下来，他想这样就可以把今天跟明天的落叶一次清扫了。这一整天，小和尚都非常开心。

可第二天早上，小和尚起床到院子里一看，不禁傻眼了，院子里和往日一样，仍是落叶满地，他非常沮丧。老方丈走了过来，对小和尚说："傻孩子，无论你今天怎么用力，明天的落叶还是会落下来的。"小和尚终于明白了，世上有很多事情是无法提前完成的。

俗话说：心急吃不了热豆腐。故事启示我们，现在是抓住现在者的现在，未来乃把握未来者的未来，要履好职、尽好责，急于求成不仅无济于事，而且还会欲速不达。有人喜欢预知明天的工作烦恼，想要早一天解决。其实，明天的工作烦恼，今天是无法解决的。每一天都有每一天的人生功课要交，努力做好今天的工作，就是对明天烦恼的最好解决。

49 安逸的地狱

一则民间故事说，有个人死后在去阎罗殿的路上，遇见一座金碧辉煌的宫殿，宫殿的主人热情地请他留下来居住。

这个人说："我在人世间辛辛苦苦地忙碌了一辈子，现在只想吃，只想睡，讨厌工作。"宫殿主人答道："若是这样，那么世界上再也没有比我这里更合适你居住的了。我这里有山珍海味，你想吃什么就吃什么，不会有人来阻止你；

我这里有舒服的床铺，你想睡多久就睡多久，不会有人来打扰你；而且，我保证没有任何事情需要你做。”

于是，这个人就住了下来。开始的一段日子，这个人吃了睡，睡了吃，感到非常快乐。渐渐地，他觉得有些寂寞和空虚，于是就去见宫殿主人，抱怨道：“这种每天吃吃睡睡的日子过久了也没有意思，我现在是脑满肠肥了，对这种生活已经提不起一点兴趣了，你能否为我找一份工作干？”宫殿的主人答道：“对不起，我们这里从来不曾有过工作。”

又过了几个月，这个人实在忍受不了了，又去见宫殿主人，他恼怒地说：“这种日子我实在受不了。如果你不给我工作，我宁愿去下地狱，也不要再住在这里了。”宫殿的主人轻蔑地笑了：“你以为这里是天堂吗？这里本来就是地狱啊！”

安逸的生活原来就是一座地狱啊！它虽然有山珍海味可食，有舒服的床铺可睡，且不会让你做任何工作，可它能渐渐泯灭你的理想，腐蚀你的心灵，会让你变成一具行尸走肉。所以，饱食终日、无所事事是一种空虚的痛苦，勤奋工作、踏实做事则是一种充实的幸福。要不怎么会有许多富人，钱多得早就花不完了，可他们却还在拼命做事，在勤勉地履行着自己的工作职责。这是为什么？是为了让自己活得充实、快乐、有意义，为了使自己保持旺盛的生命力。

50 尽职的西西弗斯

一则神话故事说，天神西西弗斯因为在天庭犯了法，被宙斯惩罚，降到人间来受苦。宙斯是天神之父，掌管着世界，是规则的化身，西西弗斯只有听命的份儿。宙斯对西西弗斯的惩罚是：要无休止地推一块石头上山。

每天，西西弗斯都费很大的劲儿把一块石头推上山顶，然后回家休息。可是在他休息时，那块石头又会自动地滚落下来。于是，他又得把那块石头往山上推。这样，他所面临的就是永无止境的失败。宙斯这样惩罚他，就是要折磨他的心灵，使他在“永无止境失败”的命运中遭受痛苦与打击。

在西西弗斯推石头上山时，宙斯都要打击他，告诉他不可能成功。可他不肯认命，不肯被困在成功与失败的圈套中。后来，他终于想通了：推石头上山是我的职责，只要把石头推上山顶，我的职责就尽到了，至于石头是否会滚落下来，那不是我的事，想通了心态也就变好了。一天，人们在山下看到他高兴地拿着一只蝴蝶向人们展示说："瞧，它多美，这个世界多么美好！"他好像忘记了，宙斯每天都在惩罚他。

其实人们不知道，当西西弗斯内心接受了宙斯的规则，将推石头上山认定为自己应该履行的职责后，整个情况都变了。他每完成一次宙斯交给他的任务都很快乐，当他努力推石头上山时，心中显得非常平静，因为他想：明天还有石头可推，明天还有事可做，明天还有希望。这样，宙斯就无法再惩罚西西弗斯，只好放他回了天庭。

这是一则充满象征意义的神话。其实，工作、生活中的幸福无处不在。只要我们以一种欣赏的眼光去看待世界，我们的心就会摆脱伤感、痛苦的阴影，那些使人倍觉辛苦、备受挫折的工作或经历，就会透出无限的美感。所以，我们应该始终保持平和的心态，以一种欣赏的眼光来对待身边的每件事、每个人，自信地履职尽责，快乐地享受工作，过好生活的每一天，也许在不知不觉中，我们就超越了平凡的自己。

故事告诉我们，人有时会面临不断的挫折和失败，但只要希望之火不灭，相信黑暗之后黎明一定会到来，放平心态，踏实做事，顽强不懈地履职尽责，上帝也会让你三分，最终成就、成功、名誉和幸福一定会属于你。

PART THREE

第三篇 营　销

营销，指营销主体针对市场状况，通过推销行为，满足客户需求，实现自身经营或产出的市场价值的过程，是职场人士取得成就和成功的重要途径。在市场经济大潮中，无论是物质产品的生产经营者，还是提供服务与精神产品的企业或个人，要获得生存与发展，就必须使自己的产品和服务与市场需求结合起来，实现成功的营销。否则，生产经营就难以为继，就会被市场所淘汰。作为一名营销人员，要实现成功营销，需要的不仅有诚信、勇气、点子，还需要沟通的技巧、实现顾客利益的初衷和坚持不懈的努力。

①销售冠军李嘉诚

著名实业家李嘉诚先生，曾连续15年占据华人首富之位。他的成功创业与获得巨大成就和成功，与他早年出色的营销工作有着密切关系。

1945年，17岁的李嘉诚在一家五金店做推销员，负责销售白铁桶，这是他漫长而辉煌的商场职业生涯的开始。

李嘉诚做事勤奋而有规划，对每件所做的事都认真对待。为了能够实现顺利推销，他提前对所在区域的家庭住户进行了调查分析。他了解到高档住宅区的家庭，大多使用比铁桶价格昂贵的铝桶，以作为有身份的象征，而使用白铁桶的客户，主要是一般中下收入阶层的民户。于是，他将白铁桶的推销对象确定为中下层居民，并将营销目标锁定在老太太身上。为此，他经常到住宅区帮老太太们干一些事情，以便能在与她们的交往中增进了解，加大彼此的信任感，从而打开铁桶的销路。

另外，李嘉诚的努力程度和工作强度，更非一般员工能与之相比。其他同事每天工作8小时便匆匆下班回家，而他每天要干16个小时，做各种策划、沟通、帮客户排忧解难、上门推销等工作，足足是别人的两倍。

在他的辛勤努力下，一年后，李嘉诚不出意外地成了全公司的销售冠军，销售额甚至达到了第二名的7倍之多。因为卓越的业绩，他被迅速提升为经理，不断受到重用，这为他以后创业积累了经验、积蓄了力量。

李嘉诚早期成功营销的故事说明，要取得卓越的营销成果，提前进行规划、调查、分析，细分市场并找准需求目标非常关键。当然了，勤奋努力工作，积极主动取得客户信任也必不可少。

②注重客户感受的董明珠

格力电器公司董事长兼总裁董明珠，是一位著名的企业家。但在进入格力之初，她只是一名普通的推销员。不过，仅用了一年时间，她就通过自己的努力，取得了骄人的销售业绩，成了响当当的业务骨干。而这，与她在营销时注重客户的感受是分不开的。

由于董明珠销售业绩突出，所以公司安排了一名新入职的销售员小孙，跟着她学习营销。一天，她的一位朋友为她介绍了一位大客户。这位大客户是做零售的，准备开一家大型连锁超市，超市装修即将完工，需要安装上百台柜式空调。对一名推销员来说，这可是一笔大业务。朋友提醒她说："盯上这笔业务的人很多，能不能拿下来，就要看你的本事了。"

得到这个消息时，小孙乐坏了，急着催促董明珠赶紧给客户打电话，提前介绍一下自己，联系好会面的时间和地点。她想想也是，如果不及时联系，订单就有可能被别人抢先拿走。于是，董明珠赶紧拿起电话，准备拨号。

这时，董明珠习惯性地看了看手表，时间已是中午12点半，她迟疑片刻，将拿在手上的话筒又放了下来。旁边的小孙一个劲地催促："董姐，赶快打呀，要不机会就没了。"她将手腕上的手表伸到小孙面前说："小孙，按照一般人的习惯，现在正是吃午饭的时间，这个时间给客户打电话，不合适！"

小孙一头雾水："为什么不能打？"董明珠解释说："你有没有这样的经历？就是当你吃饭吃到一半的时候，突然接到电话，而对方又喋喋不休，你又不好意思挂断，心里是不是很烦？"小孙如梦初醒："这倒是。"她提醒小孙说："所以千万记住，尽量别在别人吃饭时打电话，就算已经过了吃饭时间，如果觉得对方嘴里含着东西说话，或者只要听到碗盘的声响，也得立即表示歉意，说晚一点再打过去，把电话挂上。"

后来，董明珠选择了一个合适的时间给这个客户打了电话，客户愉快地接受了董明珠见面洽谈的请求。经过努力，这单生意最后被董明珠拿下了。

作为一个"有求于人"的营销人员，在做销售时一定要将客户的感受放在心上，把客户摆在比自己更重要的位置，充分体谅和尊重客户，注意自己的一言一行、一举一动，不因自己不当的言行给客户带来不便或难堪。这样，你才能成为一个优秀的营销者，才能提高自己的销售业绩。

③ 砸玻璃的推销员

某市有一个经销安全玻璃的公司，公司里有一个业务员，他的销售业绩很长时间都维持在全公司的第一名。在一次表彰业务员的颁奖大会上，主持人问："你有什么独特方法来让你的业绩长时间保持第一呢？"

业务员说："每当我去拜访一个客户时，我的皮箱里面总是放了许多截成15厘米见方的安全玻璃，我也随身带着一个铁锤。到客户那里后我会问他，'你相不相信安全玻璃？'每当客户说不相信时，我就把玻璃放在他们面前，拿锤子往玻璃上用力一砸。而每当这时候，许多客户都会因此而吓一跳，同时他们会发现玻璃真的没有碎裂开来。然后客户就会说：'天哪，真不敢相信'。这时候我就问他们：'你想买多少？'直接进入成交的步骤，整个过程花费的时间还不到两分钟。"

当他讲完这个故事之后，公司几乎所有的业务员出去拜访客户时，都会随身携带安全玻璃样品和一个锤子。

然而过了一段时间后，这个业务员的业绩仍然保持在公司的第一名，大家觉得有些奇怪。在第二年的颁奖大会上，主持人又问他："现在许多业务员也做了同你一样的事情了，那么为什么你的业绩仍然保持第一呢？"

他笑一笑说："我的秘诀很简单，我早就知道当我上次说完这个点子之后，他们会很快模仿，所以以后我到客户那里，唯一所做的事情就是我把玻璃拿出来，问客户：'你相信安全玻璃吗？'当他们说不相信时，我就把玻璃放到他们面前，把锤子交给他们，让他们自己来砸这块玻璃。当然，这样的效果比我自己来砸要好多了。"

砸玻璃未尝不是一种推销广告，但推销员砸玻璃与让顾客自己砸玻璃的最大区别，就在于顾客更相信这种广告。

故事告诉我们，作为一名推销人员，要取得卓尔不群的业绩，不仅需要不达目的誓不罢休的坚持，还需要能使顾客信任自己、相信产品的点子与技巧。

4 欠董事长一张名片的业务员

在某市的一家知名公司，有个能干的业务员，为了拓展新客户，他多次给一家公司打电话预约无果后，不得已只好直接上门求见董事长。

当秘书把业务员的名片恭敬地呈给董事长时，一如预期，董事长不耐烦地把名片给丢了回去。秘书无奈地把名片退还给候在门外的业务员，业务员又真诚地把名片递还给秘书，“没关系，我下次再来拜访，所以，还是请董事长留下名片。”

拗不过业务员的坚持，秘书便硬着头皮，拿着名片再进办公室，董事长发火了，将名片一撕两半，丢给秘书。

秘书不知所措地愣在当场，董事长更气，从口袋里拿出10元钱丢给秘书，“10元钱买他一张名片，够了吧！”

谁知秘书将撕成两半的名片和钱交给业务员后，门口的业务员很开心地高声说：“请跟董事长说，10元钱可以买两张我的名片，我还欠他一张。”随即又掏出一张名片交给秘书。

突然，办公室传来一阵大笑，董事长走出来高声说，“这样的业务员不跟他谈生意，我还跟谁谈？”最终，业务员与董事长建立了良好的业务关系，营销获得成功。

故事告诉我们，做营销工作，除了具有不达目的誓不罢休的执着精神和相应的策略办法外，如果能用阳光心态和幽默感来及时化解尴尬与困难场面，就会大大增加营销成功的概率。

5 教授与“情侣苹果”

那是许多年前的事了。一年元旦，在某市一高校俱乐部的门前，一老妇守着两筐苹果叫卖。因为天寒，问者寥寥。

一个研究营销学的教授路过时，看到了这种情况，就主动上前与老妇商量几句，然后走到附近商店买来节日织花用的红彩带，与老妇一起将苹果两两一扎，接着高声叫道："情侣苹果哟！两元一对！"从此经过的情侣们甚觉新鲜，看到用红彩带扎在一起的一对对苹果寓意吉祥、很有情趣，因而买者甚众。

不大一会儿，苹果卖光，老妇对教授感激不尽。

这是一个对市场进行细分、明确目标定位、成功营销的小故事。故事说明，要做好销售就需要对市场进行细分，并从中选择特定的目标市场，随后开发产品进行营销。

教授对俱乐部门前来往的人群进行细分，并有针对性地开发产品，可谓别出心裁。人群中众多成双成对的情侣，引发了教授的灵感，使他觉察到情侣们将是最大的苹果需求者。他"开发"产品可谓心迹奇巧，用红彩带两个一扎，唤为"情侣"苹果，对情侣们产生了很大的吸引力，结果使大冷天一点都不好卖的苹果，很快便畅销一空。

6 提价与降价中的营销

台北市有家经销玩具的商店，一次同时进了两批玩具小熊，一批来自韩国，另一批是美国所产。因两种小熊的造型与质量几乎不相上下，进价也相差无几，所以店老板让店员都标价6元出售。

可经过一段时间之后，无论是韩国的也好，还是美国的也罢，玩具熊很少有人购买。看着卖不出去的玩具小熊，店老板愁眉不展，都降价吧，显然赔本，而且也难保都能很快卖出去。后来，店老板灵机一动，想出了一个办法：让店员把美国产的玩具小熊的6元标价牌撤掉，换上10元的标价牌，韩国产的玩具小熊的标价牌仍维持6元不变。

光顾该店的顾客，看到两种玩具小熊并无差别，仅以6元钱买韩国产的玩具小熊，觉得很划得来。于是，很多顾客都来购买韩国产的玩具小熊。没过多久，韩国产的玩具小熊就卖光了。

店老板见韩国产的玩具小熊卖光了，又让店员把美国产的玩具小熊10元的标价牌撤掉，换上"减价出售"的牌子："原价10元，现价6元"。

光顾该店的顾客一看，降价的幅度这么大，也感到很便宜。没过多久，美国产的玩具小熊同样又销售一空。

除了玩具熊标价的一升一降之外，并没有其他任何变化。但这标价的一升一降，却调动了顾客的比较与选择心理，营造出了购销双赢的良好氛围，从而使玩具小熊的销售，由山穷水尽很快变成了柳暗花明。

其实，运用价格升降技巧来激发顾客购买心理，实现产品销售，并不是什么新招，而是商家常用的办法。但“运用之妙，存乎一心”，良好的购销氛围，还需要商家根据不同的商品，针对不同的顾客，通过精心思考、策划，运用必要的技巧来营造。

7 本色推销的老果农

又是一年橙子成熟的季节，赣南果农们都忙着采摘橙子装箱售卖。为了让自家的橙子看上去漂亮一些，有些果农开始买来石蜡和染料给橙子打蜡染色，甚至还有的利用催熟剂对尚未成熟的橙子进行催熟。

有一位老果农——老李，却没有这样做，一来他觉得对橙子进行打蜡和染色处理会危害消费者的健康，二来家里的人手紧张，没工夫给脐橙美容。因为没有“美容”，老李家的橙子和其他处理过的橙子一比较，就显得十分逊色，不仅颜色不够鲜亮，而且表皮看上去也十分粗糙，所以商贩来收购的时候自然卖不上好价钱。

无奈之下，老李只好留下大部分的脐橙，自己雇车拉到县城的农贸市场兜售。在漂亮橙子的包围下，他的橙子显得毫不起眼。然而，却有一位顾客一口气买走了几箱橙子，并庆幸地说：“我几乎逛遍了整个市场，就找到您这么一家纯天然、未经处理的橙子，真是不容易呀！”

这时，老李才明白，原来顾客们都是渴望吃到健康橙子的。只是不少人不够细心，或是被橙子的外表所蒙蔽，因而不屑购买外表普通但有益健康的橙子。于是，他开始思考如何才能推销自己的天然橙子。

经过一番考虑后，老李决定在橙子上贴标签，上面写着：“健康的橙子平凡的脸，我虽然不够漂亮，但却保证不打蜡不染色，纯天然无催熟。”标签印好之后，他便雇人连夜赶工，贴到橙子上，还在装橙子的纸箱里放置了一批卡片，上面印着染色打蜡橙子的处理方法、天然橙皮如何妙用等说明。

这批标签脐橙一上市，就受到人们的欢迎而被抢购一空，并以毫不起眼的外表击败了那些处理过的漂亮橙子，成了市场的宠儿。

老李的故事告诉我们，有时候产品的所谓“劣势”，其实也正是优势所在，是客户真正的需求。关键看你如何去发现、去认识、去推销。如果能从劣势中看到真正的优势，并以自己的优势与同类产品的劣势进行巧妙对比，使消费者明白什么产品才是自己真正的需要，就能赢得客户青睐，反败为胜，在推销中取得成功。

8 两个手机导购员

一次，40多岁的职业白领王先生逛进一家手机城，想看看有没有适合老年人用的手机。

进门后，王先生便朝对面的手机专柜走了过去。导购小姐一看有客人来看手机，就非常热情地走了过来，她看王先生的眼睛盯上柜台上一新款的手机，就马上说，“先生你好，是买手机吧”。

王先生说：“是啊。”

导购小姐马上说：“先生，我把这款手机拿出来给您看看。”看着王先生的样子像个有钱的，她就赶快去把真机捧了出来，对王先生滔滔不绝地介绍起来：这款手机有300万像素、蓝牙功能、MP4……现在购买还有大礼包赠送。

最后王先生问：“多少钱？”

导购小姐回答：“3980元。”

“我再看看”，王先生说着就离开了。

当王先生逛到另一个柜台时，推销高手出现了。

这位导购员是一位小伙子，他礼貌地问“先生来看手机啊！”

“是啊。”

“你买手机是自己用还是送人啊？”

王先生说："家里老人从老家过来了，想给他买个手机方便联系。"

"哦，您是买手机给老人家啊，您真值得我们年轻人学习，我给您推荐一款。老人家可能视力不大好，要买屏幕大点的，按键也大点的，好打好接就够了。这一款手机比较大且还带有收音机功能，老人如果喜欢听广播，没事了当收音机也可以……"，小伙子拿出一款大屏幕手机，让他试听了下广播，效果还不错。

王先生问多少钱，他说："现在特价，只卖680元。"

王先生一听还不错，但并没有马上买走，就说"我转转看，差不多的话就过来买。"

王先生又转了转，转的过程中确实是按照小伙子说的那些标准，在找更合适的，甚至问有没有广播功能……

最后，没有更合适的，王先生还是回来找到那个柜台的导购员开票买单了。

许多销售人员认为对顾客"说"很重要，怎么说得好听，说得全面，就能打动顾客。其实呢？"说"在销售过程中并不是最重要的。所以有的导购员一旦抓住顾客就开始演讲，说自己的产品是如何的好，滔滔不绝，不容得客人插嘴，这样反而很难卖出自己的产品。

上面的故事告诉我们，销售就是发问，就是恰如其分地称赞，就是倾听，就是和客户沟通，了解客户的真实需求及其原因。这样，你就能正确引导和满足客户的内在需求，你的营销就很容易取得成功。

9 三个水果小贩

在某市的一个果蔬市场，有三个卖水果的小商贩。

一天上午，一位老太太来到果蔬市场，遇到第一个卖水果的小贩。小贩问要不要买一些水果？老太太说你有什么水果？小贩说我这里有李子、桃子、苹果、香蕉，你要买哪种呢？老太太说我要买李子。小贩赶忙介绍自己的李子，说又红又甜又大，特好吃。老太太仔细一看，果然如此。但老太太却摇摇头，没有买，走了。

老太太继续在市场转，遇到了第二个小贩。这个小贩也像第一个一样，问老太太买什么水果？老太太说买李子。小贩接着问，我这里有很多李子，有大的，有小的，有酸的，有甜的，你要什么样的呢？老太太说要买酸李子，小贩说我这堆李子特别酸，你尝尝？老太太一咬，果然很酸，满口的酸水，牙齿实在有点受不了，但越酸越高兴，她马上买了一斤李子。

但老太太没有回家，继续在市场转悠，遇到了第三个小贩。同样，小贩问老太太买什么？老太太说买李子。小贩接着问你买什么李子，老太太说要买酸李子。他很好奇，接着问，别人都买又甜又大的李子，你为什么要买酸李子？老太太说我儿媳妇怀孕了，想吃酸的。小贩马上说，老太太您对儿媳妇真好！小贩又问，那你知道不知道孕妇最需要什么样的营养？老太太说不知道。小贩说，其实孕妇最需要的是维生素，因为她需要供给这个胎儿维生素。所以光吃酸的还不够，还要多补充维生素。水果之中，猕猴桃含维生素最丰富，所以你要经常给儿媳妇买猕猴桃才行！这样的话，可确保你儿媳妇生出一个漂亮健康的小宝宝。老太太一听很高兴，马上买了一斤猕猴桃。当老太太要离开的时候，小贩说我天天在这里摆摊，每天进的水果都是最新鲜的，下次来就到我这里来买，还能给你优惠。从此以后，老太太就经常来他这里买水果。

故事中的第一个小贩，急于推销自己的产品，根本没有探寻顾客的需求，自认为自己的产品多而全，结果什么也没有卖出去。

第二个小贩，有两个地方比第一个小贩聪明。一是他第一个问题问得比第一个小贩高明，是促成式提问。二是当他探寻出客户的基本需求后，并没有马上推荐商品，而是进一步纵深挖掘客户需求。当明确了客户的真正需求后，他推荐了对口的商品，自然取得了成功。

第三个小贩呢，可以说是一个推销专家。他的销售过程非常专业，他首先探寻出客户的深层次需求，然后再激发客户解决需求的欲望，最后推荐合适的商品满足客户需求。他的销售过程分了六步：一是探寻客户基本需求，二是通过纵深提问挖掘需求背后的原因，三是激发客户需求，四是引导客户解决问题，五是抛出解决方案，六是售后与客户建立客情关系。

营销是一门学问。假如你是一位卖家，那么如何做才能成功推销商品呢？上述故事告诉我们，首先必须掌握顾客真正的需求，这样才能目标准确地进行推销；其次还应了解顾客需求背后的原因，以便拓展更多的客户需求；三是要真心为顾客着想，通过自己的营销使顾客更放心、更满意。

⑩ 会赞美的营销高手

一般来说，但凡营销高手，都是会夸人、会赞美人的人。

在一家地板专卖店里，各种各样的地板被立在墙上对顾客进行展示。顾客进店通常是先看外观，看到中意的就会伸手去摸。这时，作为店里营销高手的女老板立即搭上一句："哎呀，您的手保养得真好。"她的用词是"手保养得真好"，而不是手真好看与漂亮之类。因为手有美丑，如果你硬说丑的手漂亮，那就太假。夸人有前提，那就是真诚，要建立在事实之上。而一般的营销人员，看到顾客伸手摸地板了，就马上会说这是采用什么材质的木头、厚度多少、环保等级是多少、有什么优点、价格如何划算等。高手与普通人一比较，就明白高手高在哪里，普通人是以自己的产品为出发点，而高手则是从顾客的优点开始交流的。当然，高手夸人不是拍马屁，是把对方实在的优点讲出来，让顾客感到心里舒服，自然就会拉近与顾客的关系。

会赞美还要会对人恰如其分地表达羡慕。一对夫妻顾客来手机专卖店买手机，营销高手可能会对女顾客说："真羡慕你，你老公专门陪你来买手机，你真幸福。"又如，顾客说自家房子有180平方米，高手会说："真羡慕你，住这么大的房子，没有一点压抑感。"这就对顾客的情况给予了共鸣。有了共鸣的铺垫，后面的沟通就容易达成共识。

真诚的赞美是一种积极的正能量，可以在营销中发挥使顾客舒心、营造良好氛围、密切主客关系、促成购买达成的重要作用。所以在营销工作中，我们要善于运用赞美这种方法或工具。

⑪ 把梳子卖给和尚

有一家效益很好的大公司，为扩大经营规模，决定高薪招聘营销主管。招聘通告一打出来，报名者云集。面对众多应聘者，招聘负责人说：“相马不如赛马，为了选拔出高素质的推销人才，我们出一道实战性试题：就是如何把梳子尽量多地卖给和尚。”

大多数应聘者感到困惑不解，甚至愤怒：出家人要梳子何用？这不明摆着拿人开涮吗？于是纷纷拂袖而去，最后剩下3个应聘者：甲、乙和丙。负责人交代：“以10日为限，届时向我汇报销售成果。”

10日已到，负责人问甲：“卖出多少把？”答：“1把。”“怎么卖的？”甲讲述了所经历的艰辛，如何游说和尚买梳子，无甚效果，还惨遭和尚的责骂。好在下山途中，遇到一个小和尚一边晒太阳，一边使劲挠着头皮。甲灵机一动，递上梳子，小和尚用后满心欢喜，于是买下一把。

负责人又问乙：“卖出多少把？”答：“10把。”“怎么卖的？”乙说他去了一座名山古寺，由于山高风大，进香者的头发都被吹乱了，他就找到寺院的住持说：“蓬头垢面是对佛的不敬，应在每座寺庙的香案前放把梳子，供善男信女梳理鬓发。”住持采纳了他的建议。那山有十座寺庙，于是住持买下了10把梳子。

最后负责人问丙：“卖出多少把？”答：“1000把。”负责人惊问：“怎么卖的？”丙说他到了一个盛名在外、香火极旺的深山宝刹，拜佛朝圣者络绎不绝。丙找到住持说：“凡来进香参观者，都有一颗虔诚之心，宝刹应有所回赠作为纪念，保佑其平安吉祥，鼓励其多做善事。我有一批梳子，您的书法超群，在梳子上刻‘积善梳’三字，便可做赠品。得到‘积善梳’的施主与香客一定会很高兴，这样一传十、十传百，拜佛朝圣者会更多，香火也会更旺。”住持大喜，就买下了1000把梳子。

最后，获得营销主管职位的应聘者，自然是非丙莫属了。

把梳子卖给和尚，听起来有些匪夷所思。但故事启发我们，作为一名营销人员，不同的思维，不同的眼光，不同的行动，不同的策略与方法，决定了不同的推销结果。所以，思路开阔、策略与方法高明且善于行动的人，就能在别人认为不可能的地方开发出新的市场来，就能成为真正的营销高手。

12 卖大葱的商人

古时候，有一位商人带着两袋大蒜，骑着骆驼一路向西，经过千辛万苦，终于跋涉到了遥远的阿拉伯国家。

那里的人从没有见过大蒜，更想不到世界上还有味道这么好的东西。因此，他们用当地最热情的方式款待了这位聪明的商人，临别时用两袋金子作为获得两袋大蒜的酬谢。

另有一位商人听说了这件事后，不禁为之心动，他想：大葱的味道不也很好么？于是他带着两袋大葱也去了那个阿拉伯国家。

那里的人同样没有见过大葱，甚至觉得大葱的味道比大蒜的味道还要好！他们更加盛情地款待了商人，并且一致认为，用金子远不能表达他们对这位远道而来的客人的感激之情。经过再三商讨，他们决定将已经得到的两袋大蒜赠予这位朋友作为交换！结果这位商人毫无所获，最后只好扫兴而归。

故事启示我们，商业营销有时就是这样，你若提前一步，就能占尽先机，得到的是将会是金子；如果步人后尘，东施效颦，得到的可能就是大蒜！

13 善于“推销”自己的姜子牙

姜子牙是我国一位影响久远、杰出的韬略家、军事家与政治家，也是一个很善于推销自己的“营销专家”。

商朝末年，纣王荒淫无道，残暴不仁，奸臣当道，民不聊生。姜子牙因不满纣王暴政，毅然辞官离开商都朝歌，躲到乡下过隐居日子去了。

当时的渭河一带，是周文王姬昌的管辖范围。周文王胸怀大志，惜才访士，一心想成就一番大业。姜子牙胸怀济世之志，有雄才大略，想施展自己的抱负，但一直怀才不遇，大半生都在穷困潦倒中度过。他曾在朝歌宰过牛，在孟津卖过面，屡遭不顺，岁月蹉跎，转眼到了垂暮之年。当他听说周文王的圣名后，便来到了渭水河畔，假借垂钓之名来观望时局，希望能得到周文王的赏识，施展自己的抱负与才华。

为了引起周文王的注意，他的鱼钩是直的，钓鱼时钓钩离水面三尺高，边钓边说："鱼儿呀，快点上钩吧？"有人好意告诉他这钓不到鱼，他只是笑着说："鱼儿自己会上钩的。我宁可直中取，不向曲中求；不为锦鳞设，直钩王与侯。"人们听了之后都嘲笑他，说他精神不正常，他也不理会。他的这种不同于常人的怪异行为，一传十、十传百……终于惊动了求贤若渴的周文王。

文王想，姜子牙可能是一个有才能的奇人，就派士兵去请他。姜子牙看到请他的是士兵，继续钓鱼不予理睬，嘴里还一边念着："钓、钓、钓，鱼儿不上钩，虾米来捣乱！"士兵只好回去把情况报告给了文王。文王到底是有心之人，在对垂钓老人的言行举止冥思苦想之后，终于恍然大悟：这个不同凡响的老人，也许正是自己苦苦寻求的天下奇士、智谋非凡的大贤人呢！

文王放下身份，亲自去请姜子牙。他来到渭水河边，毕恭毕敬地向老人家施礼，说明自己的来意。子牙说："我久闻大王的贤良，也愿出山相助，只是不知大王能否信得过我？"文王赶忙说："我是求贤若渴，怎么会不信任你呢！"随后向子牙请教兴国大计，两人谈得十分投机，都深感相见恨晚。

文王在与子牙的交谈中感到，姜子牙胸怀文治武功之策，不仅知识渊博、见解独到，而且五行术数和兵法造诣也很深，认定他就是自己要找的大贤人。于是就用自己乘坐的马车，以上宾之礼把子牙请了回去，并用最隆重的礼节对待他。

就这样，姜子牙83岁出山，当上了西周的国师。他大力辅佐文王治国安民，发展经济，加强武备，使西周的国力日渐强盛起来。文王对子牙以"尚父"相称，尊为自家老人一般，几乎是言听计从。

文王死后，姜子牙辅佐文王的儿子武王起兵伐纣。经历了无数次血战，特别是经过"牧野之战"后，终于灭掉了商朝，为周王朝奠定了800年的基业。

"姜太公钓鱼，愿者上钩"。用直钩离水三尺来钓鱼，是姜子牙用"怪异之法"制造新闻，引人关注，巧妙推销自己的最好写照。当然，这种方法也历来为商家营销所借鉴和采用。

14 威廉的“投弹”营销

近年来频受飞机失事困扰的波音公司，仍是全球最大的民用和军用飞机制造商。但在20世纪初，它仅仅是个只有十几个人的作坊式企业。波音公司之所以能在一百年间实现空前发展，这与其创始人——威廉·爱德华·波音先生采用特殊方式对军方的成功营销具有一定关系。

20世纪初，当莱特兄弟刚研制出第一架飞机之后，作为木材商的威廉·爱德华·波音，便决心转行进军航空领域，经过近10年的努力，他制造出一架自己的飞机。不久，第一次世界大战爆发，飞机开始被运用到战争中。对此，他觉得机会来了，这就是要想方设法让美国军方从自己这里订购战机。

但当时的美国军方，并未意识到飞机对赢得战争的重要作用。当时整个美军只有55架战机，比敌对阵营“同盟国”中任何一个国家的都少。于是，威廉·爱德华·波音一直在琢磨，怎么能让军方知道战机对战争的重要性，好让他们尽快购置飞机，以应对战时之急需呢？

一天，威廉·爱德华·波音从报纸上得知，华盛顿一个能容纳1000多人的露天体育场，将举行一场橄榄球比赛。于是，他心生一计，决定要好好利用这次机会。

比赛的当天，威廉·爱德华·波音驾驶着飞机从体育场的上空呼啸而过，并投下数枚用纸片糊成的“炸弹”。突然从天而降的“炸弹”把观众吓坏了，直至发现是假炸弹之后，人们才安静下来。

观众拿起纸炸弹细看，发现每个上面都印着一句话：“如果这是敌机投下来的真炸弹，会怎样？美国必须有足够多的飞机，这样才能击退敌军，有效地保护我们！”

威廉·爱德华·波音空投纸炸弹的新闻被媒体争相报道，成了人们热议的话题，也引起了美国军方和政府的重视。在他的主动出击下，最终军方跟他签订了购买50架双翼水上飞机的合同，这份合同给他带来了57万美元的收入。

有了这笔钱，威廉·爱德华·波音立刻招兵买马，手下的员工从10多个人一下子就增加到上百人。

之后，威廉·爱德华·波音又从军方那里拿到购买50架寇尔提斯飞机的合同。至此，他正式将公司改名为“波音航空公司”。

威廉·爱德华·波音巧妙的“投弹”营销，一石激起千层浪，制造了巨大新闻，成为热门话题，成功取得了轰动性的营销宣传效应，既警示了军方，也震撼了政府，为波音公司取得了快速崛起的第一桶金。

15 松下对朋友的指点

一天，日本著名企业家、被誉为“经营之神”的松下幸之助，到一家电器商店看望自己的老朋友。在闲谈中，作为这家店主的老朋友，不断向松下抱怨生意太难做了。

这时，一个小孩蹦蹦跳跳跑进来，说：“伯伯，我买一个灯泡，要40瓦的。”

朋友停止谈话，转身取出一个灯泡，在灯座上试了试是好的，然后把灯泡交给小孩，收钱完事。小孩又蹦蹦跳跳跑出去了。

松下看着远去的小孩，问朋友：“平时你都是这样做生意吗？”朋友回答：“是的。有什么不对吗？”松下说：“这样做是发不了财的。”“为什么？”朋友惊讶地问。

松下说：“这样做太不用心了！那孩子来买灯泡时，你为什么不多跟他聊几句呢？比如，‘小朋友，上几年级了，长得可真高啊！’拿灯泡给他时说：‘回去告诉妈妈，如果灯泡不好用，就来退换，好不好？’孩子将话带回去，他们全家都知道这儿有一个很热情的店主，下次买电器，肯定来找你。”朋友频频点头，深以为然。

松下又说：“还有，那孩子蹦蹦跳跳跑出去时，你为什么不提醒他走慢些、小心不要摔跤呢？万一灯泡因此损坏，他家里人即使不来找你，也会对你的商店留下不好的印象吧！”

朋友感激地对松下说："听君一席话，胜读十年书。今后我一定按你说的多加注意。"当然，他也彻底明白了松下为什么能成为大商人，以及为什么在景气和不景气时都能赚钱的原因。

在销售工作中，如果你能像松下指点的那样，比别人多点热情，多点关心，多点微笑，多点细致，多点温馨的话语，还愁没人来买你的东西吗？

16 售后再营销

李·艾柯卡，曾任美国福特和克莱斯勒汽车公司的总裁，他锲而不舍的奋斗精神，使无数人为之倾倒，一度被誉为美国商业偶像第一人。但他事业的起步，是从做汽车推销开始的。

艾柯卡22岁时以推销员的身份加入福特公司，开始时曾跟一个很有销售经验、名叫凯斯特的汽车销售员学习和从事汽车销售工作。

凯斯特有一个打回访电话的习惯。每一个从他手中买过车的客户，都会在买车后的一个月左右，收到他打去的回访电话："请问您的朋友们对您的新车感觉如何？"

以这种方式打回访电话，让艾柯卡迷惑不解。一次，他终于忍不住问凯斯特："你为什么不直接问车主本人的感觉如何，而是问他的朋友们呢？"

"如果直接问车主对新车感觉如何，可能会让他产生怀疑，甚至会认为车子是不是有什么毛病。但如果问他朋友们的感觉，大多数情况下，他都会告诉你，他们觉得这个车很棒！"凯斯特解释道。

"我不明白。"艾柯卡还是觉得有些茫然。

"就算车主的朋友们没有赞扬这辆车，或者压根儿就不喜欢它，但作为车主，他也不会向别人承认自己所买的这辆车是个错误。他会找出各种理由和证据，来证明自己的这个决策是正确的——至少在这段时间里是的。"凯斯特得意地说道，"一旦车主愿意认定新车不错，那就等于主动卸下了防御，接下来，我就可以问他的哪些朋友也喜欢这辆车，能不能提供他们的联系方式"。

"而这些人就是我新的潜在客户！"凯斯特道出了最后的秘密，艾柯卡也随之恍然大悟。在师从凯斯特的那段时间，艾柯卡从凯斯特身上学到了不少汽车推销技巧和经验。

任何人买东西，特别是买车子、房子这样的大宗高价商品，在最初的一段时间内，都会尽量将自己的购买行为正确化与合理化，以捍卫自己的决定和面子。即便他的这个决定是冲动或错误的，他也不会那么快就后悔。所以，在客户购买商品最初的一段时间，正是将他们作为开拓新客户跳板的绝佳时机。

故事启示我们，任何一种营销都不是签完合同就完事的。如果你能对已完成的销售进行巧妙的跟踪回访，就可以挖掘出有价值的营销信息，就会有助于自己不断拓展新客户，形成有效的销售循环，从而使你的营销业绩长期保持在一个高的水平。

17 岛村方雄的“吃亏”营销

岛村方雄被誉为日本的“绳索大王”，是一个靠贷款经销麻绳创业成功的人。他之所以能从一个白手起家的小商人实现事业与人生的大飞跃，是与他推行的“吃亏”营销是分不开的。

在经销麻绳的第一年，通过努力争取，岛村方雄从银行贷款100万日元作为自己的运营资金，在原产地大量采购麻绳，再以收购价售出。整整一年，他把自己的时间和精力全部搭了进去。渐渐地，他的“投资”换来了回报：“岛村的绳索确实便宜”的名声不胫而走，被大家传扬。一时间，四面八方的订单像雪片般飞来。岛村心里偷着乐，但他不动声色，开始实施他的第二步计划。

第二年，岛村拿着厚厚的订单和一年来的售货发票，找到绳索生产商说：“我投入了这么多的时间和精力，为你们拉来了这么多的客户，但我至今也没赚过你们一分钱！”为稳住岛村的“客源”，厂商决定让利，把每条绳索的价格降低了5分钱。

接着，岛村又与客户见了面。客户们看到岛村的麻绳购进发票后，都感觉非常吃惊，因为天底下根本就没有人愿意一年之内白白为大家服务而且分文不取，真是不可思议，这么好的服务到哪儿去找呢？大家一合计，都心甘情愿地把每条绳索的购买价格提高5分钱。

如此一来，岛村买卖一条绳索就能赚一角钱。他每天的订单有1000万条，每条绳索赚一角钱，他每天的利润就达100万日元。从零利润到日进百万，没过几年，岛村就实现了事业与人生的大飞跃。

俗话说“吃亏是福”。岛村吃亏营销的故事告诉我们，营销中能“吃眼前或暂时的亏，赚今后或长远的利”，不失为一种培植客源、着眼长远的高明做法，这比那些小气商人只图眼前、斤斤计较小利的做法，真不知要高明多少倍！

18 “赠”给美国总统的白兰地

20世纪50年代之前，被称之为“英雄的酒”的法国白兰地，虽然名头很响，但一直未能打入美国市场。而美国又是一个很大的酒类消费市场，对于许多国家来说都有强大的吸引力。这就是说，法国白兰地要想打入美国市场，将会遇到很多的竞争对手。

后来，为使白兰地酒进入美国市场，法国人经过精心策划，决定借助法、美人民的情谊大做文章，展开强烈的营销攻势，时机就选在美国总统艾森豪威尔67岁寿辰的时间。为此，他们通过不同渠道向美国人密集传播下列消息：

“法国人民为表达对美国总统的友好感情，特地赠送两桶极其名贵的酿造已达67年之久的白兰地酒作为贺礼；

“总统寿辰之日，将举行隆重的赠酒仪式，身着宫廷侍卫服的法国人将把名酒抬入白宫，献给总统；

“装白兰地酒的桶，是法国著名艺术家的精心杰作……”

美国各大报刊、电台的连续报道，使这两桶白兰地立即成为美国人的热门话题。

宣传的效应有了，只等着名酒的到来。

就在名酒抵达华盛顿的当天，在机场通往白宫的沿途道路上，挤满了数以10万计的美国人，盛况空前。美国当天所有的报刊都对赠酒仪式作了整版报道。

就这样，法国白兰地在热烈的气氛中，挤掉了所有的竞争对手，大摇大摆地走上了美国国宴和平民的餐桌。

法国向美国总统“赠”酒的故事告诉我们，在激烈的市场竞争中，尽管有些营销高地难以攻克，但只要精心策划，找到最佳的时机与突破口，巧妙运用舆论宣传等工具进行造势，引起大众的热情关注与关心，就能克难攻坚，抢占营销高地，顺利实现成功营销。

19 禁令背后的营销

1956年，一条禁止外星人降落的禁令，给名不见经传的法国教皇新堡小镇涂上了神秘的色彩。很多年过去了，外星人从未出现，而禁令的噱头所带来的人气，却让小镇的葡萄酒享誉世界。人们这才明白，当年的小镇镇长吕西安，巧妙地把一条营销广告“埋伏”在了禁令背后。

1950年，在盛产葡萄酒的法国教皇新堡镇，年轻的吕西安当上了镇长。“怎样让更多的人知道小镇的葡萄酒？怎样让小镇一流的葡萄酒走向世界？”这个问题始终在吕西安的心里纠结着，成了他最大的一块心病。他不断让大家出谋划策，广告也做了，电台、电视也播了，几年下来，还是和以前一样，效果并不明显，教皇新堡葡萄酒的知名度始终不温不火。眼看着新的一年葡萄酒销售旺季快到了，吕西安又开始犯愁了，“如此高品质的酒，却无人赏识，没人青睐”，他心里有说不出来的郁闷。

一天，在巴黎上大学的弟弟克劳德回家了，兄弟俩一边喝着葡萄酒，一边天南地北地说着各自的事。吕西安告诉弟弟自己心里的郁闷，弟弟则手舞足蹈地告诉哥哥：“现在法国最时髦的事情，就是去北部看外星人。”“看外星人？”“对啊，有人在北部看到了不明飞行物，现在北部可火了。”“北部可火了？”吕西安心里一动，想了一下，狡黠地说：“南部是不是也能看到外星人？”“不，你搞错了，是北部。”吕西安哈哈大笑，“不，就是南部！”看着吕西安一脸的坏笑，一头雾水的弟弟突然明白了哥哥的意图。

经过吕西安和弟弟的“合谋”，小镇出台了一则禁令：“任何飞碟、雪茄形状的飞行器或者外星人降落到教皇新堡土地上，一经发现，立即拘禁。”禁令刊登在了《费加罗报》等一些法国知名报纸最显眼的位置。禁令刊登后，整个法国轰动了，在谈论外星人为时尚的当时，人们从四面八方赶往教皇新堡小镇。有人说看到了外星人，甚至有人说自己曾经和外星人一起在小镇上喝过葡萄酒，各种版本的传言、故事铺天盖地。

就这样，埋伏在外星人禁令背后的营销广告，终于巧妙地让饱满、丰腴、醇香、精致的教皇新堡葡萄酒，走出了小镇，走向了世界。

欧阳修在其《醉翁亭记》中说：“醉翁之意不在酒，在乎山水之间也。”而教皇新堡镇镇长吕西安的外星人禁令，则是“镇长之意不在外星人，而在于当地的葡萄美酒啊！”发布外星人禁令，貌似无聊的噱头，实则是巧妙利用了当时的时尚事件和人们的注意热点，将人们吸引到了小镇，自然也吸引到了葡萄美酒的需求和消费上。通过这个故事，使我们看到了“神秘、时尚”元素在广告宣传中的妙用，以及故事主人公那深谋远虑的营销理念与策略。

20 让顾客欠份情债的吉拉德

美国汽车推销大王乔伊·吉拉德认为，在推销中最重要的是“要给顾客放一点感情债。”

在吉拉德的办公室，他通常会放上各种牌子的香烟。当顾客来到他的办公室忘记带烟又想抽一支时，他不会让顾客跑到车上去拿，而是问：“你抽什么牌子的香烟？”听到答案后，就拿出烟来递给客户。这就是主动放债，一笔小债，一份感情债。一般顾客会心存谢意，从而使气氛友好融洽。

有时，来的顾客会带孩子。这时，他就拿出专门为孩子准备的气球和味道不错的棒棒糖等。他还为顾客的家人准备好一枚枚精致的胸章，上面写着：“我爱你。”他知道，顾客会喜欢这些精心准备的小礼物，也会记住他的一片好意。

吉拉德认为，自己交到顾客及其家人手上的任何一样小东西，都会使顾客感觉对他有所亏欠，欠他一份情。这就是他给客户的感情债，不太多，可有那么一点点就足够了。

确实，顾客不仅是来买商品的，而且还是来买态度、买感情的。只要你给顾客放出一笔感情债，顾客就会欠你一份情，有机会就会来还这笔情债。而顾客最好的还债方法，就是购买你的产品。

故事说明，真情往往最能打动人。只要你对顾客用心倾注真情，就会获得顾客的真情回报，你的推销也会因此无往而不胜。

21 卖“梦想”的迈克

迈克是德国一家保时捷汽车分店的销售经理，在业界素有“鬼才”之称。

迈克每次外出营销，都会叫上摄影师，开着新车前去拜访有购车意向的客户。到达后，他不急着敲门，而是将新车开到适宜位置，吩咐摄影师给房子和车子拍照。最后打印出照片：白色窗户的房屋前，静静泊着一辆黑色保时捷，有树叶落在新车的挡风玻璃前……随后迈克把照片送给准客户。

迈克用车与房屋融为一体的照片，激起屋主对拥有照片里那辆车的联想和渴望。结果超过30%的住户预约看车，成交率很高。他说：“我卖的是人们心中对美好生活的梦想。”

麦克的故事启示我们，作为一名营销人员，应该明白你推销的是具体需求还是梦想与希望？推销使用价值的物质需求，是低层次的、大众化的营销，在竞争中没有优势，因为同一层次的产品，其功能的优劣是不会有多大差距的。而推销梦想与希望，就可以编织一个缤纷的世界，往往能够激起顾客购买的欲望和激情。当然，这需要熟悉推销的产品，能够抓住热点，创造场景，讲述故事，描绘未来，激发客户对美好生活的向往。

22 找循规律营销的法兰克

法兰克·毕吉尔是美国的保险业巨头。在刚从事保险业时，他的事业一帆风顺，出色的推销能力，使他在这个行业如鱼得水。

当法兰克满怀激情，对未来充满憧憬，渴望在保险业大展身手时，却遭遇了自己从业以来的第一个工作“瓶颈”，他被这个瓶颈问题牢牢困住了。他想让自己的业绩得到持续提升，于是投入百倍的努力开展工作。他起早贪黑地出去跑业务，使出全身解数说服客户购买他推荐的保险，为了争取到每一个可能成交的业务，经常要几次三番地登门拜访顾客。可令他沮丧的是，一切的努力却收效甚微——虽然他付出了比往常多倍的汗水，可他的业绩并没有比原来有多大提高。而此时的他，自信心却不断受到挫伤。

那段时间，法兰克异常失落和沮丧，整天郁郁寡欢，对前途丧失了信心，甚至想放弃这个充满挑战的职业。一个周末的早晨，从噩梦中醒来的他仍然有些沮丧和不安。不过很快，他就平静下来，开始对问题进行认真思考，并企图找到解决的办法。

法兰克在内心不断诘问自己：为什么最近自己会那么忧郁？问题到底出在什么地方？平日里工作的情景，很快就闪现在他的脑海里：许多时候，在他多次登门拜访、百般努力下，顾客终于答应下来购买他的保险。但在最后关头，顾客常常反悔说，让我再考虑考虑，下次再谈吧。这样，他就不得不沮丧地离开，再花时间去寻找新的业务。怎么办才能尽快把自己从沮丧中拯救出来呢？

当没有想到更好办法的时候，法兰克开始翻阅自己一年来的工作笔记，并对记录的事情进行仔细回顾、认真思考——希望从中得到启迪、找到答案。很快，他就发现了问题的症结所在。一个大胆的念头在他脑海里闪现，令他自己都有些震惊。

之后的日子里，法兰克一改往日的工作方法，开始采用新的推销策略。结果令他大吃一惊，他创造了一个奇迹——在很短的时间内，他把平均每次推销赚2.7美元钱的成绩，迅速提高到了4.27美元。当年，他新接进的保险业务，第一次突破百万美元大关，在业界引起轰动。凭着出色的智慧和独特的推销策略，法兰克不断成长，终于成为了保险业的巨头。

后来，法兰克向世人公开了自己成功的秘诀。原来，当年他在自己的工作日志中发现一组奇特的数据，从而改变了他对工作的认识。经过统计，他惊奇地发现，在他一年所卖的保险业绩中，有70%是第一次见面成交的，23%是第二次见面成交的，只有7%是在第三次见面之后才成交的，而他实际花费在那7%业务上的时间，却占用了他所有工作时间的一半还不止。

于是，法兰克采取新的推销策略是：果断放弃那7%的利益，不再为它的诱惑所动。这样，他就找到了营销的规律，顺应规律营销，他就能腾出大量时间用于新业务的拓展，于是他成功了。

法兰克的故事说明，营销工作与做其他事情一样，在许多表象之后隐藏了可循的规律。如果你发现不了规律，只是盲目、拼命地做事，结果很可能效率低下、事倍功半，最终使自己的自信心受挫。反之，你能及时发现营销规律，遵循规律做事，你的营销就能取得事半功倍的效果，就会形成事业发展的良性循环，从而使你更顺利地取得事业成功。

23 第十五天打一折的销售

1973年7月，作为男士品牌西服的“绅士西服”，在东京银座超市一开张，就使出了推销大招——全场“第十五天打一折”。很多人担心这个“一折”会不会有假，就纷纷跑去察看，发现超市门口还挂着放大后的“绅士西服”进货单，上面清清楚楚地写着进货价和一折销售价。

这个活动的具体规则是这样的：所有绅士西服在开张售卖的第一天打九折，第二天打八折，第三、第四天打七折，第五、第六天打六折，第七、第八天打五折，第九、第十天打四折，第十一、第十二天打三折，第十三、第十四天打二折，第十五天打一折。

在任何一天内，顾客去购买都能享受到相应的折扣。当然，如果你想要以最便宜的价钱买到自己喜欢的西服，那么你就在最后那天去买就行了。但问题是，你想买的西服不一定会留到最后一天，因为每次打折活动，“绅士西服”所有款式中，每款只有20套。

这个西服“打折”销售活动推出后，第一天和第二天来的客人并不多，第三天就开始有一波一波的客人光顾，第五天第六天时，顾客就像洪水般涌到商店开始抢购，以后就连日客人爆满。因为所有人都担心自己想要的西服能不能留到下一天，所以等打到七折时，顾客们就开始焦躁起来，怕自己想买的西服被别人早一步买去，失去大好机会。

就这样，“绅士西服”虽然写明了是“第十五天打一折”。但实际上到了六七折时，店里已经被抢购一空了。于是，老板就重新上货，开启新一轮“第十五天打一折”的销售活动。

通过这一打折活动，“绅士西服”很快名声大噪，不仅在短短半年内就令东京80%的职业男性穿上了他们的西装，而且超市老板也赚了个盆满钵满。

其实，东京银座超市“第十五天打一折”营销活动的成功，主要是在每次限定西服数量的情况下，与顾客在打心理战上的胜利。他们以令人难以置信的“一折销售”造势，吊起顾客的购买欲望，同时又用“每款20件”的限量，引发顾客的焦躁心理与提前抢购，自己则从中坐收渔利。

24 关心他人的推销者

犹太裔美国人哈维·麦凯，是美国麦凯信封公司的创始人、董事长和总裁，也是一位关心他人的推销者和知名的人际关系学家。他一生结交了美国政界、新闻界、企业界、体育界大量的知名人物，取得了骄人的成就与成功。

创业之初，麦凯在推销信封的过程中，始终牢记着父亲的一句话：“假如你想成功，从现在开始，你要关心你所见到的每一个人。”为此，他设计了一个有66项信息的表格系统，内容包括客户的姓名、年龄、生日、性别、星座、血型、嗜好、工作单位，在哪儿上小学、中学和大学，以及家人情况等一系列相关信息。这个系统被称作“麦凯66档案”。

有一次，麦凯到一个大企业的老板那里推销信封，可是不管他怎么做，老板都不肯买。麦凯就利用了他的“麦凯66档案”，研究了两年，一直没有停止与这个老板的联系。

有一天，麦凯得知这位老板的儿子出了点小车祸，他打开资料一看，得知老板的儿子11岁，很崇拜篮球明星迈克尔·乔丹。麦凯正好与迈克尔·乔丹所在公牛队的教练认识。于是他顺利地得到了一个有乔丹和其他队员签名的篮球，并把这个篮球作为礼物送给了老板的儿子。

孩子得到心爱的篮球后，高兴得又蹦又跳。老板问儿子这篮球是哪儿来的，孩子回答说："是麦凯叔叔送给我的。"老板这才想起了这位与他联系了两年、他一个信封都没买的麦凯。

精诚所至，金石为开。第二天，这位老板就向麦凯订购了一大批信封。

麦凯的故事告诉我们，要成为一名成功的营销者，除需要具有持之以恒、坚韧不拔的精神之外，如果能从关心顾客做起，想方设法全面了解顾客，充分掌握顾客信息，摸准顾客真正在意的事情，及时采取措施挠到顾客的痒处，就能找到营销的突破口，从而实现自己成功销售商品的目标。

25 高价销售获成功的道弥尔

美国富翁道弥尔刚开始工作时，是一个工厂的推销员。他在干出一定业绩后，便倾尽所有积蓄，买下了一家即将倒闭的工艺品制造厂。

通过潜心研究这家工厂以前的生产和经营情况，道弥尔得出的结论是：原来工厂经营不善，是由于产品滞销，而产品滞销的原因是价格定得太低。所以，要改善经营状况，就必须大幅度提高产品售价。

在几乎所有雇员的反对下，道弥尔的营销策略竟获得了成功。本来成本只有几美元或十几美元的工艺品，提价到几十美元，甚至上百美元后，反而热销起来，不仅一举扭转了经营亏损，还着实让他大赚了一笔。

之所以能取得这一"点石成金"的收获，是因为道弥尔深深懂得，工艺品不是一般的消费品，而是一种高雅的供欣赏的物品，是品位与富贵的象征。因此，工艺品的价格不能拘泥于生产成本，更多的是要考虑它的艺术价值。如果价格太低，消费者就会小看它，不愿意购买。而且，工艺品的买主大都是经济宽裕的人，只要商品中意，他们是不会在乎几十美元或上百美元钱的。

利用消费者对待工艺品的这种心理，道弥尔成功践行了独特的营销哲学。在他的精心策划和努力下，他的工厂所生产的工艺品，销售不断增长，利润日渐丰厚，他的人生也快速地步入了富裕和成功之路。

价格是商家营销竞争的重要方面，但价格之运用之妙，真可谓存乎一心。道弥尔的故事告诉我们，不同顾客对待不同性质的商品，会有不同的消费心理倾向。如果你能掌握顾客的消费心理倾向，就可以自如运用价格工具，为你的产品营销和企业发展服务，从而使你成为市场上和人生中的优胜者。

26 拔杂草的推销员

查理是英国一家农机制造公司的推销员。一天，他前往曼彻斯特的一座农场推销收割机。

到了农场，查理看见一个皮脸黝黑的老人正在那儿割草。他走上前去，说明了自己的来意。老人停下手中的活儿，满脸遗憾地说道："小伙子，这个月以来，你已经是第25个推销收割机的了。我不得不告诉你，我家主人一台也不会买，你不用再去碰壁了！"

老人的话并没有打消查理的热情，他继续往农场里面走，来到了一座小花园前。他看得出，这家农场主是个严格、精细的人，花园被修整得花草分明、干干净净，看不出一点杂乱。

查理被一丛五彩缤纷的鲜花吸引了。他信步走进花园，在一株三色堇下，无意中看到了一株杂草。杂草就躲在三色堇茂密的枝叶下，很不惹眼，"也许是工人们清理时忽略了"，他这样想着，便弯下腰把那株杂草拔掉了。当他转身欲走时，才发现身后站着一个胖胖的中年男人，正面带微笑注视着他。

"你好！"中年男人伸出自己的右手，"谢谢你拔掉了这棵杂草！"查理礼貌地与中年男人握手致意。当他正准备介绍自己的来意时，中年男人却打断了他："我就是这家农场的主人，你不用介绍了，你的收割机我买了。"

查理感到有些疑惑："先生，可是您还没有看我们的样品啊？"

农场主笑了："不用看，我知道你推销的收割机质量一定很不错。从你刚才拔杂草的那一刻起，我就看出你是一个真诚细心的小伙子。虽然在之前，你推销成功的概率几乎为零，但你没有抱怨，还为我拔掉了这棵杂草，难道这样的人不值得信赖吗？"

拔杂草，一件顺手而为的毫不起眼的小事，体现出了推销员查理的人品和特点，使顾客看出他是一个真诚、阳光、细心、值得信赖的小伙子。对这样的推销员，那个顾客不愿购买他的产品呢？

27 重视他人的业务员

美国强生公司有个业务员，他的工作就是为公司拉顾主。在他的顾主中，有一家是经营药品、杂货的商店。每次他到这家店里去的时候，总要先跟柜台的营业员寒暄几句，然后才去见店主。

有一天，业务员到这家商店去，店主突然告诉他今后不用再来了，他的店不想再卖强生公司的产品了，他只好离开了。他开着车在镇子上转了好久，最后决定再回到店里，把原因了解清楚。

走进店里的时候，业务员照常和柜台上的营业员打过招呼，然后再到里面去见店主。店主见到他很高兴，笑着说欢迎他回来，而且比平常多订了一倍的货。业务员对此十分惊讶，不明白自己离开商店后究竟发生了什么事。

店主指着柜台上的营业员——那个正在卖饮料的男孩说：“在你离开以后，他走过来告诉我，说你是到店里来的推销员中唯一会同他打招呼的人，他认为如果有什么人值得做生意的话，就应该是你，我同意这个看法。”

从此，这个店主就成了这个业务员最好、最大的雇主之一。

重视、关心他人，是成功的营销者必备的特质。在绝大多数人都以“自我为中心”、重视自我的现实社会中，只要你能不分贵贱、真诚地对待别人，关心、重视他人的思想、工作、生活、成就等感到自豪的事情，对方就会在内心与你产生共鸣并乐意接纳你，这样你的营销就成功了一大半。

28 让颜色来助销

杰克是一家美国医药公司销售部的员工。20世纪90年代末，该公司在美国医药界口碑不错，尤其主打的止痛片销量一直很好。可是，后来因市场萎缩，销售业绩下滑，资金周转不畅，公司陷入困境，所以老板打算裁掉一部分员工。

杰克忧心忡忡地回到家，望着妻子做好的一桌饭菜，却感觉满眼都是药品，就连五颜六色的水果沙拉也像突然变成了苦涩难闻的药片。妻子安慰道："别把食品看成药品，你要有把药品当成食品吃的感觉……"

把药品当成食品吃？杰克想如果能让患者对药品产生像对美食那样的亲近感就好了！随后，杰克在网上做了一番调查，发现颜色对人的心理影响很大。于是经过几天的努力，他向公司递交了一份药品包装及销售建议。老板看后，决定立即按他的建议执行。

按照国别和性别，药品被区分包装。比如，美国人都知道柠檬和橙子维生素C含量高，所以黄色药片销量好，橙色次之，白色再次；在美国女性眼中，粉红色属于"飘浮"色调，使人有上升感，能帮助人们解脱痛苦，所以她们最想购买粉色止痛片。再比如，对白色药片，德国人觉得药性不强，而且白色没有深浅之分，医生也容易搞错，所以不喜欢；但中国人却喜欢白色的药片和制剂，认为白色有清洁感。然后，再将区分包装后的药品，有针对性地向不同国家和不同性别的人们进行推销。

新办法实施一段时间后，药品销量大幅上升，公司经营状况大为改观，经营业绩也有明显好转。而杰克呢，不但因此保住了自己的饭碗，而且还得到了加薪和升职的待遇。

俗话说"良药苦口利于病"，可再好的良药毕竟是难以下咽的。如果能用颜色为药品披上美丽的外衣，给人心理上的感觉就会有所不同。对商家经营来说，这是一种经销细节的把握。杰克正是抓住了这一细节，根据各国和不同性别的人对不同颜色的偏好，利用颜色对公司药品进行助销，不仅使公司走出了经营低谷，而且使自己的收入与职位也得到了提升。这也启示我们，应善于从生活中获得灵感，采取巧妙的方法促进营销，摆脱经营的困境。

29 把斧子卖给总统的推销员

2001年5月20日，美国一位名叫乔治·赫伯特的推销员，成功地把一把斧子推销给了小布什总统。布鲁金斯学会得知这一消息后，把刻有“最伟大推销员”的一只金靴子赠予了他。这是自1975年以来，该学会的一名学员成功把一台微型录音机卖给尼克松后，又一名学员获得如此高的荣誉。

布鲁金斯学会创建于1927年，以培养世界上最杰出的推销员著称于世。学会有一个传统，即在学员期满毕业时，都会有一道最能体现推销员能力的实习题让学员去完成。克林顿当政期间，他们出了这么一个题目：请把一条三角裤推销给现任总统克林顿。8年间，有无数个学员为此绞尽脑汁，最后都无功而返。克林顿卸任后，学会把题目换成了：请把一把斧子推销给小布什总统。

鉴于前8年的失败与教训，许多学员知难而退，个别学员甚至认为，这道毕业实习题会和克林顿当政期间一样毫无结果。因为现在的总统什么都不缺少，再说即使缺少，也用不着他们亲自购买；再退一步说，即使他们亲自购买，也不一定正赶上你去推销的时候。

然而，乔治·赫伯特却做到了，并且没有花费多少工夫。一位记者在采访他的时候，他是这样说的：我认为，把一把斧子推销给小布什总统是完全可能的。因为布什总统在得克萨斯州有一个农场，里面长着许多树。于是，我给他写了一封信，说：有一次，我有幸参观您的农场，发现里面长着许多矢菊树，有些已经死掉，木质已变得松软。我想，您一定需要一把小斧头，虽然从您现在的体质来看，这种小斧头显然太轻，但您以后要用时，会觉得它很顺手。现在，我这儿正好有一把这样的斧头，它是我祖父留给我的，很适合砍伐枯树。假若您有兴趣的话，请按这封信所留的信箱，给予回复。最后他就给我汇来了15美元。

乔治·赫伯特成功后，布鲁金斯学会在表彰他时说，金靴子奖已空置了26年，这26年间，学会培养了数以万计的推销员，造就了数以百计的百万富翁，这只金靴子之所以没有授予他们，是因为学会一直想寻找这么一个人：他不会因为有人说某一目标不能实现而放弃，不会因为某件事情难以办到而失去自信。

乔治·赫伯特的故事在世界各大网站公布后，一些读者纷纷搜索布鲁金斯学会，他们发现在该学会的网页上贴着这么一句格言：不是因为有些事情难以做到，我们才失去信心；而是因为我们失去了自信，有些事情才显得难以做到。

乔治·赫伯特荣获“最伟大推销员”的故事，告诉我们“自信心”在营销工作和人生奋斗中不可或缺的重要作用。缺乏自信心的人，往往遇事会怯懦甚至苟且，要么畏难不做，要么知难而退，不会有成功之日；而心怀自信的人，往往遇事勇敢、执着，逢山开路，遇水架桥，知难而进，直至最后取得成功。

30 “神秘”的索古尔酒

有时我们可能会看到这样一种现象：一个人抬头看天，不一会儿，他的身边就站了很多人，都抬头看天，还惊诧地问：“看什么？”其实天上什么也没有。就因为那人久久地看着天上，给了人们一种神秘感，才引来一大群人都抬头看天，这就是神秘引发的从众心理。聪明的商家，有时也把这种能够引起从众心理的神秘，用在商品的营销中。

在澳大利亚南部，有一个叫巴斯特尔的小城，全城人口虽不足10万，但却有着几百年深厚的酒文化根基。20世纪中叶，世界上许多酒业主都到这里推销他们的产品，而一种新酒要想在这座城市站稳脚跟甚至独领风骚，谈何容易！但有一种名叫“索古尔”的酒却做到了。

有一天，巴斯特尔最豪华的科拉克里酒楼来了一群客人。这些客人都显得很尊贵，他们要了一桌澳大利亚最精致的菜肴。这桌菜肴，据粗略估计，是10个澳大利亚平民一生的食品花销。

酒店老板想，他们一定得享受本酒店最高级的美酒了，于是搬出路易十三、葛特尔蒙等数十种名酒让客人们挑选。但客人只粗看了一眼，就问：“有索古尔干红吗？”酒店老板听得一头雾水，他从未听说过有这种酒呀！于是，他派人搜遍全城各大酒店，都没有索古尔酒。更令酒店老板没想到的是，那桌客人见没有找到索古尔干红，竟连那桌已付费的菜肴都不吃了，扫兴而去。

这事儿一时闹得全城轰动。人们纷纷猜测，索古尔是一种什么样的酒呢？要知道，客人们要的可是一桌全澳大利亚最昂贵的菜肴啊！索古尔，一时就成了家喻户晓的名字。没多久，索古尔干红在巴斯特尔出现了，结果很快便被期盼已久的巴斯特尔人抢购一空。

有一天，索古尔酒的制造商来到了巴斯特尔城。有人惊奇地发现，他就是那位在科拉克里酒楼因没有索古尔干红而弃下一桌名贵菜肴的客人。

聪明的美酒制造商正是利用人们的好奇心理，在巴斯特尔这个酒城，用异于常规的方法，做了一次成功的推销广告，打响了他们的牌子。

后来，索古尔酒在澳洲长盛不衰，除其所具有的高品质之外，也与这次迅速在当地打开市场局面的奇特营销有关。

自古商场如战场，多一份智慧、多一份谋略，就会多一份胜算。在竞争激烈的商品营销中，战略战术可谓千变万化，就看你如何去把握、如何去运用了。如果善于制造神秘感，激起人们的好奇心，引发人们自发的从众行为，你的营销就能取得“出奇制胜”的效果。

31 从推销员做起的总裁

那是多年以前的事了。现在已是一家搅拌机公司总裁的约翰，当初来到这家公司的时候，是一名推销员。他能说会道，口才很好，很多人都说他适合当推销员，但才工作了10多天，他就想要辞职。因为在面对客户的时候，很多情况下他已经介绍得十分清楚，但客户还是提出各种要求，他觉得自己实在没办法做到没完没了地去满足他们。

一天早上，约翰拿着辞职信来到总裁办公室。总裁雷蒙先生听了他的辞职理由后，哈哈地笑了起来。雷蒙先生拉着他坐下后说：“我要讲一段我的经历给你听。我刚开始进入公司的时候也是一个推销员。在我进公司的第三天，就去向一家建筑公司的老板推销我们的搅拌机，我分明说得很仔细了，但他还要我拿一份产品图纸给他看。那天的天气非常热，我只能顶着烈日跑回公司去拿图纸。可当我将图纸送过去之后，那个老板又让我给他一张名录，把使用我们产品的所有公司都登记上去。我只能又回到公司整理名录，这花了我三个小时。”雷蒙叹了一口气接着说，“可是当我把这份名录交给他之后，他又提出让我核算一下使用搅拌机之前和使用后的建筑成本变化。我结合各方面的材料，花了一个晚上的时间才完成这件事。可更没想到，当我在第二天早上把我的核算结果交给他时，他却又对我提出了一个更加不可思议的要求。”

“建筑公司老板要求你做什么呢？”约翰好奇地问。

“建筑公司老板要求我把我们的销售经理带到他的办公室去。上帝，一个推销员出来推销还要惊动经理吗？我简直无法理解。”雷蒙先生摇着头说，“但是没办法，我只能回到公司，请我的经理和我一起去那家公司一趟。经理想了想后答应了我，和我一起到了那家建筑公司老板的办公室。没想到那个老板居然对我的经理说：‘像他这样毫不抱怨、不断满足客户要求的推销员，我真是第一次见到。他太优秀了，我叫你来只是想亲口告诉你——我想让他负责我们公司的所有业务，同时我还将尽可能地把我的朋友介绍给他认识。’”

说到这里，雷蒙停了停接着说：“所以，年轻人，我想告诉你，许多人能成功的原因不在于能力，不在于勇气，而在于脚踏实地真诚为客户服务的精神。现在，你明白我真正想对你说的是什么了吗？”

约翰听后，顿时羞愧万分。和雷蒙先生的经历比起来，自己遇到的客户简直太好说话了，还有什么理由觉得烦躁呢？他红着脸拿回了自己的辞职信。

从此，约翰继续留在公司工作，并且像雷蒙总裁一样，努力去为客户提供更多、更细、更加周到的服务，直到客户满意为止。23年后，他成了这家搅拌机公司的总裁。

两个总裁的故事告诉我们，令客户心满意足的营销，是造就企业家的摇篮。如果你是一位胸怀大志的商场一兵，如果你的营销工作能不怕烦琐，不畏艰难，不仅对客户的“过分”要求不抱怨、不推脱，而是真诚实在、想方设法、竭尽所能地予以满足，你就能克服困难，取得优异业绩，不断提升自己，那么公司总裁的职位与你将会不再遥远。

32 岛国销鞋

在某一时间，英国和美国的两家鞋厂都派了一名推销员，到太平洋上的某个岛国去开辟鞋业市场。

两个推销员到达当地后，看到岛国的人们几乎都不穿鞋，因此他们都给自己的工厂发回一封电报。

英国推销员发回的电报是："糟糕，这个岛国没有人穿鞋子，我明天搭乘第一班轮船回去。"

美国推销员发回的电报是："好极了，这个岛国没有人穿鞋子，我将驻在此地大力推销，请尽快运一批鞋子过来。"

通过这位推销员的大力营销，岛国的鞋业市场逐渐打开。从此，这个岛国的人们也感受到了穿鞋的舒适，渐渐养成了穿鞋的习惯。

岛国销鞋的故事，向我们阐释了"观念"在营销中的重要性。面对一样的情况，观念消极的推销员，只看到了眼前的"无"，悲观失望，逃之夭夭；而观念积极的推销员，却能从当前的"无"看到今后大量的"有"，信心饱满，知难而进，想方设法大力营销，直至取得成功。

33 两个卖马人

有一位富裕的农夫，来到一个马市想为自己的女儿买匹小马。

他来到卖马人A这里，A告诉农夫，小马售价500美元，价格很便宜。农夫没有立刻购买，继续在市场上看。

当他来到卖马人B这儿，同样的马，B索价750美元。但他告诉农夫，在农夫做决定买马之前，他要农夫的女儿先试骑一个月，不仅如此，还提供小马一个月的所需草料，每周派训马人员教农夫的女儿如何骑马，以及怎样喂养、照顾小马。30天后，农夫决定买小马，就付750美元；如果决定不买小马，他会将马房清扫干净后，取回小马。

如果你是富裕的农夫，会向谁买马呢？答案当然是后者。

在营销过程中，当你肯承担顾客的购物风险，为他们提供额外的附加值服务，告诉他们如果对产品不满意，无论任何理由都可根据自己的意愿进行选择时，顾客几乎很难对你说"不"。所以，要想与顾客达成交易，实现成功营销，就要提供让顾客无法对你说"不"的好处。

PART FOUR

第四篇 经　营

经营，主要指经济活动组织、实施的行为，同时也具有经济活动谋划、规划的内涵，还包括了对经济活动治理、管理的要求，主要体现在经济行为的动态性活动上。作为一个经营者，要使你的企业或事业能够盈利，能够高质量发展，能够持久，不仅要有为客户着想的诚信与爱心，而且要能够从经济活动的变化中特别是失败或危机中把握和运用机会，还需要具有长远的眼光、突出的特色，懂得如何变通及与人合作。

① 经销建筑用材的珠宝商

南宋年间七月的一天，杭州城最繁华的街市突然失火。火借风势，风助火威，数以万计的商铺和民房陷入迅猛蔓延的火海之中。

有一位裴姓富商，苦心经营了大半辈子的几间珠宝店，也恰在火势最凶猛的闹市之中。几十年的心血眼看着毁于一旦，但他并没有让伙计和佣人冲进火海去舍命抢救珠宝财物，而是从容不迫地指挥他们迅速撤离。那一副不慌不忙、听天由命的神态，令众人大惑不解。

大火终于被扑灭了。大半个繁华的街市墙倒房塌，一片狼藉，如同废墟，曾经车水马龙的杭州城，也因此一下子冷清了许多。

在大火还没有被扑灭的时候，裴姓富商已经派人到长江沿岸以平价购回大量木材、毛竹、砖瓦、石灰等建筑用材。当这些建材像小山一样堆起来时，他又归于沉寂，整天品茶饮酒，逍遥自在，好像失火这件事压根儿与他毫无关系。

没过多久，朝廷颁旨要重建杭州繁华街市，凡经营销售建筑用材者一律免税。由于需求量巨大，建筑用材的价格成倍提高。

裴姓商人趁机抛售建材，获利巨大，不仅弥补了被大火焚毁的财产，而且还有不少多余的赚头。

祸中有福，失中有得，这就是辩证法。裴姓商人的故事告诉我们，作为一个优秀的经营者，应该懂得与运用辩证法，不因突遭灾祸而怨天尤人、沮丧消沉，而要进行辩证思维、逆向思维，沉着冷静，及时采取措施，果断行动，从灾祸中捕捉经营获利的商机。这样，不但能弥补灾祸造成的损失，还可以获得额外的经营利润。

② “掺假”的乔致庸

看过电视剧《乔家大院》的人，可以说没有不知道剧主人乔致庸的，他是山西祁县人，是清朝末年著名的晋商。

乔致庸在弃文从商接手家族生意后，兢兢业业，努力经营，生意日渐兴隆。至清末，乔家已经在中国各地有票号、钱庄、当铺、粮店200多处，资产达到数千万两白银，富可敌国，乔致庸也成了首屈一指的商场王者。

乔致庸秉承“诚信不欺”的生意经，对待作假欺客行为深恶痛绝。有一回，在乔致庸的复盛油坊里，一位伙计为谋利在油中掺假。掌柜发现后，将伙计痛斥一番后给予了严厉惩处，并将整批掺假的胡麻油倒掉，重新换了货真价实的胡麻油。此事报给乔致庸后，他对掌柜的做法赞许有加。因为，不但是他自己，凡是乔家人都知道，信誉连着财路，信誉没了，财路也就断了。

不过，乔致庸也有“掺假”的时候。每到年关，他吩咐伙计将上等米面掺到普通米面里，并按照普通米面的价格卖给穷人。他为什么要这样“以好充次”呢？原来，粮油店的大米、白面都有等级，有钱人当然想吃什么随便买，而穷人家就只买得起最便宜的下等米面。为了让穷人过年时也能吃上好米面，乔致庸才故意这样做的。后来，当穷人们吃到好米面，知道乔致庸的善行后，自然会对乔家感恩戴德，就会常常光顾乔家店铺，这样乔家在百姓心目中的信誉就更高了，生意也更加兴旺了。

乔致庸的经商理念是“一信、二义、三利”。就是说，做生意要“诚信待客”，做人要“践义行善”，做到了这两点，“利”自然会不请自来。对坑害顾客的“掺假”行为，乔致庸眼里容不得沙子。可是，当看到穷人连过节都吃不上好米面时，他却主动“掺假”，以善举来践行一个商人应有的“善意和大爱”。

经营中的爱心、善行，体现的是一种高尚品德，也是商场中最好、最高的信誉。有了这样的信誉，你的忠诚客户就会源源不断，你的经营想不发达都难，商场的王者之位也会非你莫属。

3 “败家”的老板

某地有一个药铺老板，幼年时父亲因抓不起药而命赴黄泉。因此，他从小就发誓：长大后一定要开一个乐善好施的药铺，不再让穷人因抓不起药而丧命。

经过多年的奋斗，他当上了药店老板。为了实现小时候的誓言，他在经营中不仅童叟无欺，贫富不二，还自学成才，专给没钱就诊的病人开方子，对个别实在付不起药费的穷人，他就免费赊药给他们。对他的这种做法，许多药界行家大摇其头，认为他完全是一个败家医生，不把家业赔光才怪！

然而，他的生意却日益红火，常常顾客盈门、人满为患，经营收入也盖过了当地比他更会降低成本、更精明强干的所有同行。

世间有许多事情就是如此，当你为了眼前的获得而刻意追逐时，它却像蝴蝶一样振翅飞远；当你摒去表面的凡尘杂念，为了他人，为了社会，长期而专心致力于干一件事情时，意外的收获甚至成就，往往会悄悄来到你的身边。做人是这样，经营又何尝不是这样呢？

4 破釜沉舟的李嘉诚

小时家境贫困、生活艰辛的李嘉诚，16岁从茶馆跑堂干起，后来做过一段时间的推销工作。当有了一定的基础后，他就开办了自己的公司。

生产经营塑料花，为李嘉诚掘得了人生的第一桶金，也使他赢得了“塑料花大王”的称号，他从一个穷小子迅速变成了富人。

1958年，李嘉诚30岁，他的长江公司营业额达1000多万港元，纯利100多万港元，公司的塑料花已稳稳占据了欧洲市场。

稳固了欧洲市场之后，李嘉诚又思考如何尽快进军广阔的北美市场。为了尽快抢占北美市场，他首先从营销宣传上展开攻势。他让公司设计印刷精美的产品广告画册，通过港府有关机构和民间商会，了解北美各贸易公司的邮政地址，然后分批寄出去，借此加强公司产品对北美市场的影响。

后来，当李嘉诚得知一家销售网遍布美国、加拿大的北美最大的生活用品贸易公司将要派人来香港进行考察的消息后，果断拍板：一定要拼全力抓住这个大客商。

借鉴与欧洲批发商做交易的经验，李嘉诚在公司高层会议上宣布了一项石破天惊的决定：一周之内，务必将塑料花生产规模扩大到令外商满意的程度！这是他一生中最大、最仓促的冒险。他破釜沉舟、孤注一掷，几乎是拿多年来创建的事业在做赌注。

平时的李嘉诚，一向作风稳健，可这一次，他别无选择。要么彻底放弃，要么全力一搏，这就是他与别人最大的区别。无法想象，一周之内形成新的生产规模的难度有多大。首先要另外新租一套占地约1万平方英尺的标准厂房，然后将旧厂房退租，改建新厂房，搬迁原有的可用设备，购置新设备，对设备安装调试，新聘工人培训上岗，新厂进入正常运行……他与全体职工一道，奋战了6个昼夜，每天只睡三四个小时。他忙而不乱，调度指挥十分到位，充分显示了他超人的组织才能。

第7天，美国公司购货部经理抵达。这时，长江公司最后一台设备刚刚调试完毕。李嘉诚茶没顾上喝一口，立即驱车到九龙启德机场接客。

美国人的作风十分爽快，他让李嘉诚直接由机场送他到工厂参观。美国经理参观了样品陈列室、观看了全部生产过程后，由衷地称赞李嘉诚的工厂完全可以与欧美同类工厂相媲美。商谈中，李嘉诚提出的商品报价要比欧美工厂低一半，因此，美国经理当即对李嘉诚说："OK，我们现在就可以签合同。"

就这样，在很短的时间内，李嘉诚的塑料花一举成功地占有了北美市场，进一步巩固了他"塑料花大王"不可撼动的地位。

这个故事向我们揭示了卓越企业家之所以卓越的一大秘诀：即在经营发展的关键时刻，要敢于决断、破釜沉舟，甘于吃别人不能吃的苦、受别人所不能受的累，做出别人无法做出的事情。这样，才能及时抓住难得而易失的机会，奋力跃上一个又一个更高的经营发展平台。

5 一位懂得变通的农民

在某地的一个小山村里，有位头脑灵活的农民。当时，村民们都去开山，把石块加工成石子运到路边，卖给建房的人。但他却不这样做，他认为卖石头的重量不如卖造型，只是在山里挑选一些奇形怪状的石头，卖给杭州的花鸟商人。两年后，他成了村里第一个盖得起瓦房的人。

后来，村里不许开山，只许种树，于是这里成了果园。每到秋天，漫山遍野的鸭梨招来了八方客商。他们把堆积如山的梨子成筐成筐地运往北京和上海，发往全国其他的一些城市，甚至卖到了韩国和日本。因为这里的梨子汁浓肉脆，味道纯正。就在村里人为鸭梨带来的小康生活欢呼雀跃时，他却卖掉果树，开始种柳树。因为他发现，来这里的客商不愁挑不到好梨子，发愁的是买不到装梨子的箩筐。两年后，他成为这个村子中第一个在城里买房子的人。

再后来，一条铁路从这里贯穿南北，这里的人上车后，可以北到北京，南下香港九龙。小村对外开放，果农也由单一的卖水果开始谈论果品加工及市场开发。就在一些人开始集资办厂的时候，他却在他的地头砌了一堵3米高、百米长的墙。这堵墙面向铁路，背依翠柳，两旁是一望无际的梨园。坐火车经过这里的人，在欣赏梨花时，会很清楚地看到四个大字：可口可乐！据说，这是五百里山川中，唯一的一个广告。就凭这堵墙，他第一个走出了小村，因为他每年有20万元的额外收入。

故事中这位农民的一次次成功，并不是因为他各方面都比别人强，只是因为他懂得想问题、搞经营不能随大流，需要打破常规，根据情况发展变通做事。所以，一个眼光超前、善抓机会，懂得依情变通经营的人，无论何时何地都会有成功相伴。当然，一个懂得根据市场变化开展经营的企业，也能够在市场竞争中立于不败之地。

6 帮人助己的老王

某地乡下，有个很有经营头脑的老王。

当别人都在种粮食时，老王已经悄悄走上种瓜发财之路了。看着老王种瓜收入好，别人都来找老王请教，也希望跟他一样种瓜、卖瓜发家致富。老王毫无保留地把自己的经验分享给了乡亲们。

老王的妻子见他把发家本领都泄露了出去，内心有些不高兴，就说老王傻。

老王却神秘一笑，说："我这不是傻，是为了我们家更好发展，既帮助了别人，又帮助了自己，怎么能说是傻呢？"妻子不明白他说的话。老王继续解释，"光凭咱自己种瓜卖瓜引不来大客商，咱还得自己想办法去卖。如果大家都种瓜了，形成了规模，搞技术服务的、卖肥料种子的、瓜果订购的就会自己跑上门来与咱们合作，那咱不就省心了！再说了，大家都富起来了，有啥不好的，都是乡里乡亲的！"

结果，真像老王预料的那样，当大家种瓜形成规模时，有很多客商主动找上门来寻求合作，有推销肥料的，也有推销瓜果新品种的，还有来赏花品瓜的。

家家户户都增加了收入，大家从心里感谢老王。不管谁家有了新品种瓜苗、得到了新技术，都会和他分享、商量，大家都非常敬重他。

面对报纸、电台、电视台的采访，老王说得最多的几句话就是："一个人富不算富，大家都富了才是真的富；一个人好了不算好，大家好才是真的好。"

这是一个拥有智慧的老王，朴实善良，他懂得一个简单的道理：大家都富裕了，他才是真正的富裕。他的无私分享获得了大家的敬重，也换来了更多与人合作的好处。

有智者说，人生的智慧在于分享与合作。经营中，竞争与合作同时存在。而"有钱大家赚"的分享与合作，不但是一种善良，体现一种能力，更是一种智慧。一个人的能力是有限的，只有与他人分享与合作，才能让你的力量更加强大，环境更加向好，从而使你的经营发展更容易取得更大的成功。

7 产业叠加经营的老岳

某地有一个著名的企业家，人称老岳，既是当地首屈一指的巨富，又是积极参政、议政获得多方首肯的知名人士。不过，大家对他尤为佩服的，还是他具有的独到经营眼光和善于叠加经营产业的做法。

多年以前，老岳的公司在当地的海岸腹地购置了大片土地，从事农业项目经营开发。在经营农业项目的过程中，身为董事长的老岳发现，在农业经营的基础上搞农业观光旅游会赚到第二笔钱，且比单纯搞旅游在投入上要小得多。

尽管当时旅游条件不成熟，对如何搞观光农业还掌握得不具体，但老岳已在考虑一个长远的问题，一个新的发展方向已在他的心中有了雏形。于是，他提出要在农业项目中增加观赏林和稀缺果林培育，这样树林形成后，既可以美化环境，又可用于农业项目的风沙防护，还可产生经济效益，一举三得。

在农业项目推进中修建水塔时，老岳提出将预算提高15%，把水塔建成可以使人方便上去用来登高远眺的观景台，既可观景，又方便对项目的看护。这时老岳还没有大张旗鼓地声称要搞农业观光，只是心中有了这个方向，并在农业项目经营中见缝插针，既从农业项目出发，又在投入上略加倾斜，为未来的观光旅游打下伏笔。

若干年后，当年大面积种下的小树已经成林，林中的几个观景台十分漂亮。登台远望，一番别致景象尽收眼底，一个观光的规划呼之欲出。这时，老岳才顺其自然地推出了观光旅游项目。

在观光旅游项目实施过程中，老岳又提出实施小区隔绿化模式，即在大面积的土地上，划出规整的长40米、宽70米的地块，在四周都是树木的中央部位，留下500平方米的方块空地。在每个小区隔中，树木组合各有特色，都有四季常青的观感。

七八年后，这些小区隔都成了令人向往的休闲地，游人们经常到区隔内的空地里游玩、做拓展培训、搞野炊等，其乐融融。于是老岳又因势利导，在中央的空地上建造了大量的森林庄园别墅，在观光农业的基础上，又叠加了独具一格的独享式庄园别墅产业。

其实，老岳在经营农业项目时已为观光旅游项目埋下了伏笔，而在经营观光旅游项目时，又为别墅开发项目创造了条件。如果他心中没有新的方向，就无法实现产业的叠加；如果他只有新的方向，而不去巧妙地打下伏笔、创造条件，则每一次新的产业叠加都需要若干年的准备，无疑会拉长实施链条的长度。通过伏笔，把成功和成功连接起来，一气呵成，十分自然。

紧密衔接、自然而然的农业、观光旅游和房地产三个相关产业的叠加经营，投资省、用时短、见效快，自然使老岳的经营发展风光无限，财源滚滚，也使得老岳从一个名不见经传的小业主，最终成了当地首屈一指的多元经营的大企业家。

老岳的故事告诉我们，要想成为功成名就的企业家，如果能具备长远独到的经营眼光，打好伏笔顺其自然的多元经营策略，以及将相关产业进行无缝衔接的执行力，那么，你取得成功的道路自然就会顺畅许多。

愿这一故事，能引起欲多元化经营、将公司做大做强的老板们的关注和借鉴。

8 畅销的三合米

在某市场上，中国、泰国、澳大利亚的大米声誉都不错。中国的大米香，泰国的大米嫩，澳大利亚的大米软。三种米各有特色，各具优势。但奇怪的是，它们的销路都很平淡，不见红火，或许是特色太突出而难以吊人胃口吧。

一位米商很发愁，思考如何改变这种状况。

一天，米商突发奇想，将三种米混合起来卖如何？想到就做，自家试着煮着吃，感觉味道挺不错。他马上如法炮制，加工推出“三合米”，结果很快得到顾客认同，赢得了一片好行情。

三米合一，十分简单，却耐人寻味。它的神奇之处在于共生共存，取长补短——三优相加长更长，三短相接短变长；三者杂处，长处互见，短处互补。

故事中商家的做法虽然简单易行，但收效奇佳。这说明一个善于思考、能时常让头脑转弯、积极尝试改变现状的经营者，总会率先迈上摆脱困境的阶梯，从而实现更好的发展。

9 黄锦华的瘦身鱼

在广东省中山市港口镇，有一个大名鼎鼎的怪人，他叫黄锦华，是一位鱼商。

说他怪，是他的思维模式与常人不同。他一边要求渔场把鱼养得又肥又大，一边又对收购的肥鱼进行“瘦身减肥”，然后再上市销售。他每天仅给鱼瘦身减肥的损失就达两万元。

更让人难以置信的是，他正是凭借帮鱼减肥这种独特的经营方式，短短5年时间，便从一个普通的养鱼户，一跃变成了主导一方水产的领军人物，一年创造财富达2000多万元。

说起他独辟蹊径经营“瘦身鱼”的经历，还是源自他的一次卖鱼危机。

由于家境不好，黄锦华只念了三年书就辍学了。从16岁开始，他开始在河边捕鱼、卖鱼。经过十几年的打拼，他拥有了五六百亩的鱼塘。然而好日子没过上几年，黄锦华就发现，自己和很多养鱼户一样，正在逐渐陷入一场卖鱼危机之中。他的鱼越养越大越肥，产量翻了几倍，然而鱼肉的口感却下来了。鱼不好吃，人家自然不愿意买，他开始为卖鱼发愁。他时刻感到危机正在向自己一步步逼近，可怎样渡过危机、化危为机呢？他绞尽脑汁，却毫无办法。

一次，他用渔船拉了1万千克活鱼去卖，一天下来只卖掉1000千克。于是，他不得不把剩下的活鱼暂时养在船舱里，等着第二天再去卖。接下来的几天，鱼一天比一天难卖，他很是焦急上火，船舱里的活鱼再不卖出去，非得全变成死鱼不可。晚上，他也没心情去岸上买菜了，便捉了一条鱼杀了煮着吃。然而他欣喜地发现，煮好的鱼吃起来竟比前几天泥腥味淡了好多，味道也好了很多。

这个意外发现，令黄锦华惊喜不已，他突然萌生了一个大胆的想法：把鱼养瘦了之后再卖，一定会受到消费者的欢迎。可怎样把鱼养瘦呢？

黄锦华突然想到，在珠三角有一种吃鱼生的传统，其吃法类似于三文鱼。为提高鱼的肉质，做鱼生的鱼，要提前放在清水中饿几天。他从中捕捉到了灵感，决定建造一个帮鱼减肥瘦身的场所——鱼儿瘦身池。他通过水渠把河水引进鱼池，经过澄清和消毒以后，他就开始放鱼进去减肥了。在鱼减肥瘦身期间，他不给鱼吃任何饲料。经过一段时间，等鱼消耗完体内多余的脂肪和排泄完饲料残余后，他再上市销售。

黄锦华的瘦身鱼终于上市了，卖价要比一般的鱼1千克贵两三元。他把肥鱼瘦身减肥的过程拍成录像，向消费者做宣传，介绍瘦身鱼的瘦身过程。经过一个多月的努力，他的瘦身鱼逐渐得到市场认可，一个当口儿的销量由开始一天几条鱼增加到三四百千克，当年的销售额超过了1000万元。后来，随着市场需求的不断增加，他自己的鱼塘根本满足不了市场需求，他就和其他养鱼户达成协议，收购他们的鱼来瘦身出售。

后来，黄锦华的瘦身鱼每天交易量接近1万千克，并走出中山市，卖到了香港、澳门及其他珠三角城市，他也由一个名不见经传的小鱼商，成了一位赫赫有名的大老板。

在危机四伏的商场上，有的人面对危机惊慌失措、怨天尤人；有的人则善于动脑、勤于思考，化危机为转机和商机，成就了一生的财富梦想。如果你是一个企业主，若经营中遇到危机，你是怨天尤人、坐以待毙？还是不等不靠，积极思考，大胆尝试，苦心孤诣地挖掘危机中潜伏的商机呢？最终的成功与失败，秘诀就在于此。

10 先人一步的老刘

在某地的一个小城市，有个颇有经营头脑、被大家称作“老刘”的小老板。

老刘最早是开饭馆的，由于城市小，同业竞争激烈，生意一直不太好。一个偶然的机会，他发现城里公共浴池很少，仅有的两家，也因为设施简陋，卫生条件差而默默无闻。于是他对妻子说：我们不如将饭馆改成浴池……

几年后，他果然赚了不少钱。由于他的浴池在城内小有名气，引起了许多人效仿，一些资金雄厚的老板，将浴池建得更加漂亮，服务配套好，价钱也公道，他的浴池渐渐被人淡忘了。对此，他早在思谋别的出路。

当时，电脑还没有普及。一次他去某机关办事，看见大堆的油印材料，心中一动。回家后，他对妻子说：如果舍得掏本钱，开一家文印店，保证很快能红火……

两个月后，在靠近政府机关的一个角落，小城的第一家文印店开张了。由于他打印的材料规范、整洁，深受机关人员的喜爱。一年后，围绕机关群，他又开设了几家分店。

电脑普及后，他早已不再干文印了，而是仿效省城做法，率先在小城开了第一家超市。超市营业的第一天，顾客盈门，人声鼎沸，热闹非凡，这个“新生事物”令市民胃口大开，纷纷前来体验亲自选物、购物的感受。

在小城众多的私企小老板中，他总是抢先一步，所以后来也就成了小城的大老板。

到了60多岁，他不想再操劳了，儿子便跃跃欲试地要接班当老板。

他问儿子：我们现在有三家超市，两家网吧，一家洗衣店，你是守成呢，还是创业？儿子说：当然要创业了。

他又问：考虑好干什么了吗？儿子说：开摩托城，利润比我们现在经营的行当大多了！

他笑了：据我所知，城东有两家卖摩托的，城西有十二家，而且连成了一片，被称为“摩托大市场”！你去干这样拥挤的行当，能拼个“事倍功半”就算老天有眼了……

他又说：我早年当兵的时候，学过打移动靶。你不能将目标瞄准靶子，因为它在快速移动，你瞄它越准，子弹也就浪费得越多。

儿子听了，觉得父亲说得很有道理，认为自己还是应该先守成，再往前看，看透之后再做决定。

经营事业也像是打靶。但这种靶子不是死的，而是移动的，因此要想打中目标，就需要有一个适度的提前量，就是要找准潜在且不断增长的市场需求，在别人还没看清楚或还在徘徊的时候，你就先人一步地果断出击，往往能够取得经营优势，赚取别人无法赚取的丰厚利润。

11 不做外行事的农民

许多年前，一位农民在城郊种地，养家糊口，与乡邻们过着同样清贫的生活。

后来，由于20千米之外的地方发现了油田，城区连年扩张。这位农民所在的城郊出现条条宽阔大道，一幢幢高楼拔地而起，人与车快速增加，与乡村以前的平静生活形成了鲜明的对照。

在这种形势下，城郊的农民纷纷脱离农业，有进城打工的，有做小买卖的，反正钱也好挣，日子比以前过得富裕多了。但是，这位农民没有放弃种地，他对妻子说："其他活我都不在行，只有种地我是内行。我希望一直守着它……"

一些年过去了，农民的几亩地渐渐被住宅楼群包围。他的家和地成了楼上人眼中的风景，总有三五成群的人到这里散步、闲聊。这时的农民已不种粮食，改种花卉。

又过了两年，这位农民的土地成了都市里的一座私人花园，而农民也成了一位优秀的园丁。他种植的花卉由于成本低，价钱便宜，且运输方便，常常供不应求。每个季节都有不同的花卉卖出，所以他每天都在赚钱。

再后来，农民已成为这座城市一家花卉公司的老板，管理着60多名员工。虽称不上巨富大贵，但比起当年的乡邻，他的公司经营得红红火火，所拥有的资产、地位和荣誉已非乡邻们可比，可以称得上事业有成就、人生获成功的人。

农民坚守"内行"的故事，说明了坚守"内行"、突出专长在事业经营发展中的重要性。只要我们坚持自己，坚守自己的土地，坚守自己的专长，顺应市场需求变化，心无旁骛地干自己拿手的事情，我们的经营发展就会事半功倍，就能成就自己的一份事业和人生的一片光明。

12 为何扩了店面却淡了生意？

20世纪90年代初期，一家名叫永源的茶餐厅在香港湾仔道上开业了。物美价廉加之服务优良，这家店的生意很快兴隆起来。乃至后来，每到用餐时间，不仅餐厅内会有些拥挤，甚至门外还会有排队等候的顾客。

看到这种情况，餐厅的老板林先生欣喜之余，便抓紧时间扩充店面。他想扩充营业面积，顾客不会拥挤，更不用排队，生意岂不更好？然而，令人遗憾的是，餐厅店面扩充之后，餐厅的营业额非但没比以前增加，反而有所下降。

面对这种结果，林先生除了懊悔，还有疑惑。所以，当他的研究经营管理的朋友来看他时，他赶紧向人家讨教扩充店面之后，为什么餐厅经营情况不升反降的原因。朋友听完事情的经过，又在餐厅内外仔细观察一遍，笑着说："我觉得你的餐厅现在生意不如从前的原因，恰恰是你扩充了店面！"见林老板一头雾水的样子，朋友又说："以前的店面虽小，顾客显得拥挤，有人排队等候，可大多数人见到这种情况，都会认为这家店的生意很棒。而扩充店面之后，顾客每次来，虽然随时都能找到位子，可是由于空间大了，店内显得空荡，他们便会认为这是餐厅生意不好的缘故。试问，谁会常到一家看起来生意不好的餐厅用餐呢？"

听了朋友的解释，林老板如梦方醒。知道了原因，在朋友的帮助下，他很快也找到了改善的对策。

其实，生活中我们都有这样的想法，就餐就要找一个人多的餐馆，因为人多说明这家餐馆的生意好，食品周转快、新鲜、质量高，价格合理，这是消费者普遍的心理。作为一个餐馆经营者，如果你的餐馆经常出现顾客排队等候的情况，请记住要设法保持哟！

13 重视挑剔客户的老板

深圳有一家专做眼镜生意的知名企业——标诚眼镜实业公司。公司拥有员工1000多人，下辖4家眼镜配件和成品公司，老板是任广东省工商联眼镜商会副会长的陈洪标。说起陈洪标的经营之所以能不断做大做强的原因，其中一个重要方面，就在于他从不拒绝挑剔客户的订单。

起初有一段时间，公司接了不少订单，员工们每天都需要加班加点。一天，生产科的科长向陈洪标汇报，说日本有个客户下了一个单子，问他要不要接。

生产科向来是有单必接，这次怎么会问"要不要接"，这让陈洪标觉得很奇怪。生产科长解释说："这个日本客户非常挑剔，对产品的要求很苛刻，要货时间紧，价格还压得很低。另外，最近我们厂的订单已经很多了，客户都在排着队等产品。眼下，我们还要接这个日本顾客的单子吗？"

陈洪标思考片刻，然后交代生产科长：接下单子，让员工尽最大努力去完成这个单子。数天后，他们如期完成并发出了这批货。日本客户收货后，对标诚公司赞不绝口。

此后，标诚公司只要是碰到像日本客户那样挑剔的客户，陈洪标就格外重视。有一次，他又让生产科长接下意大利一个挑剔客户的订单。生产科长实在忍不住了，就问陈洪标："对于挑剔的客户，其他老板唯恐避之不及，可您为什么总让我们接下他们的单子？"

陈洪标反问："你觉得这几年，我们公司的发展还行吗？"

生产科长答："当然行！我们公司的名气现在在业内响当当，许多外商都来找我们合作，员工也由原先的400多名增加到了1000多名。可这跟挑剔的客户有什么关系呢？"

陈洪标说："关系很大。挑剔的客户虽然很难对付，但也从侧面反映了一点——他们把产品标准定得很高。他们的要求高，就使得我们不得不跟进。而这个跟进的过程，就是公司进步的过程。你想一想，我们生产的产品如果连最挑剔的客户都满意了，那么其他客户是不是会更满意？如此一来，谁都愿意与我们合作。如果把我们公司比喻成一只羊，那么挑剔的客户就是牧羊人手里紧握的那根鞭子。正是这根鞭子，不断鞭策我们前行。所以，挑剔客户的订单是最不能拒绝的。"

故事向我们揭示，市场需要也更欣赏高标准、严要求的企业。如果你是一位企业老板，你的产品连最挑剔的客户都能满足，那么你的企业品质就能不断提高，经营发展就会好于一般的企业，事业上的成就与成功自然会对你眷顾有加。

14 为客户节省时间的摊位

在某城市的一个街道夜市上，有两个位置不错的面食摊位。摊位相邻，座位数量相同。

一段时间后，摊主甲赚钱买了房子，摊主乙则收入寥寥。为何？原来，乙摊位的面条，煮好后就直接端给客户，面条烫得难以下口，顾客要上10分钟才能吃一碗。而甲摊位，刚煮好的面条，要经过冷处理后再端给顾客，不仅爽口，而且温度适中，客户最多5分钟就能吃一碗。

这样，摊主甲就为客户节省了时间，吸引了更多的客户光顾，也加速了自己的资金周转，钱来得自然就既快又多了。

故事告诉我们，小生意也能赚钱，不能看不起。如果你经营的是小生意，其实不必担心赚不到钱，你只要多从客户的角度考虑问题，能使客户舒服、舒心地消费，能为客户节省时间，就能加快资金周转，小本钱也照样可以赚大利。

15 从“精明”到厚道的建筑商

某地有位建筑商，年轻时以精明著称于业内。他虽然很有商业头脑，做事也成熟干练，但摸爬滚打多年，经营的事业不仅不见起色，最后竟以破产而告终。

在那段失落而迷茫的日子里，他不断反思自己失败的原因，但想破脑袋也找不到答案。论才智、论计谋、论勤奋，他都不逊于别人，可为什么那么多人成功了，而自己却离成功越来越远呢?

百无聊赖的时候，他来到街头漫无目的地闲逛，在路过一家书报亭时，他买了一张报纸随便翻看。看着看着，他的眼前豁然一亮——报纸上的一段话如电光石火般击中了他的心灵。他迅速回到家中，把自己关在小屋里，殚精竭虑地思考，心中终于有了答案。

后来，他以仅剩的1万元作为本金，再战商场。这次，他的生意好像被施加了魔法，从杂货铺到水泥厂，从包工头到建筑商，一路顺风顺水，众多的经营者争先恐后与他合作。短短几年，他的资产就突飞猛进到了1亿元，创造了一个商业神话。

又过了一些年，他的资产如雪球般滚到了100亿元。有很多记者追问他东山再起的秘诀，他只透露了四个字：只拿6分。

有一次，他来到一所大学演讲，期间不断有学生提问，问他将1万元变成

100亿元到底有何秘诀。他笑着答："因为我一直坚持少拿2分。"学生们听得如坠云雾。望着学生们渴望的眼神，他终于揭秘了那段往事。

他说，当年我在街头看见一张采访李泽楷的报纸，读后很有感触。记者问李泽楷，你的父亲李嘉诚究竟教会了你怎样的赚钱秘诀？李泽楷说，我的父亲从没告诉我赚钱的方法，只教了我一些做人处世的道理。记者不信。李泽楷又说，父亲叮嘱过，和别人合作，假如拿7分合理，8分也可以，那我们李家拿6分就可以了。

讲到这儿，他动情地说，这段采访我看了不下百遍，终于弄明白一个道理：精明的最高境界就是厚道。

他继续说，细想一下就能知道，李嘉诚总是让别人多赚2分，因此每个人都知道，跟他合作会赚到便宜和更多的钱，所以就有更多的人愿意与他合作。如此一来，虽然他只拿6分，但生意却多了100个，假如拿8分的话，100个就变成5个或者更少。到底哪个更赚钱呢？奥秘就在其中。

他最后说，我起初犯下的最大错误就是过于精明，总是千方百计地从对方身上多赚钱，以为赚得越多，就越成功。结果却是，多赚了一个，却失去了百个；多赚了眼前，却输光了未来。

演讲结束后，他从包里掏出了一张泛黄的报纸，正是记者采访李泽楷的那张，多年来他一直珍藏着。报纸的空白处，有一行端端正正的用毛笔书写的小楷：七分合理，八分也可以，只拿六分。

经营中"只拿六分"的厚道，看来少赚了眼前的一点点，却多了众多的合作者，就能赚取未来的源源不断。这就是这位建筑商100亿元的起点。所以，如果你是一位小老板，要想成为一个有所成就的大老板的话，不妨在经营中多一些厚道，少一些获取。

16 一分为二的自行车店

在某地的一个小城市，有对夫妇租了一间临街门面，专门经销自行车。附近的生意几乎是他们一手独揽，但经营状况却总也好不起来。

后来，细心的妻子发现，顾客在买自行车时，很少有一问价格就成交的，即便开价不能再低了，人家也觉得不合算，因为他们想要“货比三家”。这是顾客的普遍心态。

生意好不起来的一个重要原因，原来是没有可供参照的店！于是妻子就跟丈夫商量，一起想出了一个妙招：将店面从中间隔开，分成两个店面，妻子与丈夫“各自”经营一个。

如此一来，顾客从左边店就走进了右边店，或从右边店走进左边店，一番讨价还价后，发现两家的价格基本一致，也就不再犹豫，果断掏钱购车了。渐渐地，他们的生意也就好了起来。

将一个大店面“一分为二”成两家小店面，同样的经营成本和费用，却分隔出不一样的经营成效和利润收入。

故事告诉我们，有时经商能否成功的关键，就在于细心观察体会，掌握顾客的购买心理，并加以引导与满足。

17 把对手扶起来的老王

在我国北方的一个城市，多家电器经销商明争暗斗，在彼此付出巨大代价后，只有赵、王两大商家脱颖而出，他们又成了各自最强硬的竞争对手。

老赵为了增强经营竞争力，大量收购、兼并各类小型企业，发展了多家连锁店。但由于操作有误，造成资金占用和信贷资金的比例过大，背上了沉重包袱，销售业绩直线下降，经营一度发生危机。

这时，许多要好的业内外人士纷纷提醒老王，这是主动出击彻底击败对手，进而独占该市电器市场的最好机会。老王却一笑置之，始终不采纳众人的建议。

反而，在老赵最危难的时刻，老王却出人意料地主动援助，拆借资金帮老赵涉险过关。最终，老赵的经营状况渐渐好转，又成了老王强有力的竞争对手。

很多人埋怨老王心慈手软，说他是养虎为患。可老王没有丝毫后悔之意，只是殚精竭虑，四处招纳人才，并采取各种措施调动下属发挥聪明才智，拼搏进取，一刻也不敢懈怠。

就这样，老王和老赵在激烈的商场竞争中，既是对手又是朋友，彼此绞尽脑汁地较量，双方各有损失，但各自的收获也更大。多年之后，老王和老赵都成了当地拥有巨额财产、赫赫有名的成功人士。

有时，击败一个对手很简单，但没有对手竞争的经营，难免缺乏发展压力和动力，令人乏味。实际上，市场上有对手的竞争，常常能使人保持一种危机感和进取心，既时时面临着压力，又不断激发出动力和潜能。这样，往往能使我们的事业更坚韧、更持久地发展壮大。所以，对待经营的竞争对手，我们应该心存尊重与感谢。

18 羡慕圣贤的经营者

小韩是某市工业综合协调部门的一名干部，他有一位远房亲戚，称表姐，经营着一家无纺布加工厂。这种企业产品技术含量不高，在该市开办的人挺多，竞争激烈，一旦市场有变化，便有企业纷纷倒闭。可表姐的厂子却越来越红火，竟成了本市同行业中的龙头老大。

一次，小韩要去发掘表姐的企业有哪些方面的闪光之处，好发一期简报，以期能给市内一些企业经营者一些启示。那天去得不巧，没有见到表姐，接待他的是厂办公室陈主任。闲聊中，陈主任讲了有关他表姐的一个小故事。

前年春节刚过完后的一天，陈主任和女老板一同到车间视察。二人来到原料车间，看见一个员工竟然在睡觉。陈主任刚要发火，老板则示意他不要吓着了那个工人，她自己则弯下腰，轻轻将睡着的人推醒，对这位睡眼惺忪的员工说：“现在天气冷、寒气重，你这样睡会生病的。”又询问他，“你家中出了什么事吗？请告诉我。”

这位员工一见是老板，一阵羞愧，说：“前不久，我母亲下地劳动，过一个坎时不小心摔折了腿，弟弟在外乡流浪未回。”待他说完，表姐说，你去工作吧。

第二天，女老板叫陈主任到这位员工家去做家访，事实果然不差，于是老板让车间里专门安排一名女职工去照料他的母亲。

陈主任不解：“你当时怎么就能料到他家中有事？对这样一个普通员工，为何要如此照顾有加？”老板说：“哪有一过完年刚刚开工的大白天就在车间睡觉的？这一定是由于过度疲累和心情极度郁闷造成的，所以应该同情他。再说，他是一个孝子，对父母尽孝的人，一定会是一个忠于企业的人。”

这件事不仅让女老板在员工中有了好口碑，而且让人信服的是，她后来让这位员工去做销售，这位员工总能处处维护企业利益，果真创出了全厂最好的业绩。

有人说老板会料事，也有人说她更是会识人。她却说：“无论是识人也好，料事也好，无不是能在微妙之中预见坏事的苗头，能从纷繁之中察觉出吉祥的兆头。而这一切，都要设身处地地为他人着想。故古人说，‘圣无死地，贤无败局’。我虽然不是圣贤，但要以圣贤为榜样，尽可能地完善自己。”

小韩则认为，表姐会识人，会料事，皆因她有着一颗水晶般的善良的心。一个心存善念的人，也就会心明眼亮，也就会拥有一双识人料事的火眼金睛。

故事告诉我们，作为一个经营者或老板，能否将企业经营好，使企业长盛不衰，能力是一个方面，但最重要的还是体恤他人、重真求善、不断向圣贤学习提升自己涵养的高尚品格。有了这种品格，你的经营就会无败局、无死地，你的企业也才会经营得蒸蒸日上。

19 两辆对开的中巴车

在某滨水城市，有一条汽车线路，是从小港口开往城里火车站的。不知是因为线路不太长还是沿途人少的缘故，客运公司仅安排了两辆中巴车来回对开。

开101号与开102号车的都是一对夫妇。

坐车的大都是一些船民，由于他们长期在水上生活，因此一进城往往是一家老小。

101号车的女主人很少让船民给孩子买票，即使一对夫妇带几个孩子，她也跟熟视无睹似的，只要求船民买两张成人票。有的船民过意不去，执意要给大点的孩子买票，她就笑着对船民的孩子说："下次给带个小河蚌来，好吗？这次让你免票坐车。"

102号的女主人恰恰相反，只要有带孩子的，大一点的要全票，小一点的也得买半票。她总是说：这车是承包的，每月要向客运公司交许多钱，哪个月不交足，马上就干不下去了。

船民们也理解，几个人就掏几张票的钱，因此，每次也都相安无事。

不过，几个月后，102号车不见了，听说停开了。它应验了这辆车女主人的话：马上就干不下去了。因为乘坐她的车的人越来越少了。

经营中体现的看似有点傻的"人情味"，往往比看似精明的斤斤计较更容易得到回报。所以，真正精明的生意人，不会在与顾客的锱铢必较或眼前蝇头小利的相争中赚钱，而是善于在客户中灌输体现"让利"或"给予"的"人情味"，这是黏住客户的有效办法，也是求得长远发展的重要法门。

20 黏性经营的兔贩子

在我国某城市，有一位非常爱整洁的妈妈，她的儿子四岁，非常喜欢小动物。在儿子的数次央求下，妈妈给儿子买了一只非常可爱的小兔，一家人对这只小兔宠爱有加。

有邻居问妈妈，你那么爱干净，怎么能容忍小兔在家里乱跑，万一它忍不住到处排便怎么办？妈妈告诉邻居说，兔子还小，排便非常有限，且白天很少吃喝，基本上都晚上解决。

"那兔子大了怎么办？"邻居疑惑地问道。

"没事，人家回收，我可以再换一只小的。"妈妈说。

其实，这就是兔贩子用一套独特的经营模式，与顾客建立了一种长期的黏性服务关系。

顾客买小兔，兔贩子不仅卖小兔，而且还卖整体解决方案——一套吃奶的装置、一个笼子和饲养方法等。

顾客渐渐把兔子养大。可是兔子一大，问题就来了，尿多屎多，气味太重，再放家里就有点受不了了。而且，兔子大了也不讨人喜欢了。

没关系，兔贩子设计了第二道环节：顾客可以拿大兔子换小兔。然后兔贩子再把大兔子以更高的价格卖给需要大兔子的人。

在这种模式下，忠诚的客户就给培育出来了。只要顾客家里人喜欢小兔，一旦从兔贩子那里购买了小兔，对兔贩子的黏性就特别大。因为养大了，兔贩子给换小的；养死了，还可以从兔贩子那里低价再购买一个。而且之前顾客买了兔笼子、专用奶瓶等一套设备，如果不养兔子，这套设备就没有用武之地了。于是，顾客和小兔的缘分就牢牢结上了。

这样，兔贩子先用"小兔+专用奶瓶+兔笼子+饲养方法"小赚一把；然后用"大兔换小兔"又赚一笔差价；有了兔贩子那套设备之后，无论兔子死了还是大了，顾客都会持续养兔为兔贩子贡献利润；每次来顾客家的亲朋好友，免不了与家里的小兔子亲密接触，顾客还会赶着介绍，引起亲友们的兴趣，帮助兔贩子做广告宣传，促成更多生意。

这是一种具有创意的经营模式。兔贩子用一套有趣的设备、养兔的解决方案、小兔的可爱以及人与动物相处的感情等，将顾客套牢，把顾客变成忠诚客户，并能引发顾客对模式的自发介绍与宣传，有利于兔贩子拓展更多的客户。这样的经营模式，往往能为经营者带来源源不断的收益。由此可见，能建立并运用一套好的经营模式，对经营者的事业发展也是非常有利的。

21 拒绝扩张的商贸集团

某地有一家知名的商贸集团公司，生意兴隆。短短几年，连锁超市、商场开了几十个，员工多达上万人，几乎垄断了当地的零售业。

可是近几年，公司却屡屡做出令人大跌眼镜的举动。在经营顺利的情况下，不仅停止扩展，而且还主动关掉了一些商店，控制经营规模。在人们的通常意识里，服务业应该全天候响应，但从2012年开始，公司却宣布每周二闭店，所有店面都歇业一天。甚至在日进斗金的春节黄金期，都舍得关门打烊，从除夕到初五放假六天。每当这个时候，别的商家也就有了多分一杯羹的机会。

一天，电视打出一档访谈节目，受访者就是这家公司的董事长，他在节目中意味深长地谈起了自己的经营哲学。

他说："过去我们扩张得太快了，规模一大，我就发现不如以前做得那么精细、那么好了。现在我们要放慢脚步，强化管理，做好培训，练好内功，提升品质。这样，就不能太急，太急于扩张会生大病。

"我推崇西欧慢节奏的生活，欧洲人信奉工作与生活的平衡。每周闭店一天，给自己放个假，也给我们的员工放个假，让我们的机器休息休息，让我们的卖场也休息休息。这样，同行之间的经营竞争也可以缓一缓。

"我们的社会需要慢一点，理智一点，不要那么急功近利，我们的身体和灵魂都需要休整、充电和积蓄能量。"

人们听了该公司董事长的受访内容，这才明白也理解了他的公司拒绝持续扩张的经营哲学，对董事长本人也萌生了肃然的敬意。当然，尽管公司停止了扩展，但他们的行业地位、服务效率、服务品质并没有停滞不前，经营状况也是一如既往的好。

故事揭示了企业经营发展的速度与质量的关系。任何一个企业的经营发展，如果急功近利、过快扩张规模，管理必然滞后，粗放经营在所难免，经营品质自然下降，结果自然是欲速则不达，甚至使企业步入下行通道。所以企业的经营发展，一定要兼顾好发展速度与经营质量的关系，在保持和提升质量的前提下，实现企业经营规模的增长。

22 只做6道菜的菜馆

多年前，沈阳市有家只做六道菜的菜馆，菜馆老板人称"范师傅"。菜馆的位置静僻，一般人找不到，既没有招牌，也不做广告，一般顾客只有通过电话才知道它的所在。

由于秘而不宣，有神秘感，反而激发了顾客前去消费的欲望，所以菜馆每天顾客盈门、应接不暇。不得已，菜馆只好采取会员预约的经营方式，如果没有提前预约，那就只能吃闭门羹了。

“范师傅”是沈阳本地人，以前在一家饭店当厨师，由于饭店经营不景气，他失业了。失业后，他辗转反侧，思考究竟该如何发挥自己的专长来养家糊口呢？通过对沈阳人上餐馆情况的调查，他发现许多商业人士吃饭很费力，不是钱的问题，是难以吃到安全、高品质的菜肴。

这使他想起了多年前看过的电影《魔幻厨房》，片中郑秀文所开的私房菜馆大受欢迎。于是，他果断把自己的一处院落改装成了一间具有家庭特色的私房菜馆。因为菜馆的家庭氛围让人格外放松，成了不少老板私聚、释放压力的好去处，所以生意出奇的好。

有人可能会感到好奇，到底是哪六道菜能让“范师傅”的菜馆盈利呢？其实这六道菜并不神秘，但用料和做法非常考究，比如坚持只用意大利进口初榨橄榄油拌凉菜，用大品牌的非转基因大豆油炒菜。这六道菜的菜单是：两荤（根据季节选择日本雪花牛肉粒、阿拉斯加龙虾、呼伦贝尔羊肉、西班牙黑猪肉等）+两素（根据季节选择，全部是当天采摘的有机蔬菜）+一汤（含辽参、虫草等天然昂贵食材）+一冷盘（三文鱼、有机水果）。

“范师傅”的经营思路，就是食不厌精，他制作的炖肉，实实在在花上六七个小时，是用小火慢慢煨出来的。舍得时间，出品不多，每天招待三桌客人，每桌也就6个人左右。每桌消费在2000元上下，扣除水电、人工和原材料等成本，能赚到大约40%的利润，菜馆每个月的纯收益可达7万多元。

顾客以私企老板和企业高管为主。“当老板压力太大，吃饭喜欢找安静的地方，私密、放松是他们来我这里吃饭的一个重要原因。”范师傅介绍说。因为环境幽静，菜品考究，温馨如家，正合了那些每日奔波劳碌的商务精英们的心态与口味，所以这家神秘菜馆经营得一直都很不错。

故事向我们揭示，面对残酷的经营竞争，作为一家服务性企业的老板，如要使你的生意经营得红红火火，在竞争中立于不败之地，需要在细分市场的基础上，多从人情化、精细化、特色化方面考虑与安排，使你的服务让顾客感到放心、舒心和独特的享受。

23 由送变“卖”的代金券

某地有位叫刘芬的服装店老板，她在新店开业时制作了很多代金券，到处免费发送。结果转化率很低，好几天过去了，来商店用代金券抵钱购买服装的人寥寥无几。

她怎么也想不明白，自己请了一个团队专门做代金券的宣传和发送，结果却没什么效果。经过咨询，一位咨询师告诉她：轻易得到的，人们一般不会去珍惜，所以人们对随意得到的免费代金券，也就不会那么在意。

于是，她想了一个办法，不再发送这些代金券了，而是将代金券“卖”出去。天哪！要卖代金券，能行吗？但事实证明，她做对了！

怎么卖呢？她让人找到小区的便利超市、美容会所、美发店等各种能接触到客户的场所，请他们来卖代金券，卖券所得的钱，全部归他们所有。

通过“卖”代金券的方式，结果来服装店用券购买衣服的顾客大为增加。也许人们只是花5元钱买了一张100元的代金券，但这5元钱会促使他们来店里购物消费。

想让顾客惠顾你吗？你可以变着法子让顾客为你付出一点。顾客因惦记着自己的付出，也会来惠顾你，为你的经营发展助上一臂之力！

24 利他思维的经营者

有一个叫杨树的人，开了一家搬家公司。一段时间经营下来，他钱倒是挣到一些，可每一分都是辛苦钱。近年来，在他公司的附近又新开了几家搬家公司，竞争一下子增大许多，他公司的业务越来越不如以前了。杨树心里着急，却不知道怎么去改善这种经营状况。

一天，一个高档社区的妇女要搬家，而公司人手不够，杨树就自己顶上了。到客户家楼下的时候，他发现客户正在与社区旁一家废旧公司的老板商谈。原来，客户房里的家具跟她新家的装修风格不符，她就想处理掉原本8000元买的一套实木家具，于是找到废品店老板，希望对方能以800元的价格买下并拉走这套八成新的家具。废品店老板却是一点都不想要的样子，他说："我800元买回来，1000元脱手，但我还得费劲去搬去挪，不划算！除非你倒贴200元给我，我才愿意把家具搬走。"

客户非常失望，准备回家。杨树见状后，就上前说："没事，您的家具我帮您处理吧。"

客户惊喜地问："那也能以800元的价格处理吗？"

杨树说："没问题。刚好前几天咱们商量好的搬家费是800元，现在这样，搬完家后我直接拉走家具，您就一分钱也不用打给我了。"

客户千恩万谢，她不仅让杨树拉走了家具，还顺带塞给他许多小家电、家居用品，如打印机、微波炉、水晶灯具、凳子等。搬完家后，杨树把实木家具拉到他表弟的店里进行翻新，然后把小家电和其他用品一件一件擦拭干净。妻子见状，问他："搬家不收搬家费，尽收一堆二手货，我们该怎么处理？难不成要开一家二手商品店？"

"对，就开一家二手商品店！以后，我们的公司就专门帮人免费搬家！"见妻子听得云里雾里，他就把自己的经营思路分析给她听："我们先在一些高档社区推出免费搬家的概念，当有客户打来电话，我们就告诉他免费搬家是真的，不过搬家后他不要的东西，拿来抵搬运费。当然，在搬家之前，双方要约个时间见面，我们先看看他不要的东西是否够抵搬运费。如果可以，就成交；如果不值，就不搬。对客户不要的物件，家具类我们放到表弟店里翻新后再出售，其他物件清洗干净后放到我们自己开的二手商品店里售卖。"

听完这个方案后，妻子也觉得是个好主意。没过多久，杨树的二手商品店对外开业，免费搬家概念也在一些社区传开。一听说搬家能免费，客户们纷纷预约杨树上门看自己不要的二手物品。

接触的客户多了，杨树店里的二手商品也越来越多。他定期更新这些待出售的商品目录，并做成小册子。每帮一个客户搬完家，他就递过去这个小册子，询问对方是否需要一些物品。这样，他顺带销售了很多二手商品。杨树说："昨天A客户不要的一套家具，或许正是明天B客户想要添置的呢！我在他们中间搭座桥梁，他们各自方便，我也挣得一些利润，何乐而不为呢？"

亲戚朋友都夸杨树经营有道，杨树笑着说："搬家时人们最烦什么？无非就是那些丢了可惜、不丢又占地方的物品。我不过是利用了这个心理，再结合二手商品市场，才实现了盈利。说起来，这也算是一种'利他思维'。当你多从有利于客户的角度去经营时，你就会发现，搬家公司不赚钱了，但二手商品可赚大了。"

其实，在客户的"烦心事"中，很可能隐藏了一种最为急迫、有效的市场需求。如果你的经营服务能及时帮客户解决面临的烦心事，你就会很好地满足客户需求，就能成为市场上的赢家，经营利润自然会源源不断而来，你事业和人生的成功自然会可期可望。

25 借"网"经营的马希庆

山东胶州市有个渔民叫马希庆，他读书不多，从16岁起出海打鱼卖鱼，已经有30多年的经历了。

有段时间，他的生意越来越不好做，就像遇到了"瓶颈"。他很焦急，便问女儿怎么办。女儿说现在已经是互联网时代了，建议他开个网店试试。女儿帮助老爸开了网店，又教他学会了用微信在网店卖货下订单。但是网店生意也不好，他便又求助于女儿。女儿告诉他："我有个朋友刚开网店时生意也不好，后来开了直播提高人气后，网店的生意就好了，订单暴增。爸，我帮你开个直播吧！"马希庆同意了，没想到这次尝试使自己彻底火了。

刚开始，马希庆让人使用手机随意直播自己打鱼干活。后来，他干脆让人直播起他出海打鱼的情节了。网友们想认识一下各种海鲜，了解海鲜吃法，他就在船上现做现吃。白酒配蘸醋螃蟹、海蛎子、鲜鱿鱼等，他做得专注，吃得开心，网友们看后直流口水。

因为马希庆的直播真诚朴实，不做作，有时还有点讨人喜欢的"小幽默"，所以他的粉丝就多了起来，几个月内便收获了4万多粉丝，其中许多人还成了经常支持他的“铁粉”。

渐渐地，马希庆网店的订单开始暴增了，最忙时每天多达800个订单，销售额近10万元，一个月下来就卖了200多万元。老马笑得合不拢嘴：“这个月光发快递的费用就有20多万元。”他从内心感谢网络直播，认为这才是让他有用武之地的主要原因。

年纪一大把又没有什么文化的渔民马希庆，也可以借助互联网开店，并将生意经营得红红火火，这让许多认识他的人没有想到。所以，世界上的任何事情没有做不到，只有想不到。如果你在经营中敢想，肯学，勇于尝试，又善于求助，那么你也能够成为一个借助现代科技手段获得成功的经营者。

26 让人震撼的三次鞠躬

在某市的一个法庭里，座无虚席，正在开庭审判一桩绑架案。犯罪嫌疑人是一个30多岁的民工，他绑架了一个6岁的男孩儿。让人欣慰的是，孩子安然无恙。虽然没有造成严重的后果，但民工仍然要受到法律的制裁。

民工绑架的是老板的儿子。之前，他在老板那里干了8个月，却没有拿到一分钱。他几次求老板先预支点钱，哪怕几百元也行。他是家里唯一的顶梁柱，他母亲患有严重的心脏病，一天也离不开药。孩子上学也要用钱。还有他的妹妹，因为失恋患了精神病，他不能看着妹妹天天披头散发满街乱跑，还要为妹妹治病。

他每次找老板要钱，老板都一脸的不耐烦。往往他还没说上几句话，就被老板叫来的保安给赶出了办公室。

终于，他忍无可忍，绑架了老板的儿子。后来，他后悔了，他完全可以跑掉，但他怕孩子一个人出什么意外，也怕孩子害怕，便一直把孩子抱在怀里，并把自己的位置报告给了警察。当警察出现时，孩子在他的怀里睡得正香。

他被判了5年。旁听席上的人都为他惋惜，到底是不懂法，否则，也就不会付出这样大的代价。他那个风雨飘摇的家该怎么办啊？

就在法官要宣布退庭时，从旁听席上传来一个苍老的声音："等等，我有话要说。"

大家扭头望去，是一个年过花甲的老妇人。有人认识她，她是男孩儿的奶奶，也就是老板的妈妈。

孩子被绑架之后，老人一病不起，那是她最疼爱的孙子，也是孙辈中唯一的男孩儿。众人的心里都有些紧张，或许，老人还要提额外的条件，那个已经一无所有的民工还能承受得起吗？

老人慢慢地向被告席走过去。她站在民工面前，大家看到她的嘴角在抖动。大厅里鸦雀无声，谁也不知道会发生什么事。

突然，老人弯下腰，向民工深深地鞠了三个躬。所有的人都愣住了，包括原告席上的老板，他想母亲大概老糊涂了。

老人抬起花白的头，泪水流了一脸。良久，她缓缓地说："孩子，这第一躬，是我代我的儿子向你赔罪，是我教子无方，让他做出了对不起你的事。该受审判的不应该只是你，还有我的儿子，他才是罪魁祸首。

"这第二躬，是我向你的家人道歉，我的儿子不仅对不起你，也对不起你们一家人。作为母亲，我有愧呀！"

"这第三躬，我感谢你没有伤害我的孙子，没给他的心灵留下丝毫的阴影，你有一颗善良的心。孩子，你比我的儿子要强上100倍。"

老人的一番话，令在场的人都为之动容，这是一个深明大义的母亲。而那个民工失声痛哭，是感动、也是悔恨。

母亲的三个躬不仅是鞠给民工的，也是鞠给儿子的。她是用这样的方式规劝儿子，不能做昧良心的事。

事情最后的结果是，老人的儿子不仅向民工支付了工钱，还把那个民工的母亲和妹妹接到城里来治病。是老人的宽容和大义救赎了儿子的灵魂。

这个故事，既揭示了我国存在的"拖欠农民工工资"的个别昧良心现象，也包含着作为经营者应如何处理"义"与"利"的关系问题。作为一个老板，即使你公司的经营再困难，也决不能做"拖欠农民工工资"这样愧对良心和违背道义之事。否则的话，你的公司一定会成为一个短命的公司。

27 舍财保信誉的摩根

一提起美国的金融帝国，想必许多人都会对富可敌国、大名鼎鼎的摩根家族有所耳闻。而又有谁知道，摩根金融帝国创建的基础，就是宁肯舍财也要保持住的信誉。

1835年，金融帝国的创始人约瑟夫·摩根先生听一位朋友讲，不用马上拿出现金，只需在股东名册上签上名字，就可以成为一家保险公司的股东之一，而且很快就会有收益。这是一家专营火灾保险、名叫“伊特纳火灾”的小保险公司。很快，摩根先生便成了它的大股东之一。

天有不测风云。不久，纽约发生了一场特大火灾。伊特纳火灾保险公司的股东们一个个慌了手脚，纷纷表示要退股。十分珍惜自己信誉的摩根先生，斟酌再三，决定要舍财产、保信誉。于是，他卖掉了自己苦心经营多年的旅馆，低价收购了其余的股份，又通过别的融资渠道，很快将10万美元的保险金凑齐付给了投保人。一时间，伊特纳火灾保险公司声名鹊起。

已濒临破产的摩根先生，此时只剩下一个空空的伊特纳火灾保险公司了。绝望中的他打出广告：本公司因偿还保险金已竭尽所能，从现在开始，再投保本公司的保险，保险金一律加倍收取。

令人没有想到的是，有更多人来到这家加倍收取保险金的保险公司投保，从而使保险公司的利润时间不长就增加数倍。摩根先生呢，不仅将自己原来的旅馆赎买了回来，还净赚了10多万美元，发家的资本一下子壮大了许多。

从此之后，摩根家族的掌门人秉持着注重信誉、不怕风险、勇于挑战的精神，脚踏实地，励精图治，奔着独占鳌头的目标，不断创造着经营发展的奇迹。到了约瑟夫·摩根的孙子J.P.摩根掌门时，终于形成了庞大的家族财团和金融帝国。

约瑟夫·摩根的故事告诉我们，“信誉”，既是一种强大的无形力量，又是一种巨大的无形财富，是赢得顾客青睐的重要法宝，在企业经营发展中具有无可替代的作用。如果你是一位企业主，能视“信誉”为生命，重信守诺经营，那么，你的企业一定能不断攀上新的发展高峰。

28 莱曼兄弟的杂货经营

拥有150多年辉煌历史的莱曼兄弟公司，曾是一家世界知名投资公司，成为了华尔街第四大投资银行。但公司的最初崛起，是从莱曼兄弟经营杂货开始的。

1844年，德国维尔茨堡的一个名叫亨利·莱曼的犹太人移民到了美国，他在南方待了一段时间后，就同同样移居美国的两个弟弟——伊曼纽尔和迈耶一起在亚拉巴马定居，经营起了杂货生意。

亚拉巴马是美国一个主要的产棉区，农民手里常常有大量棉花但很少有现钱。怎样才能与农民做好生意呢？经过合计后，莱曼兄弟就积极鼓励农民以棉花代替货币，来交换所需的日用杂货品。

这样做，是不是与犹太商人一贯秉持的“现金第一”的经营原则不符呢？其实莱曼兄弟的账算得很清楚，他们的做法是：用杂货商品与棉花进行交换，不但吸引了大量一时没有现钱的顾客，扩大了杂货品的销量；而且由于为农民提供了卖棉花的方便，能在以物换物处于主动地位的情况下，使棉花价格的商定有利于自己；同时，经营日用杂货本来需要用车进货，乘空车去进货之际，顺路把棉花捎去，从而节省一笔运输费。所以，这种经营方式真是“一笔生意，两头盈利”，买卖双方各得其便，都有赚头，何乐而不为呢？

正是靠这种双赢的技巧，莱曼兄弟的杂货经营做到了客户喜欢，费用节省，成本降低，盈利丰厚，生意越做越大，所以很快就在不起眼的杂货店的基础上，建立起了莱曼兄弟公司。

小杂货也可经营成大事业。如果能像莱曼兄弟那样，根据经营环境和客户的具体情况，积极谋划，趋利避害，既从方便客户的角度出发，解决客户的所需所求，又能从节省费用的视角考虑，打破常规，灵活经营，就能在经营中取得主动和双赢，实现超常发展，开启事业发展的辉煌篇章。

29 摘去多余“葡萄”的爱德华

爱德华·米其林是世界汽车轮胎著名品牌“米其林”的创始人。1889年，他在法国克莱蒙费朗创办了一家轮胎作坊。因为轮胎需求量快速增长，没过多久，他就将自己的作坊发展成了一家大公司。

随着公司经营规模越来越大，爱德华接触到的行业也越来越多。他发现造船挺赚钱，于是成立了一家造船厂；他觉得酿酒业也很不错，于是又成立了一家酿酒公司；随着项目的增加，他觉得运输业的钱自己也应该赚，于是又成立了一家铁路运输公司……

爱德华的商业帝国越来越大，就在他成为克莱蒙费朗最有钱的人时，问题开始出现了：尽管他每天有处理不完的事情和做不完的决定，经常忙得筋疲力尽，可几年之后，包括轮胎在内的所有业务都开始亏损了。“为什么我这么努力却还是经营不好？”爱德华烦闷极了。

有一天，因为酿酒公司的原材料事务，爱德华来到一座葡萄园考察。他看到农户们正整篮整篮地把一些青葡萄摘下来倒掉，不无心疼地问：“这些葡萄看上去并没有什么问题，为什么要把它们摘下来扔掉呢？”

“如果不摘掉部分葡萄，所有葡萄会相互抢夺养分，最终所有葡萄都会长得不够大，不够甜，而摘掉一部分就能为其他葡萄省下更多养分，其他葡萄也就能长得更大更好了，不仅产量会更高，价格也能卖得更好。”农户们笑着补充说，“如果舍不得摘掉它们，我们反而会损失更多呢！”

农户们说着，继续忙去了。爱德华则开始反复咀嚼他们的话，渐渐从中总结出一个道理：这和我的经营又何尝不是一样呢？我总以为经营的业务越多就越成功，其实这是在分散自己的精力，结果连一件事情也做不好。

就在那一刻，爱德华做出一个重要决定：摘掉那些分散自己精力的业务！此后短短半年时间，爱德华就先后关闭或出售了除轮胎以外的所有公司和业务，全力以赴地经营轮胎，而这，也最终成就了他的事业。他的轮胎业务覆盖到全球很多个国家和地区，他的米其林轮胎“品牌”，也被誉为“全球轮胎科技的领导者”。他所获得的经营利润，更是以前多元经营所不能比拟的。

“舍得放弃，才能拥有更多。”到了晚年的时候，爱德华曾这样教导他的子孙：“摘掉多余的葡萄，专注地做好一件事，才能真正创造成就；贪心不足，只能让自己一事无成！”

当今社会中，有些公司老板一旦经营的事业做大了、强了，当看到别的行业利润高、赚钱快时，就总想着如何进一步扩张发展，既想做这个行业，又想做那个行业，而不想自己“不应”或“不能”做什么。结果，跨业扩张的做法，使得他们走了下坡路，有的甚至陷入资金链断裂、经营难以为继、不得不破产的境地。

如果你是一位想跨业经营、快速扩张的公司老板，对上述故事中的教训或经验，还是予以接受或借鉴为好。

30 希尔顿的微笑服务

希尔顿是经营旅馆业获得巨大成功的一位著名美国企业家。当经过10年的苦心孤诣，使自己的资产由1.2万美元增至5100万美元时，他非常自豪，兴奋地把这一“巨大成就”告诉了母亲。

不料，母亲并没有露出喜色，也没夸奖一句，只是淡淡地说，照我看来，你和以前没两样。我倒以为，你必须把握比5100万美元更有价值的东西。你除了应当继续保持对顾客的诚实之外，还要想办法使住过希尔顿的客人还想再来住。你要想出简单、易行、不必花费本钱却长久有效的办法来吸引住客户。只有这样，你的旅馆才会真正有前途。

母亲说的办法当然好，但怎样才能做到“简单”“易行”“长久有效”“不必花本钱”呢？母亲没有解释，好胜的希尔顿也不好意思问母亲，便苦苦思索，但很长一段时间仍不得要领。

要是别人就不会细想下去了，希尔顿却不这样。因为他知道，母亲的提示确实比金钱更重要，他决心去寻找满意的答案。为此，他放下大老板的身份，作为一名普通顾客去住旅馆、逛商店。用了半年多的时间，他逛过的商店有上千家，住过的旅馆也有上百家。经过比较分析，他豁然开朗，终于找到了“微笑”服务这个经营的“法宝”。

于是，他制定了“微笑服务”的经营策略和激励办法，开展了“微笑服务”培训，要求全体员工上班之前都要提醒自己，要以亲切的微笑对待客人；

下班时则要反省一下，自己对顾客微笑了没有，笑得是否亲切真诚。

推行“微笑服务”后，希尔顿旅馆的名声大振，服务质量比以前大幅提高，经营比以前更加红火，事业发展也比以前更快。即使在1929~1933年的美国经济大萧条时期，全国都笼罩在愁云惨雾之中，但希尔顿的员工仍以阳光般的微笑迎接每一位顾客，希尔顿的旅馆业务，依然经营良好。

说起“微笑服务”，这在现在的服务行业可能算不了什么。但在上百年之前，希尔顿能通过深入调查、体悟，认识到“微笑服务”对其经营发展的重大作用，并将其充分践行到旅馆业的经营管理中，是非常难能可贵的，这也是他之所以能成为“旅馆业大王”的一个重要原因。

31 “尿布大王”多博川

日本有家著名企业叫尼西奇公司，公司老板多博川是日本著名企业家，被誉为“尿布大王”。但在他接手经营的初期，公司还只是日本福冈市一家名不见经传的小企业。

第二次世界大战结束时，尼西奇公司是个仅有30多个职工的小企业，而当时的经营者，却无视企业面临的市场与客户情况，总是幻想着如何将企业经营得气派些，成功后将如何如何等。所以在人员少、规模小的情况下，企业生产的橡胶制品包括雨衣、游泳帽、卫生带、尿垫等多个种类。结果这种“小而全”的经营，使公司濒临破产边缘。老板见无力回天，便放弃努力不干了。

多博川接手企业之后，一直在苦苦思索着如何使公司摆脱困境的出路。终于有一天，他从人口普查资料中得到启迪：日本每年有250万婴儿降生，如果每个婴儿用两条尿布，全国就是500万条，而尿布之类的小产品，资金、技术雄厚的大公司根本不放在眼里，这恰恰给小企业留出一片大市场。于是，多博川果断抛弃了“小而全”的经营方式，决定企业今后仅生产婴儿尿布这一种产品。

在市场细分精准的前提下，经过持续的探索和聚力，企业对“尿布”产品不断进行创新与升级换代，产品的适用性和质量不断提高，不仅畅销全日本，而且在世界上也很走俏，销量曾一度占到了全世界的1/3。在深入打造品牌的同时，企业经营的规模越来越大，实力越来越强，知名度和美誉度也越来越高，后来成了与丰田汽车、索尼电气等一样傲视同侪的著名企业，多博川也成就了自己“尿布系列产品”的王者地位。

小产品也可发展成大品牌。经营企业与挖井是一个道理，不是浅浅地挖多口井，而是将一口井挖深挖透，直至挖出清澈的泉水。审时度势，放弃经营的“大而全”，聚焦市场细分下需求潜力大而大公司又不屑一顾的“小产品”，即使你的公司是一个不起眼的小企业，你的经营发展也照样能蓬勃向上，你的事业与人生也照样能够成就辉煌。

32 遭遇危机后的派克笔

20世纪中叶，美国派克笔曾是钢笔市场的王者，地位无人撼动。但随着圆珠笔的出现，派克笔的经营遭遇到了前所未有的困境和危机。

有一天，派克公司新任总经理马科利正在开会，销售部经理神色慌张地跑了进来，在他身边耳语了几句。马科利的脸一沉，马上宣布会议结束，随即赶往销售部。原来，有好几所学校发来了退货单，不仅如此，其他用户的退货单也陆续涌来。情况十分反常，马科利立刻吩咐下属调查此事。

“有竞争对手抢走了我们的客户。”调查人员报告说，“来自匈牙利的贝罗兄弟免费赠送了一批产品给人试用，用过的人纷纷和他们签下订单。”

马科利叫人买来一些贝罗兄弟发明的叫作“圆珠笔”的产品。经过仔细研究，马科利大惊失色，他意识到：真正的强敌来了。他火速召集大家开会商议对策，但得出的结论是：从实用、方便、廉价三个主要方面看，派克全面处于下风。随后一段时间，派克笔销售额急剧下滑，公司逐步被逼到濒临破产的边缘。

一天晚上，马科利苦思冥想，夜不能寐，就给大学老师写信，诉说自己面临的窘境。不久，老师给他回信，信中讲了一个故事：“我家对面有个卖器皿的商店，商品物美价廉，很受顾客追捧。没多久，周围的同行全被挤跑了。可有一天，我家隔壁又开了家商店，我问老板，你准备卖什么，他说卖器皿。我说你不是找死吗？难道你不知道对面有家‘狠角色’。他说知道，但我卖的器皿不跟他比物美价廉，是价格昂贵的古董。现在，这两家店相安无事，生意都很兴隆。”看完老师的信，马科利沉思良久，突然眼前一亮。

第二天上午一上班，马科利立刻召开会议，他在会上宣布了两件事：一是我们不能跟圆珠笔比销量，因此公司将削减派克笔的产量；二是不比价格，在提高质量、做好品牌、扩大影响的同时，大幅提高派克笔销售的价格。在他的精心策划下，1960年，派克公司获准成为英国皇室书写用具的独家供应商，派克钢笔成了伊丽莎白二世的御用笔。通过对这件事以及其他相关事件进行大肆地广告宣传，派克钢笔身价倍增，逐渐成了高贵身份的象征，公司销售额和利润明显增长，经营也逐渐走出了困境。

此后，派克公司沿袭着高档名贵的经营思路，1962年采用美国首批火箭的部分材料制成特别版钢笔，只限售予世界各地的重要人物；1987年隆重推出的百年纪念笔，成了收藏家梦寐以求的珍品。

就这样，派克钢笔不仅没有在圆珠笔的冲击下萎缩消亡，反而走出了属于自己的崭新道路。

故事告诉我们，企业在经营发展中遇到强劲对手时，如果能跳出竞争中“针锋相对”“不是你死，就是我活”的固有思维禁锢，另辟蹊径，迂回前进，以精细提升质量，以特色打造品牌，就能进入一种新的更高层次的经营境界，创造出新的优异经营业绩。

33 更换面包的真实原因

堤清二，日本著名实业家，西武集团总裁。他以西武百货店为基础，业务经营发展横跨流通、餐饮与金融领域。在其所辖商店的面包销售方面，他曾有一件广为流传的逸事。

一天，堤清二先生了解到集团中有一家销售面包的商店生意不景气，便指示该店换一个厂家生产的面包出售。于是，该店负责人就把经营着的甲厂面包换成了乙厂生产的面包，结果营业额明显提高。

西武集团其他商店的经理得知这一情况后，便打算仿效此法，要把经销甲厂生产的面包，统统换成乙厂的面包。

堤先生听到他们的打算后，十分生气。他说：“你们真是一点也不懂做生意的要领。既然你们要把卖甲厂面包的商店都换成卖乙厂的面包，那么同时也要把卖乙厂面包的商店换成卖甲厂的面包！”

按照堤先生的指示，经理们把面包店的供货厂家都作了调整，结果不论是甲厂换成乙厂、还是乙厂换成甲厂生产的面包，销量都有不同程度的提高。经理们这才明白，原来并不是这两家面包厂的产品在味道上或质量上有什么差别，只是顾客喜欢图新鲜罢了。

在这件事情中，对商店最开始更换面包后销售额的增长，有两种不同理解：一是把甲厂生产的换成乙厂生产的；另一种是更换面包的生产厂家。对此，西武集团各个商店的经理们并没有思考为什么，只是简单地把成功的原因理解为前者，所以要把商店所有经营甲厂产品的都换成售卖乙厂的产品。但堤先生对“顾客厌倦老吃同一家面包”的真正原因或实情有所洞察，所以做出了都要更换的正确指示。

堤先生之所以生气，是针对多数部下不考虑事情的真实原因，只是简单地轻信前例的做法，盲目效仿，只会带来经营的负效应。

所以，企业经营中如果发生了问题，要想尽快解决，一定要先找到导致问题的真正原因，然后再对症下药地采取措施。否则的话，不但解决不了原来的问题，还可能会产生新的问题。

34 旱年囤雨伞的商人

有个精明的商人，某天晚上与一个在气象部门工作的朋友闲聊。商人说，不知今年怎么了，老天硬是不下一滴雨，不知这种天气还能持续多久。朋友告诉他：据气象部门预测，明年就将是一个多雨的年份。

说者无心，听者有意，商人从朋友的话中发现了有价值的商业信息。什么与下雨关系最密切呢？自然就是雨伞！自己一定不能放过从明年雨伞的大量需求中赚钱的机会。说干就干，商人着手调查当年雨伞的销售情况。结果正像他想象的那样：雨伞大量积压。于是，他直接同雨伞生产厂家谈判，以明显偏低的价格，从他们手中买来大量雨伞囤积起来。

转眼就是第二年，天气果然像气象部门预测的那样，是个多雨年份，有时雨会持续多天，一直没完没了地下。这样一来，人们对雨伞的需求自然大增。不久，商人囤积的雨伞，便以明显偏高的价格出了手，一笔丰厚的差价利润就这样稳稳地进入了犹太商人的腰包。

商场上，信息加上先机就是金钱。作为一个商人，如能在日常经营中对耳濡目染的信息适时洞明，悟出市场先机并果断行动，你的经营就能适时对接消费者的需求，那么你的利润收入自然也会滚滚而来。

35 有先见之明的肉食品老板

美国某地有位经营肉类食品的老板，在1976年8月的一天，他从报纸上看到一则似乎毫不起眼的消息：墨西哥的肉畜发生了瘟疫。

由此，他立即想到，以往墨西哥牲畜瘟疫一旦流行起来，很快就会传到美国。而美国与墨西哥相邻的两个州，又恰恰是肉食品的主要供应基地。如果瘟疫蔓延到美国，美国与墨西哥的肉类食品供应必然紧张，肉价也必然会猛涨。

于是，他火速派人了解情况、核实信息之后，立即调集大量资金购买了大批菜牛和肉猪饲养起来。

过了不久，肉畜瘟疫果然蔓延到了美国与墨西哥相邻的这两个州。消息一传开，美国市场的肉价立即飞涨，肉食品老板则趁机大量售出菜牛和肉猪，在短时间内就净赚了数百万美元。

看似坏事的肉畜瘟疫，却包含着赚钱的商机。肉畜发生瘟疫，必然会减少畜肉供应。在市场需求不变的情况下，畜肉价格必然上涨。所以在日常经营中，作为一个商人，如果能从每天海量的信息中，及时发现并准确抓住像故事中这样的商机，果敢行动，就能赚取巨额的差价利润。

36 一小时造就的辉煌

在20世纪70年代末的日本某地，有个叫安田隆夫的年轻人开了间小杂货店。按照当时商家的经营习惯，杂货店一般在晚上10点钟关门。

一天晚上，安田隆夫正忙着清理货架、准备关门的时候，店里忽然走进几个买东西的人，他热情地接待了他们。送走他们之后，他又在店里多待了一会儿，结果又有几位顾客上门。安田隆夫当时就想，这也许是能比别的杂货店赚取额外利润的机会。

因此，在以后的经营中，安田隆夫改变了店铺的营业时间，每天晚上11点钟才关门。由于比其他杂货店延长一个小时营业，因而他的店铺成了附近人们深夜购物的首选。一年过后，他商店的经营规模增加数倍，一年的营业额达到了2亿日元。他趁机发展，生意越做越大，杂货店也变成了欣欣向荣的商业公司。到2002年的时候，公司营业收入达到48亿日元，安田隆夫成了日本知名的大商人，他的事业经营取得了辉煌成就。

安田隆夫的成功，主要是因为他每天比别人多营业了一个小时。虽是不起眼的一小时，但能比别人赚取更多的额外利润，同时还树立了“深夜购物”的经营品牌。所以，有时奇迹的产生、成就的取得并不困难，每天能比别人多干一个小时就足够了。

37 未及时顺变的克莱斯勒公司

世界闻名的克莱斯勒汽车公司，是仅次于通用汽车公司和福特汽车公司的美国第三大汽车公司。在1979年前三个月的经营中，公司亏损了7亿美元。这一灾难之所以降临，不是失之于经济实力和技术力量薄弱，而是在于没有重视当时竞争的变化趋势，决策者仍然抱残守缺，没有及时顺变。

1973年，全球性的石油危机严重冲击了依赖能源的汽车工业。当时，美国所有的汽车公司都受到了冲击。石油价格上涨，令一贯用油挥霍无度的美国人，也不得不精打细算起来，改变那种阔少似的派头，开始使用耗油量小的小型汽车。通用和福特两家公司高度警觉，随机应变，针对美国人消费心理的变化，果断从生产豪华型的小汽车转到生产省油的小汽车上来。

而克莱斯勒公司的决策者不察商情，不知顺变，一意孤行，认为使用豪华型小汽车是美国人的本色。结果，在1978年世界石油危机再度出现时，豪华型小汽车的销量猛降，公司存货堆积如山，每天的损失达200万美元，公司面临破产的危机，董事长不得不引咎辞职。

在面临严重危机的情况下，公司聘请了福特汽车公司前总裁艾柯卡来力挽狂澜，通过向美国政府申请15亿美元的贷款，最终才勉强渡过难关。

克莱斯勒汽车公司的教训告诫我们，在面临经济形势、经营环境和消费者心理发生变化的情况下，作为公司的决策者们，如果不能保持警觉，掌握信息，洞察先机，做出正确的决策，做到经营的及时应变、顺变，就会陷入危机之中，从而在激烈的市场竞争中被淘汰。反之，能对变化及时掌握和驾驭，采取有效的应变措施，就能在变化中把握机会、求得发展。

38 一美元理发师

在纽约的一个偏僻街道上，有家理发店，店面不大，装修也非常简单，但每天来店里理发的人却络绎不绝，人多的时候，会有许多顾客情愿等着。

这家理发店之所以能够如此吸引顾客，是因为开业快十年了，不管物价如何上涨，理发师戴维却只收一美元的理发费。

不止一次，有人向戴维建议，至少也应该收两美元的理发费。戴维却总是摇摇头："正因为我一次只收一美元，才吸引了这么多顾客，如果涨价，也许很多人都不来了。"

早就有人替戴维算过账，就算他每天为一百名顾客理发，每天的收入扣除店面租金、水电费和各种管理费，几乎赚不到什么钱。于是，许多人都认为戴维太糊涂，不管怎么样，他理发的手艺不错，大家也乐得占便宜。

由于戴维的理发店地点偏僻，再加上理发的人多，时常需要等待，很多顾客理发完，都会去距理发店很近的对面餐馆吃饭。那里的小餐馆，专门经营一种套餐，每份只需要五美元。

忽然有一天，人们从戴维的理发店出来，准备去吃饭时，却发现小餐馆停止营业了。过了几天，戴维的理发店也搬到了另一条街道，那正是小餐馆最新搬迁的地方。

直到这时，人们才知道，经营小餐馆的不是别人，而是戴维的儿子。原来，一般的理发店理一次头发，至少要收六美元，由于戴维坚持只收一美元，每当人们来找他理一次发，总感觉至少占了五美元的便宜，正好用它去小餐馆吃一份套餐，这样一来，小餐馆的生意一直十分红火。所以戴维是理发店不赚钱，但家里开的小餐馆钱可赚的不少。

故事中的理发师戴维，虽不懂什么“经济学”，但却践行了“二业共生”的套餐经营法。他利用人们喜欢占便宜的心理，吸引了大量的顾客来理发，一美元理次发看起来吃了亏，而在低房租、低成本的情况下，他家的餐馆每天能卖出大量的套餐，这使他最终成了获利不菲的赢家。

39 无声经营的餐厅

在德国的比勒菲尔德市，有一个叫波恩的年轻人，他和妻子凯瑟琳开了一家餐厅。餐厅开在一条繁华的街道上，虽然竞争激烈，但来他们餐厅的客人却一拨接着一拨。而且让人意想不到的，波恩和凯瑟琳竟然是一对聋哑经营者！

当年，一场高烧夺去了凯瑟琳说话的权利，而先天性耳聋也把波恩推向了无声的世界。因为沟通上的障碍，很多厂家婉拒了他们的工作请求。没办法，夫妻俩最后只好自己开了一家餐厅。

一天，一位女顾客就餐之后付费时，对凯瑟琳竖起了大拇指，并拿起笔写道：“这里很安静，我喜欢这里的环境！”顾客的称赞，犹如给夫妻俩注入了一支强心剂。顾客走后，凯瑟琳用手语告诉波恩：“既然我们都不能说话，何不用无声的安静作为咱们餐厅的特色呢？”波恩听后觉得很有道理。于是，他们立即对餐厅进行改建，来打造一个更适合无声经营、凸显安静特色的就餐环境。

改建后的“无声餐厅”，服务特色凸显，不久便被誉为比勒菲尔德“最安静的餐厅”。在这里，手语、眼神、图片、文字就是他们与顾客交流沟通的工具。店内精致的装饰、清新的格调和店外喧闹的环境相比，使人犹如进入了另一个世界。一个醒目的提示牌立在柜台一边，上面赫然显示着两行红色的大字：“本店全程无语经营、无声服务”。你需要消费什么，服务生会面带微笑地把菜单和选菜打钩的笔送到你面前。来这里用餐，既填饱了肚子，又放松了心情，所以越来越多的顾客喜欢来这里就餐，所以餐厅的生意一直出奇的好。

故事告诉我们，随着生活节奏的加快，忙碌的人们需要一个安静的地方放松自己。所以“无声”而优雅的环境和服务，对顾客来说是一种难得的有效需求。波恩夫妇正是抓住了顾客的这一需求，把自身“不能发声”的劣势，经营成了有特色的卖点，使顾客在获得美食消费、放松身心的同时，自己也获得了可观的收益。

40 会分享的经营者

霍华德·舒尔茨，星巴克的创始人、董事长兼首席执行官。他是美国著名企业家，也是一个特别重视“分享”的经营者。

舒尔茨的经营方法，就是将自己民族的先人们在火车上6个人分享一条毯子熬过漫漫寒夜的经验，推行到自己公司的经营实践中。他不仅为公司临时聘用人员提供福利，还创立了美国企业史上重要的“期股”形式——让公司所有员工都获得公司的股权。

开始时，舒尔茨“让公司员工获得股权”的举措，曾遭到大多数公司高层的反对。而且推行之初，公司经营一度呈现亏损，但他不为所动，仍然坚持自己的做法。这种“期股”的实施，通过“股权”利益的共同分享，使公司员工与大股东之间形成了相互信任的伙伴关系，营造了企业内部信任与真诚相待的氛围，又通过员工将这种信任与真诚不断传递给顾客，提高了经营品质和服务质量，从而增加了公司的信誉和效益。

在舒尔茨“分享”式经营下，仅十几年时间，星巴克公司股票的市值就上升了100倍，公司也由最初只有几家分店的小咖啡公司，发展成了在全球拥有数千家连锁分店的、炙手可热的全球最受尊重的公司之一。2006年，舒尔茨跻身《福布斯》400富豪榜，身价高达10亿美元以上。

舒尔茨的故事说明，一个能与员工分享利润的老板，必是一个“有情”的老板。人是情感动物，而情感是一种贵重的需求。在你的经营中，如果能处处体现出对人的“情感”，那么你的公司就会在市场上产生巨大吸引力，从而成为活力四射、发展迅速的著名公司。

41 坚持手工制作的爱马仕

爱马仕，1837年创立于法国巴黎，以制造高级马具起家的家族企业，也是世界著名的奢侈品品牌。自成立以来，爱马仕一直以精美的手工制作和贵族式的设计风格，立足于经典品牌的前列。

在爱马仕集团发展的过程中，随着机械化批量生产的盛行，许多人曾劝企业高层放弃传统手工制作的模式，改为现代化流水生产线制造。

但爱马仕不为所动，让每件产品都成为思想深邃、品位高尚、内涵丰富、工艺精湛的艺术品，是他们矢志不渝的宗旨，谁也不能改变。

一个“慢”字，涵盖了爱马仕的企业文化。为保证产品质量，公司下大力气培养工匠，培训时间5~10年不等，技术不达标者坚决不准上岗。一旦培训合格上岗，企业就会支付高薪给工匠，以激励其将个人技能发挥到极致，生产出无可挑剔的产品。

从20世纪90年代以后的数年时间，爱马仕年均营业额都在38亿欧元左右，纯利润达到4亿多欧元。到了2018年，爱马仕销售额达到59.66亿欧元，净利润高达14亿欧元。

正是坚守了手工制作这块阵地，不逐一时之利，以“慢”为基础，在“精细”上做文章，时刻把握消费者的心理，最大限度地使手工价值商业化，爱马仕不仅打造了一个世界上含金量最高的极品品牌，而且其经营发展的稳健性与高效益，亦非一般企业可比。

爱马仕的故事告诉我们，“作坊式”的手工经营也一样能占据极品品牌的神殿。如果你能以“工匠”“艺术家”的底蕴和精神打造你的产品，你就能生产出深得消费者喜爱的“精品”“极品”、超值的“艺术品”，从而铸就你独一无二、长盛不衰的市场品牌，使你成为市场上的王者。

42 斯蒂勒的“渗水法”经营

美国人鲍勃·斯蒂勒是绿山咖啡的创始人。1980年的一天，他受邀前去一家咖啡店，品尝店老板的新品咖啡。他对这种醇和香浓的咖啡赞不绝口，立刻就爱上了它，并决定转行经营咖啡，在咖啡经营上一展身手。后来，经过一番谈判，他用卖掉家传卷烟纸厂所得到的钱，将这家咖啡店购入手中。

完全是外行的斯蒂勒，凭着满腔的狂热，就此涉足咖啡行业，并于次年创立了绿山咖啡烘焙公司。但毕竟隔行如隔山，此后三年，他亏损了100万美元。但倔强的他没有放弃，决心进军高端咖啡市场，出售高品质的咖啡豆，同时专注于升级咖啡制作的流水线。功夫不负有心人，绿山咖啡逐渐摆脱了危机，1993年销售额突破千万美元，分店发展至9家。

但之后，绿山咖啡遭到了咖啡巨头星巴克的挤压。在20世纪90年代，星巴克几乎主宰了美国整个咖啡零售业。一个个挑战计划均告失败，但斯蒂勒并不甘心，他宣称“我要开辟比星巴克更大的战场！”大家都嘲笑他疯了。就在他很难突围的时候，一个偶然的机会，他听到一位员工抱怨：每次去客户公司都要被迫喝难以入口的速溶咖啡！刹那间，他灵光一闪：为什么非要跟星巴克死磕呢？其实还有很多更小、更新的市场等着我去抢占呀！

“为什么非要坐进咖啡店喝咖啡？我要让人们无时无处都喝到美味的咖啡。为什么一次非要冲一壶咖啡呢？我要让大家每次只喝一杯就够了……”斯蒂勒开始站在消费者的立场上给星巴克挑刺，以此发现还有待开发的新市场。他果断将办公场所作为新的主攻市场，并与办公用品供应商史泰博合作，将绿山咖啡陈列到北美600家办公用品超市中，很快售出了45万多千克咖啡。

挖到第一桶金后，斯蒂勒更清醒地认识到：以绿山咖啡之力正面攻击星巴克，注定像鸡蛋碰石头。既然直接进攻不行，不如改变姿态去开发占领新的市场，就像化作无数滴水渗进砂石的空间那样，去抢占星巴克遗留下的空白市场。于是，他果断关闭了旗下所有的咖啡店，开始与其他行业的成熟批发商合作，借助他们更广阔的渠道来出售咖啡，这样既能节约运营成本，又可避开与星巴克硬碰硬。2001年，绿山与石油巨头美孚公司签署了为期5年的合同，顺利进入其旗下的1600个便利店；2003年，又与Stop&Shop超市合作，进入其300多家店中。

为了方便合作客户在任意场所都能经营绿山咖啡，斯蒂勒找到专业生产K杯和单杯咖啡机的克里格公司，成为其首个合作伙伴。K杯是方便消费者一次冲一杯咖啡的包装，把K杯置入配套的单杯咖啡机中，一分钟后即可沏成香气腾腾的咖啡。通过与K杯和咖啡机结合，绿山咖啡无须经过碾磨咖啡豆、称量、冲配等复杂程序，就能保持绝佳口味，且轻松做到无处不在，完全超越了星巴克“唯有进咖啡店才能喝到咖啡”的经营模式。此后，绿山咖啡又与咖啡机和K杯一起进入机场、车站甚至家庭，成为大众随时随处的时尚享受。

到2006年，斯蒂勒在建起广阔的销售网络后，收购了克里格公司，同时经营起绿山咖啡和咖啡机、K杯的业务。他将咖啡机赔本出售，借此培养客户消费K杯绿山咖啡的忠诚，同时允许其他咖啡、茶或热可可生产商采用K杯包装在咖啡机上使用，收取6美分使用费，获得了可观的授权收入。

在外行人看来，绿山咖啡仍无法与星巴克相提并论，但事实上，借助K杯生意，一段时间以来，绿山咖啡的业绩已超过了星巴克。它的股价在4年间就狂飚9倍，成为全球增长速度名列前茅的企业。

在被问及如何能在星巴克垄断下的市场中获得巨大成功时，斯蒂勒说：“这完全得益于那个已不再神秘的问题：当一个杯子被装满石头后，能否继续装东西？当然能，不是石头，而是沙子和水。”

老子说：上善若水。当你经营的事业面对实力强劲的对手时，千万不能采取“死磕式”的竞争，而要巧妙避开对方的强大势头，从如何多方面便利顾客的角度，找到对方的空隙，然后像水一样渗进去。这样，你就能开辟新的更广阔的市场，与强劲的竞争对手并驾齐驱，不断取得更大的成就。

43 变与不变的餐馆

在泰国某地的一条大街上，曾有两家同时开业的餐馆，刚开业的几天，生意都不错。但几天过后，两个餐馆老板发现，他们的顾客数量下降了差不多一半。

厨师没有变，服务没有变，顾客为什么会减少呢？两个老板开始动脑筋、想办法，采取改善措施。第一家餐馆老板让厨师每天都把菜肴改头换面，让顾客感觉到每天都有不同的味道。第二家餐馆老板没有在菜肴上下功夫，而是雇来一头驯熟的大象，专门为顾客斟酒、表演等。结果，为了能享受到大象的新奇服务，许多人争相来到他的餐馆里消费。

过了一段时间，第一家餐馆竟然门可罗雀，只得关门大吉，而第二家餐馆则发展成了拥有三家分店的连锁餐馆。

为什么会这样呢？因为餐饮业的消费群体大多是固定的，消费者经常光顾的餐馆，多是第一次去就感觉不错的餐馆，这源于他们对菜肴滋味的记忆。如果一个餐馆老是变换菜肴，没有自己的特点，就无法令顾客形成这种记忆，也就难以有常客光顾。因此，为了迎合顾客的新鲜感，高明的餐馆不会在菜肴变换上动脑筋，而会在经营服务的形式上出新招。

故事告诉我们，有些企业之所以能经久不衰，就是因为他们掌握了经营中变与不变的智慧。所以要将企业经营好，灵活多变的，只能是方法、技巧和策略；稳定不变的，应该是有内涵的特色和高品质的产品或服务。

44 放弃到手利润的饭店

在美国波士顿，有一家经营特色明显但却带些“傻气”的饭店。

对来就餐的顾客，饭店都会开具发票并记下顾客的地址、姓名等。到了年底，老板会从顾客消费带来的纯利润中，抽出10%作为回报，返汇给顾客，并附上简单说明。

已经到手的利润，老板却再回馈给顾客。这看起来似乎是一种傻人的蠢举，但实际上却是真正的高明之法。“不要白不要”，收到汇给自己的钱后，顾客们先是大出意外，继而又大受感动，免不了把它当作新闻向亲戚朋友传播，无形中为饭店义务做了很有效的广告宣传，为饭店树立了好口碑。这样，饭店不仅粘牢了老客户，还通过老客户的“广告宣传”，吸引了更多的新顾客，经营自然红红火火，财源滚滚。

所以说，经营中能“带点傻”“犯点蠢”，给顾客带来意外的收获和惊喜，让他们感受到商家的厚道与真诚，从而产生信赖感，成为忠实顾客，这对于想要打造名牌和“百年老店”的企业来说，未必不是一条捷径之路。

45 给顾客送好运的超市

日本东京有个叫松野川的小型超市，生意清淡，徘徊于亏损的边缘。老板松野伤透了脑筋，也想不出什么改进的好办法。

有一次，松野去买彩票时，偶然听到有人抱怨没有时间去买彩票，错过了许多中奖机会。这件事，对松野触动很大，他觉得这件事可以利用。

不久，购物的人们发现，每次到松野川店购物都会获得一张当期的足球彩票，这给顾客带来了一份意外惊喜。这个小小举动在很长一段时间里，并没有产生太大的反响，店里的生意虽比以前有所改善，但顾客还是没有大的增长。松野一直坚持这样做，每日都抽出时间去购买彩票，再赠送给来店购物的顾客。

突然有一天，松野川店顾客盈门，从早到晚都川流不息。松野感到很意外，一打听方知，他赠送的彩票，有人获得了大奖。顿时，一传十，十传百，大街小巷的人们都知晓有这么一个松野川店，店里送出的彩票会给人们带来好运。

从此，松野川店一跃迈出了低谷，成了发展迅速的知名超市。

在当今买方市场下，商家经营发展的关键在于需求。怎样才能有需求？你能为别人节省时间就能带来需求，你能对别人付出就会增加需求。如果你的付出产生了轰动效应，需求就会像潮水般向你涌来，你还怕你的经营不能红火吗！

46 提高顾客“心情指数”的餐厅

玛丽是美国某市一家外贸公司的秘书。一天下午，因为工作上的一个无关大雅的细微失误，她被上司狠狠地批评了一通。

心情郁闷的她，下班后就直奔公司附近一家叫“小华盛顿”的餐厅，决定用饕餮大餐来发泄一下心中的不快。

走进餐厅坐定后，玛丽接过服务员递过来的菜单，胡乱地点了几个菜，然后要了一杯水，就在餐桌前透过玻璃窗，看着窗外车水马龙的大街发呆。

不一会儿，菜上来了。玛丽拿起餐具，却不怎么想动手了。她原以为自己可以用吃来打败下午的委屈，可是现在丰盛的食物就摆在面前，她却吃不下去了。最终，她草草动了几下餐具，勉强地吃了一点，就准备付账走人。

就在这时，一位侍者走过来，对玛丽说：“我们餐厅的主厨想邀请您参观厨房，不知您意下如何？”玛丽觉得很奇怪，不过，反正也很无聊，去看一下厨房也无妨。

玛丽跟着侍者走进厨房后，主厨热情地接待了她。他陪着玛丽在厨房里走了一圈，给玛丽讲解菜的制作需要哪些过程，以及餐厅的历史及经营现状，还与玛丽交流了对生活的看法，劝慰玛丽要生活得开心一些。

在与主厨交流之后，玛丽觉得心情好多了。但她对主厨撂下繁忙的工作不顾而陪她参观厨房一事非常不解，于是就向主厨提出了自己的疑问，并且说：“餐厅里那么多客人，为何今天只有我一个人能够参观厨房呢？”

主厨对玛丽说：“我们餐厅有一套对顾客用餐心情的打分制度，如果顾客用餐完毕，分数没有在9分以上，餐厅就会想办法提高顾客的‘心情指数’，希望他们能高高兴兴地离开餐厅。你刚才就餐的‘心情指数’只有6分，特别低，所以由我来接待你，希望你的心情能好起来。”

接着，主厨还专门向玛丽解释了他们的“心情指数”管理办法。原来，当客人到餐桌前坐定后，侍者会以满分10分为标准，给客人打一个基础分。然后，在整个就餐过程中，会随着客人心情的变化，为客人打分。如果客人到离开时的“心情指数”没有达到9分，餐厅就会根据客人的得分情况，采取不同的方法，让客人能变得快乐起来。比如，让主厨带领客人参观厨房，给客人赠送一道甜点，或者让侍者给客人唱一首俏皮的歌曲等。总之，能让客人快乐地离开，是他们最终的目的。听了主厨的介绍后，玛丽对餐厅的这个举措由衷赞叹，同时，也觉得自己一点也不郁闷了。

一会儿，主厨又叫侍者给玛丽端来一个写有“快乐才是生活”字样的小蛋糕，对玛丽说：“你刚才没怎么吃东西，现在肯定饿了。这个蛋糕是送给你的，希望你吃了这个蛋糕，会更高兴和快乐！”

玛丽笑着接受了。这一次，她发自内心地笑了。离开餐厅时，侍者还在玛丽的胸前贴上了一个笑脸，祝她永远快乐。

从此以后，玛丽不但自己常常到“小华盛顿”餐厅来就餐，还把这个餐厅介绍给了朋友们。当然，长期以来，这个“小华盛顿”餐厅的生意，每天都是格外兴隆。

经营服务中，能提高顾客的“心情指数”，使顾客的心情变得快乐、精神变得愉悦，是一种对更高层次需求的满足，就是全心全意为顾客着想。特别是在当前社会物质供给相对丰盈、精神满足日益重要的情况下，如果你的公司不但能满足顾客对物质商品的需求，而且更能满足他们的心理与精神需求，那么你的公司必将成为一个有品位、会赚钱的公司。

47 向太太们购买设想的冈田

那是一个晴朗的星期天，日本冈田屋百货公司又迎来了一批批顾客。老板冈田先生处理完手头的事务，便到各个柜台巡视一圈，顺便了解一下各部门的销售情况。

当他转到厨房用品柜台时，两位主妇很有礼貌地对他说：“我们觉得这种切菜板不太实用，如果能在旁边安一个抽屉，这样可以放一些小工具，省得切菜时还得现找。另外，这个盒子底部要是能有个活塞开孔，清洗时就方便多了。”

冈田先生认真听完后，心想：这两位主妇对厨具有如此的设想，那么，其他主妇在购物时说不定也会对其他商品有许多新颖的想法，如果能把这些新颖的想法收集起来反馈给厂家，改进生产，进一步完善产品，那一定会吸引更多顾客。如此一想，冈田先生顿时兴奋起来。

不久，冈田屋百货公司别出心裁地举办了一次“向太太们购买设想”的活动。凡参加活动的入选者，公司奖励1万日元的购物券。此项活动深得家庭主妇们的欢迎和响应，冈田屋百货公司也借此收集到许多好“设想”，而那些既实用又有新意的设想，为公司带来了数亿元的经营效益。

顾客不仅是“上帝”，还是你经营发展最好的“参谋”。经营中如果能诚心倾听并采纳顾客良好的意见或建议，你的商品就会更加适销对路，你的服务就会更加周到，你的公司对客户就会产生更大的吸引力，你的经营发展自然就会蓬勃向上。

PART FIVE

第五篇
管　理

被后世誉为“科学管理之父”的美国著名管理学家弗雷德里克·泰罗说：“管理就是确切地知道你要别人干什么，并使他用最好的方法去干。”美国著名组织行为学权威斯蒂芬·罗宾斯认为：管理就是指同别人一起，或通过别人使活动完成得更有效的过程。所以，管理就是对人和事进行引导、调控、监督等，使人既做正确的事，又正确地做事，将工作与事情做出最大化的成效。管理的对象是人及其所进行的工作、所干的事情，管理目的就是激发和释放人固有的动机和潜能去创造价值，以现有的资源实现最大化的效用。在人生事业中，如果你的管理到位，你就能聚焦主要目标，营造好的用人环境，采取妥善的办法，用好各种资源，从优秀走向卓越，从成功走向更大的成功。

1 土拨鼠哪里去了

一个人讲故事说，有三条猎狗追逐一只土拨鼠，无路可逃的土拨鼠钻进了一个树洞。

这个树洞只有一个出口，可不一会儿，居然从树洞中钻出一只兔子。兔子飞快地向前跑，并爬上了另一棵大树。仓皇中的兔子在树上没有站稳，掉下树来，砸晕了已追到树下正在仰头向上看的三只猎狗。

最后，兔子终于逃脱了。

讲完故事后，这个人问听故事的人："这个故事有什么问题吗？"听故事的人说："兔子不会爬树；一只兔子不可能同时砸晕三条猎狗。""还有呢？"讲故事者继续问。直到听故事的人再也找不出问题了，讲故事者才说："可是还有一个问题你们都没提到，就是'土拨鼠究竟去哪了？'"

讲故事者的这句问话，一下子将大家的思路拉回到猎狗追逐的目标——"土拨鼠"身上。因为兔子的突然冒出，大家的思路在不知不觉中被搅乱了，土拨鼠竟在大家的头脑中消失了。

这个故事启发我们，在追求目标的过程中，有时我们可能会被途中的细枝末节或一些毫无意义的琐事干扰，致使视觉飘忽，精力分散，以致中途停顿下来，或是误入歧途，从而使追求的目标变得缥缈，使自己的人生走向随意和失意。

所以，在事业与人生的管理中，我们千万不要忘记时刻提醒自己，我们的目标是什么？已经实现了多少？怎样进一步推进目标的实现？这样，才不会忽视目标、丢失目标，目标达成才会成为现实。

2 专注目标的爱因斯坦

爱因斯坦被誉为"20世纪最伟大的科学家"，他取得的巨大成就举世公认。而他的伟大成就，与他一生专注于践行自己的奋斗目标是分不开的。

爱因斯坦出生于德国一个贫苦的犹太家庭，从小就对科学怀有美好的憧憬。读中学时，他的学习成绩一般，虽然有志进军科学领域，但他知道必须量力而行。经过认真的自我分析，虽然各科的总成绩平平，但他对物理和数学最有兴趣，成绩也最好，所以认定，只有在物理和数学方面确立奋斗目标才会有出路。因此，在读大学时，他选读了瑞士苏黎世联邦理工学院物理专业，决心成为一名伟大的科学家。

由于选择的方向和目标是兴趣所在，所以爱因斯坦的专注度很高，巨大潜能得以充分发挥。26岁时，他就发表了科学论文《分子尺度的新测定》。此后几年，他又相继发表了4篇重要科学论文，发展了普朗克的量子概念，提出光量子除了有波的特性外，还具有粒子的特性，对光电效应做出了圆满解释。这标志着狭义相对论的建立和人类对宇宙认识的重大进步，他也从此找到了迈向最伟大科学家行列的进阶之路。

为了避免耗费人生有限的时光，爱因斯坦完全根据目标需要加强学习，使自己有限的精力得到最有效利用。他创造了高效率的定向选学法，即在学习中找到能把自己的知识引导到深处的东西，抛弃使自己头脑负担过重和会把自己诱离目标要点的一切东西，这使他有效集中了自己的全部力量和智慧，不断攻克目标实现过程中的各种艰难险阻，健步向科学高峰攀登。

爱因斯坦曾说："我看到数学分成许多专门领域，每个领域都能耗去我们短暂的一生。……诚然，物理学也分成了各个领域，其中每个领域都能吞噬一个人短暂的一生。在这个领域里，我不久就识别出那种能导致深化知识的东西，而把其他许多东西抛开不管，把许多充塞脑袋、并使其偏离主要目标的东西撇开不管。"

在10年多的时间里，爱因斯坦专心致志地攻读与自己目标密切相关的内容，深入研究并解决目标实现中的一个又一个难题，终于在光电效应理论、布朗运动和狭义相对论三个领域取得了重大突破。

特别值得一提的是，爱因斯坦不但对已确立的目标矢志不渝，而且具有十分可贵的自知之明。1952年，以色列鉴于他科学成就卓著和超高的声望，加上他是犹太人，所以在第一任总统魏兹曼逝世后，特地邀请他来接受总统职务。对此，他婉言谢绝，坦然承认自己不适合担任这一职务。的确，他是一位伟大的科学家，这是他终生奋斗才实现的目标。如果他当上了总统，未必会有多大建树，因为他未显示这方面的才华，也未曾为这一目标学习和奋斗过。

爱因斯坦的故事，向我们昭示了目标管理的重要性。无论是个人奋斗，还是企业发展，如果不能选准并专注于目标，就不能获得成功。道理很简单，因为有了明确的目标，所拥有的力量才会找到方向和着力点。就好比一位百发百中的神射手，如果他盲目地乱射，也绝不可能夺得冠军。当然，在选择了奋斗目标后，如果不能专注于目标，心无旁骛、矢志不渝地深入践行目标，也会与成功无缘。

③替客户界定问题的德鲁克

彼得·德鲁克，世界著名的管理顾问和管理学大师，他最先提出了“目标管理”概念，被誉为“现代管理学之父”。他认为，要实施“目标管理”，首先必须将相关的问题界定清楚。

德鲁克在从事顾问诊断工作时，通常情形是这样的：双方坐定之后，客户总会提出一大堆的难题向他请教。他会撇开这些问题，然后问客户说：“你最想做的事是什么呢？”“你为什么要去做呢？”“你现在正要做什么事呢？”“你为什么这样做呢？”

德鲁克不是替客户“回答与解决问题”，而是替客户“界定问题”。他常常改变客户所问的问题，提出一连串的问题反问客户，目的就是要帮客户认清问题，找出问题，然后让客户自己动手去处理那个与实现目标直接相关、最应该也最需要解决的问题。他的这种做法，经常让一些客户如醍醐灌顶，受益匪浅。

管理中，有些人有时急于追求结果，没花时间用耐心去界定问题，却花大量时间去解决一些与目标无关的并不重要的问题，结果工作效率低下，事倍功半，甚至南辕北辙，反而为目标实现设置了障碍。而这一问题，有时恰恰是人们大量存在通常却不去认真思考的问题。

管理中，我们只要判断出与目标实现相关的问题的重要性，将问题界定好，把问题简单化，往往就容易抓住主要矛盾，那么问题就解决了一半，干事创业就会事半功倍，成功之路也会平坦许多。

4 接连离婚的迈克

迈克，是美国华尔街一位作风一贯顽强的“目标困惑症”患者。

有同事问他：“迈克，你为什么一天到晚总是工作？”他回答道：“你怎么这么问？你以为我喜欢这样啊，我这么拼命地工作，只是因为我想挣更多的钱！”

“你真需要那么多钱吗？”

“至少目前是。”迈克一脸苦相地回答道，“我刚刚结束了我的第三次婚姻，每个月都要支付三份抚养费，我都快破产了。”

“那你为什么总是离婚呢？”

他叹口气回答道：“我的三个前妻都抱怨我用在工作上的时间太多，置家于不顾。她们根本就不知道挣这些钱有多难！”

患上了目标困惑症的迈克足够可笑吧。他专注于“挣钱养家”这个任务，却把“家”这个目标给忽略了。

所以，目标困惑症的危害是很大的。一旦偏离了目标，你所做的一切努力都是徒劳的，有时是有害的，甚至使你陷入不断的恶性循环之中。

其实，治疗目标困惑症的方法很简单：在你为自己的任务忙碌不停地时候，不妨暂且停下来，使自己沉静下来，冷静认真地分析一下眼前情形，思考一下你的任务是什么？你的目标又是什么？你的任务和目标一致吗？在经过反思之后，如果发现任务偏离目标，及时、坚决地予以纠正就可以了。

5 夺冠的智慧

1984年，在东京国际马拉松邀请赛中，名不见经传的日本选手山田本一出人意外地夺得了冠军。

当记者问他凭什么取得如此惊人的成绩时，他说了这么一句话：凭智慧战胜对手。当时许多人都认为这个偶然跑到前面的矮个子选手是在故弄玄虚。因为马拉松是主要靠体力和耐力的运动，只要身体素质好又有耐力就有望夺冠，爆发力和速度在其次，所以人们认为靠智慧取胜确实有点勉强。

两年后，意大利国际马拉松邀请赛在北部城市米兰举行，山田本一代表日本参加比赛。这一次，他又获得了冠军。记者又请他谈经验，性情木讷、不善言谈的山田本一，回答的仍是上次那句话：用智慧战胜对手。这回记者在报纸上没再挖苦他，但对他所谓的“智慧”感到迷惑不解。

10年后，这个谜终于被解开了。山田本一在他的自传中是这么说的：每次比赛之前，我都要乘车把比赛的线路仔细看一遍，并把沿途比较醒目的标志画下来，比如第一个标志是银行，第二个标志是一棵大树，第三个标志是一座红房子……，这样一直画到赛程的终点。比赛开始后，我就以最快的速度奋力向第一个目标冲去，等到达第一个目标后，又以同样的速度向第二个目标冲去……40多千米的赛程，就被我分解成多个小目标轻松地跑完了。起初，我并不懂这样做的道理，只是把目标定锁在40多千米外终点线上的那面旗帜上，结果跑到十几公里时就疲惫不堪了，我被前面那段遥远的路程给吓倒了。

由此可见，山田本一战胜对手的夺冠智慧，就是将马拉松漫长的赛段进行“目标分解”，然后各个击破。

现实中，有时我们做事之所以会半途而废，其中的重要原因，往往不是难度太大，而是觉得我们离目标太远；不是因为害怕失败而放弃，而是因为目标遥远所导致的自信心丧失、身心倦怠而无法坚持下去。所以，我们要取得大的成就，获得大的成功，就要善于运用“分解目标、各个击破”这一管理智慧。

6 三个到村子里去的人

以前有三个人，要分别从某地一家旅店步行到十几里外的一个村子里去。

第一个人不知道村子的名字，也不知道路程有多远。他刚走了四五里就叫起苦来，走到一半时几乎是愤怒了。结果可想而知，他是三个人中花了最长的时间才到达村里的。

第二个人知道村子的名字，也知道路程的距离，但一路上没有里程碑，他只能凭经验估计行程和距离。他很想知道自己走了多远，还剩下的路有多远，但却无法知道。这让他一路情绪低落，身心疲惫，在三人中他是花了第二长的时间到达村里的。

第三个人不仅知道村子的名字、路程的距离，而且知道沿途每一里处的“里程碑”。每走完一里，他都觉得离目的地又近了一些，因此越走越高兴，花了最短的时间就轻松地到达了村子里。

故事说明，人的行动需要加强目标管理与引导。不仅需要有明确的远大目标，而且还要有阶段性的目标甚至具体的小目标，并能把自己的进程与目标加以对照，清楚地知道自己的位置及其与大目标的距离。这样，自信心就会得以保持，行动的动机就能得到维持和加强，就会有利于人们自觉克服行进中的困难，努力达成最终的大目标。

7 楚庄王绝缨

楚庄王，是春秋五霸之一，他不仅善于韬光养晦，顺势纳谏，重用人才，注重农商，而且胸怀宽广、善待下属。

在一次平定叛乱后，楚庄王在王宫大宴群臣，让宠姬嫔妃们出来助兴。席间丝竹声响，轻歌曼舞，美酒佳肴，觥筹交错，直到黄昏仍未尽兴。庄王便命令点上蜡烛，晚上继续宴饮，还特别叫自己最宠爱的许姬和麦姬轮流向文臣武将们敬酒。忽然，一阵狂风刮来，吹灭了所有的灯烛，王宫漆黑一片，席上一位臣子趁机揩油，便摸了许姬的玉手。许姬一甩手，扯断了他的帽缨，匆匆回到庄王身边，悄声对庄王说：刚才有人趁机调戏我，我扯断了他的帽缨，你赶快叫人点起蜡烛来，看谁没有帽缨，就知道是谁了。

庄王听了，连忙命令手下先不要点燃灯烛，大声向各位臣子说：我今天晚上高兴，一定要与各位一醉方休，来，大家都把帽缨都扯掉，痛快饮一场。

三年以后，楚国与晋国交战，有一位骁将率领数百人，威猛无比，奋勇争先，五场战斗都冲杀在最前面，杀敌无数，为打败晋军立下了首功。庄王感到奇怪，就问这位将领说：“我的德行不够高，从来也没有重视过你，你为什么这般奋不顾身、出生入死地战斗呢？”这位将领说：“我罪当死，三年前的宴会上酒醉失礼的就是我，大王您宽宏大量不治我的罪，我因此一定要为您肝脑涂地，冲锋陷阵。”

庄王听后，对这位将领知恩图报的行为称赞有加，并重赏了他。

故事向我们揭示，对人才一时所犯的一般性错误，管理者应有容人之过的胸襟和雅量。着眼大局的宽容，让犯错者自励自新会收到更好的效果。从大了说，满足了能救人于身败名裂之际；从小处讲，能使人避免于尴尬甚至无地自容，那么试想，如果你的管理行为满足了人们的这种需求，你还会担心得不到人们的敬重和做事上的不遗余力吗？

8 宓子贱与巫马期

孔子的学生宓子贱，在单父做地方官时，平日里大家见他弹琴作乐，悠闲自得，并没见他经常出入公堂、起早贪黑地忙公务。然而在他的治理之下，单父的百姓生活富足，人心安定。

后来，宓子贱离开了单父，接替他的是巫马期。巫马期经常天没大亮、星星还没消失就出去了，一直忙到夜里繁星密布才疲惫不堪地返回官署。为了单父的民生大计，巫马期饭也吃不香，觉也睡不好，大小事情无不亲自处理，好不容易才将单父治理好。

当巫马期听说宓子贱治理单父时，简直不费什么气力，可单父也一样富足安定，便特意向宓子贱求教，探讨治理单父的窍门。宓子贱得知巫马期的来意后，微微一笑，说道：“我哪里有什么治理的窍门呀。只不过我治理单父时，主要凭借大家的力量。而你治理单父的方法，主要是用你自己的力量。依靠自己的力量治理当然辛苦不堪，而我动员、依靠了大家的力量，当然就使我自己轻松多了。”

宓子贱与巫马期同为单父长官，都将单父治理得不错。然而一个工作得轻松自在，一个工作得忙碌辛苦，说明了干事业依靠众人力量的重要性。

能用他人的智慧去完成工作的人是伟大的。一个卓越的管理者，应该懂得如何激发下属的潜能，充分发挥下属的才智，使用下属的力量，而不是这也管、那也管，事必躬亲，把一切事情都揽在自己身上。否则的话，不仅自己疲惫不堪，还会为下属的成长进步设置障碍。

9 子奇掣肘

子奇是春秋时期的才子，也是孔子的弟子。据《吕氏春秋》记载，他曾奉鲁国国君之命到“父”这个地方去做长官。

赴任前，子奇担心鲁君以后会听信小人谗言，从上面对政事进行干预，使自己难以放开手脚工作和充分行使职权，从而无法将“父”治理好。于是在临行前，他主动要求鲁君派两个近臣随他一起去“父”上任。

到任后的一天，子奇命令鲁君的两个近臣写报告，而他却在旁边不时地去摇动他们的胳膊肘，使得他们不能工工整整地写字。对于写得歪歪扭扭的报告，子奇对他们大发其火。二人又恼又怕，就请求子奇让他们回到鲁君那儿。子奇同意了他们的要求。

二人回到国都后，向鲁君报告他们不能为子奇做事了。鲁君问为什么，二人说：“他叫我们写字，又不停地摇晃我们的胳膊。字写坏了，他就怪罪我们，大发雷霆。我们没法再干下去了，只好回来。”

鲁君听后长叹道：“这是子奇劝诫我不要扰乱他的正常工作，担心自己无法施展聪明才干呀！”于是，鲁君派他最信任的人到“父”传达他的旨意：从今以后，凡是有利于“父”的事，你就自决自为吧，五年以后，再向我报告情况。

子奇郑重受命，从此得以正常行驶职权，发挥才干，终于使“父”得到了良好治理。

以上讲的就是“掣肘”的典故。典故告诉我们，在人事管理中，如果仅给职位而不授事权，既是对人的不尊重，也是对人的不信任。这不但会使当事人失去独立负责的责任心，还会挫伤他们的积极性，消弭他们的成就感，最终使事业发展受到损害。

所以，如果你是一个单位的领导，切不可无意中去干导致事业受损的“掣肘”之事。

10 用人之长的魏征

魏征，唐太宗李世民的重要辅臣，是唐代著名的政治家和史学家。他不但直言敢谏，而且在察人、用人方面也有独到之处。

一次，魏征在家中接待一个前来求职的年轻人。这个年轻人在魏征面前表现得不善言谈，不懂世故，脾气古怪。推荐人在旁边极为尴尬，认为他肯定没有被录用的希望，不料魏征却任用了这位年轻人。因为魏征从这位年轻人不通世故的短处中，看到了他铁面无私、刚直不阿的特点与长处，于是任命他为“监库门”。

年轻人就职之后，果然恪尽职守、铁面无私，公库再也没有发生过失物与库亏之事。

在对人的管理上，管理者需要像魏征那样，深谙察人、用人之道，能从人的短处发现并使用人的特点与长处。这样，不仅会为人的成长提供最大空间，也有利于促进事业的发展与成功。

11 用人变短为长的杨遇春

杨遇春是清代名将，曾任陕甘总督，不仅裁减冗员，组织屯垦，增收节支，加强防务，为开发西北边疆做出了重大贡献，而且也是一位在治军用人上能变短为长的高手。

杨遇春认为，军中无无用之人，用人之要在于变短为长。对于没有听力的聋子，就安排他们在将领左右当侍者，这样就可以避免泄露重要军事机密；对于不能说话的哑巴，就派他们专门传递密信，一旦被敌人抓住，也问不出什么机密内容；对行动不便的瘸子，就令他们去守护炮台，因无法弃阵而逃，他们坚守炮台的决心就会更加坚定，炮台重地也会守护得更为牢固；没有视力的瞎子，他们的听觉特别灵敏，就命他们战前伏在地上侦听敌人的动静，担负侦察任务。

一生征战无数的杨遇春，战法多变，鲜有败绩，常常冲锋陷阵，身体也从未受过伤，故被皇帝称为“福将”，这与其善于用人治军应该不无关系吧！

杨遇春的故事告诉我们，人的短处之中往往蕴藏着可用的长处。人才管理的重要任务，就是要从人的短处之中挖掘出长处而善加利用。能这样做，人人都会成为宝贵的资源，都会为我们的事业大厦添砖加瓦，那么取得事业的成功也就有了最根本的保证。

12 弥勒和韦陀

去过寺庙的人都知道，一进寺门，我们会首先看到笑脸迎客的弥勒佛。走过一道门槛，到了弥勒佛的背面，我们会看到神情严肃的韦陀。其中的缘故，相传与一则寺庙管理的寓言故事有关。

故事说，在很久以前，弥勒佛和韦陀并不在同一个寺庙里，而是分别掌管着不同的寺庙。弥勒佛热情好客、快快乐乐，所以来他寺庙的人非常多，但他什么都不在乎，大大咧咧，丢三落四，财务管理得一塌糊涂，所以经常入不敷出，庙务很难打理。而韦陀呢，虽然财务管理是一把好手，但成天阴着个脸，太过严肃，又锱铢必较，因此到他的寺庙来的人越来越少，最后竟很少见到香火。

佛祖在察看香火时，发现了两个寺庙存在的问题，思忖后就将他们俩放到同一个寺庙里。让弥勒佛负责公关，笑迎八方来客，于是香火大旺。发挥韦陀善于理财、铁面无私、严格把关的特点，让他负责财务，所以财务管理得井井有条。在两人的分工合作中，寺庙香客络绎不绝，庙务打理到位，呈现出一派欣欣向荣的景象。

故事启示我们，在人力资源管理中，根据各人不同的特点和能力，做好他们之间的组合搭配，是非常重要的。俗话说：独木难成林。要促进我们的事业发展，必须依靠各种各样的人才，这就需要对不同的人才进行组合搭配。组配不当，长短相克，往往事倍功半；组配得当，就能取长补短，事业发展就会取得事半功倍的成效。

13 寻找“金子”的卡耐基

安德鲁·卡耐基曾经是美国最富有的人。当他还是一个小孩子时，便从家乡苏格兰来到了美国。他干过各种各样的零工，直到最终成为美国的钢铁制造大王。卡耐基之所以能够成为钢铁大王，这与他善于发掘人才和使用人才密不可分。

在卡耐基当年的公司中，曾有43个百万富翁为他做事。在那个年代，百万富翁是非常罕见的，因为那个时候的100万美元，至少相当于21世纪的2000万美元。

有位记者对此深为惊叹。一次，这位记者问卡耐基：“你怎么雇用43个百万富翁为你工作？”卡耐基回答：“你要知道，他们刚开始为我工作时并不是百万富翁，他们成为百万富翁，只是为我工作的结果。”

记者接着问：“那么你是如何把这些人培养得对你如此具有价值，以至于你甘愿付给他们百万金钱呢？”卡耐基回答道：“培养人才与挖掘金矿的道理是完全一样的。当金子被开采的时候，每获得一盎司金子，都要先去除数吨的矿渣和废石。但是，人们进入矿区，并非为了寻找矿渣，而是为了寻找金子，这正是管理者看待员工的正确方法。不要去寻找他们身上的缺点、瑕疵和毛病，那不是我们的目的。我们是为了寻找金子，而非矿渣；我们是为了寻找优点，而非短处。事实上，当我们执着地去寻找人们身上更多的‘金子’时，我们就能发现更多的‘金子’。”

这种以“寻找金子”的眼光来挖掘人才、使用人才、管理人才的诀窍，可以说是卡耐基能成为钢铁大王的一个重要原因。

故事告诉我们，人才管理的精要，就在于发现他们的特长、用好他们的特长，使他们为你的公司创造最大化的价值。这样，你的公司发展才会蒸蒸日上。但要做到这样，需要有容人之短的宽广胸怀，也要有识人之长的一双慧眼，还要有用人之长的方式方法。

14 宽严有道的松下

松下幸之助，日本著名跨国公司“松下电器”创始人，被人称为“经营之神”。在用人管理上，他一向以“宽严有道”被人们所称道。

有一个叫后滕清一的人，原来是三洋电机公司的副董事长，后来投奔了松下公司。他在担任松下所属工厂的厂长时，因发生大火，工厂被烧掉了。

为此，后滕清一心中十分惶恐，以为自己轻则会降级，重则会被革职。哪料想，松下接到报告后，只对他说了四个字：“好好干吧！”这令后滕清一大为吃惊，也深为感激。

松下这样做，并不是姑息部下的过错。以往，即使打电话的方式不当，后藤清一也受到过松下的严厉斥责，这种严厉作风可以说是松下管人的秘诀。由于这次发生火灾属于大过，但后滕清一直没有受到重罚，他自然会心怀愧疚与感恩，对松下会更加忠心效命，也会以更加努力的工作和更大的业绩，来回报松下对自己的大度宽容。

高明的管理者，善于抓住人的心理来实施管理。对一些人而言，在犯小过失时，自己有时并不在意，因此需要管理者严加斥责，以引起警醒，避免积小过成大错；相反，在犯大过错时，即使是傻子也知道自省、自责，因此管理者也就没有必要再去进行严厉批评，而宽宏大度地对其进行提示与鼓励，则会使犯过者感恩戴德，收到的效果往往会比严厉批评或惩罚更好。

15 孔子的因情治国

孔子是我国古代著名的思想家、教育家，儒家学派的创始人。他不仅思想深邃、学识渊博，而且在治国理政方面也有非常深刻的见解。

对于治国的方略，孔子强调要因情而异。齐国国君问怎样治国，他说要“节省财力”。鲁国国君问怎样治国，他说应“了解大臣”。叶国国君问怎样治国，他说需“安抚人民”。

对此，弟子子贡颇为不解，就向孔子请教：“他们问的问题都一样，您的回答却不一样。难道治国方略也有不同？”

孔子说：“齐国建造园林宫殿无休无止，所以说为政之要在于节省财力；鲁国有三个奸佞愚弄国君，所以说为政关键在于了解大臣；叶国都城狭小人民难于安居，所以为政重点在于安抚人民。他们的国情不同，治国方略能一样吗？”

治国之要，在于具体情况具体分析，抓住主要矛盾，解决主要问题。这样，其他的矛盾与问题才能迎刃而解，治国的成效才能够彰显。

单位管理与治国同理。任何一个单位、一个企业，如果不能对不同情况作具体分析，抓不住当前的主要矛盾，也就解决不了面临的主要问题，管理就会成为低效、无效甚至是负效的管理。这样的管理，必然会使事业发展陷于停滞与衰败。

16 好猎的齐人

《吕氏春秋》一书，是由战国末期秦国丞相吕不韦主持编撰的一部巨著。该书熔诸子百家学说为一炉，闪烁着博大精深的智慧之光。在《吕氏春秋·贵当》中，述说了一个齐国人打猎的故事。

故事说，齐国有个喜欢打猎且欲以打猎为生的人，很长一段时间打不到猎物。回到家里，他深感愧对家人；外出的时候，在好友和乡邻面前也觉得很没面子。他之所以打不到猎物的原因，主要是自己的猎狗不好。他也很想买一个好猎狗，但因家里穷没钱去买。

为了改变自己的窘境，齐国人又踏踏实实干起了种田的老本行。通过辛勤耕作、勤俭持家，他的家渐渐富裕起来。等攒够了钱，他就去买了一条好猎狗，重新开始了打猎生涯。带着自己的好猎狗，他每天总能打到几个猎物，收获也常常比别人多。

其实，不光是打猎，其中的道理对许多事情都是一样的。

这个故事启发我们：抓管理，做事情，不能孤立地看问题，而要考虑不同事情之间的相互联系，从相互的关联中找出事情的主要矛盾和问题的主要原因，然后再对症下药，采取措施，来推动问题的解决和事情的处理。主要原因明确了，主要矛盾和关键问题解决了，事情就好办了。

17 裁掉不拉马的士兵

在20世纪20年代的美国，有位年轻有为的炮兵军官，一上任就到下属部队视察操练情况。在对几支部队的视察中，他发现了一个共同的现象：一个班的11个人把大炮安装好，各就各位，但其中有一名士兵自始至终都站在大炮的炮管下面，一动不动，直到整个演练结束，这个人任何事也没有做。

军官不解，询问原因，得到的答案是：操练条例就是这样要求的。军官回去后，经认真查阅有关军事文献，他终于发现，长期以来炮兵的操练条例仍因循非机械化时代的规则。在非机械化时代，大炮是由马车运载到前线的，站在炮管下的士兵，任务是负责拉住马的缰绳，以便在大炮发射后调整由于后坐力产生的距离偏差，减少再次瞄准所需的时间。现在，大炮操作已步入机械化和自动化时期，马车拉炮早已不复存在，所以根本就不需要拉马缰绳这样的角色了。由于操练条例没有根据实际情况及时调整，因此才出现了炮管下“不拉马的士兵”。

对于了解到的情况，军官很快便撰写成材料报告给了上级，而且上级很快批准了军官的报告，使得站在炮管下的多余士兵被及时裁减，操练条例也得到修改，从而促成了部队兵员的精简和军费的节省，军官也因此获得了国防部的嘉奖。

实施管理的一个重要任务，就是除弊兴利。现实中，尽管有些弊端很明显，但有的人视而不见；有的人虽然发现了、过问了，但不去深究其中的原因，提不出革除的充分理由，弊端自然也就革除不了。所以，管理工作中的调查研究、吃透原因、提出充分证据和理由，对革除弊端具有重要意义。

18 只需拉上窗帘

在美国华盛顿广场，矗立着著名的杰弗逊纪念大厦。因年深日久，大厦的墙面出现了裂纹。为保护好大厦，有关专家进行了专门研讨。

最初，大家认为损害建筑物表面的元凶是酸雨侵蚀。后经专家们进一步研究，发现对墙体侵蚀的直接原因，是由每天冲洗墙壁的清洁剂对建筑物的酸蚀所导致的。

那么，为什么每天要冲洗墙壁呢？是因为墙壁上有大量的鸟粪。为什么会有那么多鸟粪呢？因为大厦周围聚集了很多燕子。为什么会有那么多燕子呢？因为大厦的墙上有很多燕子爱吃的蜘蛛。为什么会有那么多蜘蛛呢？因为大厦四周有蜘蛛喜欢吃的飞虫。为什么有这么多飞虫呢？因为飞虫在这里繁殖特别快。为什么飞虫在这里繁殖特别快呢？是这里的温度很适宜飞虫繁殖。为什么这里的温度适宜飞虫繁殖呢？因为开着窗帘的窗户吸纳了充足的阳光，营造了温暖适宜的环境，所以大量飞虫聚集在此，超常繁殖。

经过层层抽丝剥茧，在探究了许多“为什么”之后，专家们终于弄清楚了杰斐逊大夏墙面出现裂纹的初始原因或症结所在，那就是：开着窗帘的窗户。

这样的话，解决问题的办法就太简单了——只需将大厦窗户的窗帘拉上。此前专家们设计的一套套耗时长、费资巨、复杂而又详尽的维护方案，就成了一纸空文。准备每年投入的巨额维护、维修费用，也完全可以不去动用了，这是许多专家所始料不及的。

管理的重要职责，就是要处理、解决好运营和工作中发生的问题。故事告诉我们，有时问题看起来是复杂的，但深层原因可能是简单的。所以遇到问题时，如果我们能有一种“打破砂锅问到底”的精神，对问题追本溯源，深入探究，多弄清几个为什么，就能透过重重迷雾，找出引发问题的症结所在或起始原因。然后，再采取针对性的措施，就会使问题解决起来变得异常简单，就能收到四两拨千斤的功效。

19 戴帽难题的巧解

在电影院还比较落后的年代，有个影院的经理，一天愁眉苦脸地回到家里，他在为如何解决一些妇女在影院戴帽子而影响后面观众视线的问题发愁。

女儿看到爸爸不开心的样子，便问为什么不高兴。经理把情况跟女儿讲了一遍。女儿听后，想了一下，便笑眯眯地对爸爸说："爸爸，您别急呀！女儿帮您出个主意？"女儿在爸爸的耳边一阵嘀咕，爸爸脸上渐渐挂上了笑容。

第二天，影片放映之前，经理在银幕上映出一则通告：本电影院为了照顾年老体衰的女士，特别给予优厚待遇，允许她们在电影放映时，照常戴帽子，请各位观众谅解。通告一出，所有戴帽子的女子都摘下了自己漂亮的帽子，问题随即迎刃而解！

这是为什么呢？原来，是经理的女儿在妇女爱美这一聚焦点上做了点文章。因为几乎所有的女人都怕别人说她们"年老体衰"。年轻的女观众，怕别人说自己老；年纪大的，怕别人说自己有病。因此，她们都自觉地摘下了自己的帽子。

管理中遇到难题是正常的，关键要看你如何来解决。有些人喜欢直来直去的简单方法，往往没有效果或效果不佳；而有的人则开动脑筋，利用人敏感的心理或面子因素，迂回出击，巧妙加以引导或警示，难题往往会迎刃而解。

20 另辟蹊径的比尔·盖茨

位于美国西雅图的微软公司研发中心，拥有40多名全球顶级IT精英。他们每年为微软创造大量财富，公司也为他们提供十分优厚的福利待遇，除了高薪，还配备了篮球场、游泳池和健身房等。但公司有条规定：必须按时上班，哪怕是喝咖啡，也得坐在办公楼里喝。

可是，由于精英们自由惯了，加上有些人喜欢过夜生活，所以上班老是迟到。为解决这个问题，各部门制定了严格的考勤制度，可根本没人把它当回事。有一回，一个名叫莱特的软件工程师因迟到被扣罚了200美元，他很生气，直接就递交了辞呈。事情闹大后，连比尔·盖茨也被惊动了。为了留住这个好不容易引进的特殊人才，最后不得不以返还罚金了事。

经过这件事之后，迟到现象更严重了。为此，比尔·盖茨伤透了脑筋，苦苦思索也无解决良方。有一天，比尔·盖茨在草坪上散步，无意中看到了公司为研发中心指定的停车区域，50个车位上停了还不到40辆车。而旁边，一些小公司的员工，因为停车位不足，车子一直停到了远处的马路边。看到这里，比尔·盖茨灵光一闪，一个绝妙的好主意产生了。第二天，比尔·盖茨就让管理部门将研发中心的停车位减少10个，只剩下40个停车位。车位减少之后，研发中心的员工立刻有了意见，反映停车位不够了。

一个星期后，奇怪的现象发生了，研发中心的40多名员工再也没有迟到的了。因为一旦迟到，就意味着要把车停到马路边。如果迟到的时间长了，就连附近的马路边也没处停。有一回，一个拖沓的工程师不得不把车停在了一英里外的马路边上。

这就是比尔·盖茨的管理智慧。管理中处理问题，头痛医头，脚痛医脚，往往收效甚微。如果能另辟蹊径，采取迂回的、能触及人的“痒处”的方法，则会取得意想不到的效果。

21 埋葬“我不能”先生

在美国佛罗里达州某小镇的一所小学里，一天，老师安娜在上课时，给学生们布置了一个奇怪的作业。她在讲台上大声对学生们说：“同学们，请把你们认为不可能做到的事情写在纸上，写完一张之后请交给我”。

学生们对这出乎意料的课程安排似乎很感兴趣，他们按照安娜老师的要求，在纸上写着所有他们“不能做到”的事情，诸如：“我无法把球踢过第二道底线”“我不会做三位数以上的除法”“我不知道如何让比尔喜欢我”，等等。然后，他们把写满“不可能”的纸对折好，依次来到老师的讲台前，把纸投进一个空鞋盒里。

等所有学生都投完以后，安娜把自己写的纸也投了进去。然后，她把盒子盖上，夹在腋下，领着学生们走出教室。她走进杂物间找了一把铁锹，带领大家来到运动场最边远的角落里，开始挖起坑来。

大家等了一会儿后，一个三尺深的坑就挖好了。安娜把盒子放进去，用挖出的泥土把坑填上。这样，每个人所有“不能做到”的事情，都被埋在了这个三尺深的“墓穴”里。

这时，她注视着围绕在这块“小墓地”周围的孩子们，神情严肃地说：“孩子们，现在请你们手拉手，低下头，我们准备默哀。”学生们很快手拉手，在“墓地”周围围了一个圈，然后都低下头静静地等待着。

“同学们、朋友们，今天我很荣幸能邀请你们前来参加‘我不能’先生的葬礼。”安娜庄重地念着悼词，“‘我不能’先生在世的时候，曾经与我们朝夕相处，影响着、改变着我们每个人的生活。‘他’的名字几乎每天都要出现在各种场合，比如学校、市政府、议会甚至白宫。当然，这对于我们来说是非常不幸的。现在，我们已经把‘我不能’先生安葬在了这里，并且为他立下了墓碑，希望他能够安息。同时，我们更希望他的兄弟姊妹‘我可以’‘我愿意’，还有‘我立刻去做’等，能够继承他的事业。虽然他们不如‘我不能’先生的名气大，没有他的影响力强，但是他们会对我们每一个人、对全世界产生更加积极的影响。愿‘我不能’先生安息吧，也祝愿我们每一个人能够振奋精神，勇往直前！阿门！”

接下来，安娜老师带着学生们又回到了教室。大家一起吃着饼干、爆米花，喝着果汁，庆祝他们超越“我不能”这个心结。作为庆祝的一部分，安娜还用纸剪成一个墓碑，并把这个墓碑挂在教室里。从此以后，每当有学生无意说出“我不能……”这句话的时候，她只要指着这个象征死亡的墓碑，孩子们便会想起“我不能”先生已经死了，进而去想出积极处理事情、解决问题的办法。

故事可为我们的自信心管理带来诸多启示。“我不能”先生是怯懦和懒惰的密友，是勇敢和雄心的仇敌。无论在工作中还是在生活上，我们都有这样的体会，对某件事情，一旦我们认为“不能做”或“做不到”时，我们的自信心就无从萌生，怯懦与懒惰则会伴随我们左右，那么这件事就绝无成功之时。作为一个管理者，如果你能埋葬“我不能”先生，使自己和下属对工作充满自信和激情，你就能成为一个优秀、卓越的管理者。

22 万全之策

有个寓言故事说，一群老鼠吃尽了一只猫的苦头，为此它们召开全体大会，号召大家贡献智慧，拿出对付猫的万全之策，争取一劳永逸地解决事关大家生死存亡的大问题。

众鼠们冥思苦想，最后，一个“聪明”老鼠出的主意，让大家佩服得五体投地，连呼高明。那就是“给猫的脖子上挂个铃铛”，只要猫一出动就会有响声，大家就可以事先得到警报躲藏起来。

这绝对是个“万全之策”，所以这一提议被众鼠们全票通过。但在决策的实施中，却因根本找不到能担此重任者，结果决策的执行始终落实不下去，“万全之策”只能束之高阁。

故事向我们揭示，在决策管理上，任何决策都会有利有弊。如果一项决策有利无弊、完美无瑕，看起来没有任何问题，那么它很可能在管理实践中根本无法落地。这样的决策，不仅于事无益、毫无意义，而且还会造成管理资源浪费，会是一项很糟糕的决策。

23 最佳答案

贝乐纳是法国著名作家，一生创作了大量小说和剧本，他不仅在法国文学和影剧史上占有特别位置，而且其智力也是非常超群的。

一次，法国有家报纸搞智力竞赛。竞赛试题中有这样一个题目：如果法国最大的博物馆罗浮宫失火了，因情况危险只允许抢救出一幅画，你会抢哪一幅？结果在该报收到的成千上万个答案中，贝乐纳以最佳答案获得了竞赛的奖金。

他的回答是：“我抢离出口最近的那幅画。”

故事告诉我们，管理中最好的决策和目标，不一定是价值最高的，而往往会是最有可能实现的。因为再好的决策与目标，如果没有实现的可能性，即使价值再高、再完美无缺，那也只是一张毫无价值和意义的空头支票。

24 唐僧考徒弟

有一天，唐僧师徒四人乘飞机去旅游，飞机在飞行途中发生了故障，需要跳伞逃命。不巧的是，四个人只有三个降落伞。为了做到公平，师父对三个徒弟进行测试，测试过关就可以得到一把降落伞，过不了关就自己跳下去。于是，师父问孙悟空，“悟空，天上有几个太阳？”悟空不假思索地答道：“一个。”师父说：“好，答对了，给你一个降落伞。”接着又问沙僧，“天上有几个月亮？”沙僧答道：“一个。”师父说：“好，也对了，给你一个降落伞。”八戒一看，心理暗喜：“啊哈，这么简单，我也行。”于是，摩拳擦掌，等师父出题。但师父的题目一出，八戒却自己跳下去了。大家知道这是为什么吗？师父出的题目是“天上有多少星星？”八戒一听就傻了，没说什么就直接跳了下去。

故事中的情况虽然虚无，但现实中却有类似的存在。例如，有的企业，高管在设定考核指标时，认为如果指标值不够高的话，员工就没有足够的动力，故喜欢设置很高的指标给员工加压。但是，用过高的指标考核员工，往往很难匹配完成指标的具体实施计划、策略、措施、保障等，因此指标根本落不到实处，不仅无法取得成效，甚至还会影响发展质量，欲速不达。

其实，设定一个团体或员工经过努力可以达到的指标，帮助制定达成指标的工作计划，采取切实有效的工作策略、方法和措施进行引导、激励与监督，使指标得以落实完成，从而实现企业发展目标，才是管理者的价值所在。做到了这一点，企业与员工才能共同成长、共同提升。

故事告诉我们，在指标管理中，考核值应该设定在员工的能力范围之内，让员工通过努力可以实现，这样的考核实施起来才能发挥促进作用。否则，如果指标值设得过高，员工不停地跳也够不着，再怎么努力也无法实现，那么员工的信心就会丧失，指标考核不仅会失去促进意义，而且还会导致负面的促退结果。

25 讲功劳不讲苦劳的企业

在我国的某个城市，曾有多家大型国有企业，但是后来能勇立潮头的，是其中的一个轴承厂。在激烈的市场竞争中，这个轴承厂不但生存了下来，并且发展得还非常不错，许多工人的工资比当地公务员的收入还高。

这个工厂之所以能有旺盛的生命力，主要原因在于其已深入人心的“没有功劳就没资格谈苦劳”的管理方式。同样忙活了一个月，有些工人能收入3000元，甚至更多；而个别工人的工资仅几百元、几十元；还有极个别的工人，不仅没一分钱工资，甚至还要倒贴给工厂几十元或者几百元。

这种看似荒唐的管理结果，却让每个人没有异议，心服口服。为什么？因为轴承厂的生产原料是轴承坯子，需要从市场购入，几元钱一个。经过一道道工序，加工成合格产品后，就能在市场上卖十多元。但是，如果哪个工人的某道工序出了问题，那么这个半成品一下子就变成了废品，几元钱买的半成品成了废品后，只能以废钢铁价格卖几毛钱。

这样的损失，是需要当事的工人按百分比赔偿的。同样的轴承坯子，经过别人加工，就增值，能给工厂带来利润，而在自己手中却贬值，还给工厂带来了损失。看着是同样的“苦劳”，但一正一反，对工厂的贡献差别却是那么大。因此，出差错的工人对厂里“论功行赏”的管理方式也能理解，自觉接受罚款。把半成品做成了废品，在厂内俗称干“废物活”，工人们都以手中不小心出“废物活”而感到耻辱，所以工作的时候特别小心，技术上要求自己努力做到精益求精。因此，轴承厂的产品质量有保证，技术含量高，故在市场上畅销不衰。

按照这样的绩效管理方法，工人的收入是根据其给厂里带来的利润也就是“功劳”来获得的，对于那些干了“废物活”的工人，工厂给予的是罚款。由于功过一目了然，这就使得管理中很多扯皮的事情变得简单了。工人们多出精品多得报酬，不但需要勤劳，而且需要精心；产品不但在数量上有保证，更要在质量上能过关。“没有功劳就没资格谈苦劳”的理性绩效管理，为工厂带来了可观的效益，工人也获得了可观的收入，也使企业发展形成了工人工作努力、产品品质提高和市场竞争有活力的良性循环。

可见，企业的绩效管理，一定要制定出评价“功”与“过”的标准和办法，并落实到员工的工作行为中，论功行赏，依过而罚。这样的企业，才能在激烈的市场竞争中站稳脚跟，不断向前发展。

对员工个人来说，应该加强学习，磨炼技能，提高素质，工作中讲“功劳”，以能够为企业带来正效益的工作成绩或效率说话，而不是讲“苦劳”，毫无贡献，使自己陷入抱怨、怠惰、生活悲惨的陷阱。

26 匡威的“垃圾筐管理”

1908年，一个名叫摩尔·匡威的小伙子，在美国麻省春田市创办了一家制鞋厂，主要生产篮球鞋。为了做出质量过硬的鞋子，匡威对雇佣来的工人给出比别的工厂高得多的薪水，要求他们在保证质量的同时，尽可能提高工作效率，并为此制定了严格的奖惩制度。

匡威每天到车间巡视，发现工人们制鞋产生的废料，乱糟糟丢得满地都是，于是就让助手买来一百多个大号垃圾筐，一一摆在工人们的工作台下面。等到傍晚收工时，工人都要把垃圾筐交上来，他再派专人拿去称重、记录数据，天天如此。工人们不喜欢回家的时间被拖延，对这项特殊要求不满意，私下里议论纷纷，说老板想钱想疯了，难道打算从垃圾筐里翻出金子来吗？匡威对这些嘲笑置之不理，坚持让工人每天交垃圾进行称重记录。

两个月之后，匡威召集大家开会，当众给10名工人每人发了一笔丰厚的奖金，又宣布了10名将要被扣发部分工资的工人名单，另有5名工人则结算完当月的工资，直接被辞退了。工人们议论纷纷：大家每天在同样的时间和地点工作，为什么奖罚不一？

这时，匡威拿出每天统计垃圾得来的数据，道出了事情背后的秘密。原来，匡威派人分析了工人上交的废料垃圾，根据垃圾的材质、重量来计算，很快就得出结论：有些工人干活又好又快，并且尽可能利用废物，被他们丢弃在垃圾筐里的是真正的废料，这样的工人理应得到奖励；大多数工人工作效率一般，丢弃的垃圾里有部分可以重新利用的材料，只要对他们提醒一下就可以了；对情况比较严重的人，要通过扣发部分工资来惩罚一下；还有几名工人，干活时只图快而不管其他，浪费了大量材料，这种只顾自己赚钱而不考虑团体利益的人，直接就被炒鱿鱼了。工人们听完这番解释，个个心服口服，从此以后工作更加谨慎精细，努力在物尽其用、节约成本的前提下生产出又多又好的鞋来。

此后，这种利用垃圾筐检验工作质量、考核工人绩效的办法，在匡威集团一直被保留了下来。经过不断努力，匡威产品成了帆布休闲鞋类世界的顶级品牌，匡威公司也成了世界著名企业，这与企业的创始人匡威所采取的“垃圾筐管理”是分不开的。

故事中的“垃圾筐管理”，其实就是一种建立在数据统计基础上的工作质量和绩效管理方式。在企业的运营管理中，我们应该重视运用“统计”这一工具。无论是说明情况也好，还是揭示问题、给予奖惩也好，如果能让数据说话，就会让人心服口服，管理的到位率自然就会提高，企业自然也就容易做大做强。

27 撞钟的小和尚

在一个著名寺院里，有个小和尚被住持安排担任撞钟一职。他每天早起按时撞钟，半年下来，觉得无聊之极。

有一天，住持宣布调他到后院劈柴挑水，原因是他不能胜任撞钟一职。小和尚不服气，就问住持：“我撞的钟难道不准时，不响亮？”住持耐心地告诉他：“钟声是要唤醒沉迷的众生，你撞的钟虽然很准时，但钟声空泛、疲软，缺乏浑厚悠远的气势，因而就没有感召力。”

小和尚没办法，只好到后院去干劈柴挑水的活儿。

小和尚为什么不服气？是因为住持虽然安排小和尚司职撞钟，但并未明确工作的标准和目标。

故事提示我们，企业的考核管理，一定要建立在明确的工作标准和目标之上。这样，员工的工作就有了参照和遵循，努力就有了方向，考核实施起来也就有了令人信服的依据。否则，不仅会造成员工的努力方向与公司发展方向不统一，造成资源浪费，而且还会导致员工不服管理，产生无聊情绪，工作懈怠，不利于员工的成长。

28 三只偷油的老鼠

一则寓言故事说，有三只老鼠一起去偷油喝。它们找到了一个油瓶，但是瓶口高，它们够不着。

经过商量后，它们一只踩着一只的肩膀，准备叠罗汉轮流上去喝油。当第一只老鼠刚刚爬上第二只老鼠的肩膀站到高处时，不知什么原因，油瓶倒了，响声惊动了人，三只老鼠只好赶快逃跑了。回到鼠窝，它们开会讨论为什么会失败。

最上面的第一只老鼠说，我没有喝到油，而且推倒了油瓶，是因为我觉得我下面的老鼠抖动了一下。

中间那只老鼠说，我是抖动了一下，是因为最底下的老鼠也抖动了一下。

最下面的那只老鼠说，没错，我好像听到有猫的声音，所以才发抖的。

于是，三只老鼠哈哈一笑，那看来都不是我们的责任了。

这一寓言故事，可以为我们提供考核管理上的借鉴。通常情况下，公司遇到问题时，会先界定责任，后讨论改善策略，这是人们的一种惯性思维。但当我们把主要精力放在如何划清责任而不是如何改善上，那么，最后的结果是将责任归因于外。而且当责任划分清楚了，客户的耐心也可能丧失殆尽了。于是，客户的满意和忠诚也随之消失了。

所以，企业的考核管理，需要向前看，应将主要精力放在如何改善绩效上，而不是过多地放在界定以往的责任上。

29 时代华纳与美国在线

曾在纽约同一座大厦的同一层楼办公的时代华纳公司与美国在线公司，是美国两家著名的网络与信息服务公司。2000年1月，两家公司合并，组成了美国在线时代华纳公司。但两家公司在合并之前，却有过一段水火不容的经历。

起初，由于两家公司的管理理念不同，两家的首席执行官在对对方考察后一致得出结论：千万不能让自己公司的员工学习对方公司员工的行为作风，不然一定会出大问题。

为此，一家公司向员工下达了这样的通知：对面公司的员工穿着古怪，不修边幅，特别是行为极不检点，上下班从不准时，上班时还经常高声说话、谈笑。我公司员工若有此行为者，一律开除。

另一家公司呢，也给员工下了一个通知：对面公司里整天死气沉沉，员工不管是上班还是下班都是毫无表情。我公司里的员工一定要与对面公司的员工保持距离。

虽在同一层楼办公，但两家公司形同陌路，业务上更是相互保密、提防。对公司的通知，员工都执行得比较好，但公司的业务发展却一天不如一天。为此，公司的CEO无计可施，经常唉声叹气。如果不是一位应聘者的介入，两家公司可能会一直保持这种关系，业务状况也许很难得到改观。

当时，有位名牌大学毕业的求职者，将自己的简历同时寄给了两家公司，他也几乎同时收到了两家公司的录取通知。在公司的大楼里，当求职者看到两家公司的通知时，感到非常奇怪。在问明情况后，他根据自己对两家公司的了解，向两家公司的CEO建议，可否按照他的想法，把通知内容改一改。

一个公司修改后的通知是：对面公司的员工，行为和思想活跃，进取心强，而且想象力十分丰富，具有大胆的创新精神，值得我们学习。

另一家公司修改后的通知是：对面公司的员工，穿着得体、仪态端庄、思想严谨，而且具有可贵的奉献精神和吃苦耐劳的开拓精神，值得我们效仿。

两家公司的CEO竟然不约而同地采纳了他的建议，并且都决定重金聘用他。从此，两家公司相互审视的角度发生了180度大转弯，从只看对方的缺点变成了看对方的优点，之间关系也逐渐融洽起来，直至2000年1月两家公司成功合并为一家公司。合并后的公司，因为综合、吸纳了双方各自的优点，摒弃了缺点，所以业务也逐步扭转了以前发展的不景气状况。

故事告诉我们，企业在竞争与发展中，要使自己有所超越，在市场上占据主动，管理中就不能只盯着并揪住别人的短处或缺点不放，而是要看到并吸收别人的长处或优点，这样才能提升自己的能力，不断向客户提供更加优质、高效的商品与服务，从而获得客户的青睐与事业的发展。

30 可怕的“零容忍”

1988年夏季，美国黄石国家公园发生了一起罕见的特大火灾，损失最为惨重的一天，就有超过6.1万公顷的林木被烧毁。接下来的两个多月时间里，有1万多名消防队员和军人投身到灭火工作中。但面对熊熊大火，他们束手无策。直到第一场大雪降临，火势才慢慢退去。在黄石公园的历史上，之前最大的一次森林大火是在1886年，那次大火的受灾面积总共也就2.5万公顷。

这次火灾触动了当局，除要求彻查责任外，还要求社会各界分析起火原因，以便采取措施，能够在今后防患于未然。从各方面的分析来看，很难找出管理上的不足。从1890年起，森林管理局就对火灾采取了“零容忍”的政策，配备业务精良的消防队，还派飞机从空中监控火情。一有火情，消防队员就立即灭火。由于他们的努力，火灾的发生率大幅降低，他们的工作几乎没有任何瑕疵，只能说异常气候是这场特大火灾的罪魁祸首。

10年后的1998年，借助飞速发展的计算机技术，康奈尔大学的布鲁斯等三位地理学家，试图通过计算机模拟找出爆发森林火灾的原因。结果他们发现，小火灾次数居高时，大火灾很少会出现；而小火灾次数大幅降低，一旦爆发火灾，就是那种势不可挡、损失惨重的特大火灾。

分析结果最后揭示，正是黄石公园对火情采取“零容忍”的政策，才导致树木疯狂生长，森林老化程度加快，那些死掉的树木在森林中横七竖八地躺着，地上到处是灌木、树枝和落叶等易燃物质。这使得黄石公园一直处于火灾的临界状态，一旦起火，火势就会很快蔓延到整个林区。

当局一直以来实施的对火灾“零容忍”的政策，竟成了黄石公园特大火灾背后的主要原因！这个颠覆性的结论，让公园管理局大为震惊，他们万万没有想到原先见火就灭的做法，会适得其反，成了特大火灾背后的推手。

事后，他们重新修订制度，改变了管理政策，除禁止一切人为因素外，如果是自然发生的火灾，只要火势能控制住，不会威胁到人类安全，就听任这些火苗自生自灭。他们甚至明确要求，工作人员必须定期把那些死亡的树木烧掉，在森林中每隔一定距离都留出一些隔离带。

最终，管理当局对火灾“零容忍”政策的废除，对黄石国家公园避免特大火灾、保护森林资源发挥了重要作用。

故事启示我们，从事管理工作，需要具有宽人小过的心胸和气量。对于部下一些不违背原则的小过错，我们应睁一只眼闭一只眼，多一些容忍和宽宏大量。这样，我们就会更多地看到和发挥部下的长处和优点，管理就会体现出强大的正能量，我们的事业也才会更好、更快的发展。反之，如果我们锱铢必较，对过错以苛刻的心态“零容忍”，只会看到部下处处都是缺点和错误，管理上会陷入无人可用的恶性循环，最终导致越来越多、越来越大的问题发生，使我们的事业陷入失败的泥潭。

31 邻居的小纸条

路德维希·凡·贝多芬，德国最伟大的作曲家、钢琴家、指挥家、音乐家和演奏家。他集古典派之大成，又开创了浪漫派的先河，其作品对世界音乐发展具有深远影响，因此被尊为“乐圣”。

贝多芬之所以能在音乐方面取得伟大成就，与他注重要事管理和时间管理是分不开的。

贝多芬年轻时，曾有个女邻居，因为丈夫长期在外地工作，她要独自在家抚养6个年幼的孩子。她每天要应付的事情很多，但却从来不曾有过焦头烂额的模样；尽管每天行色匆匆，从早到晚地忙碌，但她脸上总是挂着淡淡的笑容。

有一次，贝多芬看到女邻居趴在窗台上，在一张纸条上写着什么，他好奇地走过去看，只见上面有许多小字，内容是今天要做的事情：第一，准备7份面包和牛奶；第二，缝补窗帘；第三，洗所有的衣服；第四，给两个儿子准备郊游带的东西；第五，玛丽的裙子被树枝划破，给她补上一朵花……一张小小的纸条上，竟然列出了20多条需要做的事情。他忍不住问道："要做的事情这么多，难道你不焦虑吗？"女邻居笑着说："我喜欢把要做的事情都写出来，先从最重要的事情开始做，完成一件就划去一件，这样从早到晚做事都不会慌乱，而且心中会产生一种成就感，偶尔还可以抽出一点儿时间晒晒太阳，喝一杯咖啡，自然不会焦虑啊！"

从这位女邻居身上，贝多芬意识到了要事管理和时间管理的重要意义。受这位女邻居的影响，他逐渐养成了一个习惯，那就是每天一定把要做的事情写下来，再按照事情的轻重缓急来安排时间，依序去一一处理。这一习惯，让贝多芬受用了一生，也使他能创作出更多辉煌的作品，为人类留下更多的音乐瑰宝。

故事为我们阐释了"有条不紊"的管理内涵。即不管事情多么繁杂，只要我们做到心中有数，条理清晰，采取有效方法，按照事情的轻重缓急依次办理，就能成为时间管理的达人，不仅不会慌乱、焦虑，而且还会油然生出自豪感和成就感来。

32 面谈一次的巨额收入

艾维·李是一位著名的美国企业管理顾问，被誉为"现代公共关系之父"，其行事具有目标准确、清晰简单、注重时间控制等特点。

有一次，李对钢铁巨擘施瓦布说："我可以教你如何提高公司的效率。"

施瓦布问："费用是多少？"

李说："如果无效的话，免费；但如果有效，希望你能把公司省下费用的1%给我。"施瓦布同意了，说："很公平。"接着，施瓦布问李要怎么做。

李说："我需要与几位高级主管面谈10分钟。"施瓦布答应了。

李开始与几位高级主管会面，主要是告诉每位主管："在下班离开办公室前，请在一张表上列出6件你今天尚未完成但明天一定得做的事。"主管们都同意他的这个主意。

主管们在将李的这个主意付诸实践后，他们发现自己做事比以前更专心了，因为有了这张表，他们会专注于努力完成表上所列的重要事情。不久之后，公司的工作效率、生产能力和经营效益都有了显著提高。

几个月后，因为效果惊人，施瓦布给李开了张35000美元的支票作为报酬。

故事揭示，"要事第一"是强化管理、提高效率、取得成效的精髓所在，也是之所以许多优秀管理者工作效率高，许多企业运营效率高、效果显著的重要原因。所以，在运营管理中，要把事业做出成就，取得成功，就不能让那些不重要的细枝末节的小事，过多地耗费我们的时间和精力。

33 激励有方的钟世衡

钟世衡，北宋戍边名将，被范仲淹誉为"国之劳臣"。他重气节，有才略，招抚羌人，筑城安边，特别在对人的激励管理方面很有一套办法。

公元1040年，即宋仁宗康定元年，党项李元昊统兵大举侵犯宋朝边境。钟世衡奉命到边城宽州（今延安东北）抵御西夏军队。

为了增强御敌力量，钟世衡大力鼓励当地百姓练习射箭，并为此想出了一个很怪的办法：用白花花的银子当箭靶！规定：谁射中了，这银子就归谁。写有这项规定的公文，贴满了宽州的大街小巷。

老百姓看完文告，纷纷议论："出了娘胎，也没有听说过这号新鲜事啊！"大伙儿摩拳擦掌，跃跃欲试。

第一天试射，宽州军营大操场内，携弓带箭前来参加者汹涌如潮，不少僧人、道士甚至一些妇女，都踊跃前来射箭。一天下来，钟世衡没有食言，将银靶奖给了射中者。

这样一来，宽州百姓争相练习射箭。大家射箭的技巧越来越高，射中箭靶的人也越来越多。

钟世衡又把银靶的面积缩小、厚度加大，银子的重量仍然不变，射中的难度加大了。但随着练习的不断加强，人们的射箭水平也明显提高了。每次比赛射箭，都成了宽州城最热闹的日子。

看着大伙练习射箭的热情高涨，为了进一步激励射箭，钟世衡又做出了一项新规定：分派徭役时也要比赛射箭，射中者可以减轻徭役或分派轻活；人们犯了法也可以射箭，射中者可以减轻处罚，有的甚至可以免罪释放。

自从钟世衡这种比赛射箭“射中者可得银靶、可轻徭役、可减免处罚”的激励办法推广后，宽州百姓人人射箭，边防抗敌力量大大增强。在以后抵御西夏入侵的日子里，宽州上下全民皆兵，男女老少大显神威，每次都射得西夏人心惊胆战，鼠窜而去。

钟世衡这种激励射箭及其效用的极致发挥，有力打击了西夏的嚣张气焰，发挥保家卫国的作用。

管理工作中，激励方法有很多，但总起来不外乎物质和精神两方面。如果我们能像故事中的钟世衡那样，明确激励目标，突出激励目的，将物质与精神两种激励方法结合起来运用，就能最大限度地发挥激励作用，最有效地取得激励成效。

34 找到最佳方法的巴密娜

在国外的一家公司里，巴密娜·邓安曾负责管理一名清洁工的工作。

这位清洁工工作做得很不好，许多员工经常讥笑他，还故意把纸片或其他废物扔到走廊里，给他制造麻烦，以表明他的工作质量极差。这给他造成了心理压力，做好工作的信心几乎丧失殆尽。

巴密娜试过各种方法想让这名清洁工做好工作，但都失败了。不过她发现这名清洁工有时也能把一个地方打扫得很干净。于是，她抓住时机，在众人面前对清洁工大加赞扬。这种方法很有效，这名清洁工的工作很快便有了改进，不久因为工作做得好，他也赢得了其他人的赞扬。从此以后，清洁工的精神面貌焕然一新，再也不像从前的那个他了。

巴密娜找到了管理员工的最好方式——赞扬，她也试着赞扬和鼓励其他人，效果也非常好。这使她真正体会到，真诚的赞扬可以收到最佳管理效果，而批评和耻笑往往会把事情弄糟。

人活一张脸，树活一张皮。赞扬，其实具有尊重、鼓励、帮助的内涵，是给人面子的做法。作为一名管理者，如果能包容管理对象的缺点，发现他们的优点，适时对他们进行赞扬，就是给了他们很大的面子，就是再难管的人，也会成为好管的人。这样，他们身上的缺点和问题会很快得到克服与解决，而优点与特长也会得到很好的挖掘与发挥。

35 小村庄的古老传统

在南非共和国，有一个名叫巴贝姆的古老村庄。

在这个村子里，仍保留着一个古老的传统，那就是当有人犯错误或做了对不起别人的事情的时候，村里的人们对他不是批评或指责，而是将他团团围住加以不停地赞扬，就是让每个人一定要说出一件这个人做过的好事，或者他的优点。村子里的每个人都可以说，不论男女老幼，也不论时间长短，一直到再也找不出他做的任何好事或者优点为止。

被人们围住的犯错人站在那里，一开始心里忐忑不安，或恐惧、或内疚，但最后，无一不被众人的赞扬感动得涕泪交流，也无不在内心发誓，一定要痛改前非，做个好人，以不愧对大家的称赞。

管理中，究竟应如何对待犯了过错的人？当然，很多人会认为应因人和犯错的程度而异。不过，就一般情况而言，如能将应受到的批评与指责寓于褒扬、称赞之中，相比于直接的批评、指责而言，不仅不会引起人的逆反情绪，反而会更容易让人接受，使人感到内疚、自省与感动，其纠错和使人不再犯错的效果，可能要好很多。

36 两个保龄球教练

曾有两名保龄球教练，他们分别训练一名队员。在一次练习时，他们的队员都是一球打倒了7只瓶子。

教练甲对自己的队员说："很好！打倒了7只，请继续努力。"队员听了教练的赞扬很受鼓舞，心里想，下次一定再加把劲，把剩下的3只也打倒。

教练乙则对自己的队员说："还有3只没打倒。怎么搞的！"队员听了教练的指责，心里很不服气，暗想：你咋就看不见我已经打倒的那7只呢？

结果，教练甲训练的队员，比赛成绩不断上升。而教练乙训练的队员，比赛成绩平平，甚至有时打得一次不如一次。

希望得到他人的肯定、赞赏，是每一个人的正常心理需要。而面对指责时，心里不舒服、气馁，不自觉地为自己辩护，也是正常的心理防卫。

工作中，再也没有比上司的批评更能抹杀一个人的雄心了。所以，作为一个管理者，一定要心胸宽阔，待人和善，做事辩证，经常运用"积极鼓励"这一杠杆，去撬动与满足下属内在的心理需求，鼓励他们发挥创造精神，去开创更宏伟的事业。做到了这些，你就会成为一个卓越的、成功的管理者。

37 失马赏酒的秦穆公

秦穆公是我国春秋时期一位很有作为的国君，不仅有雄才大略，而且还是一个善于自我管理、控制情绪的人。

有一次，秦穆公丢失了一匹好马，后得知马是被生活在岐山下的300多个乡人给杀掉吃了。官吏抓住这些吃马人，准备严惩。穆公却说："君子不能因为牲畜而伤害人。我倒听说吃了好马的肉不喝酒的话，人会受到伤害。"于是，他不但赦免了这些人，还赐酒给他们喝。

后来，秦国与晋国之间发生战争，穆公亲自督战，被晋军包围。厮杀中穆公受伤，面临生命危险。危急关头，原来岐山之下偷吃马肉获穆公赐酒的300多人，飞驰冲向晋军，个个拼死，以一当十，以此来报答穆公的恩德。这样一来，反而打乱了晋军的阵脚，不仅救了穆公，还反戈一击活捉了晋君，战争也以秦军的胜利而告终。

当初，秦穆公心爱的好马被乡里人杀掉给吃了，内心的恼怒是可想而知的。但他深知恼怒于事无补，就控制好自己的怒气，不但宽恕了这些乡人，还赐酒施恩予他们，最终的结果是救了自己和自己的军队。反之，如果穆公迁怒于乡人将他们杀了，不但自己的马不能复活，还可能激起民怨，更不会有以后战场上乡人们对自己的以死相报了。

故事告诫我们，“控情制怒”不但是为人行事的重要法宝，而且在管理中具有十分重要的作用。对于已经发生、覆水难收的事情，如果不能及时控制自己的愤怒情绪而任其发泄，不仅于事无补，而且还会因小失大，使事情朝着更糟糕的方向蔓延。

38 把坏情绪“关进黑屋子”的费曼

费曼是美国物理学家，于1965年获得诺贝尔物理学奖。他有一个特别的习惯，就是每次需要做重要的实验之前，都会走进工作室旁边的一个小屋，独自在里面至少待上10分钟。有时，他明明因为实验失败而心情沮丧，但重新走出小屋时又变得精神焕发，仿佛刚刚吃了灵丹妙药一般，让人觉得好奇又神秘。

一天，费曼很早就来到工作室，准备提取一组重要数据时，却发现由于助手的粗心大意，弄丢了最重要的资料，导致大家几天以来的心血全都白费了。对此，所有的人都以为费曼会大发雷霆，闯祸的助手更是紧张得不知所措。不料，费曼一句话也没说，而是转身走进了自己的小屋。过了一会儿，等到他再次走出来时，只是简单地吩咐了一句“重新再来一遍”，就开始投入到紧张的工作之中。等到当天的实验结束，助手仍然满脸愧疚，根本不敢离开。直到费曼笑着说：“你怎么还不回家？今天我要到社区参加活动，没时间请你吃饭哦！”助手这才相信，费曼真的不会跟他计较。一场风波就这样轻松地过去了。

事后，有位老朋友问费曼：“你是如何做到这么宽容的呢？”费曼微笑着说：“我的父亲是一位普通的制服商人，他在自己的工作室里，常常遇到各种性格古怪的人，有时分明按照要求设计了产品，但对方却百般挑剔，甚至提出有悖常规的修改要求。有一次，心直口快的父亲因为按捺不住心中的怒火，得罪了一位大客户，结果让自己的团队蒙受了很大损失。他在后悔之余，为了让自己沉静下来，想出了这样一个办法：每当遇到棘手的事情，就关掉屋子里所有的灯，如果有阳光就把窗帘也拉上，让自己在黑暗中默默静坐，慢慢梳理思绪，平复情绪，告诉自己一切都没什么了不起，等到屋子里恢复明亮时，他又像从前一样变得和蔼可亲。我童年时最崇拜的人就是父亲，长大之后也学会了在黑灯瞎火中反思自己、控制情绪的办法，于是特意在实验室旁边留出了一间没有窗户，也没有灯的小屋子，每次走进去，都会获得一种心灵的平静，从而可以轻松地原谅别人的错误……”。

费曼适时把坏情绪关进“黑屋子”的做法，也许就是他能在实验中吸取教训、不断进取，最终在物理研究取得辉煌成就的一个重要原因。

费曼的故事，向我们介绍了一种情绪管理的方法，就是当我们遇到失误、屈辱、不公平等容易引发愤怒等坏情绪时，需要采取譬如“将自己关进黑屋子”等方法，迫使自己平静下来，对问题进行思考，对情绪进行梳导、约束和管理，从而汲取经验教训，以阳光的心态继续前进。有时，能否对自己的情绪进行有效管控，可能会成为最终决定事情或事业成败的关键。

39 使犯人活着到澳大利亚

很多年以前，英国政府曾将一些国内的犯人流放到澳大利亚，而犯人运送则交给往来于英国与澳大利亚之间的商船来完成。实施了一段时间后，因商船主或水手经常虐待犯人，导致了许多流犯人在途中葬身大海的事件发生。

针对这种情况，英国政府对运送犯人的规则加以改变，流放人员仍然由往来于澳大利亚的商船来运送，只是运送犯人的费用，要等到犯人被运送到澳大利亚后，才由政府支付给商船主。

就是“付费时间推后”这样小小的“改变”，使得以后几乎再也没有犯人于中途死掉的事件发生过。

一位伟人曾经说过：一个好的制度可以约束坏人，一个坏的制度可以使好人变坏。故事说明，作为团队的管理者或领导人，应该将制定与完善作为“游戏规则”的制度作为重要的管理内容，而不是去当践行规则的裁判。这样，你的管理才能解决根本问题，才会取得事半功倍的效果。

40 “鼓励”养鼠的法令

以前，为控制鼠害，越南的河内政府曾经颁布过一条法令，即人们每交出一只老鼠，政府就奖给他们一定数额的钱。

然而法令执行不久，却引发了一些人偷偷养殖老鼠，以便上交政府更多的老鼠来获得更多的收入。

这种行为，完全背离了政府防控鼠灾的初衷，使得政府的灭鼠法令变成了“鼓励”养鼠的坏法令，最后不得不加以废除。

故事揭示了一个事实：人们会对奖惩机制做出反应，会根据或运用制度规则去做对自己有利的事，但他们不会关心奖惩机制制定者想要实现的目的或目标。所以，作为一个管理者或领导人，一定要善于制定将行为与达成目的或目标要求一致的有效奖惩机制。只有这样，才能通过对某种行为的奖惩达到预定的目的或目标。

41 乔布斯的说服力

史蒂夫·乔布斯，苹果公司联合创办人，曾任公司行政总裁。他不仅是计算机业界与娱乐业界标志性的重要人物，也是一位非常严厉且具有很强的说服力的管理大师。

拉里·凯尼恩是苹果公司电脑操作系统的工程师，是当年研发麦金塔电脑团队的一员，负责操作系统的设计。

有一天，乔布斯来到凯尼恩的办公隔间，抱怨道：“你设计的操作系统开机启动时间太长了，简直是一堆狗屎。"

凯尼恩想解释，可乔布斯根本不容他开口，继续说："你愿意想办法让启动时间缩短10秒钟吗？"凯尼恩不在意地说："不就10秒钟吗？你也太苛刻了。"乔布斯说："如果10秒钟能救人一命的话，能缩短吗？"凯尼恩不敢肯定地说："也许可以。"乔布斯则非常严厉地命令道："必须可以！"

说完，乔布斯走到一块写字板前，边写边说："如果有500万人使用麦金塔电脑，而每天开机都多用10秒钟，加起来每年就要浪费大约3亿分钟，而3亿分钟相当于至少100个人的终身寿命。"说完，扔下笔转身走人，离开前还不忘扔下一句生硬的话："过几周我还来检查。"

不算不知道，一算吓一跳。听了乔布斯的这番话，凯尼恩感到非常震撼，也受到了极大激励。之后，他陷入深深的思考之中，决定重新修改设计方案，一定要大大缩短开机启动的时间。

几周后，乔布斯果然又来了，满意的结果让他完全出乎意料，因为启动时间缩短了整整28秒，而不仅仅是10秒。

严厉的乔布斯，是一个能对工作或事情"赋予或制造重要意义和重大作用"的语言大师，这是卓越管理者与领导者应具备的一项重要特质。管理中既展现严厉的一面，使做事者感受到克难攻坚的压力，又使他们认清做好事情的非凡意义和作用，产生攻坚克难的动力。这样，你的管理就能产生惊人的效果，你的公司就能造就精品，你自然就会受到成就与成功的青睐。

42 雷电与产量

怎样才能使蘑菇增产？多浇水？广施肥？日本科学家高木浩一给出的答案是："人造雷电"的强袭击，能促进蘑菇生长，使蘑菇增产。

民间流传着一种说法：森林里雷打过的地方容易生长野蘑菇；雷电较多的年份，人工栽培蘑菇的产量也往往较高。

受到这些说法的启示，高木浩一采用"人造雷电"来刺激蘑菇生长，结果在蘑菇外表和品味没有变化的情况下，产量提高了一倍多。他用数万伏的高压电对栽培蘑菇的原木进行瞬间放电，原木上的菌丝红细胞在这种“人造雷电”的袭击下，由于感觉到“生存危机”而加快生长，最终使产量大幅提高。

高木浩一还对葡萄树等作物进行过“人造雷电”试验。试验结果是，除了产量显著提高外，果树抗病虫害的能力也显著增强了，“盛产寿命”期也延长了；许多植物受雷电袭击后，潜能都被激发出来，产量也会明显提高。

其实，人与植物以及其他生物一样，都有巨大潜能。而巨大潜能的激发，往往要靠危机的袭击、施压或震撼。故事启示我们，作为一个高明的管理者，有时候或在某些情况下，需要成为一个“危机”的制造者。即为了克服前进道路上的艰难险阻，实现发展目标，特别是在部属因为种种原因沉溺于舒适环境、萎靡不振时，果断采用“人造雷电”式的施压、批评甚至训斥等，对部属进行刺激、警示与敲打，激发他们的潜能和斗志，发挥他们的能力与智慧，从而保证目标的实现和事业的发展。

43 奥兰治河两岸的羚羊

一位动物学家在考察非洲奥兰治河两岸的动物时，发现河东岸和河西岸的羚羊有些不同，前者繁殖能力比后者强，奔跑速度也比后者每分钟要快13米。

他感到十分奇怪，既然环境和实物都相同，为何差别如此之大？为了解开其中之谜，动物学家和当地动物保护协会进行了一项实验：在两岸分别捉了10只羚羊送到对岸生活。经过一段时间后，送到西岸的羚羊发展到14只，而送到东岸的羚羊只剩下了3只，另外7只被狼吃掉了。

谜底终于被揭开，原来东岸的羚羊之所以身体强健，是因为它们附近居住着一个狼群，这使羚羊天天处在一个“竞争氛围”中。为了生存下去，它们变得越来越有“战斗力”。而西岸的羚羊不够强健，恰恰就是因为缺少天敌、无压力、奔跑少，不需要想方设法逃命，生存能力下降所致。

大家知道，能力是我们克服困难、做好工作和取得成就的重要前提。那么，管理者究竟应如何来增强部属的能力呢？故事给我们的启示是：在部属之间制造竞争氛围，形成适度的压力环境，使部属在竞争压力下产生动力，努力拼搏，通过克服困难、经受磨炼来不断增强干事的能力。

44 最好的医术

扁鹊，战国时期著名的医学家。他出身医生世家，两个哥哥也都以行医为业；他十分重视疾病预防，是中国传统医学的鼻祖。

有一次，魏文王问扁鹊说：“你们家兄弟三人，都精于医术，到底哪一位最好呢？”扁鹊回答说：“长兄最好，中兄次之，我最差。”

文王再问：“那为什么你最出名呢？”扁鹊回答说：“我长兄治病，是治病于病情发作之前。由于一般人不知道他事先能铲除病因，所以他的名气无法传出去，只有我们家的人才知道。我中兄治病，是治病于病情初起之时。一般人以为他只能治轻微的小病，所以他的名气只及于本乡里。而我扁鹊治病，是治病于病情严重之后。一般人都看到我在经脉上穿针放血、在皮肤上敷药甚至动大手术，所以以为我的医术高明，名气因此遍及全国。”

文王说：“你说得好极了！”不仅对扁鹊的医术非常钦佩，而且对他重视疾病预防的思想也十分赞赏。

这个故事，我们在风险管理中应予以借鉴。如果你是企业的老板或风险管理官，应充分认识“未雨绸缪、防患于未然”在风险管理中的重大作用，在企业的管理活动中，需主动、适时地采取措施，将经营风险特别是重大的经营风险，严格控制在发生之前或萌芽之初。这样，你就能够防范风险发生，避免风险损失，你就是个优秀的老板或风险官，你的企业才能成为一个稳健的、持续发展的高品质企业。

45 注重细节的狐狸

《伊索寓言》里有一则故事，说的是狐狸因为注意到了别人没有注意到的细节，因而在面临生命危险时做到了全身而退。

故事说，山林中有一头狮子，年纪已经很大了，凭借武力抢夺食物已经力不从心。于是，它心生一计，希望使用计谋来获取所需的食物。

狮子钻进一个山洞，躺在里面装病，并放出风去，说动物国王生病了，动物们都要来探视。等其他动物来探视的时候，它就可以得到食物了。就这样，不少动物都成了狮子的牺牲品。

有一天，狐狸来了，它远远地站在洞外问："大王，您的身体现在好些了吗？"狮子回答说："很不好！你怎么不进洞来看看我呢？"狐狸说道："我本来是要进洞去看大王的，可是我发现只有进去的脚印，却没有出来的脚印，所以我只好在外面问候大王了！"

狮子知道狐狸识破了自己的计谋，但又无其他办法诱使狐狸上当。狐狸也因此保住了自己的性命。

寓言故事中蕴含着管理方面的哲理，这就是细节管理的重要性。在处于危亡时刻或事物发展变化的关键环节，小细节中往往隐藏着决定生死存亡的大问题。所以在管理中，我们一定要对重要的细节予以充分重视，以如履薄冰、如临深渊的危机感，关注并认真处理好这样的细节问题。这样，我们才不至于在阴沟里翻船，生存发展以及迈向成功道路上的障碍才会得以清除。

46 不愿回头的人

某地有座山，山上的村落有两户人家，两家的男主人总是一同去镇上买东西。

去镇上的路有两条：一条很远，需要过一条小溪，还要绕过一座大山，来回需要近一天的时间；另一条近多了，只需沿山路往下走，过一条大河即可到达，不过河上有一段年久失修的独木桥，说不清哪天就会断裂，很危险。

两家主人一般都会选择走近路，毕竟另一条路太远了。一天早上，他们相约一起到镇上买东西，下山后正准备过桥的时候，其中一个细心人突然发现，独木桥上有一处断裂的痕迹。他赶紧拉住只顾向前走的另一个人，指着桥上的断裂痕迹说："慢点，这桥恐怕没法过了，你看那里，说不定一会儿就断了呢，看来今天我们得回头绕远路走了。"

另一个人经过细心人提醒，也看到了桥断裂的痕迹，但有些迟疑：“回头？我们都走到这儿了，还回头吗？从这儿过了桥就是镇上了，回头绕路那还得走多远啊？我们还是继续赶路吧，桥或许还能撑得住。”

看到另一个人那么倔强，又要执意过桥，细心人便不再言语，随即捡了块石头在手中，抢着走到那个人的前面，将石头向桥的断裂处扔了过去。只听“砰”的一声，老化的独木桥应声而落，坠入湍急的河流中。另一个人惊得出了一身冷汗，半天说不出话来，继而庆幸自己还没来得及踏上那座危桥，否则的话后果不堪设想，也不禁为自己刚才的鲁莽而感到羞愧与后怕。

在回头的路上，那个人感激地对扔石块的细心人说：“兄弟，刚才幸亏你投石问路，要不然，我可要葬身鱼腹了。你说，我当时怎么那么懵呢？满脑子想的都是回头走太远，过了桥就是镇上了，不能回头了。压根儿就没有想过桥万一真垮了掉下河怎么办。”

通常来说，做到一半的事，即使知道继续做风险大，人们也常常不愿意收手或回头；诱惑大的事，往往风险也大。故事提示我们，在管理工作中，我们切不可心存侥幸，去冒可能“万劫不复”的风险，而且一定要抵御住诱惑，该回头时及时回头，该放弃时及时放弃。这是实施成功管理，善始善终，取得事业成就的重要因素。

PART SIX

第六篇
发明与创新

发明，通俗讲就是创造出过去没有的事物，包括新的工具、产品、工艺、理论、制度等，主要体现在创新的成果上。按创新程度不同，发明可分为开创性发明和改进性发明两种。创新的含义，与发明比较相近，只是侧重面不一样，主要指发明的行为与过程。可见，发明与创新你中有我，我中有你，不能截然分开。但不管是发明还是创新，都与科学技术形影不离。

无论是个人创业致富、取得成就和功名，还是团体事业的快速持续发展，以及国家民族的强大兴盛，都需要发明与创新来推动。那么，我们究竟应该怎样进行发明与创新呢？这需要我们有创造意识、创新的兴趣和精神，敢于大胆设想、标新立异；有敏锐的发现问题的能力和敢于提出问题的勇气；要崇尚科学思维，进行联想思考、发散思考、逆向思考、动态思考等；要有坚定的信心和意志，百折不挠，不断进取。

① 失手厨师与最早的肥皂

在古埃及，有位法老某一天要盛宴宾客，这为厨师们提供了大显身手的机会。然而，就是在这种非常重要的场合，一位厨师竟然不慎失手，将一盆油泼洒在了炭灰里。

他一边深深自责，一边将沾满油脂的炭灰捧出去。但当他洗手时，意想不到的情况出现了：平时最令他头疼难洗的油污，这一次竟洗得又快又干净。

聪明的厨师没有让这个机会溜走，他马上叫来其他的厨师也用这种炭灰洗手，结果自然是洗得又快又干净。

就这样，人类历史上最早的肥皂，竟在厨师的一次“失手”中诞生了。

如果你在做事时不慎失手或失误了，请不要自责不已，不要灰心丧气。只要你肯思考，能体悟，敢尝试，说不准还会在失手或失误中有新的发明与创新呢！

② 温度计与伽利略

在很久以前，人们已经发现，人在生病时体温一般会升高。

但是如何准确地测出体温，尚无办法。于是，欧洲国家的一位著名医生请享有盛名的科学家伽利略来解决这一问题。

伽利略欣然应诺。然而，他的一个个方案、措施均告失败。究竟从何处着手呢？他百思不得其解。

16世纪90年代的一天，伽利略给学生上实验课，边操作边讲解，并向学生提问：“当水温升高特别是沸腾时，水为什么会在容器里上升？”

“因为水加热，体积会膨胀；水冷却，体积会缩小，所以水就会在容器中上升或下降。”学生做出了正确的回答。

提问学生，也启发了自己。伽利略心中一亮：水的温度发生变化，体积也随着变化，反过来，从水体积的变化，不也就能测出温度的变化了吗？

把问题倒过来思考，伽利略立刻找到了问题解决的方案。经过反复试验，他发现，在一根细试管里装上水、排出空气加以密封，并在试管上刻上刻度，就能理想地测量体温了。

就这样，世界上的温度计诞生了。

故事揭示了“逆向思维”在发明创新中的重要作用。在进行发明创新或企业经营管理中，如果遇到了难题，试着转变一下思路，把问题“倒过来”思考，常常会有意外的发现和收获。

3 王致和的臭豆腐

在我国清朝康熙年间，有个叫王致和的安徽举人，他千里迢迢来北京考进士，却因病而名落孙山。在没有盘缠回家的窘境中，他只好用自己的手艺——做豆腐谋生。

王致和做豆腐有绝招，他不用石膏，做出来的豆腐又白又嫩，吃在嘴里满嘴流香。很快，他的豆腐便在市场上获得了好口碑。正当王致和的豆腐生意顺风顺水之时，夏季伏天到来，北京长时间阴雨连绵，豆腐卖不动了。眼看着自己的豆腐由白变黄，由黄变灰，最后发出阵阵臭味，王致和急得像热锅上的蚂蚁。

看着发臭的豆腐，王致和连跳河的心都有。一次，他偶然夹了一块发臭的豆腐试着品尝了一下，不禁乐了！因为闻着臭的豆腐，吃起来反而有一股清香之气。他马上把豆腐送给邻居品尝，结果邻居也大呼好吃。他一不做、二不休，把发臭的豆腐切成小块，放上香料和食盐，码进自备的水缸。半个月后，百姓喜欢的一种佐餐小菜——臭豆腐在北京诞生了。在他的努力下，臭豆腐成了一件轰动一时的奇事，迅速在北京传播，销售更是价量齐升，居然成了一个经久不衰的知名品牌。

臭豆腐之所以能有顽强的生命力且长久畅销，就是这个产品符合人体的需求，而且是经自然发酵产出的绿色产品。在经营臭豆腐的同时，王致和又发明了酱豆腐，并逐渐扩大到各种酱菜经营，终成富甲一方的富豪。

山穷水尽疑无路，柳暗花明又一村。故事告诉我们，绝望中孕育着希望，

“废品”中蕴含着发明。在事业经营中，陷入困境并不可怕，只要你敢于尝试，细心体悟，发明与创新就会向你招手，富裕和成功也会被你收入囊中。

4 珍妮纺纱机的发明

英国人詹姆斯·哈格里夫斯，曾是一个纺织工、木工，他所发明的珍妮纺纱机，被称作真正意义上的机器，被认为是工业革命开始的标志。那么，珍妮机是如何发明的呢?

那是1764年的一天晚上，哈格里夫斯回家开门后，不小心踢翻了妻子正在使用的纺纱机。当时，他的第一反应就是赶快把纺纱机扶正。但是当他弯下腰来的时候，却突然愣住了，原来他看到那被踢倒的纺纱机还在转，只是原先横着的纱锭变成竖立的了。他猛然想到：如果把几个纱锭都竖着排列，用一个纺轮带动，不就可以一下子纺出更多的纱线了吗？ 想到此，他非常兴奋，决心试一试。

经过努力尝试，哈格里夫斯造出了用一个纺轮带动8个竖直排列纱锭的新纺纱机。这种8锭手工纺纱机，适用于棉、毛、麻纤维的纺织，纺织功效一下子比以前提高了8倍。他用自己女儿的名字“珍妮”，为这种新纺纱机命了名。

珍妮纺纱机的出现，引起当时人数众多的手工纺纱者的恐慌和嫉妒，他们冲进哈格里夫斯的家里，将新纺纱机捣毁了。

1768年，哈格里夫斯与别人合资开办了一家纺纱作坊，用珍妮纺纱机生产针织用纱。由于当年他没能申请到专利，因此只能自己以“珍妮机”来赚钱。“珍妮机”不但效率高，而且纺出的纱质量也好。因此，哈格里夫斯的生意不错，“珍妮机”的名气也渐渐传开了。

一天，哈格里夫斯夫妇晚餐后，正在谈论“珍妮机”给他们带来的日渐富裕，突然一阵杂乱的脚步声出现在家门口。然后，门被粗暴地撞开，一群怒气冲冲的男男女女冲进来，不由分说便将房里制作好的“珍妮机”通通捣毁：“你制作的害人机器见鬼去吧！”甚至还有人放火，点燃了哈格里夫斯的房屋。他们一家被赶出了居住的兰开郡小镇。

原来，英国工业革命发生后，大量失去土地的农民涌入城市，以为工场主打工谋生。当时英国占领了印度作为殖民地，印度生产的棉纺织品价廉物美，热销一时，引发了英国本土棉纺业的繁荣。织布机械由于机械工人凯伊发明了飞梭技术，织布的生产率大大提高，但织布需要的棉纱，却还是依靠众多家庭手工业的纺车慢慢纺出来的，所以棉纱供不应求，收购价格较高。“珍妮机”的发明，使棉纱产量快速上升，于是导致了织布厂收购棉纱的价格骤然下跌。而那些没有使用“珍妮机”的纺纱工人，不但产量低，而且棉纱又卖不出价钱。日子久了，他们的怒气爆发，才有捣毁“珍妮机”的那一幕。

被工人们赶出兰开郡小镇后，哈格里夫斯夫妇不得不流落街头，但他们有了落脚的地方之后，仍然努力改进“珍妮机”。1770年，哈格里夫斯获得了珍妮机的发明专利；1784年，“珍妮机”已增加到80个纱锭。4年后，英国已有两万台“珍妮机”了。

“珍妮机”的发明，促成了后来更多的如蒸汽机等新机器的发明与改进。新机器的应用，使人类直接参加劳动的“手”被解放出来，完成了人类在物质生产领域的一次巨大飞跃。所以，“珍妮机”的发明被认为是工业革命开始的标志。

不同的角度会催生不同的发明。就像纺纱机上“横”着的纱锭，不便进行多个排列，而将纱锭“竖”起来，情况就大不一样了。而要捕捉“竖”起来的发明创意，就要看你有没有发明家的眼光与思维了。

“珍妮机”的发明与使用，揭示了发明创新的曲折与艰辛，如果没有一种百折不挠的精神，发明创造也是难以取得成功的。

5 “最没规矩”的拿破仑

18世纪末，欧洲政坛风起云涌。此时，出现了一个被称为“最没规矩”的人——拿破仑·波拿巴。

拿破仑从政没有规矩，一个没有贵族血统、没有门第背景的人，却靠娶了个有钱的寡妇，挤进了法国政坛；他打仗没有规矩，别人都是列着队、敲着鼓走到跟前再放枪，可他是先用大炮轰，然后再让骑兵冲上去一顿乱砍；他用人没有规矩，除了法国，当时没有任何一个欧洲国家的元帅是鞋匠、木工、小摊贩，可他的26位元帅中，有24位出身于此类平民；他甚至连加冕都没有规矩，别的皇帝都是跪下让教皇把王冠给自己戴在头上，他竟然是站起来抓过王冠自己给自己戴上的。

总之，如同当时欧洲旧贵族们怒斥的那样：拿破仑是世界上最没有规矩的人！但他们又不得不臣服于他，并且按照他给他们制定的规矩生活，因为按照他们自己的规矩，他们打不过拿破仑。拿破仑的铁蹄踏遍了整个欧洲，欧洲历史上所有的军事强国都一一败在了他的手下……

拿破仑之所以能成为19世纪法国最伟大的军事家、政治家，成为法兰西第一帝国的缔造者和法国人的骄傲，就是因为他那被欧洲旧贵族们怒斥的“最没规矩”的行为。而实质上，这正是他勇于质疑陋习，敢于打破陈规，善于进行规则与制度发明创新的超人之举。他颁布的《拿破仑法典》，对世界法律体系的完善、西方资本主义国家社会秩序的建立，发挥了奠基性的作用。

所以，要想成为一个卓越甚至伟大的人，能够发现并勇于打破陈规陋习，大胆进行发明创新，也是一项必备的重要素质。

⑥ 电镀术的发明

法国有位叫阿伦·艾杰布里希特的科学家。19世纪初的一天，他正在实验室里仿造一种巴格达的电池。这是一种古老的电池制作方法，是用一些陶瓷的瓶子、铁棒、铜管再加上一些溶液来制作的。

阿伦将这些东西放在一个器皿里，然后从新鲜的葡萄里榨出些汁液，倒入铜管之中。这时候，他看到电压表的指针在移动，试验成功了。他非常兴奋，转身去找一个本子，想记录下这个实验的过程。

可能因为太兴奋了，阿伦顺手去取笔记本的时候，不小心打翻了放在架子上的一个小雕像，雕像恰好掉进了盛金溶液的盆子里。他吃了一惊，但没有去动那雕像，因为金溶液很珍贵，必须要小心处理才行。他想先把试验的记录整理好，再来处理这倒霉的雕像。

在实验记录整理好之后，阿伦开始处理盆子里雕像上的金粉。当他找来一把刷子，小心翼翼、轻轻地一遍又一遍刷雕像的时候，一件怪事出现了，这些金粉怎么也刷不下来了，他顿时大为惊讶，立即停下手中所有的工作，专心致志地研究这个新发现。

原来，阿伦试验成功之后，电池的两根导线恰好掉进了这盆溶液里，在电解的作用下，盆里的金元素均匀地依附在这座雕像的表面。根据这一现象，他经过反复的研究试验，终于发明了电镀工艺技术。

电镀术的发明，及时解决了金雕像制作中先将黄金打成非常薄的金箔，然后再将其小心地粘贴在雕像表面这一既耗时又费力还容易脱落的问题。以后，这一工艺发明被推广运用到多种金属产品上，并且一直沿用至今，对金属产品的防护、表面装饰以及功能改善等发挥了重要作用。

故事告诉我们，在一些意外情况中，常会发生令人惊奇不已的事，往往蕴含着发明创新的先兆。如果我们能够及时发现这些先兆，灵活思考，深入研究，大胆试验，就可能成为发明创新的主人。

7 买不起雨伞的橡胶工人

19世纪20年代，在多雨的苏格兰，有一个名叫麦金托什的橡胶工人，因为家里穷买不起雨伞，所以，下雨天不得不经常冒雨上下班。

有一天工作时，疲惫的麦金托什发生了失误，将一些橡胶汁弄到了自己的衣服上。衣服脏了怎么办呢？他有些懊恼地用手指去擦抹粘在衣服上的橡胶汁，企图把它擦掉，谁知越擦橡胶汁覆盖的面积越大，擦掉的难度更大。

无奈，他只好穿着这件被橡胶汁玷污的衣服上班。奇怪的是，衣服被橡胶汁擦抹过的地方竟能隔雨。他的眼睛一亮，心想：如果用橡胶汁把整个衣服全涂遍，不是可以用来当雨吗？

麦金托什试着这样做了。就这样，世界上的第一件雨衣由此诞生。在穿了一段时间之后，他发现这种雨衣并不理想，因为用的是生橡胶，冬天硬邦邦，夏天有些粘手。为了克服这种缺点，他进行了多次试验，终于发现用橡胶和松节油的混合物浸润过的棉布，既能挡雨，有可保持良好的柔软性，他便用这种布制成了质地较好的胶布雨衣。

据说，麦金托什后来靠雨衣的发明创新开创了自己的事业，不但摆脱了贫穷，还成了当时世界上最大的雨衣厂老板。

故事告诉我们，失误并不可怕，怕的是心情沮丧、心如死灰；贫穷也不可怕，怕的是沉溺于贫穷之中。在工作与生活中，对有些令人懊恼的失误，你若能细心体察，让脑筋多转几个圈，用心揣摩，勇于尝试，即便你是穷人，也能进行发明创造，也能够通过发明创新开创自己的事业，从而使自己步入成功的富人行列。

8 知名画家与电报发明

1832年，41岁的萨缪尔·芬利·布里斯莫尔斯，已经是一名享誉美国画坛的画家。10月的一天，他乘船过大西洋时，在船上看到了一场“电流磁效应”的魔术表演，受启发后便产生了“用电来传递信息”的主意，并下定决心要把自己的余生投入电报研制中。

回国后，莫尔斯丢开画笔，全身心地开始进行电报研制。有人惊疑：“你已经40多岁了，还改个什么行？”有的则为他惋惜：“这么有名气、有造诣的艺术家，竟然放弃自己光明的前程，丢下画笔，胡思乱想搞什么发明！”对人们的议论，他一笑了之，仍专心致志做自己的实验。

3年过去了，莫尔斯的积蓄花光了，吃饭和实验都成了问题。无路可走时，他只好到纽约大学当美术教授，白天上课，晚上研究电报。

研究持续到第5年的一天，当接通电流后，莫尔斯望着啪啪作响的电火花，陷入了沉思。突然他的灵感来了：电火花是一种信号，没有电火花也是一种信号，没有电火花间隔时间的长短又是一种信号。三种信号有各种不同的组合，每一种组合代表一个字母或一个数字。这样，只要用一根电线，通过接通或切断电流，就可以把信息传递到另一端。

莫尔斯为自己这个天才想法激动不已，因为这终于可以解决如何用电信号表示字母和数字这一关键问题了。按照这个设想，他编制出了世界上第一本电报电码，这就是后来人们长期使用的“莫尔斯电码。”

发明电报编码后，莫尔斯又根据编码开始设计和制作电报机。1837年9月，他终于制造出了世界上第一台电磁式电报机。

发明虽然成功了，但由于当时的电报通信距离短，所以没有企业家肯投资。不过莫尔斯深信，总有一天电报会占领市场，于是他忍痛卖掉了自己唯一值钱的东西——几幅祖传的珍藏了多年的画，作为继续实验的费用。1841年，在威尔父子的协助下，他终于研制出了可供实用的有线电报机。但当时51岁的莫尔斯，为了推行电报机处处碰壁，他贫病交加，在饥饿中挣扎着、呻吟着。

直到1844年5月24日这一天，莫尔斯心情激动地坐在华盛顿国会大厦联邦最高法庭会议厅中，右手紧握电键，当着众人的面，向40英里之外的巴尔的摩发出了历史上第一张长途电报：“上帝创造了何等的奇迹！”

电报终于正式诞生了。莫尔斯艰苦奋斗了12个春秋，终于将他的思想变成了现实的发明，他成功了。

俗话说，隔行如隔山。莫尔斯的故事告诉我们，尽管绘画与电报是两个“隔山”的领域，而且莫尔斯在41岁时才开始进行电报发明研制工作，但他硬是凭着自己的卓识远见和惊人毅力，克服了重重困难，最终发明了电报，为人类通信事业做出了不可磨灭的巨大贡献。

所以，外行和年龄都不是阻碍发明创新的桎梏，只要我们具有远见卓识，将远大理想与目标、毅力结合在一起，就能产生无穷的力量，就能克服重重困难，就能取得重大发明创新的成功。

9 发明混凝土的园艺师

19世纪20年代，英国人阿斯普丁发明了水泥。但在以后的很长一段时间，人们在使用水泥的过程中发现：这种人造“石头”虽然坚硬，但同自然界的石头一样有其自身的不足：就是脆，经不起冲击，抗拉强度低。因此，人们绞尽脑汁地想解决这一问题。

在法国，有一位叫瑟夫·莫尼埃的园艺师，他家有个很大的花园，一年四季开着美丽的鲜花，来赏花的游客络绎不绝。但让他烦恼不已的是，花坛经常被游客踏碎。怎样才能让人踩在花坛上而花坛不至于被踩碎呢？他的脑中时常被这一问题所萦绕。

1865年的一天，正在花园里移栽花木的莫尼埃，一不小心把一盆花脱手掉到了地上，花盆摔得粉碎，但花根四周的泥土却紧紧包成一团，没有散开。“噢！花木的根系纵横交错，竟然把松软的泥土牢牢地连在了一起！”莫尼埃自言自语地说。

莫尼埃从这件事中受到了很大启发，他想这或许可以解决花坛容易被踩碎的问题。他仿照花木的根系，用铁丝织成网架，再用水泥、砂石浇在一起，重新砌成花坛，果然非常结实耐用。就这样，水泥混凝土在一个园艺师手中诞生了。

1867年，莫尼埃申请了水泥混凝土的发明专利，并在当年巴黎世博会上展出了钢筋混凝土制作的小船和花盆。

花盆和混凝土本是两种毫不相干的东西，但花盆摔碎后，莫尼埃从未散开的花根系与周围泥土连在一起这件事中，得到了启发，获得了灵感，发明了混凝土，解决了许多人多年来绞尽脑汁都没有解决的问题。当然，这也使他最终在事业上获得了巨大成功。

莫尼埃——一位既不是工程师，也不是建筑材料专家的园艺师，他所发明的建筑材料——水泥钢筋混凝土，直到现在仍然是最主要的建筑材料之一。这带给我们诸多启示：“道法自然”，发明创新的灵感可以从大自然中源源不断地汲取；只要你心存疑问，善于观察，敢于尝试，跨专业也能进行发明创新；即使是个普通人，只要大胆探索，不断进取，善于借鉴，同样也可以铸就发明创新的奇迹。

10 “缄默”来的第一桶金

托马斯·阿尔瓦·爱迪生，美国大发明家、企业家，是一个做事容易入迷上瘾、喜欢用脑钻研的人。

十几岁的时候，为了谋生和他所钟情的发明事业，爱迪生不得不去做工赚钱。通过努力，他找到了一份电报员的工作。很快，他就迷上了电报。

那时候的电报非常简陋，电报员用不同的速度打开和关闭电开关，产生滴答声，另外一端负责接收的电报员再将声音转换成英语。这种原始的电报存在致命缺陷，就是无法准确地将信息传送到200英里以外的地方。因为超过了200英里，就必须经过数个中间站，每个站的电报员都得收听并记下消息，然后转发到下一个中间站。由于电报经过多次转译，最后收到的消息往往和初发的本意大相径庭。

酷爱动脑钻研的爱迪生，一直都在思考如何解决这个难题。经过反复试验，他克服了重重困难，在19岁那年终于装配出一台能接收信息然后自动发出信息的自动电报机。然而，这项发明不仅没使他受到奖赏，他反而被解雇了。原因是他的上司也一直在尝试解决同样的问题，而且很不乐意被作为自己下属的这样一个毛头小伙子给抢去了风头。由于失去了工作，爱迪生过上了异常艰苦的日子，他所钟爱的发明事业也陷入了“无米之炊”的状态。

几年后，一家颇具规模、从事电报业务的公司——西部联合公司，找到了穷困落魄的爱迪生，表达了希望购买自动电报机专利的意愿，并让他为这项发明开出一个价格。

此时的爱迪生太需要钱了，不但是生活所迫，而且他还有很多绝妙的想法，因为缺钱而无法着手进行实验。但他又担心要价过高，吓跑了客户，落得竹篮打水一场空。他在矛盾中反复思考了几天，也没能想出认为合适的价格。

后来，妻子建议爱迪生开价2万元。他摇了摇头，认为这个开价过高了。一直到了与客户正式会谈时，他仍然没有考虑成熟。西部联合公司的官员似乎有些急不可耐，他们表示，只要价格合适，马上就可以和他签署购买协议。

爱迪生也看出对方急于购买自动电报机的意图，几次壮着胆子想说出2万元的开价，但话到嘴边又忍了回去，他生怕这个开价会吓走自己平生的第一个客户。

西部联合公司的官员见他迟迟不肯开口，便试探性地问道：“爱迪生先生，你看10万元如何？”这对爱迪生简直是一个天大的惊喜！他高兴地答应了对方的报价并与他们签署了成交协议。自动电报机发明专利的售出，终于使他掘到了发明创新事业上的第一桶金。

在以后的日子里，借助这笔巨款，爱迪生——这位人类历史上伟大的发明家，终于摆脱了困境，也使他能在发明创新的征程上不断攀登新的高峰。他的发明与创新，为人类社会文明的进步与发展做出了无与伦比的贡献。

喜欢用脑钻研、做事入迷上瘾，能调动人的最大潜能，并将其聚焦于所喜欢的事业上；有解决难题的办法和攻克前进道路上任何艰难险阻的动力与毅力，这是发明家所具有的一大特质；“缄默是金”，有时的“缄默”，往往比“口若悬河”更能给你带来意想不到的惊喜。

尽管我们每个人都无法成为发明家，但发明家所具有的爱动脑、喜钻研、专注、缄默、实干的品行，也很值得我们在发明创新或干事创业中学习与借鉴。

11 石油大亨的“一滴”创新

美国有一个石油大亨，一生取得了令人炫目的成就。谈起他的创业发迹史，创新在其中发挥了重要的作用。

这位石油大亨年轻时，曾在某石油公司谋得了一份工作。当时他所做的事，可以说连小孩子都能胜任，就是巡视并确认石油罐的盖子是否自动焊接好。

石油罐在输送带上移动至旋转台上，焊接剂便自动滴下，沿着盖子回转一周，作业就算结束。每天如此，反复无数次地注视着这种作业，他觉得枯燥无味，厌烦极了。

他想创业，可又没有条件。通过认真观察，他发现罐子旋转一次，焊接剂滴落39滴，焊接工作便结束了。他想，在这一连串的焊滴中，有没有什么可以改进的地方呢？有一天，他突然想，如果能将焊接剂减少一两滴，是不是能节省一些成本？于是，经过一番刻苦钻研和努力，他研制出了“37滴”型焊接机。但是，利用这一机器焊接出来的石油罐，偶尔会漏油，并不理想。但他并不灰心，又夜以继日地研制出“38滴”型焊接机。这次的研制非常完美，公司对他的评价很高。不久公司便生产出这种机器，替代了原来的焊接机。

虽然节省的只是一滴焊接剂，但这“一滴”每年却给公司带来了巨额的新增利润。这次焊接机的创新改进成功，增强了年轻时的石油大亨干大事、成大业的信心，使他在成就石油富翁的道路上迈出了重要一步。

人生的改变往往是从小的方面开始的。通过细致观察与刻苦研发，对焊接机进行创新改进，虽然节省的只是一小滴焊剂，却使故事主人公的人生发生了重大转变。故事启示我们，无论做任何事，如果能摆脱枯燥感觉，丢弃厌烦情绪，主动观察分析，发现事情缺陷并对之进行研究改善，你就能注意到一般人注意不到的事情，见别人所未见之问题症结，做别人所未能做的创新发明之事，从而成就自己的辉煌人生。

12 捕捉电磁波火花的赫兹

海因里希·鲁道夫·赫兹，19世纪后半期德国伟大的科学家，他最先用实验证明了电磁波的存在，揭示了电磁波的特性与传播奥秘，并发现了光电效应，为世界无线电电子技术的发展开创了新纪元。

那么，他究竟是如何证明电磁波的存在呢？这得从一年的初夏说起。

一年初夏，经过几年艰苦探索后，作为青年科学家的赫兹，终于创造出了有效的电磁波探测器。但他满怀激情地实验了10多天，可所期望的电磁波火花并没有出现。

为此，赫兹吃不下、睡不着，百思不解，整日眉头紧锁。他的妻子见他整天在实验室里发愣，心里十分不安。于是在一天晚上，妻子把他从闷热的实验室里拖出来，陪他到一条河边散步。

河边夜景很美，但赫兹却无心欣赏。妻子有意让他开心，指着河边许多漂移的小亮点说：“你看，多美呀，就像星星落下来一样！”

赫兹抬头看见那些小亮点，惊讶地问：“这火花哪里来的？”

妻子大笑起来，打趣地说："你想火花入迷了，这是萤火虫！""萤火虫？为什么白天看不见？"赫兹问。

"那白天你为什么看不到星星？"妻子反问。

赫兹豁然开朗："对，应该在黑暗中实验。"他掉头就往实验室跑去。

就在那个晚上，赫兹终于在实验室里为人类第一次捕捉到了电磁火花，证实了"电波之父"麦克斯韦天才的预见。这一新发现，对现代电子科学技术的发展起到了十分重要的作用。

"众里寻他千百度，蓦然回首，那人却在灯火阑珊处！"赫兹捕捉电磁火花的故事说明，要进行发明创新，不但需要千百度的苦苦众里"寻觅"，有时也需要"蓦然回首"的一瞥，以放松的心情借助于其他事物来获得启迪。

13 令人失望的一摊"污迹"

居里夫人，波兰裔法国籍伟大的物理学家和化学家，是世界上第一个既获得物理学又获得化学两项诺贝尔奖的人。她的伟大成就之一，就是发现了世界上的一种新元素——放射性极强的镭。然而，这一发现却是从一摊令人失望"污迹"获得的。

在对"镭"这种新元素开始研究时，居里夫人只是在理论上推测但无法证明"镭"的存在。因此，巴黎大学的董事会拒绝为她提供所需的实验室、实验设备和助理员，她只好一个人在校内一个无人使用的破旧大棚子里做实验。

居里夫人在大棚里工作了四年，最初两年做的都是粗笨的化工厂的活，即不断地溶解分离矿渣，然后再不断地进行分离与提取。经过1000多个日夜辛苦的工作，8吨小山一样的矿渣最后只剩下了器皿中的一点点液体。她想，再过一会儿将结晶成一小块晶体，那就应该是"镭"！最后，当她满怀希望朝那只玻璃器皿中看时，看到的却是一小摊污迹，她失望极了。

居里夫人疲倦地回到家里，想找出失败的原因。"如果我知道为什么失败，我就不会对失败太在意了。为什么只是一摊污迹，而不是一小块白色或无色晶体呢？"她沉思良久，一下子恍然大悟：也许"镭"就是这个样子，不像预测的那样是晶体形状。

居里夫人起身跑向实验棚，还没等开门，她就从门缝里看到了她的伟大“发现”：器皿里那摊令她失望至极的污迹，正在黑暗中发出耀眼的光芒，这就是“镭”——一种具有极强放射性的新元素被发现了！

居里夫人发现新元素“镭”的故事启示我们，世界上许多伟大的事，多是从渺小的事干起的；许多伟大的发现，初看上去也可能像是一件不起眼、令人失望的事。只要我们不灰心、不丧气，能够从“艰难困苦”中坚持再坚持，不断从“为什么”中寻找答案，就一定会有成功的那一天。

14 找到别人秘密的福特

美国汽车大王亨利·福特，世界上第一位使用流水线大批量生产汽车的人，是一位影响人类历史进程的著名企业家，也是一个善于借鉴别人秘密进行自我产品创新的工程师。

1905年的一天，在美国伊利湖畔繁忙的公路上，发生了一起严重车祸：两辆汽车追尾，后面又撞上来一连串的汽车，公路上一片狼藉，碎玻璃、碎金属片满地皆是。

事故发生后，除了警察赶到现场外，还来了一个汽车厂的老板，他就是后来闻名于世的汽车大王亨利·福特。

福特为什么急匆匆地赶来了呢？原来，这位精明的老板希望能通过被撞坏的汽车找到一点别人的秘密。

他仔细地搜索着每一辆撞坏的汽车。突然，他被地上一块亮晶晶的碎片吸引住了，这是从一辆法国轿车阀轴上掉下来的碎片。初看这块碎片并没有什么特别之处，然而它的光亮和硬度，使福特感到这其中必定隐藏着巨大的秘密。

于是，他把碎片收好悄悄地放到口袋里，准备带回去好好研究研究。

回到公司后，他将这块碎片送到了中心实验室，吩咐他们分析一下，看看这块碎片究竟含有什么成分。

分析报告很快出来了，这块碎片中含有少量的金属钒：碎片的弹性优良，韧性好，硬度高，不容易磨损和断裂，具有很强的抗冲击和抗弯曲能力。

同时，公司情报部门送来了另一份报告，认为法国人似乎是偶然使用了这块含钒的钢材，因为同类型的其他法国轿车上并不使用这种钢材。

这一下，福特高兴极了。他下令立刻试制钒钢，同时又组织寻找储量丰富的钒矿，解决冶炼钒钢的技术难题，希望早日将钒钢用在公司制造的汽车上，以使自己的汽车迅速占领美国乃至世界市场。

福特终于成功了。他的公司将研制出的钒钢用于制作汽车发动机、阀门、弹簧、齿轮等零部件，汽车质量得到大幅提高。

几十年之后，福特汽车公司成了世界上最大的汽车生产厂商之一，福特曾高兴地说："假如没有钒钢，或许就没有汽车的今天。"

他山之石，可以攻玉。如果你能发现别人的秘密，找到并借鉴别人的特长，用于创新自己的产品，你就能提高自己的产品质量，拓展更大的市场，从而获得更大的成就和成功。

15 不易破碎的玻璃

在法国，有个名叫别涅迪克的博士，是一家化学研究所的高级研究员。

1903年的一天，别涅迪克在实验室里做实验，准备将一瓶化学溶液倒入烧瓶中时，不小心手一滑，烧瓶"咣当"掉在了地上。糟糕！还得费时间打扫玻璃碎片，他有些懊恼。

然而，烧瓶并没有破碎，于是别涅迪克弯下腰捡起烧瓶仔细观察。这只烧瓶和其他烧瓶一样普通，以前也曾有烧瓶掉在地上，但无一例外都摔成了碎片。为什么这个烧瓶仅有几道裂纹而没有破碎呢？他一时找不到答案。于是，他就把这只烧瓶贴上标签，注明问题，保存起来留待以后研究。

3年后的一天，别涅迪克在走进实验室之前，看到一张报纸上报道说，市区有两辆客车相撞，车上的许多乘客都被车上的挡风玻璃碎片划伤。其中一辆车的司机，被一块碎玻璃刺穿面部进入口腔，伤得很重。这使他一下子想起了那只裂而不碎的烧瓶。

别涅迪克走进实验室，拿出那只烧瓶进行细致观察，发现烧瓶的瓶壁上有一层薄薄的透明膜，他便用刀片小心翼翼地取下一块进行化验。化验结果表明，这只烧瓶原来盛过一种叫硝酸纤维素的化学溶液，那层薄薄的透明膜就是这种溶液蒸发后残留下来的。遇空气后，残留溶液产生了化学反应，从而牢牢地粘贴在瓶壁上，对瓶子起了保护作用。因为无色透明，所以一点也不影响视觉。他想，如果这种溶液，用于汽车挡风玻璃的生产，以后再发生类似汽车相撞的交通事故，乘客的生命安全不是可以得到保障吗？

于是，别涅迪克立即开始了挡风玻璃的研究实验。经过一段时间努力后，他研制出了以后被广泛应用的不易破碎的挡风玻璃。正是这个发明创新，使他荣登上了20世纪法国科学界突出贡献奖的榜首。

作为一名化学研究员，别涅迪克之所以能成功发明不易破碎的挡风玻璃，就在于他对工作中发生的新情况、新问题随时留心，洞明其中的原因，并以一颗造福他人、造福社会之心，积极进行研究实验，解决发生在现实中危害生命安全的难题。

别涅迪克的故事表明，有心还是无意，是决定能否抓住发明创新机遇的关键。其实，每一种成功，都始于有心人一双善于发现的眼睛，并与执着探索解决难题、造福人类、服务社会的行为与品行密切相关。如果有志于做一个造福社会的发明创新人，就让我们从拥有一双善于发现的眼睛开始吧！

16 爆震问题的“误解”

查尔斯·富兰克林·凯特林，美国发明家，被誉为现代工业及研发体系的缔造者。他除了发明汽车上的电瓶起动系统等，还解决了汽车引擎的爆震问题。

1912年，当汽车工业开始发展时，凯特林把改进汽油在引擎内的使用效率问题作为研发方向。他要解决的难题是汽车的“爆震”，即汽油要在一段时间后才在汽缸中燃烧，降低了引擎工作的效率。

究竟如何消除爆震，他自问：“怎样才能使汽油在汽缸里提早燃烧？”关键字眼在“提早”。他想研究类似的情况，便到处寻找“提早发生的事物”的模式。他想到历史模式、心理模式以及生物模式。最后他想到一种特别植物——开花比其他植物要早的蔓生杨梅。杨梅的主要特性之一，是它的红叶子可以保留住光线。因此凯特林认为，一定是红颜色使杨梅花提早开放的。

凯特林的连锁思考进入重要步骤。他自问：“汽油要怎样才能变成红色？或许在汽油里加红色染料，汽油就会提早燃烧。”他在工作室到处找也没发现红色染料，倒是找到一些颜色发红的碘。于是，他就把碘放进汽油里试验，引擎居然不发生爆震了。

几天后，凯特林想要确定是不是碘的颜色解决了“爆震”难题。于是他拿一些红颜料放进汽油里，引擎仍然发生爆震！他这才知道不是“红颜色”解决了爆震难题，而是碘中所含的某种成分发挥了作用。在把研究注意力转移到碘的成分之后，通过反复试验，他终于解决了引擎“爆震”这一影响汽车引擎效率的大难题。

故事告诉我们，提升效率是创新的重要目标，解决难题是创新的主要手段；思考是创新的引擎，错误是创新的垫脚石。假如凯特林不进行连锁思考，如果他早知道“红色”不能解决爆震问题，那么他就不会在汽油里加碘，也就不会意外地找到解决引擎爆震问题的办法。所以，我们要创新，既需要进行广泛的、连锁的思考，又需要进行大胆的尝试，即使试错也在所不惜。

17 皮革商与冷冻技术

有一个叫巴尔卡的美国皮革商，非常喜欢钓鱼，他经常到离家不远的纽芬兰海岸去钓鱼，因为那里有世界著名的纽芬兰渔场，鱼类资源非常丰富。

一个冬天的早晨，尽管下了一整夜的大雪，也没能阻止巴尔卡来到纽芬兰海岸。天气很冷，寒风刮在脸上像刀割一样。他费了很大力气在冰面上凿了个洞，然后坐下来，点上一支烟，开始钓鱼。

这几天，他心里老在琢磨一件事。钓的鱼一放到冰上，很快就冻得硬邦邦了，这种冻鱼只要身上的冰不融化，过个三五日也不会变味，而且味道还像活鱼一样鲜美。这是什么原因呢？难道食物结了冰就能对其起到保护作用？如果能人为地把鱼冻起来，是不是也能像冰上的冻鱼一样保持新鲜呢？如果是这样，我何不……想到这里，他眼前一亮，一个不安分的想法使他急急收起鱼竿，匆匆地回了家。

从此以后，巴尔卡开始了他的试验。经过反复试验，他发现牛肉和蔬菜冻得结了冰，也能保鲜，而且所有食品冷冻后的味道和保鲜度，跟冷冻速度和方法有关。又经过深入的试验、摸索、总结，他终于掌握了食品冷冻技术。之后，他向国家专利局为他发明的冷冻技术申请了专利。

由于这是个潜力极大的新技术，一时间，全国各大食品公司纷至沓来要购买巴尔卡的专利。他没轻易出手，而是等到出价越来越高，高得离谱时，把握时机，以3000万美元的高价，果断地卖给了通用食品公司。结果，与其皮革行当风马牛不相及的冷冻技术，使巴尔卡发了大财、成了富翁。

皮革商巴尔卡能够发明与其本行毫不相关的食品冷冻技术，得益于他所具有的喜欢琢磨，善于发现，不畏艰难，勇于探索的素质。如果我们能像巴尔卡那样，遇事积极主动地思考，不畏艰难地探索，也能成为不同行业新产品、新技术的发明创新者，变为富翁或在事业上取得成就，也会在不远的将来成为现实。

18 名垂交通史的女医生

在美国内布拉斯加州，有一个叫琼·马卡诺的女医生。她虽然在自己从事的医疗事业中一点都不出名，但却在世界交通发展史上留下一道难以磨灭的烙印。

作为一名医生，琼在多年的从医经历中，高速行驶发生车祸造成的一个个患者让她惊心，她自己的轿车也曾经有过与其他车辆擦边相撞的经历。这让她开始考虑高速公路的安全问题，决心为减少车祸做些有益的事情。

琼在高速公路上行驶时注意到，人们都乐意靠近公路中间行驶，这种偏好使得撞车的概率大为增加。一个念头闪现在她的脑海中：在公路中间画上一条醒目的竖线，不就可以避免汽车相撞的灾祸吗！

当琼将她的想法提供给有关部门时，她得到的是这些部门最典型的官僚主义式反应。好在琼不是一个轻言放弃的人，她将她的想法提到了当地的一个妇女俱乐部，俱乐部成员全票赞成她的这一提议。尽管有俱乐部的鼎力支持，她还是与官僚势力苦斗了7年之后，才使自己的提议得到实施。

1924年，内布拉斯加州高速公路管委会同意在99号公路进行试验。他们在这条公路中间画上了一条醒目的线，将公路平分为两部分，并规定不同方向的车辆只能在自己的一边行驶。此后的统计数字表明，99号高速公路的事故率显著下降了。由此，人们才开始认识到，琼的提议和不懈努力对避免交通事故的重大贡献，所以公路中间所画的那条醒目竖线，也得以用琼的姓氏来命名——马卡诺线。

不久，全州的高速公路都以画上马卡诺线而引以自豪。后来，美国的其他州以及世界上的大多数国家，也都逐渐采用了这种做法。

琼的“马卡诺线”的新提意，最终能够得以成功落实，不仅源于她“减少车祸”的良善之心，也得益于她的善于观察以及对新创意实施的长期坚持与执着努力。所以，琼虽没有在医学界留下自己的印记，却在减少车祸灾难上做出了巨大贡献，在世界交通史上做到了永垂不朽！

所以，无论我们从事什么职业，只要长存善良之心，常思善良之策，常行善良之举，并为此不懈努力，也可以成为一个名垂青史的发明创新者。

19 小商人与斜口袋

在很多年前的德国，有一个叫伦格尔的小商人，他经常在寒冷的冬天奔走于大街小巷。

当时，可能是方便装东西的缘故，人们的大衣口袋都是长方形的，开得比较高，做得比较正。走在街上的伦格尔，常常将自己的手插进大衣口袋里取暖，但总感到既不舒服又不方便，就想，要是能将口袋改进一下方便取暖就好了。

后来，他试着做了一件斜口袋大衣。这种大衣既方便把手插进口袋取暖，式样又潇洒大方。他对自己新做的大衣非常满意，就申请了专利权。在他的努力推广下，渐渐地，斜口袋大衣开始流行世界，伦格尔也因此赚取了丰厚的收入。

问题有时就是这么简单，只要你能稍微转变一下角度，对生活中人们司空见惯的“不方便”进行琢磨，大胆尝试进行改进与完善，或许就能打造出自己的一片新天地。

20 鸡尾酒与工作失误

很久以前，在西方某国的一个酒吧里，有一个叫乔治的年轻小伙子，他的工作就是把供应商送来的酒，按不同的品种倒进备好的大缸里，再卖给客人。

他做事认真、小心，因为这个工作是他与卧病在床的母亲唯一的经济来源。但不幸还是发生了，有一次，他因连夜照看生病的母亲，实在太疲乏了，迷糊中竟把酒倒错了缸子，将两种酒混到了一起。当他醒悟过来时，脸色煞白，害怕极了。他非常清楚这种名贵酒的价值，也清楚现在等待他的是罚款和被炒鱿鱼。

这时候，正好接他的班的人来了，而且更巧的是刚好有一个顾客来买酒，那位不知情的伙计就把弄混了的酒舀了一杯给顾客。奇迹就这样出现了，顾客喝了这种弄混了的酒后，竟然赞不绝口。

“为什么不能把不同的酒混在一起，调成另一种别有风味的酒呢？”一旁的乔治突然灵光一闪。事后，他把自己的工作失误与新想法如实报告给了老板，得到了老板的谅解与肯定。所以以后一有时间，他就对几种不同的酒不断进行调制试验。在他的努力下，一种口感独特、颜色瑰丽的酒——鸡尾酒终于面世了。

鸡尾酒出现后，立刻成了顾客们的新宠。后来，乔治也通过经营鸡尾酒成为让人羡慕的富商。

很多时候，我们丝毫觉察不到身边的机遇，因为这些机遇往往以“失误或意外”的身份出现。对大多数人而言，一旦发生失误，难免心情紧张，只想到失误及其后果，这就容易把注意力集中在非常狭隘的消极之处，以至于错过失误中可能存在的意外机遇。如果我们遇事能往积极方面想，做个洞明世事的有心人，或许就能在失误或意外中发现发明创新与改变自己命运的机会。

21 不让梦想退休的老教授

在美国威斯康星大学，有这样一条规定，即教授年满70岁必须退休，理由是，人到70岁高龄，已没有精力和体力再做研究或教学工作了。1943年，该校的植物学教授德格博士正好70岁，虽然他热爱自己的事业，却不得不对所留恋的大学工作说再见。

德格心中一直隐藏着一个梦想，那就是研制出一种特效药，拯救那些被病魔折磨的人。如今虽然退休了，他却不想让梦想也一起退休。退休后不久，在几个学生的引荐下，德格受聘于雷德里化验所的制药厂，作为顾问并独立担任研究工作。

那时，人们大都认为，减轻及治疗传染病的灵药，都隐藏于泥土之中。故在雷德里化验所的化验室中，有6000个小抽屉，每个抽屉都盛装着来自世界各地的泥土样品。德格的工作，就是将一撮撮泥土样品放在细颈实验瓶里进行交互配合，通过精心培育使之长霉，然后再不断进行试验，从长出的霉中分离出对病毒有作用的物质。

对6000份泥土样品，至少要做3600万次交互配合。德格每天都重复着这种单调的工作。两年过去了，他一无所获，可他仍然不放弃希望，因为心中的梦想仍然在向他召唤。他相信，上帝不会辜负梦想，只要尽力，一定会有结果。

一天，他看见一个实验瓶里生长出一种金色的霉，仿佛闪烁着希望之光。通过很多次实验，他终于从霉中分离出一种抗生素。这种抗生素，可以控制50余种严重病症，这就是著名的金霉素。此后不久，他又从霉中分离出另一种广效抗生素——四环素。

德格对两种抗生素的研发成功，给世界医学带来一次重大改变，为医学发展做出了巨大贡献。从大学退休后的他，又活了14年，而就在这段时间，他所救活的人比当时世界上的医生加起来还要多。

“老骥伏枥，志在千里。”故事告诉我们，如果你心中有发明创新的梦想和雄心，就不要轻易被年龄所禁锢，也不要轻易受别人的影响。只要你思维的智慧之轮仍在转动，你的探索与研究工作仍在不断向前推进，那么你的梦想和雄心总有一天会抵达成功的彼岸。

22 牛蒡草与尼龙扣

瑞士有一个叫乔治·德·曼斯特尔的发明家，曾一直想发明一种能轻易地扣住、又能方便地脱开的尼龙扣，但一直没有找到办法。

1948年的一天，曼斯特尔带着自己心爱的狗去郊外打猎。当他和狗从牛蒡草丛经过时，他的毛料裤和狗毛上都沾上了许多刺果，这引起了他极大的兴趣。

回到家里，曼斯特尔立即用显微镜仔细观察粘在裤子和狗毛上的刺果，发现刺果上有千百个细小的钩刺，勾住了毛呢布和狗毛。这时，他兴奋地想，如果能用刺果这样的东西作扣件，真是再好不过了。

受此启发，经过不断的试验和改进，曼斯特尔发明了以一丛细小的钩子啮合另一种细小圈环的新型扣件——凡尔克罗。这是能轻易扣住又可方便脱开的尼龙扣，不但轻便，还可以用水洗，好携带又很实用。

凡尔克罗尼龙扣可以广泛地用于包括服装、窗帘、椅套、医疗器材、飞机与汽车制造等方面。甚至在太空，宇航员在失重的状态下，依靠它可将食品袋扣在舱壁上；在靴底装上它，也可使宇航员的靴子黏附在太空舱的地板上。

因此，凡尔克罗尼龙扣的发明与推广，不仅为曼斯特尔带来了滚滚财源，也使他在成功的路上走得更远、飞得更高。

这是一个典型的通过对偶然发现的植物进行借鉴研究的发明故事。它启示我们，如果你能时常带着一颗发明创新的探索之心，在发明创造的园地里辛勤耕耘，就有可能从自然界的事物中获得灵感，从而研发出实用而又令人心仪的新物品。

23 真空包装机的发明

在德国慕尼黑的伊萨尔河流域，是一片片一望无垠的棉花种植区。这里的棉花产量占据了全德国产量的一多半，因此，与棉花相关的产业在当地极其兴盛发达。尤其是棉被制作，几乎成了业主们的主要收入来源。

像众多的私营业主一样，有一个叫奥斯顿的人，在当地经营着一个棉被加工厂。由于棉花制品成型后非常蓬松，所占空间大，因此运输和储存也就成了最困扰他的问题：偌大一个仓库只能堆放几百床棉被，一节火车皮也只能运送几千床棉被；而且，由于运输成本不断增加，他几乎越来越无利可图了。

一天，奥斯顿突然灵机一动，要是能把棉被压缩到最小的状态，这样不就可以最大限度地做到节约和利用空间了吗？按照这个想法，他马上开始着手解决棉被的储存和运输问题。

他尝试了重压法。在棉被堆放过程中，隔着几床棉被他就放上铁板或石块将棉被压实。然而，这种方法只适合仓库使用，而一旦运输，重压物往往超过棉被几倍的重量。

后来，他尝试把棉被用绳索交叉捆绑，可效果还是不明显。凡是绳索没有捆到的地方，照样还是蓬松；而且捆扎后的棉被，那几道深深的捆扎痕迹，影响了棉被的美观，所以困扰他的难题还是没有得到解决。

一个周末，奥斯顿去参加当地一家企业的开业庆典。企业的大门口彩旗飘飘、人山人海。为了烘托气氛，企业特地从慕尼黑租借了一个巨大的充气拱门。这种拱门在当地可是新鲜事物，几乎吸引了所有人的目光。庆典一结束，工人开始放出拱门里的空气，偌大的一个拱门，一瞬间居然被工人熟练地折叠起来，装到一个背包里。看到这个过程，奥斯顿突然来了灵感。自己何不想办法抽掉棉被里多余的空气？这样，或许也可以把又松又软的棉被装进一个小小的袋子里呢？

于是，奥斯顿尝试将棉被装进一种加厚的透明包装袋内，密封前，将被子重压，然后抽去里面的空气，再密封形成真空。果然，经过这种真空袋的重新包装，既有效节约了空间，也极大方便了棉被的存放和运输，还保持了棉被的整洁美观。这种可以去除空气的包装袋一经推出，很快就获得了当地棉农们的青睐，大家纷纷提前付款要求大量预定，包装袋根本供不应求，奥斯顿只有想方设法迅速扩大真空袋的生产。真空袋的发明与大量生产，为奥斯顿掘得了事业发展的第一桶金。

通过进一步研究，奥斯顿还发现，将包装袋中的空气全部抽出，在完全缺氧的状态下，细菌几乎无法生存。他就想，这种真空袋应该还同时具有保鲜、防潮、防霉、防虫、防腐蚀、防污染等多种功效，而不应该仅仅局限于货物的存储和运输，还可以用于食品的保质和保鲜，其中的商机可真不小啊！于是，他果断卖掉自己的棉田，开始全面研制真空包装机。

1961年，奥斯顿成功研制出世界上第一台真空包装机。由于真空包装在食品、运输等各个领域的突出作用，所以包装机一经面世，很快便被各行各业所接受。不到两年时间，他的真空包装产品已覆盖了全球60多个国家和地区。奥斯顿所经营的企业——莫迪维克真空包装机厂，也成了世界闻名的大企业。

奥斯顿之所以能通过发明真空包装机取得巨大成功，就在于他不墨守成规，善于借鉴，面对发生的问题，总是积极思索如何通过创新改进加以解决，而且在解决问题的过程中，及时发现并抓住更大的商机，创造更大的新需求。

发明创新就是变不可能为可能。如果我们能跳出固有思维的束缚和羁绊，大胆进行发明创新，把许许多多人不能做或没有做的事变成现实，在没有需求的地方创造需求，就能像奥斯顿那样在事业上取得巨大成功。

24 滴灌法的发明

在干旱缺水的以色列，有一个爱思考的工程师。一次，他偶然发现自家园子里的植物，个头比邻居家的大。这是什么原因呢？他想尽快找出究竟来。

经过仔细观察与分析，他找到了原因。原来自家的水管存在漏水问题，有多处都在一滴一滴往外缓慢地漏着水，植物由于“滴水”不间断地浇灌，所以长得分外茂盛。

工程师非常高兴，就想：如果这种滴水浇灌的方法能够推广到农作物上，不就可以最大限度地解决农作物干旱缺水、因旱歉收的问题吗?

就这样，赫赫有名的“滴灌法”很快便被善于问为什么、想了就做的以色列工程师给发明了出来。“滴灌法”的采用，对农业灌溉方法的改进与效率提升，以及节约水资源，都发挥了重要的作用。

据说，“滴灌法”推出以后，全世界有上百个国家，都先后实施了这种既实用又节水的灌溉方法。

好主意不论大小，想到就能尽快进行尝试与付诸实践的以色列人，成就了众多蓬勃发展的创业公司，也使以色列这个土地狭小、资源匮乏、人口不到900万的国家，成了世界科技强国。

以色列人的这种积极进取、对事情和问题追本溯源、孜孜于发明创新的做法，很值得我们借鉴。

25 壶盖上的小发明

以前，日本有个叫富安宏雄的人，一天因生病躺在床上，心情郁闷。

这时，屋内火炉上铁皮壶里的水开了，蒸汽把壶盖子弄得“咔嗒咔嗒”作响。听着响声，富安宏雄心烦极了，顺手拿起身边的一把铁锥子，用力向水壶掷去。谁知锥子刚好在壶盖上扎了个小孔，奇怪的是，“咔嗒”声竟然停止了。他对此感到很诧异，脑子里迅即产生了疑问和一探究竟的欲望。他不顾病痛，决心把这个谜团解开。

时间不久，富安宏雄不仅解开了这个谜团，而且完成了在水壶盖上钻个小孔避免壶盖“咔嗒”作响的小发明。后来，他又通过转让发明专利，获得了不菲的收益。

一谈到发明创新，许多人都会认为这肯定是了不起的大事。其实，在日常生活的些许小事中，也蕴藏着发明创新的机运。能不能将机运抓住，就要看你有没有善于解疑释惑的思维、研究尝试的欲望和积极付诸的行动了。

26 笔芯漏油难题的解决

说到圆珠笔，它不仅比自来水笔好用，而且价格低廉，所以自从圆珠笔推出以后，给人们的书写带来了很大方便。可是，不久人们就发现，圆珠笔用到一定时候便漏油，笔画变得很粗，把书写的纸也油润了、弄脏了，不小心还会把衣服弄脏，很叫人恼火。

于是，厂家就着手研究漏油的原因。问题很快找到了，是圆珠笔芯中的小圆珠磨损了，变小了，它和周围之间的空隙变大了，油就沿空隙漏了下来。

那么，解决办法似乎就是增强笔珠的耐磨性。有人就提出用不锈钢做笔珠，还有人提出用宝石做笔珠。这样，笔珠倒是耐久了，可是笔珠的不断滚动会使其周围的金属边沿也被磨损，还是会漏油。如果笔头用宝石，那太昂贵；也不能用不锈钢，因为即使笔珠和笔头都用不锈钢，也有磨损的一天，还是不能解决漏油的问题。

当时，日本有个叫中田藤三郎的人，也在苦苦思索这个问题。他在研究中发现，圆珠笔不是一开始就漏油，而是在大约写了2.5万字时，笔珠变小才漏油的。那么，可不可以把圆珠管的容积缩小，减少其墨油的储量，不等笔珠磨损变小，笔管内就没油了，不就无油可漏了？他照这种想法去实验改进，结果完全如他所想，圆珠笔漏油的问题被成功解决了。

这是一个以小创新解决大难题的故事。故事告诉我们，要创新、要解决经营管理中的难题，不能犯头脑僵化、只是顺向思维或仅从某一方面考虑问题的毛病，而要会逆向思维、从不同的角度和侧面考虑问题。这样，创新的奇思妙想自然会涌现出来，面临的难题也会得到轻松解决。

27 观光电梯的诞生

许多年前，智利圣地亚哥有家名叫艾尔·柯齐的酒店，因为电梯不敷使用，就请来几个专家商量对策。经过一番商研后，专家一致认为：需要增加一部电梯。办法是在每层楼打一个大洞，在地下室多装一个马达。

增加电梯的方案确定之后，两位专家来到前厅，坐下来商谈细节问题。这时一位正在扫地的清洁工，恰好听到了他们的计划，就对他们说："每层楼都打个大洞，不是会弄得乱七八糟，到处尘土飞扬吗？"工程师答道："这是很难免的。到时候还有劳你多多帮忙。"清洁工又说："我看，你们动工时最好把酒店关闭一段时间。"专家说："关不得，你关门一段时间，别人还以为酒店倒闭了。所以，我们打算一面动工，一面继续营业。不多添一部电梯，酒店以后也很难做下去。"清洁工挺直腰杆，双手握住拖把柄，说道："如果我是你们的话，我会把电梯装在酒店外头。"两位专家听到这话，眼睛为之一亮，认为这是一个富有创意的好点子。

于是，工程师迅速采纳了清洁工的意见，较短时间就在室外安装了一部电梯。这样，不仅避免了每层楼都要在地板上打个大洞的麻烦和经营环境的破坏，也为商家省了大把大把的钱，而且还开创了近代建筑史上把电梯装在室外的先河，进而促成了观光电梯的产生。

清洁工一句简单的话，结果成了一个开创先河的新创意。所以，要巧妙地解决问题，能倾听一下基层草根的意见，有时也能收到令人惊奇的效果。因为相比于聘请的专家，草根往往最了解实际情况，他们的意见最能切中要害，也最符合发明创新的要求。

28 以香气制胜的餐馆

想让食物更加美味，也许你会说得在食物的味道上做文章，让人吃起来更加可口。不过，加拿大有家餐馆却独辟蹊径，从气味上入手，发明了一种凭借香气增进食欲的新方法，使菜肴的美味度提升2倍以上，引领了一股饮食时尚新潮流。

这家餐馆叫丹尼斯，是连锁餐馆，其菜品种类丰富、美味实惠等特点，颇受顾客喜爱。有段时间，丹尼斯在温哥华西百老汇街开了一家分店。由于西百老汇街是一条繁华的商业街，大牌餐馆林立，竞争非常激烈，因此分店经营得不甚理想。约翰是这家丹尼斯餐馆分店的经理，他一直在寻求解决办法。一天，约翰在家里吃饭的时候，不小心把一瓶草莓酱打翻了，顿时空气中弥漫起一股香甜的草莓气味，久久不散。果香沁人心脾，约翰胃口大开，只觉得饭菜从没有这么好吃过，很快他就把饭菜吃得一干二净。

难道是加果酱的菜特别好吃？为了验证这个想法，约翰决定在做藕时加入不同的果酱测试效果。不过最终效果都不好，美味的菜肴与可口的果酱就是凑不到一块儿，多数情况下，果酱还会影响菜肴的口感，让菜肴的美味度打折扣。

约翰非常疑惑，难道问题不在果酱的口味上，而是在果酱的香气上？于是，约翰带着这样的疑问，查阅了相关的书籍资料，并咨询了一些美食行家，终于找到了问题的答案。原来，人们的舌头只可以品尝出酸、甜、苦、辣、咸5种味道，而研究表明，嗅觉却能分辨出不计其数的气味，这些气味会刺激人的神经中枢，对食欲、满足感产生影响，因此食物味道主要是取决于气味而非口味！

口味和气味对菜肴的重要性都是毋庸置疑的，不过人们常常过于偏重食物的口味而忽视了食物的气味。约翰正是从一个小意外中发现了这个小奥秘，从而在餐馆以后的经营中，靠弥漫的“香气”招揽了一批批顾客，改变了不景气的经营状况。

故事告诉我们，在经营管理和日常生活中，从来都不缺乏灵感的源泉。只要你有一双善于发现的眼睛，细心揣摩，积极求证，主动尝试，就能从灵感中推出新的创意，从而使你走出困境，迈向成功。

29 带厨房的书店

在英国伦敦，有一位名叫埃里克的男子，他原先是一名厨师，因为手臂意外受伤留下残疾，不得不放弃自己喜欢的烹饪岗位。

后来，埃里克在一条大街上开了一家专卖烹饪书籍的书店。书店开业后，顾客寥寥，生意冷清，没过半年便濒临倒闭。为此，埃里克非常烦恼。

一天，埃里克正在书店里想着对策，突然听到一位顾客对她的同伴说："他们宣传这里的每一本书，都能把人带入美食殿堂，只要按图索骥，就可以成为'烹饪高手'……如果真是这样，那厨师还用学吗？我不相信书中的菜谱都是真的。"

听了顾客的话，埃里克才弄清楚，书店生意不好的原因，原来是顾客对店里的烹饪书籍不信任。怎样才能打消顾客的不信任呢？埃里克冥思苦想，终于想到了一个好办法：在书店里开办一个"检验厨房"，聘请一名"驻店大厨"，当着顾客的面，按照顾客感兴趣的菜谱，按图索骥地做一盘菜，供顾客品尝，以检验所卖烹饪书籍上记载的食谱是否管用。

自推出"检验厨房"后，光临书店的顾客猛地多了起来。顾客选好一本烹饪书，从中任意挑选出一款自己喜欢的菜谱，然后驻店大厨就会按照这款菜谱烹饪出一道菜。如果顾客品尝后觉得味道还不错，就会买下这本烹饪书带走。此举不但给摆在书架上的图书销售带来了转机，还受到了顾客的一致好评。因此，埃里克的"烹饪"书店美名远扬，成了伦敦一道别致的风景线。许多人慕名前来书店，浏览美食书籍，品尝美味菜肴，然后再买些烹饪书籍带走。

一个好创意，就这样让一家濒临倒闭的书店走出困境、起死回生、成为品牌。故事启示我们，经营需要创意和创新，特别是在面临困境时更是如此。作为一个经营者，如果你能倾听并体会顾客的声音，用创意和创新来改善自己的经营，那么你的事业就会蒸蒸日上。

30 一张纸的创意

有位叫麦克的英国小伙子，一次带着女友去了日本。

在日本，两人去一家快餐店吃汉堡，诱人的汉堡让饥肠辘辘的女友兴奋极了。她一边张着大嘴嚼着可口的美味，一边大喊"好吃，好吃"，嘴角上还挂着酱汁。她的"胡吃海塞"的吃相，引来了周围人的好奇。当女友用余光看到别人异样的表情时，脸色绯红，立刻不好意思地低下了头。麦克马上递给女友一杯饮料，并安慰了女友，才缓解了尴尬的场面。可也同时发现，这里的女性顾客很少，难道是这个原因才让女友备受关注的吗？

埋单的时候，麦克对店长说道："吃个饭怎么招来那么多好奇的目光，难道要让人家用纸来遮挡住脸来吃吗？"店长连忙致歉道："不是的，不是的……"可突然又说道："是啊！用纸来遮挡住脸……不错啊！"

麦克的话一下子提醒了快餐店店长，他心想："如果在汉堡的包装上改变一下，或许真能吸引更多的顾客光顾，这是一个不错的点子！"于是，他迅速把自己的想法和意见报告给了快餐总部。

总部老板听到麦克的建议后，也觉得这创意不错，就找到电通东派广告公司的策划人员给设计出一种包装纸，它比原来的包装纸要大一倍，上面还印有一个笑脸。这样，顾客在吃汉堡的时候，只需把最外面的那层纸向上一掀，立刻就会展示给对方一张礼貌、灿烂的笑脸。从此，女顾客拿着汉堡大快朵颐的时候，再也不用担心自己的窘相会给周围人带来诧异，这样就可以尽情享受美味给自己带来的快乐。

原来，日本有一套完备的餐桌礼仪，从进店到入座，从用餐到各种吃法都有很多不成文的规定。女子紧闭的"樱桃小口"，被日本人认为是极为迷人的端庄表现，而大口大口地吃东西，则会引起别人的不悦或被认为是丑陋、粗鲁的行为。因此，女性顾客往往对于不能纵情吃汉堡而心生失望，这也是日本女人不愿在公共场所尽兴地大口吃东西的原因。

这家快餐连锁店就是日本的鲜堡，老板为这种包装纸取名为"自由风"。这种汉堡包装纸的采用，改变了日本女性顾客的饮食习惯，一下子把女人从"樱桃小口"吃东西的魔咒里解脱了出来，同时也让鲜堡在推出这种包装纸的一个月内，汉堡的销量攀升了213%。

一张纸能做什么？鲜堡的回答是，给一张纸插上创意的翅膀，就能引入如潮的客源，也能换来真金白银。

世事洞明皆学问。只要我们拥有一双善于发现的眼镜和一颗积极进取的心，就能从洞明的世事中发现好创意、践行好创意，进行经营手段、方法等方面的创新发明，就能消除顾客的顾虑与尴尬，增加顾客的满意度，对顾客产生更大的吸引力，从而在市场竞争的洪流中勇立潮头。

31 把雪花卖到中东的商人

有一个叫本·史密斯的英国商人，经营着一个游乐设计公司，他总能想出一些千奇百怪的新主意。

2012年底的一天，史密斯正在家里看电视，他看到了这样一则新闻：由于受到一股罕见的强冷空气的侵袭，某国北部山区的气温竟然降到了–5℃，天空也纷纷扬扬地飘起了雪花。这在某国是非常罕见的现象，因为某国位于阿拉伯半岛地区，属热带沙漠气候，不仅夏季炎热，而且冬季的气温也在7℃~20℃之间。这数十年一遇的下雪现象，让当地人高兴坏了，尤其是小孩子，纷纷出来玩耍，迎接上天送给他们的一份特殊礼物。这则新闻引起了史密斯的兴趣。

看完这条新闻，史密斯突然变得兴奋起来，他久久思索着这个新闻，直到深夜还难以入眠。第二天一早，史密斯就来到公司忙碌起来了，他上网查找资料、频繁打电话，不过令员工们奇怪的是，史密斯忙的并不是公司里的事。

两天后，史密斯向大家宣布：他要去迪拜旅游一段时间。大家都觉得不可思议，因为这段时间是公司最忙碌的时候，老板竟然抛下公司的事务不管而去旅游，他是不是疯了？

史密斯当然没有疯，他去迪拜的目的可不是旅游，而是去考察。考察什么呢？原来史密斯从那则新闻迸发出了灵感，嗅到了商机：中东地区一年四季都没有雪下，物以稀为贵，如果能在这些地区制造出雪花让人们娱乐，必定会大受欢迎。

经过对迪拜一番详细的考察和了解，史密斯发现，人口达到200万的豪富城市迪拜，除了有个室内滑雪场之外，并没有其他与雪有关的设施，很多的迪拜人竟然一辈子都没有见过雪。

从迪拜考察完回国后，史密斯信心满满，他马上着手研究能制造雪花的设备。他聘请了几个专业工程师，没日没夜地投入其中。很快，史密斯打造出一套高效的低温造雪系统，能在室内24小时制造出1000多立方米的雪。而这些雪，都是用水加空气混合、最后用液态氮冷冻而成的真雪，使人们能感受到真正下雪的体验。这套造雪系统也能够在室外造雪，完全能满足小孩子堆雪人、打雪仗的娱乐需要。

接着，史密斯带着他的团队，再次来到迪拜，在当地注册了一家公司，主要经营造雪业务。2013年底，一年一度的迪拜国际设计展销会如期举行，史密斯的造雪设计吸引了众多商家关注，成为展场上一颗耀眼的明星。很快，史密斯就接到了几个酒店和美容院的业务订单，要求给他们设计一间雪屋，以方便顾客进行娱乐休闲活动。

史密斯初次尝试就取得成功，在高水平消费的迪拜，他的公司很快就站稳了脚跟。此后他的业务不断扩大，短短两年时间，公司的客户就从各类酒店、娱乐场所，扩展到一些私人家庭。虽然造一间雪屋价格不菲，但迪拜这些富裕家庭完全不在乎花这些钱。

除造雪之外，史密斯公司还为当地居民举办以“雪”为主题的各种活动，深受当地居民的喜爱。通过“卖雪花”的独特生意，史密斯简直是赚得盆满钵满。

新闻中也蕴含着发明创新的好主意。作为一位经营者，如果你能对新闻多加关注，善于发现问题，积极思考解决问题，就能在不起眼的新闻中捕捉到新的创意和商机，通过主动尝试、大胆实践，根据创意进行发明创新，就能开创出一片经营发展的新天地。

32 让茶叶“穿”在脚上的茶老板

茶叶是用来干吗的？很多人都会不假思索地回答：当然是用来泡着喝的！但是，有人却将这个答案改写了，他让人们将茶叶“穿”在了脚上。这个人就是一个名叫杨伟的浙江茶老板。

大家知道，在所有的茶叶中，春茶口感最好，也最受顾客欢迎，因此售价不菲。与之形成鲜明对比的是夏茶和秋茶，因为比春茶苦涩，不受顾客待见，所以在市场上不但价格低而且销售困难。特别是随着人工成本的不断增加，夏茶和秋茶经营几乎无利润可赚。

有一天，杨伟看到自己库房里堆积如山的夏茶和秋茶，愁闷不已。他想，要将这些不受欢迎的茶叶卖出，传统的营销方式根本行不通，必须另辟蹊径。

星期天到了，妻子和同事去逛街，一回家就高兴地对杨伟说："我给你买了两双除臭的袜子，以后你就不用再害怕脱鞋了。"杨伟一问袜子的价格，居然十几元，比普通袜子贵几倍呢！

第二天，杨伟就迫不及待地将新袜子穿在脚上，期待自己的双脚从此不再臭气熏天。可遗憾的是，除臭袜子名不副实，他的双脚依然照臭不误。这让他有些恼火，难道就没有一种真正能除臭的袜子吗？他思考着，忽然想到了自己的茶叶，茶叶中所含的茶多酚有杀菌的作用，如果用茶叶来做袜子，除臭的效果一定会非常好。

但是，怎样把茶叶变成袜子呢？这是个难题。为了解决这个难题，他与当地农科院茶叶研究所的人取得了联系，说了自己的想法，研究人员觉得他的想法很有创意。于是，杨伟与研究所合作，经过数月奋战，终于研制开发出了茶叶袜。这种袜子的颜色和茶叶相近，不仅看上去很养眼，而且经过检测，袜中白色念珠菌和金黄色葡萄球菌等各类微生物的检出量少于10，即使袜子水洗10次后，抑菌率仍可达到99.99%，抗菌效果达到了A级。

袜子研发出来了，可是怎样才能得到顾客的认可呢？如今，市场上的袜子早已处于饱和状态，且各种标榜除臭杀菌的袜子更是鱼龙混杂，顾客凭什么相信茶叶袜就是最好的呢？

杨伟没有急于把茶叶袜推向市场，而是送进了茶叶专卖店里，顾客凡买一定量的茶叶，就可以免费获赠茶叶袜。

由于茶叶袜颜色和茶叶相近，又散发着茶叶的香味，而且只有茶叶专卖店有，这就消除了顾客使用的疑虑。重要的是，这种袜子穿在脚上，不仅清爽，而且真的具有防臭功效。

就这样，杨伟没花一分钱的广告费，只是免费送出了几万双茶叶袜，茶叶袜很快就火了起来。在袜业市场饱和的情况下，茶叶袜不仅销量火爆，而且每双卖到了20元的高价，利润率高达50%以上，远远超过了茶叶的价值。

杨伟“茶叶袜”的发明与成功获利，既得益于他面对困难拥有“另辟蹊径”的创新之心，以及对不同事物的大胆关联设想；又得益于他积极寻求合作，主动联手专业机构，共同进行创新研发；还得益于他面对鱼龙混杂且已饱和的市场，采取了巧妙的营销策略。这一成功做法，值得其他经营者学习借鉴。

33 写在电车厢上的理论

西奥多·冯·卡门，20世纪最伟大的航天工程学家，他开创了数学和基础科学在航空航天等领域的应用，被誉为“航空航天时代的科学奇才”。在其《自传》里，他曾记录了自己的一件“痴事”。

一天，夜已经深了，冯·卡门和助手仍在紧张地运算力学方程式。这时，他的助手猛然想起回家的电车只剩最后一班了，他们不得不放下手中的工作，急匆匆地朝车站赶去。虽然急着赶车，但冯·卡门的脑子仍在运算中，只是糊里糊涂地跟着助手来到车站。

被助手扶上电车后，冯·卡门的脑际忽然来了灵感，梦寐以求的数学公式仿佛就在眼前。他兴奋异常，什么也顾不得了，立即趴在即将开动的电车车厢上写将起来。他写呀，写呀，写得飞快，恨不能让公式如瀑布般地从他的笔端飞流直下。到站后，售票员大声催促他们离开，因为车马上就要开走。然而，沉醉于运算中的冯·卡门无法停下来，他一面发疯似的继续推导方程，一面恳求售票员：“请再等一会儿！”这位售票员还真有修养，一直耐着性子等他。就这样，一行行论证缜密的数学方程终于倾泻到了车厢上。

这组写在电车车厢上的公式，就是后来著名的“紊流的力学相似原理”理论。这一理论对各种飞行器的成功上天，发挥了十分重要的作用。

俗话说，学贵于“疑”，艺贵于“痴”。冯·卡门的故事说明，有时候的“痴”，不仅是发明之源，更是创新之道。因为人只有痴，做事时才能极度集中心力，进入物我两忘、神乎其技的境界。在此境界中，发明创新的奇迹自然容易产生。

34 用思维解决问题

爱德华·德·波诺博士，法国心理学家，被人们誉为“世界创新思维之父”。他在20世纪60年代末期提出的横向“水平思考”方式，有利于改变人们惯常的“垂直思考”方式和采取巧妙的办法解决问题。

在一次讲座中，波诺提出了这样一个问题：某公司的办公楼原是一片2层楼建筑，占地面积很大。为了有效利用地皮，公司新建了一幢12层的办公大楼，并准备拆掉旧办公大楼。员工搬进新办公大楼不久，便开始抱怨大楼的电梯不够快、不够多，尤其是在上下班高峰时，他们得花比较长的时间等电梯。

为了使员工不再抱怨，顾问们想出了五个解决方案：一是在上下班高峰期，让一部分电梯只在奇数楼层停，另一部分只在偶数楼层停，从而减少为了仅上下一层楼而搭乘电梯的人；二是安装两部室外电梯；三是把公司各部门的上下班时间错开，从而避免高峰期电梯人多拥挤；四是在所有电梯旁边的墙面上安装镜子；五是搬回旧办公大楼。

你会选择哪一个方案?

波诺先生说，如果你选了方案一、方案二、方案三、方案五，那么你的思维就是惯常的纵向“垂直思维”；如果选了方案四，你就是个“横向水平创新思维”者，你考虑问题就跳出了思维惯性。

这家公司最后采用了第四个方案，并成功解决了问题。

“员工们忙着在镜子面前审视自己，或是偷偷观察别人”，他解释说，“人们的注意力不再集中在等待电梯上，焦急的心情得以放松。所以，大楼并不缺电梯，而是人们缺乏耐心。”

故事揭示了思维创新的重要性。其实，我们的任何改变，都是从思维改变开始的。在我们考虑问题时，如果能从旧的思维惯性中跳出来，开阔思域，尝试新的模式进行思考，新的创意就会被开启，面临的棘手问题就能得到巧妙解决，我们的工作、事业才能出奇制胜，成就与成功之路也会不再荆棘丛生。

35 分粥中的制度创新

约翰·罗尔斯，20世纪著名的政治和道德哲学家，毕生致力于现代社会正义问题的研究，其代表作是《正义论》和《正义自由主义》。在《正义论》一书中，罗尔斯讲了一个故事。

故事说，有7个人住在一起，每天要分一桶粥。要命的是，由于条件有限，每天的粥都是不够吃的。如何才能做到公平公正地分粥、使得大家满意呢?

一开始，他们商量的意见是通过抓阄决定谁来分粥，每天轮一个。于是每周下来，他们只有一天能吃饱，就是自己分粥的那一天。

后来，他们又商量推选出一个道德高尚的人来分粥。强权产生腐败，大家开始挖空心思地去讨好他，贿赂他，想让他多给自己分一点粥，结果搞得整个小团体乌烟瘴气，根本无法实现公正和公平。

再后来，大家商量来商量去，决定组成三人的分粥委员会及四人的评判委员会，一边分粥一边评判，但他们常常互相攻击、扯皮，分粥过程常常拖得很长，大家不得不吃冷粥，结果每人都感到不舒服。

最后，经过充分讨论，集思广益，大家想出来一个办法：轮流分粥，但分粥的人要等其他人都挑完后，才拿剩下的那最后一碗粥。这样，为了不让自己吃得少，每人都尽量公平分粥，结果每个人都可以吃到基本相同的热粥，大家快快乐乐，和和气气，日子越过越好。

同样是7个人，不同的分配规则或制度，会导致不同的结果。故事启示我们，在一个单位的经营管理中，如果经常发生这样或那样的问题，你若能从相关制度规章进行检视，查找疏漏或缺陷，分析原因，及时进行制度的创新与完善，可能会取得令人满意的效果。

36 水可以沸腾到结冰吗?

拉斐尔·莱夫教授，美国麻省理工学院第17任校长，著名电气工程师，在微电子领域享有很高的声誉，是一位善于引发思维创新的授课大师。

2012年新学期开学后的一天，作为新任校长的莱夫教授，为新生们讲授第一堂物理课。在简单的自我介绍后，他突然向学生们提出了一个问题："如何让水沸腾到结冰？"

这个问题，让课堂上所有的学生都面面相觑，"让水沸腾到结冰？"这完全是不可能的事情！别说是他们这些名牌大学的高才生，只要稍有一点物理常识就会知道，水沸腾需要达到的温度是100摄氏度，而结冰需要的温度是0摄氏度，完全是两个极端，怎么可能实现呢？

看到学生们连连摇头，莱夫教授笑了笑，示意助手把一台透明玻璃器械舱放到讲台上。他用烧杯倒了一杯自来水，然后把烧杯放进器械舱里。接着，他让助手在器械舱上做了一些设置，不一会儿，同学们就通过透明的玻璃，看到烧杯里的自来水沸腾起来。而在助手的不断操作下，烧杯里的水也保持着持续沸腾的状态。然而，接下来的一幕，让同学们呆住了！烧杯里的水正翻滚着竟然不动了——竟然结成了冰！

学生们一片哗然，全都是一副不可思议的表情。这时，莱夫教授微笑着说："我们都知道，在标准大气压下，水的正常沸点是100摄氏度。也就是说，水的沸点取决于温度和气压两个方面。我们只考虑到了温度，却忽略了气压这个条件。这是一台压力舱，把水放到压力舱里，同时用抽气泵降低气压。如此，水的沸点也会随之降低。所以，虽然我们看到了水在沸腾，但它的温度却很低，继续降低气压，水就会继续沸腾，但温度实际上已经下降到冰点以下，所以结冰就很正常了。"

听完莱夫教授的话，同学们恍然大悟，连连点头。莱夫教授接着说："但是，这里有一个前提，就是要把传统信条丢到窗外去。否则，大家恐怕只能像刚开始那样，认为这是一件不可能做到的事情。而这正是我们做物理研究必须具备的最重要的素质之一。永远要记住，一切皆有可能。"

通过一次生动、形象的实验，莱夫教授让新入学的天之骄子们懂得了敢于冲破传统教条、才能有所创新的道理，这比枯燥的解说，效果要好上千倍。

"一切皆有可能"，是发明家、创新者的思想至宝。发明与创新，就是将不可能变为可能，从"无"中生出"有"来。但其前提是，必须让思想上的英雄豪杰“可能”先生，将思想上的懦夫懒汉“不可能先生”消灭掉。只有这样，你才能树立发明创新的勇气与信心，准备好发明创新的条件与规划，才能采取恰当的方式方法，使发明创新成为现实。

PART SEVEN

第七篇

创　业

创业，顾名思义，就是开创或创建自己的事业。美国国家创业委员会特别顾问、被誉为“创业教育之父”的杰夫里·提蒙斯认为：创业是一种思考、推理结合运气的行为方式，它为运气带来的机会所驱动，需要在方法上全盘考虑并拥有和谐的领导能力。相对于一般的从业、经营管理或守业而言，创业需要更大的勇气，需要深谋远虑，做好准备，把握机会；需要发起、组织、沟通、协调，对各种资源进行优化整合，需要更精心的经营与管理；经历的挫折、失败和艰难困苦更多，需要的付出更多，承担的压力、责任更大，所冒的风险更大。当然，如果创业成功，创造出的经济、社会效益更大，创业者命运的改变更大，获得的利益、成就、名誉更大，实现的人生价值也会更大。

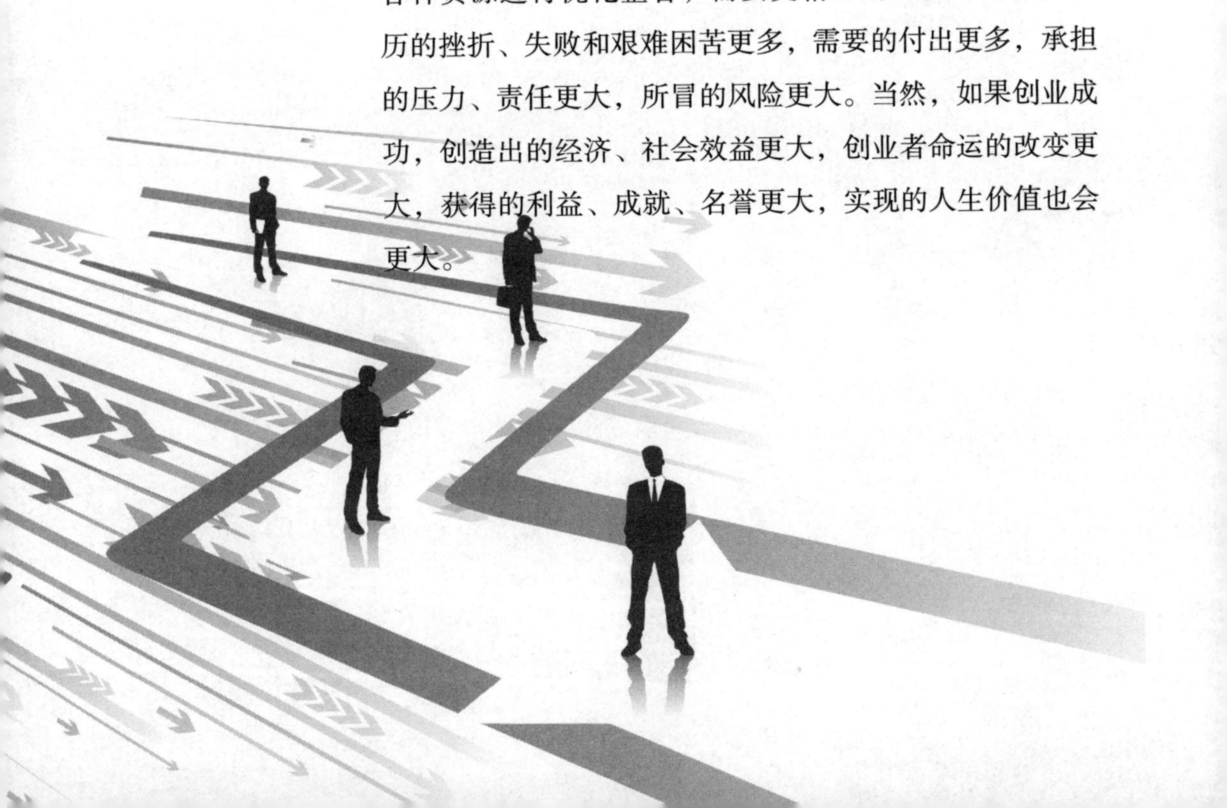

①化辱为勇的张振勋

张振勋，我国近代杰出的实业家，是张裕酒业的创始人，由他一手打造的金奖白兰地享誉中外。

1840年，张振勋出生在一个乡村私塾先生的家中。虽然父亲在教书之余还行医治病，但家中的生活仍然十分贫困。小时候，他跟着父亲在私塾读了几年书，十三四岁时，就不得不辍学到姐夫家放牛。可是他太爱读书了，一次因看书入迷而忘了管牛，牛吃了别人家田里的秧苗，秧田的主人告到姐夫家里，要求赔偿。姐夫气得打了他一记耳光，还刻薄地骂他说：“死人还能守住四块棺材板，你连一个牛都看不住，真是连死人都不如！”

小振勋赌气说：“你不要太看不起人，将来我发了财……”

姐夫不等他说完就冷笑起来，说：“就你这样也想发财？除非太阳从西边出来！”

张振勋气得脸色铁青，转身就跑回家了。回家之后他极不服气，心想：别人能做到的事，我张振勋要能做到；别人做不到的，我张振勋照样要做到！姐夫怎么能这样看不起人呢？他感到自己受到了莫大的侮辱，暗暗下定决心，以后一定争口气，要挣好多钱，让姐夫也看看太阳到底是从哪个方向升起来的！

怎样才能致富呢？张振勋的欲望无比强烈。想来想去，他认为只有经商这条路可以走。随后，他说服了父母，跟着一位姓黄的华侨乘船来到马来西亚做生意。

为了实现自己的“发财”理想，张振勋从不放松对自己的要求，无论做什么事都十分认真，力求做到最好。经过一番摸爬滚打之后，他渐渐积攒了一大笔钱。但他一点都没有沾沾自喜，反而觉得自己还远远不够，还需更加努力，一定要做到别人所不能做到的事。经过一番考虑之后，他决定回国创业办酒厂。

回国后，经过一段时间考察，张振勋做出了选择。他一面在烟台购买土地，订制机器，建造厂房、酒窖，开辟原料基地等；一面写信回乡，召集张氏子弟和亲戚朋友来做帮手。1894年9月，他筹办的烟台张裕酿酒公司得到政府批准，并获得了在直隶（今河北）、奉天（今辽宁）、山东三省的15年专利和免税三年的政策优待。

张振勋的酒厂开张后，成了我国近代第一家同时也是远东地区最大的一家新式酿酒公司。从此，在他的精心操持下，经过多年的孜孜努力、苦心经营，公司不断发展壮大，他也踏上了不断迈向“酿酒大王”的成功之路，他生产的葡萄酒不仅占领了国内市场，而且走向了世界。

1915年，公司生产的张裕白兰地葡萄酒荣获了巴拿马万国商品博览会国际金奖，张振勋终于酿出了世界上最好的美酒！

现实生活中，谁也不愿意受别人的挖苦和嘲讽。因为这对一个人的精神打击实在太大，所以许多人在受到挖苦和嘲讽后，往往会一蹶不振。但真正的强者，会将别人的挖苦嘲讽当作一种促使自己积极向上的动力，化辱为勇，不断拼搏进取，最终开创出自己的辉煌事业。

2 从见惯中寻求突破的王永庆

王永庆，台塑集团创办人、台湾著名企业家。说起王永庆的创业之路，起初的突破口，是从司空见惯的现象中撕开的。

1932年，由于生活的艰辛，15岁的王永庆被父亲送到嘉义米店当学徒。1年后，他借款200元旧台币，在嘉义开了一家很小的米店。当时，不大的嘉义市已有米店近30家，竞争非常激烈。仅有200元资金的王永庆，只能在一条偏僻的巷子里承租一个小铺面。他的米店开办最晚，规模最小，完全处在被人忽视、可有可无的状态。

在米店新开张的那段日子里，生意冷冷清清，门可罗雀。王永庆曾背着米挨家挨户去推销。一天下来，人不仅累得够呛，效果也不好。因为很少有人愿意买一个小商贩上门推销的米。

怎样才能打开销路呢？那时候的台湾，农民收粮、加工还是手工作业，由于稻谷收割与加工技术落后，很多小石子之类的杂物很容易掺杂在米里。因此人们在做饭之前，都要先将米中的杂物拣出来，再用水淘几次才下锅，很不方便。但对此，大家都已见怪不怪，习以为常了。

通过调查分析，王永庆决定就从淘米做饭这习以为常、司空见惯中寻找切入口，进行突破。他和两个弟弟一齐动手，一点一点地将掺杂在米里的沙石、秕糠等杂物拣出来，然后再卖。过了一段时间，小镇上的主妇们都说，王永庆卖的米质量好，省去了捡砂子和淘米的麻烦。这样，一传十,十传百，他米店的生意才逐渐好了起来。

王永庆并没有就此满足，他还要在米上下大功夫。那时候，顾客都是上门买米，自己扛回家。这对年轻人来说不算什么，但对一些上了年纪的人，就是一个不便的负担了。一般年轻人都无暇顾及家务，所以买米的顾客以老年人居多。

王永庆注意到这一细节，于是采取了主动“送米上门”的经销方式。这一方便顾客的服务措施，同样大受欢迎。当时还没有“送货上门”一说，所以这一服务项目的推出，就成了一项新创举。而且王永庆送米，并非送到顾客家门口了事，他还要将米倒进米缸，如果米缸里还有陈米，就将陈米倒出来，把米缸擦干净，先把新米倒进去，然后将陈米放在上层，这样，陈米就不至于因存放过久而变质。

如果给新顾客送米，王永庆就细心记下这户人家米缸的容量，并问明家里有多少人吃饭，几个大人、几个小孩，每人饭量如何，据此估计该户人家下次买米的大概时间，记在本子上。到时候，不等顾客来买，他就主动将数量合适的米送到客户家里。

精细、务实、周到的服务，使许多嘉义人都知道在米市马路尽头的巷子里，有一个为人诚实、精心对待顾客、卖好米并送货上门的王永庆，这为他赢得了好口碑和越来越多的客户。

有了知名度后，王永庆的生意更加红火起来。又经过一年多资金和客户的积累，王永庆便在临大街最繁华热闹的地方，租了一处比原来大好几倍的房子，临街做铺面，里间办碾米厂加工大米。

就这样，王永庆从小小的米店生意做起，开始了他朝着问鼎台湾首富的高峰不断攀登。

王永庆的故事说明，要创业、要成功，不一定非得干轰轰烈烈、惊天动地的大事。能把卖米这样的小事做精、做细、做扎实、做出特色和名气，同样也能有所作为，同样也可以不断壮大自己的事业，取得辉煌的人生成就。

③ 香港“土地爷”霍英东

霍英东，是香港霍英东集团的创办人，是一位为国家改革开放、为香港回归祖国与实现平稳过渡做出重要贡献的著名企业家和社会活动家。

霍英东小的时候，家境非常贫苦。为了维持生计，父母在海上做起了危险的驳运生意，就是从无法靠近岸边的大货轮上，将货卸到自己的小驳船上，再运到岸边的码头。家里唯一的工具就是一条小驳船，他也时常跟父母亲、哥哥一起随船出海运货。

霍英东7岁那年，父亲在一次风灾中因翻船被淹死了。仅仅又过了50多天，他家的小船又一次翻在海里，两个哥哥葬身鱼腹，连尸体都没能找回来。母亲由于死命抱住一块船板，才侥幸被路过的渔船救下一条命。他当时由于在海边找野蚝不在船上，才躲过了这场重大灾祸。

母子相依为命，生活更加艰辛。在渐渐地长大中，霍英东干过渡轮加煤工、糖厂学徒、机场苦力、铆工等，还开过小杂货店。在穷困、不幸与艰辛的磨砺中，他立下壮志，并以“英姿勃发于世界的东方”的雄心，将自己的名字由“霍官泰”改为“霍英东”。为了实现自己的雄心壮志，他刻苦学习，勤奋工作，不断补充知识、积累经验、积蓄力量，一直窥视着创业发展的机会。

第二次世界大战结束后，霍英东以敏锐的眼光捕捉到了一个发财的机会。日本侵略军投降以后，留下了很多机器设备，价钱很便宜，但稍加修理就可以使用，也可以卖出不错的价格。

霍英东很想做这种生意，于是便成了一个读报迷，专门注意报纸上拍卖日军剩余物资的消息。一有消息，他便及时赶到现场，以内行的眼光挑选出那些有价值的物资，大批买进，迅速修好后再卖出。

由于缺少资金，霍英东难以放手大干。有一次，他看准一批机器，并且在竞买中以1.8万港元中标。有一个工厂老板也看中了这批货，愿意出4万港元从他手中买下。为了积累最初的创业资本，他迅速将这批货卖掉，从中净赚了2.2万港元。

抗美援朝战争结束后，香港的航运业逐渐繁荣。霍英东预料到，航运业的繁荣必然会带来金融贸易的发展，而这又将促进商业及住宅楼的大开发。于是，他抢先把创业的重点瞄准在房地产开发项目上。1954年12月，他拿出自己的120万港元，另向银行贷款160万港元，在铜锣湾买下了他的第一幢大厦，创办了“立信建筑置业有限公司”。

刚开始经营房地产，霍英东也和别人一样，自己花钱买旧楼，拆了后建新楼逐层售出。这样当然可以稳妥赚钱，可是由于资金量少且周转慢，难以快速发展。所以，他时常思索着如何改变这一现状。一个偶然的事件，使他得到了启发，他决定采取房产预售方法，利用购房者的定金来盖新房！

这一新创举，使霍英东的房地产生意顿时兴隆起来，他一举打破了香港房地产发展的最高纪录。当别的建筑商也学着采用这个办法时，他已经从中赚到了巨大的财富，很快便成了香港的“土地爷”。

霍英东先生的创业故事告诉我们，穷困、不幸与艰辛，是一笔难得的人生资本，如果这种资本能与宏大的志向结合，将会激发出无穷的潜能，使人取得无可比拟的成就；敏锐的眼光，能够使你看到别人看不到的创业发财机会，能助你快速积累起创业的原始资本；能够抛开旧的思维模式，从偶发的事件中获得启迪，以新颖的思维去争取未来，以独特的新方式开创新局面，你的事业就会无往而不胜，你的成功就会卓越而不凡。

4 从天灾中开创新篇章的李丽裕

李丽裕是台湾纺织大亨、著名企业家，同时还是一位能点石成金、从天灾中开创饭店服务新篇章的高手。

一座酒店，曾三度遭到天灾侵袭，实在是太不幸了！可是最后购买它的老板李丽裕，却从受灾现场捕捉到了商机，并靠受灾故事开创了服务的新篇章，创造了丰厚的财富。

曾三度遭到天灾侵袭的溪头米堤大饭店，坐落在台湾南投县的山林间，是一处享誉四方的避暑休闲好去处。可1996~2001年，它惨遭贺伯台风、921大地震和桃芝台风的摧残，所有建筑都被冲蚀得支离破碎。望着散落的土石，饭店老板悲痛地打出了出售公告。毕竟所剩的都是残垣断壁，毫无价值可言，且还需出资来清除现场，老板心想如能将这个“沉重的包袱”转手，就是不幸中的万幸，所以将出售价格定得很低。

李丽裕听到这个消息，二话没说就买下了它。居然花钱去买个“包袱”回来，人们的嘲笑声不绝于耳，可他执意为之，还信誓旦旦地说：“不用一年工夫，我就会让它升值到1亿元以上。”

要把受灾的不良资产变成价值过亿的财产，谈何容易？为此，李丽裕果断地终止了手头的其他生意，成天守在受灾现场细细察看，苦苦思索。终于，一个大胆的想法在他脑海中萌生：灾害留下的不仅是萧条和悲痛，还有特殊的记忆和故事，我何不借它们来创富？

思路决定出路。李丽裕决定，对饭店进行原地升级重建。他第一时间请来意大利顶级设计师，要求尽可能地保留灾后的墙体，在此基础上按古代欧式建筑风格进行重新设计，修造出一座既体现沧桑又不失豪华的宫廷式饭店。半年后，一栋富丽又不失厚重的建筑拔地而起，外观刻意保留了历史的痕迹，数十处受灾的残体经装饰后更显别致珍贵，室内则配上法国古董家具，使其俨然成为经典。建筑家评论该饭店是台湾最受尊重的欧式建筑，华丽的装饰彰显出其高贵的身价，屡遭灾难的经历则烘托出其尊崇的品位。竟然在受灾现场修建起了豪华饭店！各方人士听说后，争相前来见证“奇迹”，饭店无须打广告，就已门庭若市。

豪华的饭店容易找，但有历史、有故事的饭店却难寻，历史和故事才是米堤饭店的价值所在。对于这一点，李丽裕深信不疑。在挖掘饭店历史和故事的同时，他对受灾的景物进行全面演绎，要用自己的智慧赋予饭店以文化和精神上的更大吸引力。

李丽裕首创了饭店导览的“讲故事”营销模式。经过他的精心组织，饭店所在区域的一片片受灾场地和花草、一棵棵经受灾难而不屈的树木，被编出了一篇篇生动的传奇，组成了一部饱受摧残却充满爱和坚强的米堤浴火重生故事。他要求自己的员工，要将这些故事声情并茂地讲给顾客听。听到这些感人的故事，客人们在这里不仅享受了舒适的服务和环境，还了解了饭店的历史，接受了灾难教育和思想的洗礼，都觉得物超所值。

饭店门前原本立着一对石狮子，摆放在两侧，灾难中的土石流冲击将它们推在了一起，“怎么搬也搬不开。”既然石狮不愿分离，何不就这对“誓死不离”的狮子做策划？李丽裕决计让石狮终生相伴，还专门请来县长为它们的“爱情”证婚，并借此策划了一连串“爱在米堤”活动，吸引了不少新人前来见证爱情，欢度蜜月。

施工人员清理完被毁的西山树林，打算在平地上种植新树，李丽裕连忙制止。一个全新的创意闪现出来，他将这块区域命名为“名人树区”，邀请每位入住的名人以支援灾后重建的名义来植树。名人很乐意地接受了，欣然种下留有自己名字的“爱心树”。而这些名人种下的富有意义的树，不仅吸引了众多游客观赏，而且名人也时常惦记着它们是否长高、长壮，可能会定期光顾酒店。这一招，又极大提升了酒店的影响力。

李丽裕将饭店经营得风生水起，饭店的价值也节节攀升。早在重修后不久，就有精明的商家看到它的潜力，表示愿意出2亿元收购；后更有多拨财团前来洽谈，最后有人愿出28亿元巨资购买。李丽裕不为所动，只是以一颗平常心道出了饭店成功的秘诀：“当年很多人都以灾民的立场去看米堤饭店，所以看到的是悲痛；而我则是以商人的立场去看它，这就看到了商机。”

李丽裕开创饭店服务新篇章的故事，一方面说明人所持立场的重要性，即如果以受难者的立场去看灾难，看到的会是满目废墟的苍凉和了无生机的绝望；而以创业者的立场看待灾难，看到的则会是变废墟为财富的机会和化腐朽为神奇的力量。所以，以什么样的立场去看待事物，往往决定着你最终会得到什么样的结果。另一方面，故事也揭示了历史、故事等文化或精神要素在服务业中的重要意义和作用，如果你能对此加以挖掘并巧妙运用，将会为你的事业成功增加重要筹码。

⑤ 中年创业的宗庆后

宗庆后，著名品牌“娃哈哈”的创始人，杭州娃哈哈集团有限公司董事长兼总经理，他曾荣登中国富豪榜之首，获得“民族产业贡献卓著的民营功勋企业家”殊荣。说到宗庆后，很多创业者都对他钦佩不已，并用他的创业故事来鞭策自己。

在“唯出身论”的20世纪六七十年代，宗庆后“旧官僚后代”的出身，让他尝尽了人生的磨难与艰辛。16岁那年，他被“安排”到浙江舟山去填海造滩，一直在那里干了15年。直到1979年，以母亲退休可以顶职的缘由，他才得以回到杭州，在一所小学当了校工。

1987年，是宗庆后人生发生重大转变的一年。他竟然借巨款冒险承接连年亏损的校办工厂，要自己进行创业！42岁的他，已人到中年，早错过了创业的最佳年龄。面对众多亲朋好友善意的劝说，宗庆后显得异常固执：“你能理解一位42岁的中年人，面对他一生中最后一次机遇的心情吗？”经过无数磨难与艰辛形成的坚毅性格，让宗庆后谢绝了亲戚朋友们的好意，决定抓住这个机遇拼搏一把。

“很多年过去了，我依然清楚记得那天的情景：1987年夏天的一个下午，天气闷热，杭州的小巷子里见不到人影。我骑车出了家门，去干一件有些冒险的事情——靠借来的14万元钱，去接手一家连年亏损的校办工厂。”说到往事，宗庆后有些动容。靠借来的钱白手起家，创业之初的艰辛他历历在目。借来的14万元钱，他不敢全部用完，只用了几万元钱，简单粉刷了一下办公场所的墙壁，买了几张办公桌椅，就对外开张了。

有了自己的事业，宗庆后憋足了劲儿要干出名堂来。但当时，他的“事业”却是只能赚取蝇头小利的小生意，很难有大作为。“我们代销冰棍、汽水，还有作业本、稿纸等，主要是为学生服务。一根冰棍4分钱，卖一根只赚几厘钱。”早年创业的经历，已深深刻在宗庆后的记忆里。

随着时间的推移，在宗庆后竭尽所能的努力下，他经营的业务范围越来越广，开始从事一些产品加工服务。风里来雨里去地忙活了一年后，年底一算账，他居然有了十几万元的进账。尽管赚了一些钱，但宗庆后认为，要创业，如果没有属于自己的产品，就只能为他人做嫁衣裳，终究不是长远之计。

所以，他开始认真思谋如何开发自己的产品。在与学生家长的接触中，他了解到很多孩子食欲不振，营养不良，而这成了家长们最头痛的问题。据此，他认为儿童饮品市场基本上是一无所有的大空白，做儿童营养液一定会有非常大的发展前途。

1989年，宗庆后的工厂已经发展到近百个员工。此时，他开始集中力量开发娃哈哈儿童营养液，随后成立了杭州娃哈哈营养食品厂。当时，国内食品市场的产品种类很少，就连方便面都很少见，儿童专用饮品更是难以一觅。所以，在娃哈哈儿童营养液成功开发并投产后，随着“喝了娃哈哈，吃饭就是香”的广告传遍神州，娃哈哈迅速走红，产品供不应求，生产规模、销售收入和净利润也呈几何级数增长。不数年，宗庆后便完成了自己的原始资本积累。

在企业的快速发展中，宗庆后依然保持着强烈的危机感，他认为：如果不迅速扩大娃哈哈的生产规模，将可能丢失市场机遇。但如果按照传统的发展思路和做法，立项、征地、搞基建，少说也得两三年时间，很可能会陷入厂房造好了、生产规模形成了，产品却不再有销路的困境。因此，1991年他将扩张的目标瞄向了同处杭州的国营老厂——杭州罐头食品厂。当时，罐头食品厂有2200多名职工，严重资不抵债，而娃哈哈仅有140名员工和几百平方米的生产场地。

摆在宗庆后面前有三条路：一是联营，二是租赁，三是有偿兼并。显然前两条路是稳当的，而有偿兼并要冒相当大的风险。但宗庆后最终决定拿出8000万元巨款走了第三条路。

娃哈哈营养食品厂“小鱼吃大鱼”的举措，在全国引起了轰动，包括厂里的多数职工等很多人，最初都对这一举措持反对态度。宗庆后力排众议，争取多方支持，最终拿下了罐头食品厂。之后，宗庆后利用兼并得来的厂房和员工，及时扩大儿童营养液生产规模，迅速盘活了杭州罐头厂原来的存量资产，仅仅三个月便使罐头厂由亏损变为盈利。第二年，又实现了销售额、净利润和税收贡献的大幅增长。

1991年对杭州罐头厂的成功兼并，为娃哈哈后来的扩张准备了条件、积累了经验，也让宗庆后尝到了并购的“甜头”。所以，并购几乎成了娃哈哈以后异地扩张的主流手段。1994年，宗庆后响应对口支援三峡库区移民工作的号召，投身西部开发，并购了四川涪陵地区受淹的3家特困企业，建立了娃哈哈第一家省外分公司——涪陵公司。

从此以后，宗庆后加快了不断拓展全国市场的步伐。通过并购异地公司、在异地建立生产基地、成立分公司，发展“联销商”等，娃哈哈逐渐发展成为全国性的著名集团公司，其产品包括儿童营养液、含乳饮料、瓶装水、童装等多个种类和品种，拥有了遍布全国的、多达数万个各级经销商组成的“联销”网络，作为娃哈哈老板的宗庆后，也终于登上了事业成就和人生成功的巅峰。

宗庆后的故事向我们揭示，人生磨难并不可怕，只要你不在磨难中沉沦，而是在磨难后觉醒与奋起，磨难会成为你创业成功雄厚的精神资本；年龄不是创业的决定性因素，只要你甘愿拼搏进取，果断把握机遇，即使人到中年，仍然可以取得巨大的创业成就；创业需要勇气和冒险，一个缺乏勇气、不敢冒险的人，一定会与创业无缘；要办实业，创大业、成大功，必须创出自己的产品与品牌，有大气魄，眼光长远，敢于、善于快速扩张，不断将企业做大做强。

6 利用停电创业的缪寿良

缪寿良，我国知名企业家。1987年，他带着2000元钱和家乡五华县的一帮兄弟们，来到深圳创业。通过调查分析，他把创业发财的目光投向了采石行业。

当时，深圳在高速发展，修路、建桥、盖高楼，没有一样离得了石头。而五华县是一个采石业大县，采石技术堪称全国一流。所以缪寿良想，要创业、要发财，何不从石头上发展呢？这也许就是今后大展宏图的突破口。

但在深圳，缪寿良既缺乏资金，又缺少朋友，环境陌生，语言沟通困难，怎么办？知难而退还是迎难而上？秉性坚毅、一向知难而进的缪寿良认为，既然选准了目标，面对困难，就不能退却，而要信心百倍地想方设法克服。他说："我虽然没有资金，但我有智慧，有不可动摇的意志。"

就在缪寿良为如何找到契机而殚精竭虑时，一次偶然的机会，他听到一位供电局的朋友说：深圳电力严重不足，尤其在七八月，三天两头停电均属正常。

停电！停电意味着什么？缪寿良反复思索这个问题，终于有了明确的答案：那将意味着每到七八月，所有的采石队将出现电力危机，影响正常作业。哦！原来这停电现象背后，蕴藏着不可泄露的创业商机啊！

于是，缪寿良心生一计，他想方设法、东拼西凑筹集到一笔钱，提前买了柴油发电机，然后坐观其变，静候机会。

果然不出所料，1988年秋天，几十个采石场与广深一级公路签订的合同全部被废除，因为受停电的影响，没有一个采石场可以保质、保量完成任务。

真是天赐良机！聪明过人的缪寿良在一夜之间击败了众多采石工程队。他的发电机在关键时刻大发威力，承揽了大量的采石业务。当别人醒来时，为时已晚。凭借此次良机，缪寿良也取得了人生征途中的一次重要突破，逐渐在深圳开创了自己的事业，创建了富源实业公司。

1993年6月，在富源实业公司的基础上，缪寿良组建了深圳市富源集团，他的集团公司已逐步发展成为一家"以工业、商贸为主体，房地产、教育为两翼"的大型民营企业。多年来，他在为深圳机场、广深高速公路、广深公路、宝安中心区等大型市政工程建设，以及教育、社会福利事业等作出突出贡献的同时，也积累了巨大的个人财富、获得了令人羡慕的个人荣誉。

缪寿良的故事告诉我们，通过调查分析，结合自身所长，选准方向和目标；在思考和偶然获得的信息中，发现商机和解决困难的办法，积极行动，果断出击，就可以把不利因素变为有利因素，从而步入事业成就和人生成功的通途。

7 创业商情服务的郭凡生

郭凡生，1982年毕业于中国人民大学，从事研究工作8年，发表专著5本，论文100余篇，是当时理论界公认的有突出科研成就的年轻学者，被誉为“中国家族企业的管理大师和思想教父”。然而时代的机遇，使作为学者的他成了一位卓有成就的商人——慧聪网董事局主席。

20世纪90年代初，郭凡生和朋友们凑了14.8万元，注册开办了慧聪公司。公司起初所干的事，就是将中关村的电脑价格收集在一起，通过每周印发一本叫《慧聪商情》的小册子进行集中披露，发挥使电脑价格公开的作用。

开始，许多商家都拒绝让郭凡生刊登与自己产品有关的价格信息，因为在那个时候，价格公开的氛围还没有形成，商家都不愿公开价格。怎么办？如果机遇可以等待的话，那么郭凡生大可等商家先有了公开商品信息的意识和氛围后，再去做商情咨询服务。但他没有等，而是通过各种方法收集价格信息，先做起来。《慧聪商情》发行了几期以后，中关村的大小老板们一面怒骂郭凡生的商情信息降低了自己的利润，一面又不得不花钱找他刊登商情信息，因为现在大家都拿着《慧聪商情》的报价去买电脑等IT和电器产品，如果不登就难以做成买卖了。

当时，很少有人想到这本仅在北京市场印发数百本的油印小册子，会在中国信息服务业引发一场深刻的革命。中关村商情成功推出后，慧聪的业务不断推向上海、南京、武汉、青岛、济南、昆明等，很快便在30多个城市形成了一个IT、家电市场评估体系。这不但使慧聪完成了200多万元的原始积累，也使它拥有了独具特色的商情数据库和大量稳定用户。

当30多个城市的数据库合在一起，就产生了另外一个盈利空间——利用商情信息进行市场分析、市场监测，更好地帮助企业策划宣传、发布广告和推广市场。所以，慧聪公司在帮助客户做巡展推销的同时，又统一发放问卷，形成了一种市场调查。市场调查和广告代理反过来支持慧聪的商情数据库，就把信息公司、市场研究公司、广告公司、展览公司有机联系起来，成了一个互相衔接、互相支持的整体，形成了独特的经营模式——“慧聪模式”。

就这样，“慧聪模式”促进了商情服务行业在中国的迅速发展。经过18年的商海拼搏，郭凡生引领慧聪商情——慧聪网成为行业的领袖型企业，从几十人发展到3000多人，并于2003年在海外上市。而“慧聪模式”的开创者郭凡生，也成了中国成就卓然的知名儒商。

郭凡生的创业故事表明，创业的机遇在行动中，而不在等待中。即使在条件还不具备或时机不成熟的情况下，如果你能放长眼光，把握趋势，克服各种艰难困苦，比别人捷足先登，你就能够创造条件和机会，改变环境，开拓出一片新的事业天地。

8 突发奇想的拾荒者

一般人眼中，拾破烂的一定是穷人。想靠拾破烂成为百万富翁，近乎天方夜谭。可是，有人就做到了。

沈阳有个靠拾捡空易拉罐等废品为生的人，名叫王洪怀。有一天，他突发奇想：收一个易拉罐，才赚几分钱，如果将它熔化了，作为金属材料卖，是否可以多赚些钱？于是，他把一个空罐剪碎，装进自行车的铃盖里，熔化成一块指甲大小的银灰色金属，然后花了600元钱在市有色金属研究所做了化验。化验结果出来了，这是一种贵重的铝镁合金！当时市场上的铝锭价格，每吨在14000元至18000元。每个空易拉罐重18.5克，大约54000个就是一吨。这样算下来，卖熔化后的金属材料比直接卖易拉罐会多赚六七倍的钱。因此，他决定自己办一个小型熔炼厂，专门熔炼回收的易拉罐。想好就干，通过一番努力，他将这一决定付诸了实施。

熔炼厂建好后，为了多收易拉罐进行熔炼，他把空易拉罐的回收价格从每个几分钱提高到一角四分，又将回收价格以及指定收购地点印在卡片上，大量向拾荒人分发。一周之后，他骑着自行车到指定地点一看，只见一大片车子在等着他，车上装的全是易拉罐。这一天他回收了13万个易拉罐，足足两吨半。

向他提供易拉罐的同行，卸完货后仍然又去拾破烂。而王洪怀从拾易拉罐到炼易拉罐，仅仅一念之差，不但改变了做事的性质，也让他的人生走上了另外一条轨道。

第一年，王洪怀用空易拉罐炼出了240多吨铝锭，用了3年时间，他就赚了270多万元，从一个收入微薄的拾荒者一跃而成了百万富翁。

一个收破烂的人，能够想到不仅是收购，还要改造收来的东西，这已经不简单了。改造之后又能花钱送到科研机构去化验，就更是具有高人一筹的眼光。所以，有思想、有眼光，敢想敢做、又有一套办法的人，不管他眼下的处境怎样，只要他能像王洪怀那样，果敢地进行创业，那么获得成功就只是迟早的事了。

9 “不务正业”的医生

王建，北京一家医院的肿瘤外科医生，曾被人认为是一个“不务正业”的人。

由于每天工作繁忙，王建经常误了饭点，不得不就近找个烧烤摊随便垫补一下。一天深夜，刚做完手术后，他便急匆匆奔向那家常去的烧烤摊。正走着，他发现摊点老板在鬼鬼祟祟地鼓捣着什么，走近了才看清是在挖地沟油。

回到家里，王建再也睡不着了。他想，在北京像他这样的医生不在少数，如果自己开一家烧烤店，让大家有一个货真价实、干净卫生的用餐“据点”，应该很受欢迎。敢想敢干的他，随即就在朋友圈发起“创办烧烤店”众筹，撺掇同学和朋友入伙，可却遭到了质疑：一个医生开烧烤店，简直就是不务正业，把心思用在开店赚钱上，还有时间钻研业务治病救人吗？

委屈之余，王建多次郑重申明初衷：自己并非是想下班脱了白大褂去做烧烤，而是要通过投资开一家烧烤店，具体事宜交由职业经理人打理，只为给同行们一个养心开胃的所在。他的初衷与创想终于打动了16位伙伴们，大家纷纷贡献出自己的积蓄，80万元启动资金终于有了着落。半年后，他的“柳叶刀”烧烤店开张了。

为兑现初衷，王建为烧烤店定下严格规矩：肉不能提前腌制，必须现刷现烤；肉串一定要用电烤；油刷一遍后要全部丢弃；所有菜品不能过夜，包括凉菜和小菜……烧烤店很快就吸引了北京各大医院的医生和医科院校的学生来此饕餮，常常是人满为患、应接不暇。但王建志不在此，他更想把“柳叶刀”打造成以治病救人为永恒主题的学术交流场所。

渐渐地，同行们发现了这一妙境。年轻医生喜欢在这里扎堆，在大快朵颐的同时，聊聊工作的日常，切磋棘手的病例，其乐融融。就连一些医界的大佬也慕名前来，北大医院著名的肾内科专家周教授某天也来此撸串，在听到邻座麻醉师切磋体会后，一种亲切感油然而生。周教授把感受写在微博里，在吸睛的同时，广告效应也爆了鹏。一时间，“柳叶刀”医生出没，从口腔科到前列腺科都能找到主治大夫，俨然成了一处探讨学术的沙龙。

在“柳叶刀”，你可以与医学大咖不期而遇。这等好事，不但让求医心切的患者络绎不绝，也让渴望深造的学子们纷纷投拜山门。患者希望在这里寻医问诊，而学子则期盼能与未来的导师先期亲近。于是，“柳叶刀”烧烤店常常上演这样的桥段：患者和医生问诊询方于撸串间，导师与学生耳提面命于香气中……

这种浓厚的学术氛围让王建非常享受，他更加“变本加厉”，先是在烧烤店添加了投影仪，为学术活动免费提供场地，继而还别出心裁推出了“SCI影响因子”打折活动。SCI是美国《科学引文索引》的英文简称，创刊于1957年，涵盖了很多分类。凡是在SCI涵盖期刊发表过论文的，根据所发期刊的影响力大小，确定影响因子分值，根据分值高低，可享受一至三折不等的抵现优惠。此举一出，学霸医生们纷纷响应，凭着发表的论文，美美吃起了霸王餐。结果，“柳叶刀”烧烤店成了“中国医界的5A级景点”。

“柳叶刀”烧烤店声名鹊起，吸引了世界顶尖大咖专程前来体验。2017年10月15日，世界权威医学杂志《柳叶刀》(*The Lancet*)高级执行主编萨默教授不请自来，在与助手默默排队半小时后，一口气吃了18支山羊串，给出了“有点辣，但很刺激、很好吃”的评价。当王建闻讯赶来提出免单时，萨默教授却坚持要全额埋单，并以此向这群有想法、有创建、有执行力的中国医生致敬。

王建创办的副业“柳叶刀”烧烤店，由于其开店目的是“让大家有一个货真价实、干净卫生的用餐场所”和“打造一个以治病救人为永恒主题的学术交流场所”，动机和出发点中蕴含着“为他人着想”“为事业着想”的高尚节操，且由专业人经营，既货真价实又别出心裁，充分满足了既享受美食又交流学术、治病救人的有效需求，所以能够迅速取得成效与成功。这说明，创业的初衷、目的是否纯正、高尚，对创业能否取得成功也是非常重要的因素。

10 冰王图德

18世纪90年代，在美国的波士顿，有两个很要好的孩子从家中偷了一些水果和奶制品，跑到野外去玩。那时还没有保存食物的方法，看着吃剩的食物在阳光下坏掉，他们一点办法都没有。

后来，两个孩子上了中学，他们依然是好朋友。一次，两人沿着冰封的湖畔散步，其中出身波士顿名门、名叫图德的孩子突然说："还记得咱们从家里偷东西出来吃的事吗？"另一个孩子说："当然记得，只是可惜剩下的食物都坏掉了。"图德指着湖面问："看见那些冰了吗？"同伴说："这里的冬天到处是冰，没什么大惊小怪的。"图德兴奋地说："为什么不把这些冰收集起来，运到炎热的加勒比海的一些港口去销售呢？"同伴嘲笑图德说："别傻了，冰到了那里早化成水了！"可图德的目光依然注视着湖面上的冰。

1806年，21岁的图德再次找到当年的伙伴，想让他和自己一起做冰的买卖，可伙伴再次拒绝了他，并劝他别异想天开。

后来，图德求得别人的资助，花费1万美元用船成功地将130吨冰运到了加勒比地区酷热的马堤尼克岛。此后，在15年时间里，他把冰生意做到了世界上的许多地方，在船所能到达之处，人们都是用他运来的冰来满足对冰镇饮料、冰藏水果和冷藏肉类的需求。到了1858年，图德已把15万吨冰装上380条大船运到了许多美国南方城市，以及中国、菲律宾和澳大利亚等50多个国家和地区。

通过异想天开的卖冰生意，图德成了世界冰王和亿万富翁。而当年他的那个伙伴，依然过着普通人的生活，使他根本没想到的是，那些被众人忽视的冰，也会成就图德儿时的梦想。而且，图德的做法还给了科学家们以启发，对冰箱的发明问世也发挥了助推作用。

图德与朋友的不同之处在于，他善于发现、敢于想象、主动寻求资助，努力不懈地践行自己的梦想，所以他成就了自己，而他的朋友却依然如故。

故事说明，创业者与常人的区别，往往就在于一双眼睛、一颗心和一种执着的行动。对于一些事物，一般人只看到表面，想到当前，不愿改变；而成功的创业者却能看到内涵，想到以后，大胆开拓，不达目标决不罢休。

11 让思维多转一个圈的“拉链王”

100多年前，在一次芝加哥博览会上，有人展出了自己发明的“拉链”，但并没有引起任何反响。尽管那个发明家大费口舌，宣称这种拉链可以代替鞋带，解决系鞋带的麻烦，能给人们的生活带来无穷乐趣，但仍不可避免地遭到被众人“弃之若敝屣”的命运。

除了一个人，他的名字叫沃卡，他当时对拉链产生兴趣，仅仅是因为对那个发明家的同情。他想，这个人真傻，只知道大肆宣传，为什么不让思维转动一下，让拉链真正代替鞋带走进人们的生活，让每个人从实用中得到乐趣呢！

于是，沃卡花了1美元买下了那个被冷落的拉链，心中也萌生了一个让拉链为人们的生活带来方便的大胆计划。通过研究，他越来越觉得这项发明一定会走俏世界，成为人们生活密不可分的伙伴。他决定先制造一台生产拉链的机器，同时着手研究拉链的结构及制作原理。就这样，一晃整整19年过去了。有人嘲笑他如此痴迷拉链，简直就是死脑筋，不知道转弯，只会在一棵树上吊死。

经过19年努力后，沃卡的大批拉链面世了。他与厂家合作，将精致的拉链安装到鞋上，向市场推出了拉链鞋。但结果出人意料，大批成品鞋在仓库里堆积如山，根本卖不出去。这当头一棒，几乎将沃卡击倒，他一度深居简出，郁郁寡欢，对这样的结果耿耿于怀、于心不甘。

不久，痴心不改的沃卡又重整旗鼓。他知道，自己让思维转一个弯的做法无懈可击，但还必须再转弯才可能转败为胜。他想，制造拉链既然是为了给人们带来方便，那为什么只围绕一双鞋想问题呢？

于是，沃卡又尝试着把拉链加工到钱包、军服等多种用品上，同时借助各种渠道进行大肆地推销宣传。在他的不懈努力下，拉链产品终于彻底打开了市场，一度风靡全球，沃卡开创的拉链事业终于走向辉煌，他也成了获得巨大财富和声誉的“拉链王”。

没有人知道，沃卡通过小小的拉链最终获得了多么巨大的财富。但许多人都知道，当初他买下那个拉链仅用了1美元。

沃卡的故事启示我们，要成功创业，没有灵活的思维与开阔的思路是不行的。遇到事情或问题时，要让思维多转几个圈，从多个角度、多个方面去考虑、去尝试，从满足人们多方面的需求去拓展。这样，你的创业之路才会摆脱荆棘，越走越宽，最终取得常人难以达到的卓越成就。

12 卖清水的瓦浮基

瓦浮基，一位美国知名企业家。说起他的创业史，则是从一般人看不上眼的卖清水开始的。

在19世纪中期，淘金热在美国西部悄然兴起，成千上万怀着发财梦想的人，都涌向那里寻找金矿。

瓦浮基10多岁时，也想去碰碰运气。因为贫穷买不起车票，他只能偷偷坐着大篷车前去淘金，在经历了一路的坎坷后，来到西部一个叫奥丝丁的荒凉地方。

在奥丝丁，到处都是金矿。但因为气候干燥，水源奇缺，来淘金的人们拼死拼活苦干一天，连一口清水都无法喝到，甚至连滋润嘴唇的一滴水也无法找到。因此，许多人愿意用一块金币去换一壶凉水。

瓦浮基原本年幼，身单力薄，干活儿根本比不过人家，加上缺乏淘金经验，虽然一天到晚干得劳累不堪，但收获甚微。这天，他突发奇想，如果打口井卖水给淘金的人，或许比自己在金矿干活更容易赚钱。说干就干，瓦浮基买来镢头、铁锹，选定位置，没明没夜地挖起井来。经过一段时间的艰辛努力，他终于挖出一口水井。他将井水沉淀、过滤后，成为清凉可口的饮用水，再一壶一壶地卖给淘金工人。

短短数年，靠卖清水，瓦浮基就赚了一笔数目可观的钱。随后，他用这笔钱作为资本，逐渐开创了自己的事业。又通过一番奋斗，他终于成了美国知名的企业家。

瓦浮基的成功，得益于他能及时发现人们最为急迫的需求，并想方设法去满足这种需求。他敢想敢干，捷足先登，扬长避短，另辟蹊径，通过不懈的艰辛努力，他打出了自己的水井。随后，他靠向淘金人卖清水开始创业，最终使自己登上了更大的事业与人生舞台。

13 丑青年与小磨房

100多年前，在瑞士的苏黎世郊区，有一位叫尤利马斯·马吉的青年，他相貌丑陋，年幼时母亲就去世了，更加不幸的是，20岁的时候，与他相依为命的父亲也去世了。

父母留给他的，除了丑陋的长相和一个小小的磨房外，再也没有其他任何东西了。对此，马吉并没有抱怨，也没有泄气。尽管他唯一会做的就是磨面粉，但他暗下决心：只要世界上能磨的，我都要将它磨出个样儿来。

一天，马吉从朋友舒勒医生那儿得知，干蔬菜磨碎后不会损失营养价值，觉得自己可以尝试来磨蔬菜和豆粉。他借了一笔钱，买了蔬菜和豆类干燥机，开始生产蔬菜和豆粉。当他试着将这种速溶汤料投入市场后，出人意料地获得了成功。因为他的产品得到了家庭主妇们的高度评价。用蔬菜和豆粉做汤，仅5分钟，一盆香喷喷的热汤就做好了，既省时，又省力。初次尝到成功滋味的马吉，更加坚定了“把磨粉这件事干好”的信心。到1886年，他已开发出了3种袋装速溶汤料，而且这些汤料产品很快便畅销欧洲。

在以后的日子里，马吉继续在磨粉上狠下功夫。1890年，他又推出一种能改善菜肴味道的粉状万能调味品，可用于沙司、凉菜、肉、鱼、汤以及其他配菜的制作，一上市就受到广大消费者的欢迎。

到1901年，马吉这个丑陋的乡下人，已经成为在几个国家设有自己企业的大老板，成了一位赫赫有名的成功人士。

当初，曾有人问马吉成功的秘诀，马吉说："其实，成功并不需要很多，有时只需要一个小磨房就够了。"

马吉的故事告诉我们，也许我们的相貌丑陋，也许我们的命运悲惨，也许我们的拥有甚少，但这都不是阻止我们进行创业、取得成功的理由。只要我们不抱怨、不颓废，不屈服于命运，坚定"干好事、干成事"的信心，勇敢创业，踏实肯干，克难奋进，成就与成功就一定会属于我们。

14 两个提水的年轻人

有则故事说，很久以前，在一个外国的小村子里，有一对年龄相仿的堂兄弟，名字叫柏波罗和布鲁诺，两人从小就常在一起玩耍，并发誓要在将来的一天，让自己成为村中最富有的人。

两人成年之后，机会很快就来了。村里决定要雇佣两个人，把河里的水运到村内的蓄水池里。经过筛选，最终村长把这份工作交给了柏波罗和布鲁诺。

于是，两个人干起了提水的工作。每天当他们把蓄水池装满后，村长按每桶水一毛钱付给他们。

"我的梦想终于实现了！"布鲁诺大喊，"我简直不敢相信我们的好运气。"

但柏波罗却不这么想，这个工作很辛苦且效率又不高，他发誓要想出更好的办法来将河水运到村里去。

"布鲁诺，我有一个计划，"一天早上，柏波罗对布鲁诺说，"我们修一条管道，将水从河里引进村里吧。"

布鲁诺听了柏波罗的话后，大声喊道："柏波罗，我一天可以提100桶水，每天能赚10元钱！两天后，我就可以买一双新鞋。两个月后，我就可以买一头牛。6个月后，我还可以盖一间新房子。我们这辈子都不用愁了！放弃你的管道幻想吧！"布鲁诺极力反对修建管道。

柏波罗可不是容易放弃的人，他决定自己一个人来实现修建管道的计划。他白天用一部分时间提桶运水，其他时间和周末，他都用来加班加点地建造管道。他知道，要在像岩石般坚硬的土壤中建造一条管道是多么艰难的事。他也知道，在修建管道的很长时间里，自己的收入会下降。但他更知道，管道建成后就能产生非常可观的效益。

有些村民嘲笑柏波罗是“管道建造者柏波罗”。相比柏波罗的微薄收入和没明没夜的劳作，布鲁诺挣的钱要比柏波罗多一倍还不止，而辛苦却比柏波罗要少很多，他买了一头漂亮的毛驴，配上全新的皮鞍，拴在了新盖的两层楼旁。他还买了亮闪闪的新衣服，在饭馆里吃着可口的饭菜。村民们尊敬地称他“布鲁诺先生”。晚上，当布鲁诺在吊床上悠然自得时，柏波罗还在挖沟建造他的管道。

在头几个月里，柏波罗的努力并没有多大进展，但他不断提醒自己：实现明天的梦想，是建立在今天的牺牲上的，短期的痛苦一定会带来长期的回报。他更加努力地工作着，并通过完成每天的工作目标，来衡量自己的工作进展与成效。就这样，他一直坚持了下来。

在柏波罗长期不懈的坚持与努力下，终于，管道通水了，村子也沸腾了！

村民们簇拥着来看水从管道中流到水槽里！村子里终于有了源源不断的新鲜水。由于用水的便利，其他村子里的人都渐渐搬到这个村子来了，村子也日益发展和繁荣起来。柏波罗呢，他不畏艰难的拼搏精神不仅感动了村民们，而且口袋里的钱也越来越多，成了受人尊敬的成功创业人士和远近闻名的大富翁。

布鲁诺和柏波罗的故事向我们揭示，但凡目光短浅、满足眼前利益的人，即便做事努力，也只会成为一个打工者；而大凡取得成就和成功的创业者，都是眼光独特、目标长远、不计眼前得失，为实现目标而锲而不舍的人。

15 以餐具创业的枪械专家

英国有位叫布利阿里的枪械专家，是位经常和武器打交道的人，绝大多数时间都在研究枪支的性能和构造。但他的最大成就，并不是改进与发明了什么武器，而是通过开发、经营与武器毫不相干的不锈钢餐具，使自己成了知名的创业者。

第一次世界大战前，英国热衷于“殖民扩张”。在不断的战争中，英军发现他们的枪支使用时间一长，射程和命中率就明显降低。而布利阿里的主要任务，就是改进枪支构造，设法解决枪支的性能问题。很快，他便发现造成枪支性能不好问题的原因，是枪膛所用钢材的硬度不够。如果能找到硬度更高的材料，这个问题就可以迎刃而解。

他通过各种渠道找到各种各样的合金钢，进行耐磨和耐热试验。由于品种繁多，试验时间被拖得很长，试验场地很快被各种合金钢堆满了。

一天，布利阿里在清理场地时，发现了一块锃光雪亮的钢材。他试验并分析了这块钢材，发现它并不适合用在枪支上。就在他要放弃的时候，突然觉得这么漂亮的材料没有派上用场，实在太可惜了。当他看到实验室里黯淡无光的餐具时，就想：如果把这些材料用来做餐具，那一定会很漂亮。

于是，布利阿里果断决定来开发经营不锈钢餐具。经过努力，他用不锈钢生产出了各种餐具。这种餐具一进入市场，很快便畅销起来，他也因此成了一位利润日益丰厚的不锈钢餐具经销商。以后，随着不锈钢餐具不断进入更多的家庭，布利阿里成了一位富有而成功的商人。

当布利阿里以不锈钢餐具创业获得各种收获的时候，不锈钢材料的发明者——德国人毛拉不禁感叹：“我把它扔到了垃圾堆，怎么没想到它可以用来制造餐具呢？”

虽然说隔行如隔山，但你只要有符合人们需求的新想法、新创意，以及强烈的创业欲望，大胆尝试，果敢行动，即便在新的行当里，你照样也能取得事业成功，成为人们羡慕的大富翁。

16 做好事创业苏联的哈默

亚蒙·哈默，美国大富翁，被誉为政治外交型企业家、“万能商人”与“和平使者”。他出身于一个普通犹太移民家庭，23岁时决定去苏联经商创业。

哈默之所以做出这样的决定，是因为他从报刊上读到了有关的新闻，对正在受到斑疹伤寒和饥荒侵袭的苏联人民深表同情。当时，西方国家的商人们没有人敢去苏联，但哈默兴高采烈地为这次行程做着准备。

哈默买下了一座第一次世界大战中留下的野战医院，装备了必需的医药品和器械，又配备了一辆救护车，就开始出发了。

当时的苏联，早已与很多西方国家隔绝，因此在绝大多数的美国商人看来，哈默这次行程简直像月球探险。但他意志坚定，以20岁出头的小小年纪，踏上了一条独特的人生道路。这不仅从根本上改变了他个人的生活，而且对许多苏联人的生活也带来了很大影响。

哈默到苏联的第一印象是：孩子们都光着脚，人们衣衫褴褛，几乎没有人穿袜子和鞋子；人们脸上毫无笑容，一个个都显得既肮脏，又沮丧。

火车慢慢地行驶了3天3夜，快到伏尔加河时，进入了干旱不毛的地带。这地方霍乱、斑疹伤寒及所有儿童传染病在这里流行肆虐。火车离开伏尔加地区时，车上有1000人，但几天之后，却只有不到200个身体最强壮的人还活着。

饥荒正在迅速蔓延，成百个骨瘦如柴、饥肠辘辘的孩子们敲打着从莫斯科开出的火车车窗，乞讨食物；抬担架的人将难民车上的尸体源源不断地抬向一座公墓；从莫斯科来的代表团，听到了人吃人的惨事；野狗在这可怕的地方徘徊；成群的吃死尸腐肉的鸟，盘旋在人们的头顶。

一昼夜后，载着忧心如焚的乘客，列车驶进了卡特灵堡附近的工矿区。使哈默大为吃惊的是：正如卡特灵堡成堆的毛皮一样，这里有成堆的白金、乌拉尔绿宝石和各种矿产品。

“为什么你们不出口这些东西去换回粮食呢？”哈默问一位苏联人。许多人的回答都相似：“这是不可能的。欧洲对我们的封锁刚解除。要组织起来出售这些货物，买回粮食，这得花很长时间。”

有人对哈默说，要使乌拉尔地区的人支持到下一收获季节，至少需要100万蒲式耳小麦。而当时，美国的粮食大丰收，价格惨跌到每蒲式耳1美元，所以农民宁可把粮食烧掉，也不愿意以这种价格在市场上出售。

哈默于是说：“我有100万美元，我可以办成这件事。”

他说话的神态，仿佛是买卖老手似的。“这里谁有权威来签合同？”他问。

当地的政府急忙举行了一次会议，同意了此事。哈默给他的哥哥发了一个电报：要他购买100万蒲式耳小麦运到苏联，然后用轮船运回价值100万美元价值的毛皮和宝石，办理这笔交易后，双方都可以拿到一笔5%的佣金。

当时哈默脑子里想的根本不是赚取利润，他想到的是：成捆干柴似的尸体堆在那里，等着被卷起来埋到壕沟一样的坟墓里；一群群面黄肌瘦的儿童，面孔贴着列车的车窗，乞讨着。

哈默所做的这件好事，比蜿蜒穿过乌拉尔的火车传得还快，苏联革命领袖列宁也得知了这一消息，他对哈默的行为和这笔交易大加赞许。

当列车到达莫斯科后的次日，哈默就被召到列宁的办公室。于是，双方进行了一次友好的长谈。

列宁感谢他对苏联的援助，并希望他能够继续合作，然后关照下属为哈默一路开绿灯，而且亲自参加双方贸易合同的草拟事宜。

从此，哈默在苏联开创了自己的事业，他开办了铅笔厂、制酒厂、养牛厂等，不仅满足了苏联人民的需求，也使自己赚取了一笔又一笔的财富。

哈默的故事向我们阐明，作为一个卓越、伟大的创业者，应该有一颗博大的同情、怜悯和善良的爱心，肯于助人做好事，勇于救人于饥饿、疾病等水深火热之中；要敢于冒大的风险，敢于去人所不敢去的地方，敢于干人所不敢干的事；要主动沟通，善于合作。做到了这些，你的爱心、你的付出、你的冒险，一定会获得最为丰厚的回报。

17 出版界奇迹创造者

1921年6月2日，是电报诞生整整25周年的日子。对这一历史性的发明，美国《纽约时报》发表了一篇简短的社论，社论中传达出这样一个重要信息：现在人们每年接收的信息量，是25年前的50倍。

对这一信息，当时美国至少有16个人做出了反应，那就是创办一份文摘性刊物，让人们能在浩如烟海的信息中，尽快获得自己需要的内容。这16人中，有律师、作家、编辑、记者，甚至还有一名叫瑟麦锡的国会议员，他们都认为创办这类刊物必定有广阔的市场。

在不到3个月的时间里，16个人都到银行存了500美元的法定资本金，并领取了办刊执照。然而，当他们到邮电部门办理有关发行手续时，却被告知该类刊物的征订和发行暂不能代理，如需代理至少要等到明年中期选举过后。

结果，其中的15人为免交执业税，随即向管理部门递交了暂缓执业的申请。但是，有一位叫德维特·华莱士的年轻人，却丝毫没有受到“邮局不能代理征订与发行”这一偶发不利因素的影响。他回到自己的暂住地——纽约格林尼治的一个储藏室，与未婚妻一起糊了2000个信封，装上征订单运到邮局寄了出去。随后，他们着手编发起了取名为《读者文摘》的刊物。

1922年2月，《读者文摘》创刊号问世。自此，世界出版史上的一个巨大奇迹就开始诞生了。数十年过去了，德维特·华莱士创办的《读者文摘》刊物，已经成了美国家喻户晓、影响深远的刊物，而且拥有了19种文字、48个版本，发行范围达127个国家和地区，每月发行量超过2000万册，订户有1亿人，年收入高达25亿美元。而《读者文摘》的创办人德维特·华莱士夫妇，也因此成了出版界的大亨，取得了财富与成功的双丰收。

当初，发现创办文摘类刊物的机会并立即付诸行动的至少有16人，但最终能够把握住机会获得成功的，却只有德维特·华莱士一人。为什么？原因很简单，因为其他15人在遇到偶发事件带来的不利影响与困难时，都主动退却了。但德维特·华莱士不仅没有退却，而是主动采取措施，克服不利影响，知难而进，所以他成功了。

现实中，一些偶发事件往往会打破一些常规的做法，为创业干事带来不利影响或困难。其实，只要你坚定自己的信念，冲破思想禁锢，主动作为，克服偶发事件带来的不利因素或者困难，就能做到一般人做不到的事，从而创造出事业发展奇迹，成就自己辉煌的人生。

18 从不满中抓住创业机遇的威尔逊

凯蒙斯·威尔逊，美国著名企业家，假日酒店的创始人。他创办新型假日旅馆的起因，是一次不愉快的开车旅行。

1951年的时候，威尔逊带着母亲、妻子和5个孩子，开车到华盛顿旅行，一路所住的汽车旅馆，房间矮小，设施破烂不堪，有的甚至阴暗潮湿，又脏又乱。几天下来，威尔逊的老母亲抱怨说："这样的旅行度假，简直是花钱买罪受。"善于思考的威尔逊听着母亲的抱怨，又通过这次旅行的住宿体验，从中得到了启发。我为什么不能建一家便利汽车旅行者的旅馆呢？经过反复琢磨，他认定创办汽车旅馆会有利可图，并在心里给汽车旅馆起了一个名字叫"假日旅馆"。

具有远见卓识、敢想敢干的威尔逊，冒着失败的危险，果断将自己的住房和准备建旅馆的地皮作为抵押，向银行借了30万元贷款，用以创建自己的假日旅馆。1952年，也就是他旅行的第二年，他就在美国田纳西州孟菲斯市夏日大街旁的一片土地上，建起了一座假日旅馆。

为了招揽更多顾客，威尔逊用心打造旅馆服务特色。在假日旅馆里，他从顾客需求的角度，增设了便利设施和娱乐场所：为了节省旅客的费用开支，在父母的房间里免费设置了婴儿床，深得父母的欢迎；为了免费为住店的病人诊病，聘请了医生驻店服务，为旅客看病提供方便；设置了蒸汽浴、游泳池；增添了高尔夫球、保龄球等服务项目。这些设施和活动场所的服务费用，都打入总费用中，当顾客一住进旅馆，就可以自由选择自己需要和喜爱的项目。旅馆的便利设施和特色服务，赢得了越来越多的客人光顾，这成了威尔逊的创业绝招和赚钱之道。

正如威尔逊自己所说："人们一般都有一种心理，他不在乎花大钱，但却喜欢占小便宜。如果样样服务都跟他们算小账，不仅麻烦人，也使顾客每次都觉得被敲了竹杠，自然非常反感。我们把这些可提供的服务费预先打进总服务费中，旅客使用时不再收费，他们会觉得占了点便宜，有一种优待的满足感。"

精细的经营思路和独到的服务特色，使威尔逊的假日旅馆蓬勃发展。后来，他的旅馆发展到了美国50个州以及全世界的许多地方，数量多达1750个。从不满引发的创业，终于为威尔逊带来了巨额财富，也使他成了功成名就的假日旅馆之王。

威尔逊的故事说明，在对服务或消费的不满中，也隐藏着创业的机遇。在日常生活和工作中，我们经常会遇到一些令自己不满意的事情或地方，这就是需求满足不到位的情况，其中蕴含着大量的有效需求和可借以创业的机遇。如果我们能像威尔逊那样，从不满中敏锐地抓住机遇，果断地采取行动，勇敢而又精心地进行创业、创新，就不愁不能取得成功。

19 身无分文的大饭店老板

在早年的日本冈山市，一栋漂亮气派的5层钢筋水泥大楼盖起来了，这是一个名叫条井正雄的所拥有的冈山大饭店。然而，让人想不到的是，这位条井先生是在身无分文的情况下建起这栋大楼的。

条井原来是一个银行的贷款股长，一直负责办理饭店、旅馆的贷款业务。通过10年的工作，他积累了丰富的旅馆经营知识，心里自然就产生了通过开旅馆进行创业的强烈欲望。

为了制定一个完善的创业方案，他做了认真细致的实地调查。为了弄清楚汽车及人员往来的情况，他在公路边站了三个月，对每天来冈山市的汽车进出数量和每辆车里面大约人数，进行不厌其烦的统计，做到了心中有底；弄清楚了来冈山市的旅客中，有97%都是经商的。但在当时，冈山市的所有旅馆连一家正规的停车场设施都没有。

根据调查情况，他认为将来新盖的饭店要具有商业风格，而且要附设较大的停车场，这样才能吸引大量旅客。接着，他花了更长的时间，制作了饭店的设计图和一份详尽的经营计划书。

之后，他抱着试试看的心理，来到冈山市最大的建筑公司碰运气。一位主管看了他的设计和计划后，问条井："你准备用多少资金来盖这栋大楼？""我一分钱也没有，我想先请你们帮我盖这栋大楼，至于建筑费，等我开业后分期付给你们。"条井泰然自若地回答。主管说："你简直是在白日做梦，真是太天真了，请你把你的材料拿回去吧！""这几张图纸和计划书是我花了两年时间做成的，我认为很完整，请你们详细研究，我以后再来讨教。"条井没有说更多的话，把设计图和计划书放在那里，掉头就走了。

半个月后，奇迹发生了，这个建筑公司约他去面谈。从上午8点到下午4点，该公司的董事和经理一个接一个提问，那种场面真令人心惊肉跳。然而，令人难以相信的事终于发生了，建筑公司决定花3亿日元替这位身无分文的条井先生建造饭店。

一年后饭店落成了，条井成了大饭店的老板，开始了经营旅馆的创业生涯。在花了不太长的时间后，他不仅还清了建筑公司的本息，而且成了一位拥有巨额资产的旅店老板。

你想创业吗？没钱怎么办？条井白手起家的创业故事，为我们提供了现实的借鉴。如果你能像条井那样，根据自己的优势或特长选准创业方向，掌握市场情况，做好前期准备，积极寻求合作，善借他方力量，即使没有资金，也照样能够开创出自己的一份事业来。

20 向困难说“不”的藤田

藤田是日本的麦当劳之“王”，他近于白手起家，是一个敢于向重重困难说“不”的人。

1965年，藤田毕业于日本早稻田大学经济学系，毕业后在一家大电器公司打工。1971年，他开创自己的事业，从事麦当劳连锁经营。

麦当劳是闻名全球的连锁速食公司，采用特许连锁经营机制。而要取得特许经营资格，需要具备相当财力和特定的资格。而藤田当时只是一个出校门时间不长、毫无家族资本支持的打工族，他的存款还不到5万美元，根本不具备麦当劳总部所要求的“75万美元现款和一家中等规模以上银行信用支持”的苛刻条件。

当时，藤田看到了美国连锁速食模式在日本发展的巨大潜力，决意要不惜一切代价在日本开创麦当劳事业。于是，他绞尽脑汁四处筹备资金。但事与愿违，5个月下来，他只借到了4万美元。面对巨大的资金空缺，要是一般人，也许早就心灰意懒、尽弃前功了。然而，藤田却偏对困难说“不”，他要凭自己的勇气、诚心和执着迎难而上，实现自己的目标。

在一个阳光明媚的春日上午，藤田西装革履、满怀信心地跨进了住友银行总裁办公室的大门。他以极其诚恳的态度，向总裁表明他的创业计划和求助心愿。在认真耐心地听完他的表述之后，银行总裁做出了“你先回去吧，让我考虑考虑”的决定。

藤田听后，心中掠过一丝失望，但他马上镇定下来，恳切地对总裁说了一句：“先生可否让我告诉您，我5万美元银行存款的来历呢？”他听到的回答是“可以。”

“那是我5年多来按月存款的收获，”他说，“5年多来，我每月坚持存下1/3的工资奖金，雷打不动，从未间断。我无数次面对过度紧张或手痒难耐的尴尬局面，但都咬紧牙关，克制欲望，硬挺了过来。有时候，碰到额外事故需要用钱，我也照存不误，甚至不惜厚着脸皮四处告贷，以增加存款。这是没有办法的事，我必须这样做，因为在跨出大学门槛的那一天，我就立下宏愿，要以10年为期，存够10万美元，然后创业，出人头地。现在机会来了，我一定要提早开创自己的事业……”

他一气讲了10分钟，总裁越听神情越严肃，向藤田问明了他存钱的那家银行的地址后，对他说：“好吧，年轻人，我下午就给你答复。”

送走藤田，总裁立即驱车前往那家银行，亲自了解藤田存钱的情况。柜台小姐知道总裁的来意后，说了这样的话：“哦，您是问藤田先生吧。他可是我接触过的一个最有毅力、最有礼貌的一个年轻人。5年多来，他真正做到了风雨无阻地准时来我这里存钱。老实说，这么严谨的人，我真是要佩服得五体投地了！”

听完小姐介绍，总裁大为动容，立即打通了藤田的电话，告诉他，住友银行可以毫无条件地支持他创建麦当劳事业。藤田追问了一句：“请问您为什么要决定支持我呢？”

电话那头的总裁感慨万分地说：“我今年58岁了，再有两年就退休了。论年龄，我是你的两倍；论收入，我是你的30倍，可是直到今天，我的存款都还没有你的多……我可是大手大脚惯了。光这一点，我就对你敬佩有加，自愧不如。我敢保证，你一定会很有出息的。年轻人，好好干吧！”

事情也确如银行总裁所说。藤田在住友银行的支持下，很快便开创了自己的麦当劳事业，而且在他的精心操持下，生意经营得风生水起。后来，他在日本的麦当劳店达到3500间，一年的营业额突破30亿美元，他的日本麦当劳株式会社成了日本赫赫有名的大集团，他也成功步入大企业家的行列之中。

在20世纪70年代初的日本，有能力和资格做麦当劳特许经营的人很多，但却让没有资金、没有条件和资格的藤田抢占了先机。这说明，人格的力量和魅力是难以抵挡的，藤田能在长达5年多时间里，做到风雨无阻按时到银行存钱，说明他是个做事严谨、不怕困难、坚持不懈的人。这样的人，必定能成功做好更大的事情。所以，他得到了住友银行总裁的大力支持。

开创一份事业，收获一份成功，是每一个年轻人的梦想。尽管你可能没有经济基础和家庭背景，但只要你不甘心过平凡的日子，不惧怕遇到的重重困难，胸怀创业的勇气和信心，你就一定能找到解决困难的办法，并通过辛勤耕耘，收获创业的丰硕成果。

21 被辞退的文盲校工

在东京的一所中学里，曾有一个叫田中光夫的校工，是一个连自己的名字都不会写的文盲。尽管每周薪水只有50日元，但他十分满足，认认真真地在学校干了几十年。但就在他快要退休时，新来的校长认为：他连字都不认识却在校园里工作，这太不可思议了！就将他辞退了。

田中光夫恋恋不舍地离开了校园。像往常一样，他去为自己的晚餐买半磅香肠，但快到山田太太的食品店门前时，他猛地一拍额头，这才想起山田太太已经去世了，她的食品店也关门多日了。而不巧的是，附近街区竟没有第二家卖香肠的店铺。忽然，一个念头在他幽闭的心头一闪——为什么我不自己开一家专卖香肠的小店呢？

很快，田中光夫拿出自己的全部积蓄，接手了山田太太的食品店，自己经销香肠进行创业。而一旦自己创业，他那连自己都不知道的、被埋没的经商潜能却给激发出来了。由于他善于观察、感悟和借鉴，加上他的勤奋努力、做事认真和诚信经营，香肠生意日渐红火。5年后，他的香肠连锁店遍及东京大街小巷，而且是产、供、销一条龙服务，他成了名声赫赫的熟食加工公司总裁。而且一所名声渐起的香肠制作技术学校，也由他出资建立起来。

一天，当年辞退他的中学校长得知田中光夫的情况后，便十分敬佩地打电话称赞他："田中光夫先生，您没有受过正规的学校教育，却拥有如此成功的事业，实在是太了不起了。"

田中光夫由衷地说："那得感谢您当初辞退了我，让我摔了个跟头后，才认识到自己还能干很多事情，否则，我现在还肯定只是一位周薪50日元的校工。"

田中光夫的故事告诉我们，年龄大、没文化不可怕，只要你遭受挫折不气馁，跌倒了能迅速爬起来，打开幽闭的心门，激发出自身潜能，捕获真正的市场需求，勇于创业，认真做事，积极进取，也能开创自己的一方天地，取得人们意想不到的成功。

22 先做好事再开店的年轻人

国外有一个年轻人，准备在他住的那条街上开商店创业，就向父亲征求意见："我想在咱们这条街上创业开店赚钱，得先准备些什么呢？"

年轻人的父亲想了想说："咱们这条街上商店已经不算少了，但门面房还有的是，你如果不想多赚钱，现在就可以租两间门面，摆上货柜，进些货物开张营业。如果你想多赚钱的话，就先得准备为这条街上的街坊邻居们做些什么。"

年轻人问："我先做些什么呢？"

父亲说："要做的事很多，比如，街上的落叶很少有人打扫，你每天清晨可以将街上的落叶扫一扫。还有，邮差每天送信，有许多信件很难找到收信人，你也可以帮忙找一找，然后将信及时送给收信人。另外，还有许多家庭需要得到些一伸手即可做到的小帮助，你也可以顺便帮他们一把……"

年轻人不解地问："可这些跟我开商店有什么关系呢？"他的父亲笑笑说："如果你想把自己的生意做好，这一切都会对你有帮助，如果你不希望把生意做好，那么这一切也许对你没有多大作用。"

年轻人虽然半信半疑，但还是按他父亲说的去做了。他不声不响地每天打扫街道，帮邮差送信，给几家老人搬东西，谁遇到困难需要帮助，年轻人听说后都会去尽力帮助。不久，这条街上的人们都知道了这个年轻人。

半年后，年轻人的商店对外开业了，让他惊奇的是，来的客户非常多，一条街上的街坊邻居几乎都成了他的客户，甚至街上的一些老人，舍弃离他们住家较近的商店，拄着拐杖，也来他的商店里买东西。他惊讶地问他们："你们家的门口就有商店，怎么却要舍近求远呢？"他们笑笑说："我们都知道你是个好人，来你的店里买东西，我们特别放心。"这时，他才真正认识到父亲起初对他说的话多么重要。

后来，年轻人送货上门，遇到一些暂时困难的人家，他总是先让他们留下需要的货物，等什么时候有钱了再来还上；知道有的人家遭遇不幸后，他会主动登门慷慨相助。

又过了一段时间，邻街上的一些人也纷纷到年轻人的店里来买东西。渐渐地，全城人都知道了他和他的商店，于是他在别的一些街道上开起了一个个分店、连锁店，生意越做越大。仅仅数年时间，他就从一个默默无闻的穷青年，摇身变成了一个事业蒸蒸日上、拥有庞大资产的成功企业家。

付出的力量是巨大的。如果你能付出自己的所能与所有，真心做好事，帮助需要帮助的人，你很快就会被人们所知道，树立起好口碑，建立起好信誉。这时，你要开创自己的事业，人们就会回报你的付出，你就会得到客户的大力支持，你的事业也会因此无往而不胜。

23 以"废呢布"创富的摩维西

许多年前，在一家工厂里，有个工人在生产呢布时，由于不小心发生操作失误，生产出来的一批黑呢布染上了小白点。这一下问题就大了，按规定这样的呢布只能作废，工厂将由此蒙受损失。

厂里有个叫摩维西的工人，发现这种满是小白点的呢布非常漂亮，就与老板商量后，打折买了下来。然后，他把布拿到市场上，特地为这种呢布取了一个十分动听的名字——“雪花呢”，并以比正常黑呢布更贵的价格叫卖。结果，这种新款呢布引起了人们的注意，很快就被抢购一空。

不久，“雪花呢”成了市场流行时尚的宠儿。摩维西则以专门生产经营这种“失误”呢布来开创自己的事业，结果获利丰厚，他也因此创建了自己的企业，步入富翁行列，成了一位成功人士。

有时，机会常常乔装打扮，以失误或问题的面目出现。因此，失误、问题的后面，也往往隐藏着创业致富的机遇。悲观者往往只看到机遇前面的问题，而乐观者却能看见问题后面的机遇。如果你能积极思考，乐观处事，从失误中看到价值，把握机会，快速行动，就能走上成功的创业之路。

24 送死信件的速递大王

乔治·肯鲍尼是美国的“速递大王”。说起他的创业发迹史，还得从他心甘情愿送死信件开始。

20世纪50年代，华盛顿邮政局每年都会有很多无法投递出去的邮件，时间一长，这些邮件就成了“死信件”。对于这些“死信件”，自然需要清理，而清理的办法只有一个：销毁。

一天，邮政局的经理正在暗自发愁，因为又有成千上万无法找到收信人、又无法退回的死信件堆在仓库的角落，要销毁这么多的信件，花时间不说，关键是觉得挺可惜的。这时，一位名叫乔治·肯鲍尼的小伙子找上门来。他来访的目的，让经理很是意外。原来，小伙子是为那堆令人头疼的死信件而来，他要对那堆死信件再努努力，看能不能找到收件人。他做这件事，不仅不收一分钱的费用，反而还给邮政局一笔保证金。经理被小伙子的话给弄愣了，但小伙子那真诚的话语和态度，使得经理觉得这是一件好事，就答应了下来。

于是，邮政局和这位小伙子签订了一份有法律效应的合同后，小伙子就骑着一辆三轮车，将那堆死信件给拉了回去。

第二天，小伙子开始在华盛顿的大街小巷投送那些死信件。尽管他很仔细认真地按照信件上所写的地址走了一遍，但依然没有结果。对这种情况，小伙子像早预料到了似的，他并没有失望。

就在这找收件人的一天天中，越来越多的华盛顿居民开始知道了这个小伙子，人们为他那肯于吃亏、做事认真细致的敬业精神所感动。一天，在送死信件的路上，小伙子被一位老者叫住了，老者让小伙子为他送一封急件，并许诺会多给工钱。

小伙子欣然接受了这件事情，他知道这将迎来自己创业的第一笔业务。果然不出他的预料，自送了那封急件后，很快就有更多地需要送急件的人找他代送，于是他便在华盛顿街头创办了一家速递公司。由于他肯于吃亏做事和敬业精神已为人所知，所以公司一开张，他的速递业务发展非常迅速。

第二年，他在纽约开设了一家更大的速递公司，随后在洛杉矶、芝加哥、拉斯维加斯等地开设了更多的速递公司。

不到10年时间，乔治·肯鲍尼就在全美开办了138家速递分公司，业务规模不断扩大，他所拥有的资产也快速增长。最终，他从一个一无所有的穷人，变成了集财富和成就于一身的美国“速递大王”。

万事开头难。如果你是一个情愿付出、做事努力的人，能在开创自己的事业之前，多动一下脑筋，多一些筹划，多一些奉献，通过自己的真诚付出和认真做事，被人们认识、了解、称赞，建立起良好口碑，那么你就会对客户产生巨大的吸引力，你的创业之路就会顺利许多，取得成功的速度也会大大加快。

25 迈克的赚钱之道

美国有位叫迈克的青年，正在一所医学院上大学。假期到来了，班上组织大家通过卖报纸来做勤工俭学。

新学期开学后，老师叫每个同学把自己的收入算好报出来。有人说自己赚了820美元，有人说910美元，迈克则报出了惊人的7680美元。老师说：“既然迈克挣的钱比大家多很多，咱们就听听他是怎么做到的。”

迈克站起来说，我和几位同学让客户订阅全年的《基督教箴言报》。我们每个人有一个电话本，要打电话说：这里是《基督教箴言报》，这个报纸有三个特点，第一，新闻及时；第二，观点犀利；第三，生活中的常识面面俱到。我们现在有优惠活动，订全年的报纸可以打六折。您可以把信用卡卡号给我们，下个月开始我们会将报纸送到您家里。

迈克接着说，打了四天，每天打一百个电话，我仅签下五个客户，提成才几十美元。不过，在打电话时我发现了一个规律，就是这五个客户都是没有等到我介绍完报纸特点就答应订阅。而其他的电话，我把打折信息都说完了，对方也没有答应订报纸。

迈克继续说，在别的同学还在继续不断打电话的时候，我就去拜访那五个答应订阅报纸的客户。我对客户说：“我特别好奇，我刚说完《基督教箴言报》征求全年订户，您就订了，您为什么订我们的报纸？”第一个客户说：“《基督教箴言报》新闻报道及时，而且观点与众不同，还刊登了一些生活小常识，很有用。”这不就是我告诉他的嘛！我又去第二个客户家里，但没有问出来真正的原因。拜访第三个客户时，我决定不问了，先看一看。当发现第三个客户的信箱是空的，我就问客户：“您家除了订我们的报纸，就没有其他杂志、报纸了吗？”客户说他刚搬到这里。我又去拜访第四个客户，直接问道：“您搬到这个地址多久了？”客户说还不到一个月。我到第五家一问，那个客户才搬来两个星期。

迈克最后说，我终于找到答案了。我不再打电话，而是去了搬家公司，找到过去三个月的搬家名单，直接去那些人家里拜访，没想到订报率达到71%。这就是我比别的同学赚钱多的原因。

迈克的故事告诉我们，“发现得好”比“做得好”更重要。美国“石油大王”洛克菲勒曾说：“做一个有心人。否则，你只能被淹没在日复一日的‘平凡’中。”所以在我们的工作和生活中，并不缺少创业发财的商机。我们所缺少的，可能是对事情“只知其然而不知所以然”的智慧，以及一双善于发现市场需求空白的眼睛。如果我们能从市场现象中发现背后的原因与规律，就能找到一般人不能发现的市场需求，就能把握创业赚钱的先机，再加上积极肯干和妥善的方法，你还怕赚不到钱吗？

26 女佣创业者娅克妮

以前，在美国克利夫兰市，有个叫娅克妮的贫困女孩，中学没毕业就到一个富人家做女佣。但她不想一辈子都做女佣，梦想着能像那些成功的女人一样，创出自己的一番事业来。

男主人是一家工厂的老板，家里有很多财经方面的书。娅克妮每天做完家务，在征得主人同意后，就找些书来读。通过读书，她渐渐对经商产生了浓厚兴趣。

娅克妮是个懂事的孩子，而且做事认真、有条理，深得主人的欢心。一有空，女主人就和她聊天，指点她料理家务，告诉她一些外面的事情，给她讲述人生的意义和做事的诀窍等。耳濡目染之中，娅克妮心里渐渐升腾起了自己当老板的愿望，只是去做哪个行业、怎样去做，还没有一个清晰的概念。

一天，娅克妮做完家务正在看书时，电话响了。她拿起电话，是女主人打来的："娅克妮啊，我想请你帮个忙，咱们家楼下左边的那座别墅里，是我一个朋友的家。她家有个卧床的老人，一直雇不到保姆。今天老人有些发烧，不能一个人在家，我的朋友要去参加一个重要会议，不能回去，想请你去照看一天。"放下电话，她马上去了女主人的朋友家。床上的病人，见到她就像见到亲人一样，说自己非常需要人照顾，请求她能时常来照看自己。以后，她只好在料理完主人家的事情后，去陪陪老人，帮她做一些事情。

结合自己的经历，经过一段时间的思考，娅克妮心里的创业计划逐渐成形了。她决定成立一个"家政服务公司"，专门为那些忙于工作，没有时间照顾老人、孩子和料理家务的职业人士服务。

经过事前谋划和准备，在觉得时机成熟的时候，娅克妮租了一间房，买来一些清洁用具和用品，印制了传单，招聘了四名女工，成立了"娅克妮女佣公司"。

公司成立后，娅克妮并不急着招揽业务，而是先将传单张贴出去，并对招聘来的女工进行专业培训，使她们掌握一整套料理家务的专业技能。经过培训后，公司才正式对外营业。

当时，克利夫兰市还没有一家女佣服务公司，所以“娅克妮女佣公司”的创立，成了当地的一件新鲜事。由于娅克妮的家政服务与当时市场需求结合得天衣无缝，所以公司一开张，来雇佣女佣的人几乎踏破了门槛。

随着业务扩大，工作人员也不断增加。对于新来的人员，作风严谨的娅克妮一律都要进行严格培训，直到确认完全称职了，才让她们开始工作。由于服务讲诚信、标准高，公司的服务品质很快就被社会广为传颂，公司在市场上的好口碑也很快树立了起来。因此许多公司、单位也纷纷找上门来，要求为他们提供服务。这样，公司服务也由单纯的家庭服务逐渐向更大的范围延伸。

后来，“娅克妮女佣公司”的业务扩展到了美国27个州，公司成了美国知名企业，女佣出身的娅克妮也成了亿万富婆和知名的成功人士。

娅克妮的故事说明，只有那些在思想上和行动上做好准备的创业者，才能获得事业的成功。有梦想，爱学习，做生活的有心人，找准创业方向，从生活中发现、把握机会，积极准备，做事努力、精细，你就不愁开创不出自己的事业，不愁创造不出人生的奇迹。

27 创办大学的在读大学生

一位在大学读书的青年，有一天向校长提出改进大学教育制度弊端的若干建议，但并没有被校长认可与接受。于是，他决定要自己创办一所大学，自己当校长来消除这些弊端。

创办大学需要100万美元。上哪儿去弄这么多钱呢？毕业后去挣，那太遥远了。于是，青年每天都在寝室里冥思苦想如何能得到100万美元。同学们都认为他有神经病，梦想天上会掉下馅饼来。但是他不以为然，坚信自己可以筹到这笔钱。

终于有一天，青年想到了一个办法。在经过一番谋划准备后，他打电话到报社说，自己准备某天在一个地方举办一个演讲会，题目叫作“如果我有100万”。

经过报纸宣传，演讲会吸引了许多商界人士参加。面对台下许多成功人士，青年在台上侃侃而谈，全面而详实地表达了自己创办大学、改革学制的构想。

演讲完毕，一个叫菲利普·亚默的人站起来说：“小伙子，你讲得非常好。我决定投资100万美元，就照你说的去办。”

就这样，通过不懈努力，年轻的大学生用亚默100万美元的投资，创办了亚默理工学院。这个学校，就是著名的伊利诺伊工学院的前身。而这个年轻的在读大学生，就是后来备受人们爱戴的哲学家、教育家——冈索勒斯先生。

一个既无资金、又无背景的在读青年学生要创办一所大学，天方夜谭吧！但冈索勒斯做到了。所以故事告诉我们：没有什么事是不可能的！办法总比困难多。当创业目标十分明确、意志十分坚定、欲望十分强烈时，我们就能激发出强大的内在潜力，就会想出解决现实困难和问题的办法，就能调动一切资源为我们所用，从而克难攻坚，最终实现自己的宏伟创业目标。

28 失踪的矿脉

以前，有一个叫达比的美国人，在19世纪淘金之风正炽时，他也迷上了“淘金热”，只身跑到西部去挖金矿，企盼能够实现心中的发财梦。

达比申请了一块土地，他拿着铁锹和十字镐，就动手开挖起来。苦干几个礼拜后，他发现了亮晶晶的金沙，但没有机器把矿砂弄上地面。经过一番考虑之后，他不声不响地埋了矿，然后回到家乡马里兰州的威廉斯堡，把自己走运发现金矿的消息告诉亲友，并组织家人和亲友凑足钱，买了挖矿的机器，然后与大家一起带着机器去矿场开挖金矿。

挖出来的第一车矿砂送到了冶金厂提炼，结果证明，达比挖到的是科罗拉多最丰富的矿藏之一。如果再多挖上几车矿，他就可以清偿债务，之后的进账就多得惊人了。

挖金的矿钻往下钻，送上来的，是达比和亲友们的希望！但却大事不妙，矿脉突然间踪迹尽失。他们不停地钻，结果却徒劳无功。最后，他们就此罢休，把挖矿器材以区区数百美元的价格卖给了一位旧货商，然后搭乘火车回了家乡。

这位购买达比挖矿器材的旧货商，却没有就此罢手。他邀请了一位开矿工程师来指导，做深入的地质勘查。结果，经探究后发现，原来达比之所以失败，是因为他不熟悉“断层线”所致。据工程师的推断，丰富的矿脉就在“达比歇手处的下方三英尺”。确实，矿脉果真就不偏不倚地在达比歇手处下面的三英尺处出现了。最终，被达比放弃的金矿成了旧货商发财的摇钱树。

当达比从报纸上得知旧货商的事情后，他把自己恨得捶胸顿足，真是追悔莫及。

不过，“往下三尺有黄金”的深刻教训，使达比在后来做事中受益无穷。后来在保险业拓展的达比，遇到困难时总是告诫自己：“我只差三尺就挖到黄金了。所以，今后我请顾客买保险的时候，绝不会因为人家说‘不’我就罢休。”经过多年拼搏后，达比晋身到年收入逾百万美元的行业精英之列。

达比的故事与教训，揭示了这样一条法则：成功往往躲在失败的后面。因此，创业过程中，在碰到失败或挫折时，如果自动放弃，那么你将永远与成功无缘；盲目蛮干也解决不了问题，只有冷静思考，善于运用多种力量，寻求专家帮助，采取科学方法，苦干加巧干，才能克服挫折，走出失败，取得成功。

29 不睦的和尚

古时候，有三个外出化缘的和尚，一天偶然在一间离京城不远的破庙里相遇。

“这庙为什么荒废了？”不知是他们当中的哪一个提出了这个问题。

“一定是和尚不虔，所以菩萨不灵。”甲和尚说。

“一定是和尚不勤，所以庙宇不修。”乙和尚说。

“一定是和尚不敬，所以香客不多。”丙和尚说。

三人争执不下，最后决定留下来各尽所能，看谁最成功。

于是甲和尚礼佛念经，乙和尚整理庙宇，丙和尚化缘讲经。在三个和尚的共同努力下，庙里的香火逐渐旺盛，庙宇经过整修后，呈现出一派兴旺气象。

经过一段时间后，看着游人如织、香火旺盛的景象，三个和尚都认为是自己劳苦功高所致，于是发生了争执。

甲和尚说："都因我礼佛虔心，所以菩萨显灵。"

乙和尚说："都因我勤加管理，所以庙务充实。"

丙和尚说："都因我劝世奔走，所以香客众多。"

三个和尚为此日夜争执不休，矛盾逐渐多了起来，各人对负责的事务也不再尽心了。没过多久，庙里的盛况消失了。再后来，当这座庙宇已破落得无法安身时，三个和尚只得各奔东西，另谋出路。

在分手的那天，三个和尚总结出了一致的结论：这庙宇的荒废，既非和尚不虔，也非和尚不勤，更非和尚不敬，而是因为"和尚不睦"所致。

这个故事，会使我们很自然地联想到社会上合伙创业失败的案例。在合伙创业之初，尽管艰难，但合伙人往往能团结一心，竭诚一体，恪尽职守，任劳任怨，妥善的分工与密切合作，使事业发展，大家获益，实现多赢。但当事业有了一定的成就和诱人的利益后，合伙人难免自满骄傲，把功劳往自己身上揽，把过错往别人身上推，结果矛盾与内耗从此产生，从而导致合作破裂，创业者散伙，创业失败的结局。

愿合伙创业者能对此故事引以为戒，避免"既得志则纵情以傲物"，揽功推过，结果导致创业成功后重归失败、合伙人分道扬镳的教训发生。

30 一张纸折叠51次会怎样

想象一下，你手里有一张足够大的纸。现在，你的任务是把它折叠51次。那么，折叠51次后的纸究竟有多厚？相当于一个冰箱？一层楼？一栋摩天大厦？不是，差太远了，这个厚度竟然会超过地球和太阳之间的距离。

如果拿这个假设向人们提问，只有极少的人会说可能达到一个想象不到的厚度，但绝大多数人可能想到的最大厚度，也就可能相当于一栋摩天大厦那么高。纸折叠51次的厚度如此恐怖，但如果仅仅是将51张白纸叠加在一起呢？仅仅只需用厘米、毫米计就可以了。这个对比，着实让不少人感到震撼。

联系到创业与人生，如果你缺乏规划、没有方向和目标，就像是将51张白纸简单叠加在一起，做事就会零敲碎打，即使每件事都做得出色，但这对你的事业与整个人生来说，也不过是像白纸简单地叠加而已。如果能规划好自己的事业，设定一个符合自身情况的大目标，一直坚定地做下去，你就能开创自己的宏图大业，就会将自己的事业与人生“折叠”起来，从而达到别人无法企及的高度。

所以，我们要创业，要取得卓越的成就和成功，就要胸怀创业理想，选准创业方向，明确创业目标，规划好创业的线路图，不断积蓄创业的力量，在创业园地锲而不舍地耕耘。这样，我们就能创造辉煌的事业和大写的人生。

PART EIGHT

第八篇
机　会

机会，也称机遇，指稍纵即逝、易失而难得的有利情况或境遇，是人们取得成就、获得成功的重要前提或因素。俗话说，“机不可失，时不再来”，是说机会具有很强的时间性，一旦错过就难以再觅。机会也非常善于伪装，它往往以错误、失败、陷阱、厄运的面目出现，所以难以发现与把握。对于那些认为生不逢时，怀才不遇，消极悲观，坐等机会的人来说，机会是不会光顾他们的。机会只留给那些积极准备、主动出击的人。这样的人，思域高远，细心观察，深入研究，积极行动，不但能够发现机会、抓住机会，而且还能够创造机会，并以极大的勇气和决心去运用与践行机会，从而创造不凡的成就和光明的人生。

①连皇帝也“帮”不上的人

宋仁宗是宋朝的第四位皇帝，在闲暇的时候，他喜欢悄悄地在皇宫里四处溜达。

一次，当他走到便殿时，忽然听到有争吵的声音，他站在柱子后面一看，原来是自己的两名侍卫聊天时发生了争执。侍卫甲认为，人的命运不是命中注定的，只要努力就可以改变。侍卫乙却认为，我们都是伺候皇帝的人，命运自然是由皇帝决定的。最后，两人谁也说服不了谁。

仁宗听了，感觉十分有趣，他忽然想起来，侍卫队原来的队长升职了，这个职位暂时空缺着，还没有找到合适的人选。于是，他悄悄回到自己殿中，拿起笔在两张纸条上写下了相同的一句话：“谁先到达你那里，就让他成为侍卫们的队长。”然后，他将纸条分别装到密封的小金盒里。

接着，仁宗派人叫来侍卫乙，让他带着一个小金盒送到负责皇宫内务的一名主管那里。侍卫乙离开后，仁宗估计他差不多已经走到半路时，又叫来侍卫甲，同样给他一只小金盒，让他也送到那名主管那里。不久，主管传回来的消息说，按照陛下的旨意，他已经推荐侍卫甲成为队长。仁宗特意安排了侍卫乙先去，让侍卫甲落在后面，为什么结果会是这样呢？

原来，在侍卫乙和侍卫甲离开之后，仁宗又分别安排了两名侍卫，在半路上拦住他们打招呼、聊天。侍卫乙遇到可以聊天的人很开心，他从昨天晚上做了什么梦到中午吃了什么饭等，都与同事聊得不亦乐乎；侍卫甲却一心惦记着要完成自己的任务，他只是与路上的同事匆匆打了声招呼，就继续往前赶，直接把小金盒送到了主管那里。

仅仅因为抢先了几步，侍卫甲就抓住了一次难得的晋升机会。对此，仁宗皇帝感叹道：“看来还是侍卫甲说得对呀，人如果自己不努力，就连皇帝也帮不上他。”

故事说明，主观努力是一个人获得成功最牢靠的机会。不论先天条件如何，如果你是一个工作努力的人，就能得到好机会的青睐。无论干什么事，如果主观不努力，没有责任心，即便是有才能的人，好机会也会与他擦肩而过。

② 一把椅子的机会

以前，在美国费城，有一个叫菲利的青年，他热情勤快、乐于助人，是一家百货商店的售货员。

在一个阴云密布的午后，大雨瞬间倾盆而下，街上的行人纷纷逃进附近的店铺躲雨。这时，一位浑身湿透的老妇，步履蹒跚地走进菲利工作的那家商店。看着她狼狈的姿容和俭朴的衣裙，几乎所有的售货员都对她爱理不理。

只有菲利上前热情真诚地对老妇说："妇人，我能为您做点什么吗？"老妇说："不用了，我在这儿躲躲雨，马上就走。"一会儿，菲利过来说："妇人，我搬了一把椅子在门口，您坐着休息就是了。"一个多小时后，雨过天晴，老妇向菲利道了谢，并随意地要他在一张纸条上写下自己的名字、地址和电话，然后收好纸条颤巍巍地走了出去。

两个月后，这家百货公司的总经理詹姆斯收到一封信，写信人明确要求菲利前去苏格兰收取装潢一座城堡的订单，并让他负责自己家族所属的几个大办公用品的采购任务。詹姆斯震惊不已，粗略一算，只这一封信带来的收益，就相当于他们公司两年的利润总和。

当詹姆斯以最快的速度与写信人取得联系后，才知道这封信是一位老妇人写的，而她正是美国亿万富翁"钢铁大王"卡耐基的母亲。

詹姆斯马上把菲利推荐到董事会。毫无疑问，当菲利收拾好行李准备去苏格兰时，他已升格为这家百货公司的合伙人。那一年，他才22岁。

随后的几年中，菲利以他一贯的踏实、真诚与积极进取精神，很快成了卡耐基的左膀右臂，他的事业扶摇直上。29岁时，他成了美国仅次于卡耐基的富可敌国的灵魂人物。

对别人不屑一顾的老妇人，菲利虽然搬来的仅仅是一把椅子，但体现的却是他热心助人的一颗真诚爱心，是一种高尚品格的展露。所以，看似轻易而简单地搬动一把椅子，却赐给了菲利飞黄腾达的良机。

③ 主动出击的卡恩布森

美国有一个叫卡恩布森的人，他放弃了原来在别人看来轻松安逸、而自己觉得不能充分发挥才能的工作，来到了通用汽车公司工作。

工作6个月后，卡恩布森想了解公司老总对自己工作优缺点的评价，于是就给老总写了一封信。他在信中问了几个问题，其中最后一个问题是："我可否在更重要的职位从事更重要的工作？"老总对前几个问题没有作答，只就最后一个问题做了批示："现在任命你负责新厂机器的安装工作，但不保证升迁或加薪。"

老总将施工图纸交到卡恩布森手里，并说："你要依图施工，看你做得如何？"卡恩布森从未接受过这方面的训练，但他明白，这是个绝好的机会，不能轻易放弃。他拿到图纸后，先认真考虑一番，然后通过汇报、沟通，请求相关的专业人员予以协助，对图纸进行缜密、深入分析和研究，提出可行的安装方案。通过艰难、紧锣密鼓地组织协调与施工，卡恩布森终于提前一个星期完成了新厂机器的安装任务。

之后，卡恩布森向老总汇报工作，他在经过紧挨着老总办公室的另一间办公室时，突然发现门上方有一新的标志牌：卡恩布森总经理。

在老总的办公室里，老总告诉他："你已经是新厂的总经理了，而且年薪在原来的基础上后面加个零。因为那天给你图纸时，我知道你看不懂。但是我要看你如何处理它。结果发现，你是一个优秀人才。你敢于主动向我要求给予更重要的职位，从事更重要的工作，这是很不容易的，我尤其欣赏你这一点，因为机会总是垂青那些主动出击的人。"

有的人安于现状，被动等待机会来敲门，往往无法得到机会的光顾；而有的人不怕困难，勇担风险，主动出击，敢于敲响机遇之门，就能获得机会的青睐，从而发挥自身潜能，实现自我超越，踏上成功之路。

所以，要获得并运用难得的机会取得成功，我们绝不能被动等待，而必须主动出击。

④ 一次借宿的机会

以前，在美国某地的一家旅馆里，有一个热心真诚的年轻服务员，他的名字叫乔治·伯特。

在一个暴风雨的晚上，有一对老夫妇走进了这家旅馆。当时乔治正在柜台当班，老夫妇提出要在旅馆住一晚上。

“很抱歉”，乔治回答说，“我们饭店客满了。往常碰到这种情况，我们都会把客人介绍到另一家饭店，可这次很不凑巧，据我所知，另一家饭店也客满了。”

停了一会儿，乔治接着说：“在这样的晚上，我实在不敢想象你们离开这里却又投宿无门的处境，如果你们不嫌弃，可以在我的房间住一晚，虽然不是什么豪华套房，但还干净。我今晚就待在这里完成手头的订房工作，反正今天的晚班督察员是不会来的。”这对老夫妇担心会给乔治带来不便，显得十分不好意思，但别无他法，他们还是谦和有礼地接受了乔治的好意。

第二天早晨，乔治依然在值班。当老先生下楼来付住宿费时，他婉拒道：“我的房间是免费借给你们住的，我晚上待在这里，已经赚取了不少额外钟点费，那个房间的费用本来就包含在内了。”

老先生说：“像你这样的员工，是每个旅馆都梦寐以求的，也许有一天我会为你盖一座旅馆。”乔治听了只是笑一笑，他明白老先生的好心，但他只当这是个善意的笑话。

几年过去了，乔治依然在做着同样的事。有一天，他收到老先生的来信，信中清晰地叙述了那个暴风雨夜晚乔治帮助他们的事情，老先生特地邀请他到纽约来看一看，并附上了往返地的机票和详细地址。

几天之后，乔治怀着一颗好奇心来到了纽约曼哈顿，在第五大街和第三十四街之间的一幢豪华大楼前，他见到了老先生。老先生指着眼前的大楼解释道：“这就是我专门为你盖的饭店，我以前曾经提过，你还记得吗？”“您在开玩笑吧？”乔治不敢相信，“都把我搞糊涂了，为什么是我？您到底是什么身份呢？”乔治显得很慌乱，略带口吃地说。

老先生温和地微笑着说："我的名字叫威廉·渥道夫·爱斯特。这其中并没有什么阴谋，因为，我认为你是经营这家饭店的最佳人选。"

这家饭店后来成了一家著名的饭店，它就是渥道夫·爱斯特莉亚饭店，而乔治也成了这家饭店的第一任经理。

对遇到难处的老夫妇的一次不求回报的借宿，是一次心系他人的"雪中送炭"，这使老夫妇感受到了无比的温暖，体现了世间"热心"与"真诚"的价值，也给了乔治·伯特这个年轻人由一个普通的柜台服务员，一跃成为大饭店经理的千载难逢的好机会。

⑤ 被逼出来的爵士歌王

20世纪美国的著名爵士歌王纳京高，想必有不少人知道。但他能够成为爵士歌王，从很大程度上说，是被人逼出来的。

一天晚上，在美国某地的一个小酒吧里，年轻的纳京高正在用心弹奏钢琴。他弹得相当不错，每天晚上都有不少人慕名而来，倾听他的弹奏。当晚，一位中年顾客在听了几支曲子之后，对纳京高说："我每天来听你弹奏这些曲子，已经熟悉得简直不能忍受了，你不如唱首歌给我们听吧！"这位顾客的提议，获得了不少人的赞同，大家纷纷要求他唱歌给大家听。

然而，对于大家的请求，纳京高却变得腼腆起来。他抱歉地对大家说："非常对不起，我从小就开始学习弹奏乐器，从来没有学习过唱歌，唱歌恐怕会很难听。"那位中年顾客却鼓励他说："小伙子，正因为你从来没有唱过歌，或许连你自己都不知道你是个歌唱天才呢！"此时，酒吧的经理也出来鼓励他，免得扫了大家的兴。

纳京高却认为大家想看自己出丑，于是坚持说只会弹琴，不会唱歌。酒店老板不高兴了，绷着脸对他说："你要么选择唱歌，要么以后就不要到这里来了。"被逼无奈的纳京高，只好红着脸唱了一曲《蒙娜丽莎》。哪知道他不唱则已，一唱惊人，大家都被他那流畅自然、男人味十足的歌声给迷住了。

在大家的鼓励下，纳京高开始向流行歌坛进军。经过不断努力，他后来成为美国著名的爵士歌王，在流行歌坛取得了非凡成就。

纳京高的故事告诉我们，其实在每个人的体内，往往蕴藏着连自己都不知道的特殊才能。因此我们所选择的工作、所干的事情，不一定是最适合我们的。而对熟悉的工作、事情，我们一般不情愿做出改变，这样，我们的特殊才能也就难有展现的机会。在这种情况下，如果遇到别人的逼迫，受到外在的压力，使我们不得不去进行新的尝试，也许我们就会有新的更好的机会，就能在新的领域做得更为出色。

所以，被人逼迫去干一些自己不熟悉、有难度的事，有时不见得就是一件坏事，反而还可能成为获得新的成功机会的好事。

6 人生的善者皮尔·卡丹

皮尔·卡丹，既是一个法国公司老板的名字，又是一个著名的服装品牌。

从十几岁开始，皮尔·卡丹就学做裁缝。因为勤奋好学，没到20岁他已经是个小有名气的裁缝师了。不过，他并不满足于此，而是梦想着要做一个“时装设计大师”，所以决心从自己所在的小地方到巴黎去闯大世界。

皮尔·卡丹来到巴黎时，恰逢战乱，几乎所有的店铺都关着门，人群像浪潮一样涌向外地，他也只好随着逃难的人流来到附近的一个小城，并在那里经营起了一家裁缝店。因为附近的人大多是逃难出来的，所以有很多东西都需要重新置办，包括衣服，皮尔·卡丹的生意居然很快红火起来。

有一天，皮尔·卡丹的裁缝店门口出现了一个老妇人，她身上又脏又臭，皮尔·卡丹连忙跑过去问她，是不是需要帮助。那老妇人有些不好意思地说：“我……我需要几套衣服，可是……我没有钱……我只是想看看，你这里有没有别人换下来的旧衣服，我想……问你要几件……”

“可以！我这里有一些女顾客换下的旧衣服，我去拿出来给你！”皮尔·卡丹拿来旧衣服后，他朝老妇人身上看了看又说，“不如先去屋里洗个澡吧，然后穿上干净衣服！”

老妇人开心极了，她拿着皮尔·卡丹为她准备的衣服，走进了洗浴室。洗了澡又换上干净衣服的老妇人，从浴室出来时显得整洁多了。在老妇人离去之前，皮尔·卡丹又给了她一件新棉衣："天冷起来了，你带在身上穿吧！"老妇人高兴地接了过来，临走时她又想起了一点什么事情，就向皮尔·卡丹要来纸和笔写下一个地址后说："这是我的地址，以后你如果来到巴黎，就到这个地址找我！"皮尔·卡丹道谢后收下了这张纸条。

一年转眼过去了，战乱已经平息，这时的皮尔·卡丹已经是小城里有名气的裁缝了，但他不想长期留在这里，就关掉缝纫店来到巴黎谋求更大发展。一天，他拿出那张纸条，想去看看老妇人怎么样了。等找到那个地址的时候，他惊呆了，这个地方居然是巴黎最著名的"帕坎时装店"！

"年轻人，你终于来了！"一个华贵的老妇人从里面走出来对皮尔·卡丹说。这个老妇人，正是这家裁缝店的大老板帕坎太太，当初她只是在逃难过程中和家人走散了，才暂时沦落到了那个地步。结果可想而知，皮尔·卡丹成了帕坎时装店的裁缝师和设计师。这份工作，让他接触到了高级服装的设计与制作。

谦和待人、勤奋学习与刻苦努力，使皮尔·卡丹迅速进步。第二年，他就被邀请为电影《美女与野兽》设计服装。结果，他一举成名，成为巴黎服装界引人注目的一颗新星。

1949年，28岁的皮尔·卡丹羽翼已经丰满，他用自己的所有积蓄创办了"皮尔·卡丹服装公司"。从此，凭借独特的创造力和经营眼光，他不断开拓设计新领域，树立自己的品牌，拓展更广阔的市场，成了一个经营的王者，取得了令人羡慕的成就。

"很多人都说我是经营的王者，但其实我更是一个人生的善者。因为如果我当初对帕坎太太没有那份善心，我也就自然不会得到后来对我至关重要的机会和舞台！"每想起当初的经历，高龄的皮尔·卡丹经常会这样感慨地说。

皮尔·卡丹的故事告诉我们，人生的善与爱，是会获得回报的。你的爱心和善行，会为你带来成功的机会。所以，我们要想成为成功的经营王者，取得事业、财富和人生的大丰收，首先就要成为一个人生的善者。

⑦ 万分之一机会都不放过的巨商

在美国伊利诺伊州，有一个名叫约翰·甘布士的百货业巨商，是一个善于从渺茫中获得机会的人。

在某年的圣诞节前夕，甘布士要到纽约办事。妻子在为他订票时，火车票已经卖光了，就问有没有退票的，售票员回答说，指望有人临时退票的可能性非常小，恐怕只有万分之一的机会。

妻子回家将订票情况说了之后，甘布士马上开始收拾出差要用的行李。妻子不解地问："既然已经没有车票了，你还收拾行李干什么？"他说："我去碰一碰运气，如果没人退票，就等于我拎着行李去火车站散步而已。"

一直等到开车前的几分钟，终于有一位女士因孩子生病要退票，甘布士也因此荣幸地登上了去纽约的火车。在纽约，他给太太打了个电话，说："我甘布士会成功，就因为我是个抓住万分之一机会的笨蛋，因为我凡事往好处着想。别人以为我是傻瓜，其实这正是我与别人不同的地方。"

拎着行李去散步，不放过万分之一的机会，多么积极的心态！从不抱怨，凡事总是从积极的方面去考虑、去行动，从几乎无希望中抓住一线希望，从几乎无机会中寻找并把握机会，这就是甘布士取得成功的秘诀。

甘布士的故事，为我们揭示了一项成功的辩证法则。有些事正是因为看起来机会渺茫、毫无希望，因此绝大多数人才会对此视而不见、听而不闻。如果你能对渺茫的机会和希望积极追求、不放弃，你就很有可能成为那个抓住"万分之一机会"的成功者。这是因为机会虽少，但来找机会、抓机会的人往往更少，只要你主动来找、来抓了，一旦机会出现，成功就一定是你的。

⑧ 此岸的机会

伯特兰·阿瑟·威廉·罗素，英国著名的哲学家、逻辑学家、文学家，是分析哲学的主要创始人。

据说，罗素在临终前，把最得意的三个弟子叫到身边，用他那烛火将灭般的虚弱眼神看着他们，有气无力地说："我就要到另一个世界去了，临走前，我想吃一个苹果。河对面有一棵苹果树，你们能去为我摘一个苹果来吗？"

大弟子眼含热泪："师父您放心，我一定去给您摘一个最大、最好的苹果。"

二弟子握着罗素干枯的手："师父，您教了我们很多道理，我一定满足您的心愿。"

三弟子轻抚罗素的肩："师父，我这就给您去摘。"

罗素点了点头："去吧，我等你们回来。"

三个弟子含泪告别了罗素，急忙向那条河边跑去。罗素说的那条河他们很熟悉，因为以前罗素经常在河边给他们讲学，河很宽，河面上有一座桥。既然师父想吃苹果，那为师父过河去摘苹果当然义不容辞。

当三个弟子来到河边一看，顿时傻眼了：由于昨夜突涨大水，河的水面比平时高出了许多，竟然把那座桥给淹没了！这可怎么办呢？原先轻而易举就可做到的事，现在却变得无比困难。

三个弟子离去后，罗素躺在床上静静地等着他们回来。

最先回来的是大弟子，罗素充满希望地看着他："你回来啦？苹果摘到了吗？"

大弟子看着自己空空的两手说："我游泳过河，可是水流太急了，我游到一半，呛了几口水，差点淹死，实在游不过去了……"

罗素关切地说："没事，辛苦你了，快去换衣服，歇会儿。"

一会儿，二弟子也空着手回来了……

又过了好一会儿，三弟子回来了。罗索挣扎着将头抬起："你摘到苹果了吗？"

三弟子双手捧着几颗杨梅，送到师父面前："师父，今天河水太大了，过不了河。我就沿着河边找，终于发现一棵杨梅树，上面还有几颗杨梅，我就摘了回来。虽然没有摘到苹果，但杨梅也很好吃呀，师父您尝尝吧。"

罗素笑了："谢谢你。你真棒！"

罗素转而又对另外两个弟子说："其实，我并不是非要吃苹果，而是想在最后告诉你们一个道理：世上有过不了的河，没关系，摘不到‘彼岸’的苹果，就近寻找机会，能摘下‘此岸’的杨梅也不错。”

三个弟子这才明白了师父的真正用意，师父直到临终前还不忘对他们进行教育。

当然，通过最后的这件事，罗素想要将自己的思想衣钵传下去的话，心仪之人会选择在此岸摘到杨梅的三弟子。

故事告诉我们，有时候“彼岸”不能到达，预定目标无法实现，但我们切不可因此而无所事事、两手空空。要让思维发散一下，就近在“此岸”做一些有价值和意义的事，也能获得人生超越的机会。

9 用歌声推荐自己的黑海涛

北京中央音乐学院声乐歌剧系博士生导师黑海涛教授，当初曾是该院一位来自陕北山区的学生，也是一位敢用“歌声”为自己争取机会的人。

在黑海涛当学生时，世界歌王帕瓦罗蒂有一次来北京，顺便去了趟北京音乐学院。面对难得的机会，许多有身份和背景的人，都想让歌王听一听自己的子女唱歌，以便能得到歌王的指教。

在一个房间里，帕瓦罗蒂耐着性子，听着一些学生不疼不痒的演唱，不置可否。这时，窗外有一男生引吭高歌，唱的正是自己原唱名曲《今夜无人入睡》。歌者是黑海涛，他知道自己没有面见帕瓦罗蒂的机会，于是大胆采取了用“歌声”推荐自己的办法。

听到窗外传来令自己心动的歌声，帕瓦罗蒂说：“这个学生的声音像我。”接着又说：“这个学生叫什么名字？我要见他，收他做我的学生！”就这样，大胆的黑海涛用自己的“歌声”，争取到了使自己认识世界歌王并获得歌王认可与指教的机会。

后来，帕瓦罗蒂亲自张罗，帮助黑海涛出国学习。1998年，意大利举行世界音乐大赛，正在奥地利学习的黑海涛写信给帕瓦罗蒂，请求他帮助自己参加比赛。于是，帕瓦罗蒂亲自给意大利总统写信，终于使黑海涛获准参加比赛。

黑海涛也没有辜负帕瓦罗蒂的期望，通过自己的努力，他在那次音乐大赛上获得了名次。

千里马常有，但伯乐不常有。这个故事说明，即便你是千里马，但是你还得敢叫，勇于用叫声主动为自己争取机会。否则的话，好机会也不会光顾到你的头上。作为普通学生的黑海涛，如果不敢在世界歌王旁边亮出自己的嗓子，恐怕一辈子也无法获得能使自己进一步成长升级的机会。

10 仅一米六高的NBA控球后卫

在NBA（美国男子职业篮球联赛）的历史上，曾出现过一位身高只有1.6米的球员，他就是前黄蜂队后卫博格斯。这听起来让人难以置信，因为1.6米的身高，即使在普通人中间也是矮子，更不用说在身高2米都嫌矮的NBA了。

尽管博格斯是NBA有史以来个子最矮的人，但他创造了奇迹。他不仅控球一流，远投精准，而且，在高个子堆里带球上篮也毫无畏惧。

博格斯从小就长得特别矮小，但他却非常热爱篮球，梦想有一天可以去打NBA。因为NBA的球员不但待遇奇高，而且还可以得到无数球迷的喜爱，是所有爱打篮球的美国少年最为向往的地方。每次他告诉同伴“长大后我要去打NBA”，所有听到的人都忍不住哈哈大笑，甚至有人笑倒在地上。因为他的同伴们认定，一个小矮个子，是绝不可能有机会去打NBA的。

同伴的嘲笑，并没有使博格斯感到沮丧，反而更激发了他的勇气和潜能。他数年如一日，用比一般人多几倍的时间苦练球技。超乎常人的付出，终于使他成为全能的篮球运动员。他充分利用自己矮小的“优势”：行动灵活迅速，像颗子弹一样；运球的重心最低，极少失误；不引人注意，抄球常常容易得手。

后来，不懈的努力，终于使博格斯把握住了进入NBA的机会，成了人们羡慕的NBA球星。他说：“从前听说我要进NBA打球而笑倒在地上的同伴，现在常炫耀地对人说：‘我小时候是和黄蜂队的博格斯一起打球的。’”

博格斯的故事告诉我们，先天条件不是限制我们取得成就的理由，而燃烧的梦想加上勤奋与努力，则是创造和把握机会取得成功的前提。只要我们心有梦想，对一件事无比热爱与执着，充满自信，不怕艰辛，努力拼搏，就一定能发挥自己最大的潜能，形成自己的独特优势，从而敲开成就自己的机会之门。

⑪ 上进心与奋斗目标结合的青年

有一个叫皮尔的成功人士，有次在打高尔夫球时，不慎把球打进了球场的杂草区。有个青年刚好在那里清扫落叶，就热心地和他一块找球。

在两人坐着休息时，那青年很犹豫地说：“皮尔先生，我想找个时间向你请教。”

“什么时候呢？”皮尔问道。

“哦！什么时候都可以。”他似乎颇感意外。

“像你这样说，你是永远也没有机会的。这样吧，30分钟后在第18洞见面谈吧！”皮尔说道。

30分钟后，他们在树荫坐下，皮尔问：“你有什么事要同我商量？”

“我也说不上来，只是想做一些事情。”青年说。

“能够具体地说出你想做的事情吗？”皮尔问。

“我也不太清楚。我很想做和现在不同的事，但是不知道做什么才好。”青年显得有些迷茫。

“那么，你准备什么时候实现你那个还不能确定的目标呢？”皮尔又问。

青年对这一问题似乎既困惑又激动，他说：“我不知道。我的意思是有一天，有一天想做某件事情。”

于是，皮尔问他喜欢做什么事。他想了好一会儿，说现在还想不出什么特别喜欢的事。

皮尔说：“原来如此，你想做某些事，但不知道做什么好，也不确定在什么时候去做，更不知道自己最擅长、最喜欢的事是什么。”

听皮尔这样说，青年有些不情愿地点头说：“我真是个没有用的人。”

皮尔鼓励着青年说：“哪里，你只不过是没有把自己的想法加以整理，或缺乏整体构想而已。你人很聪明，性格又好，又有上进心。有上进心才会促使你想做些什么。我很喜欢你，也相信你。”

皮尔向青年建议：花两星期的时间考虑自己的将来，确定一个具体一点的奋斗目标，并用最简单的文字将它写下来；然后估计目标何时能够实现，将得出的结论写在卡片上；两个星期后再来找自己商量。

两个星期之后，那个青年显得有些迫不及待，至少从精神上看他像完全变了个人。这次他带来了明确而完整的构想，确定了自己的具体目标，那就是要成为他现在工作的高尔夫球场经理。现任经理5年后退休，所以，他把达到目标的日期定在5年以后。在两人的此次谈话中，皮尔对他的做法给予了肯定与赞扬，并对他今后应该如何做给予了指导和鼓励。

在以后5年的时间里，通过不断的学习、借鉴与磨炼，这位青年确实学会了担任经理的必备学识和能力。到经理的职位空缺后，结果没有一个人是他的竞争对手。

世界上有上进心的人不在少数，但真正能够有所成就的却寥寥无几。为什么？关键就在于人们的上进心没有能够与适合自己发展的奋斗目标密切结合，并为此付诸积极的行动。如果你为自己的上进心找到了适合自己特长的奋斗目标，并将两者紧密地结合在一起，积极行动，不断积蓄力量，创造条件，你就能把握难得的机会，克服前进道路上的艰难险阻，成就自己的灿烂人生。

12 有责无位的机会

梁静是某市一家公司的职员，虽然资历不深，但通过自己的努力，她已成为公司一个重要部门的骨干。

不久，梁静所在部门的经理因故要离职。经理负责的业务很重要，公司管理层很重视，但一段时间过后，公司也没有物色到合适的人选。管理层最后决定：先让梁静顶上来，同时继续寻找更合适的人选；如果没有合适的人选，那么就对梁静破格提拔。

在这一关键时期，有一次闲聊时，对梁静比较关心的一位公司领导婉转地提醒梁静："如果最近有让你顶替原来经理的工作，哪怕工作难度大，辛苦又没有名分，你也要顶上去，这对你们年轻人来说，可是一个经受锻炼的好机会！"

梁静说："谢谢领导的关心！其实我们部门的经理因为特殊原因要离职，她已经找我谈过了，想推荐我先接替她的工作，我还没有答应。您这一提醒，我觉得我还是应该答应接下来。"

随后，在公司领导找梁静谈话，让她接替部门经理的工作时，她爽快地答应了。对新的工作，她尽心尽力，认真负责，不久就得到了公司领导的认可。梁静也知道了当时公司决策层的意见：因为这个职位难以在外面招到合适的人，所以改为内部培养，但她的资历浅暂时又不好直接提拔，因此只能先让她在这个岗位上做出些成绩后，再正式聘任她为经理。

最终，在有责而无位、无酬的情况下，梁静仍全身心地尽好经理的职责，做出了业绩，获得了高层领导的认可，也使她把握住了机会。时间不长，她便在同资历的同事中第一个晋升到了部门经理的位置。

梁静的故事告诫我们：当机会来临时，总是喜欢披着黑暗的外衣，看起来毫无诱人之处，往往充斥着可怕的工作量、棘手的任务、更大的责任和模糊不清的前途。其实，更重要的工作职责、更重大的工作任务、更大的付出与辛苦，往往就是难得的升职机会，这需要我们用一颗平常心，以对工作肯于吃亏、吃苦、认真负责的敬业精神来把握。

13 想得到老总赏识的三个青年

三个男青年小王、小张和小李属于社会上的"白领族"，他们是名牌大学毕业后进入一家合资公司工作不久的同事。

小王觉得自己满腔抱负没有得到上司的赏识，经常想：如果有一天能见到老总，有机会展示一下自己的才干就好了！

小张也有同样的想法，他比小王更进了一步，主动去了解老总上下班的时间，算好老总大概会在何时进电梯，他也在这个时候去坐电梯，希望遇到老总，有机会可以跟老总打个招呼。

小李呢，不仅只是有想法，而是更进一步地付诸行动。他通过相关渠道，详细了解了老总的奋斗历程，弄清了老总的毕业院校、人际风格、最近关心的问题等，并精心设计了简单却有分量的见面开场白，在算好的时间去乘坐电梯。在跟老总打过几次招呼后，终于有一天，他逮住一个适当的机会，跟老总长谈了一次，使老总增进了对自己的了解，不久就争取到了更高的职位。

故事告诉我们，常人错失机会，智者善抓机会，能者创造机会，机会只给准备好的人。而这“准备”二字，并非只是“想想”或“说说”而已，而是要事前认真了解、全面考虑、深入分析、精心筹划，然后主动及时地付诸行动。

14 合作、兼顾中的机会

有个故事说，从前有两个饥饿的人，可以得到一位长者的恩赐：一根鱼竿和一篓鲜活的鱼。其中，一个人要了一篓鱼，另一个人要了一根鱼竿。之后，他们便分道扬镳了。

得到鱼的人走饿了，就用干柴生火烤起了鱼，鱼烤好后，他迫不及待地吃了起来，结果几条鱼被他一次就吃了个精光。不久，一篓鱼吃完，他便饿死在空空的鱼篓旁。得到钓鱼竿的另一个人呢，则忍饥挨饿，一步步艰难地向海边走去，可当他已经看到不远处那片蔚蓝色的海洋时，极度的饥饿使他倒在了海边的沙滩上，最后只能眼巴巴地看着大海，带着无尽的遗憾撒手人寰。

还有另外两个饥饿的人，他们同样也得到了长者恩赐的一根鱼竿和一篓鱼。只是他们并没有各奔东西，而是相互沟通，探讨如何合作、如何去共同致富。很快，他们商定结伴去找寻大海，并做了计划安排。途中，他俩每次只煮很少的鱼充饥，相互鼓励，相互帮助，共同前进。经过长途跋涉，他们来到了海边。从此，两人开始了捕鱼为生的日子。几年后，他们盖起了房子，有了各自的家庭、子女，建造了自己的渔船，过上了幸福安康的生活。

故事揭示了兼顾长远目标和当前现实、相互合作的重要性。就像故事中所说的，如果一个人只顾眼前利益、没有长远目标，或只看长远目标、不顾现实情况，不但不能获得发展的机会，而且可能连生存的机会都把握不住。反之，只有把理想和现实有机结合起来，懂得与人沟通与合作，才有机会战胜困难，求得发展，取得成功。

15 变通中的机会

在古代的一个战乱年代，有两个贫苦的猎人，靠上山打猎为生。

一天，他们在山里发现了两包棉花，不禁喜出望外，猎物不好打，而将这两包棉花扛回家后卖掉，足可让家人一个月衣食无忧。当下两人各自背了一包棉花，便赶路回家。

走着走着，其中一个猎人看到路上有一大捆布，走近细看，竟是上等的细麻布，足足有10多匹。他欣喜之余，和同伴商量，一同放下肩上的棉花，改背麻布回家。

他的同伴却有不同的想法，认为自己背着棉花已经走了一大段路，到这里又丢下，岂不是枉费了自己先前的辛苦，所以坚持不愿换背麻布。发现麻布的猎人劝同伴无效，只好尽自己所能背起几匹麻布，继续前行。

又走了一段路后，背麻布的猎人发现前面树林中有些光亮，近前一看，地上竟散落着许多金银，心想这下可真的发财了，就赶忙邀同伴放下肩头的东西，一起捡些金银背回家。他的同伴仍然坚持“不愿丢下棉花以免枉费辛苦”的想法，并且怀疑那些金银不是真的，劝他不要白费力气，免得到头来空欢喜一场。发现金银的猎人只好自己背了一些，与伙伴赶路回家。

傍晚走到山下时，天突然下起了大雨，两人在空旷处被雨淋了个透湿。更为不幸的是，那个猎人肩上的棉花，因为吸饱了雨水，重得完全背不动。不得已，他只得丢下一路辛苦舍不得放弃的棉花，空着手和背金银的同伴回家去。

故事告诉我们，在选择面前，不能纠结于以前的付出而固执不变，而需要根据现实情况加以变通。情况是会发生变化的，如果你不懂变通，一味地纠结、沉溺于已经无法挽回的“沉没成本”，不但新的机遇与成功会与你无缘，而且还可能会丧失原来的机会。

因此，在情况发生变化时，我们需要及时变通，放弃无谓的固执，冷静地用开放的心态做出正确的选择，及时修正自己的目标和行动。这样，机会才不会从你身边白白溜走。

16 乐观中的机会

从前，有位老人有两个儿子，大儿子性格忧郁，遇事悲观；小儿子性格开朗，遇事乐观。

一天，老人把两个儿子叫到跟前对他们说："你们俩年纪也不小了，该到外面去闯一闯，见见世面，磨炼磨炼自己了。"于是，兄弟俩就遵父命一起前往一个繁华的都市各自谋生。

没过几天，大儿子便回来了。"怎么回事？怎么这么快就回来了？"老人有些吃惊地问。"爸爸，你不知道，那里的物价太可怕了，连喝水都得花钱买，以后在那儿生活怎么吃得消？"大儿子回答。

没几天，二儿子寄了封信回来："这里可真是遍地黄金！连我们平时喝的水都可以卖钱，我这阵子不打算回来了，要在这儿多赚些钱。"

同样的环境、同样的事情，乐观弟弟看到的是赚钱的机会，而悲观哥哥看到的却是用钱的困难和问题。

所以，在工作和生活中，乐观的人往往能够看到机会，而悲观的人只会看到无法克服的困难。能否发现与运用机会，常常是一个人事业成败的关键。那么，你究竟是要做一个乐观的人还是一个悲观的人呢？

17 你能走过这条河吗？

从前，有一个年轻人来到一座禅寺，向一位大师请教：一个人怎样才能成功。

大师把年轻人带到一条河边，指着宽阔的河面问："你能走过这条河吗？""河这么宽、水这么深，怎么可能走过去呢？"年轻人说。大师对年轻人说，3个月后，你就有机会走过这条河了。年轻人不信。

3个月后，年轻人又来到禅寺。大师又把年轻人带到河边，此时正是河流的枯水期。大师指着干涸的河床问："现在你不能走过这条河吗？""河里没水，当然能走过去。"年轻人有点不服气地说。大师告诉年轻人，河里有水，你照样有机会走过这条河。3个月后，你可以再来一试。年轻人还是不信。

又过了3个月，年轻人第三次来到禅寺。大师照样把年轻人带到河边，此时正是寒冬时节，河面上结了一层厚厚的冰，不少行人正在冰面上行走。大师指着河的冰面问："现在你不能走过这条有水的河吗？"年轻人无言以对，终于对大师心服口服，同时也感悟到了怎样寻找与把握机会、取得成功的奥秘。

故事中的大师，是一位有智慧的得道高僧，他根据季节变化和平时的留心观察，不仅知道何时会出现徒步过河的机会，而且他还知道为什么会出现机会。所以，如果遇事你不但能知其然，而且还能知其所以然，那么要抓住成功的机会，就不会是一件什么难事。

18 等待的穷人

一则寓言故事说，有个穷人在一天晚上碰到了一个天使，天使告诉他："你很快就会好起来，不仅有机会得到很多的财富，并且还能娶到一个漂亮的妻子。"

从此以后，这个穷人一生都在等待机会的出现。但奇迹并没有发生，他在穷困潦倒中度过了一生，最后孤独地死去了。

当穷人上了天堂，又见到了那个天使，就对天使抱怨说："你说过要给我财富和漂亮妻子的，我等了一辈子，却什么也没有，你为什么要骗我？"

天使回答他说："我只是说你有机会得到财富和一个漂亮的妻子，可是你却让这些机会从你身边溜走了。"

穷人迷惑了，他说："我不明白你的意思。"

天使回答道："你是否曾经有一个很好的想法，可是因为害怕失败不敢去尝试？"

穷人点点头。

天使说："只要你按照这个想法去做，你不但能开创一番事业，而且也会成为一个人人羡慕的大富翁！"

天使继续说："你还记不记得有一个头发乌黑的漂亮女子，你曾经非常喜欢她。可是因为害怕被拒绝，就不敢去追求她，白白地让她从你身边远走了？"

穷人又忙点点头。

天使说："朋友！就是她！她本来应该是你的妻子，你们会有好几个漂亮的小孩，而且跟她在一起，你的人生将会有许许多多的快乐。"

穷人听了，后悔不迭，但他再也不能回到人间了。

故事告诉我们，其实每个人身边都围绕着许多机会，包括创业致富的机会、获得爱情的机会、晋升成功的机会等。但无论任何机会，都是等不来的。

现实中的我们，也可能像故事里的那个人一样，有了一些想法甚至是非常强的想法，却因为害怕失败而不敢去尝试，因为害怕拒绝而不敢去追求，因为害怕没有结果而不敢去争取，因为害怕辛苦而不敢去拼搏。结果，你渴望获得的机会，就因你的害怕而偷偷溜走了。这样的话，最终的结果可想而知，一生只会是碌碌无为，空留遗憾。

所以，我们需要牢记：唯有勇敢而非怯懦、唯有主动争取而非等待，才能把握与运用机会，从而开创一番事业，建立美满家庭，成就卓越、幸福的人生。

19 主动创造机会的短尾猴

在智利的高山地区，有一种群居的短尾猴。这个种群的猴子，与其他种群的猴子不太一样，其他种群的猴子非常团结，任何群落里的成员都相互照顾和帮助，而这群短尾猴呢，如果有伤了或是病了的猴子，就会被群落无情地抛弃。

被抛弃的短尾猴也要生存，可伤病已无法让它们在树上穿行。它们往往会蹲守在猴群经常活动的地方，捡树上掉下来或群里扔出来的食物。一段时间过后，有的猴子在伤病加重中死去；有的则在伤病中好了起来，重新加入到群落当中。为什么有的短尾猴死了，而有的却重新焕发了活力呢？这还得从一个有趣的现象说起。

在被抛弃的猴子里，有的经常待在果树下等着果子掉下来，结果根本无法解决温饱问题，伤病和身体不但不能恢复，往往会在饥饿和伤病的加重中死亡；有的猴子则不然，它们等不到果子的时候，便会主动创造获得果子的机会，就是它们在猴群休息时，故意叽叽喳喳乱叫，这样猴群瞬间便会骚动起来，纷纷爬上果树，一会儿向伤病的猴子龇牙咧嘴，一会儿愤怒地冲向树顶，因为众多猴子在果树上发怒而上蹿下跳，树上的果子就一个接着一个掉到地上。这时，伤病猴子便会捡起掉在地上的果子，然后放到一个隐蔽的地方，美美地吃上一段时间，然后再如法炮制重新获得果子。正是这些果子，让它们不致饥不果腹而慢慢地好了起来。

同样是伤病猴子，为了得到食物，有的在树下傻等机会，结果病饿而亡；而有的则主动想办法创造机会，最终获得新生。

故事对我们的启示是：要改变自己的境况，实现自己的目标，我们千万不要被动等待机会，而是要主动设法去创造机会、运用机会。否则的话，我们的境况可能就会越来越糟糕。

20 不断尝试中的机会

在某大学的一次“社会学”公共课上，授课教授给学生出了这样一个题目：如果一件事成功的机会是1%，那么反复尝试100次，至少成功一次的概率会是多少？备选的答案有四个：10%、23%、38%、63%。

经过十几分钟的热烈讨论，大部分学生都选择了10%，少数人选择了23%，极少数的人选择了38%，而最高63%的概率却完全被冷落，根本无人选择。

教授没作任何评价，默然片刻后，微笑着公布：正确答案不是大家选择的答案，而是完全没有人选择的63%。对此，全班哗然，觉得根本不可理解。

接着，教授解释说：如果成功机会是1%，意味着失败的概率是99%。按照反复尝试100次来计算，那失败的概率就是99%的100次方，约等于37%。那么，成功的机会应该是100%减去37%，即63%。

一件看似机会渺茫的事，倘若反复尝试100次，成功的概率竟然奇迹般地上升到不可思议的水平，确实让人难以置信。

所以，我们要想获得成功，对于自己认准的事、确定的目标，就不能害怕挫折与失败，不能半途而废，而是要顽强地坚持到底。坚持的时间越长，尝试的次数越多，成功的难度就会降低，成功的机会就会增大。

PART NINE

第九篇 命 运

命运，指生命的气运变化，是一个中性词。就人的一生来说，出生的情况和家庭情况，是命运的基础。出生有缺陷和家庭状况差的人，不一定命运就不好，而出生和家庭条件好的人也不一定命运就好，因为“命运”的本质就在于生命的运转变化。那么，命运究竟是向好的方向转化，还是向差的方向变化，关键还要靠人后天的选择和努力。如果你信奉“生死有命、富贵在天”的唯心主义宿命论说法，认为一生的命运都由上天来安排，自己只是被动地接受上天安排，而不去作出努力加以改变，你的命运就会处于或趋向渺小、平庸与悲惨的境地；反之，如果你认为“谋事在人”，命运可以被掌握与改变，因而积极主动地去选择与做事，勇于拼搏，讲求策略与方法，你就能使自己的命运向好的方向转化，使自己的命运由贫穷、平庸、卑微转为富裕、卓越与高贵。

❶ 具有超强目标意识的刘备

相信许多人都看过我国古典名著《三国演义》，对书中的一位重要主角刘备的崛起有所了解。刘备自小就没了父亲，跟着妈妈给人做鞋、织草席过日子，虽然穷困潦倒，但他却胸怀大志，具有超强的目标意识。

在刘备家的附近，有一棵大树，枝叶繁茂，远远望去就好像皇帝头上的伞盖。年幼的刘备常和小朋友在树下嬉戏，不时自信地说："我长大了，一定要尝尝做皇帝的滋味。"这种自小想当皇帝的欲望，在没有受到长辈扼杀的时候，便随着年龄的增长慢慢增强起来，成了刘备争取成功的一种强烈的潜意识。

受到超强的潜意识的激发与驱动，会使人不畏艰辛、克难奋进、不断进取，直到实现自己的宏伟目标。因为潜意识会告诉你，你的将来，就是你想象中的这样！当这种思想疯狂地燃烧身心的时候，强大的原动力便产生了，自然就会形成一种不成功决不罢休的执着态度。于是思想决定着态度，态度推动着行动，行动则促使心中的目标一步步达成。这样，才有了刘备与关羽、张飞的"桃园三结义""三顾茅庐"，才能屡败屡战，取荆州、得益州，最终成就了一方帝业，使自己卑微、穷困的命运得到了彻底改变。

执着的目标能促成命运改变。故事告诉我们，当有了清晰的目标，并且这一目标成为自我意识一部分的时候，就会产生不竭的奋斗动力，就能屡败屡战、克难攻坚，从而改变卑微的命运，取得巨大的成功。所以，要使自己的命运走向辉煌，我们就必须胸怀壮志，坚定目标，矢志不渝。

❷ 敢于尝试的小王子

在很久以前，欧洲的阿拉贡国有一位叫费迪南的国王，他睿智英明，治国有方，深得国民的拥戴。

为了国家的长治久安，年龄渐老的费迪南，决定从他的10位王子中选出一位做继承人。如何选呢？他私下吩咐一位大臣在一条两旁临水的大道上放置一块"巨石"，任何人想要通过这条大道，都得面临这块"巨石"，要么把它推开，要么爬过去，要么绕过去。然后，国王吩咐王子们先后通过那条大道，分别把一封密信尽快送到一位大臣手里。

王子们很快完成了任务。费迪南开始询问他们：“你们是怎么把信送到的？”一个说：“我是爬过那块巨石的。”另一个说：“我是划船过去的。”也有的说：“我是从水里游过去的。”……

只有小王子说：“我是从大道上跑过去的。”

“难道巨石没有拦你的路？”费迪南问。

“我用手使劲一推，就把它推到水里去了。”

“这么大的石头，你怎么会用手去推呢？”

“我不过试了试，”小王子说，“谁知我一推，它就动了。”

原来，那块“巨石”是费迪南让人用很轻的材料仿造的。自然，小王子用他那不管面临什么样的“巨石”都“敢于尝试”的态度和行为，获得了父王的肯定与认可，在10位王子中脱颖而出，最终继承了王位，获得了命运的垂青。

面临人们认为的“不可能”和巨大的艰难困苦，敢于尝试、善于尝试的人，很可能是一个不墨守成规而锐意进取的人。这样的人，往往能够将命运掌握在自己的手中，干成一些难于把握、风险很大甚至人们认为不可能的事，从而干出一番轰轰烈烈的事业来。

③ 看到“上帝”的列文虎克

以前，荷兰有一个名叫万·列文虎克的农家子弟，他初中一毕业，就来到一个小镇，找了一份替镇政府看门的工作。在这个岗位上，他一干就是60多年，一生都没有离开过这个小镇。

门卫工作很清闲，自己年纪轻轻，总得找点事做来打发时间啊！于是，列文虎克选择了打磨镜片这一既费时又费工的事情，作为自己的业余爱好。就这样，他磨呀磨，一磨就是60年。他是那样的专注和精细，锲而不舍，乐此不疲；他的技术水平已经超过了专业技师，磨出的复合镜片，放大倍数比专业技师磨出的镜片都要高。

终于，列文虎克创造了奇迹！借着研磨的镜片，他发现了当时科技尚未知晓的另一个广阔世界——微生物世界，从而为人类的科研事业做出了不可磨灭的贡献。因此，他名声大振，获得了科技界和政府的高度认可。而只有初中文化的他，也被授予了原来他丝毫都不敢想象的高山仰止的殊荣——巴黎科学院院士头衔。

本来可以清闲度日的列文虎克，并没有让自己清闲，而是在工作之余，用毕生心血只专心致志地做一件事——不知疲倦地把一个个玻璃镜片研磨细、研磨好、研磨到极致。在镜片的研磨中，他专注于每一个琐屑、平淡的细节完善，终于在细节里发现了新的生物——微生物，看到了自己的“上帝”——科学。而他的命运，也因此发生了奇迹般的变化，由一个默默无闻的门卫，成了鼎鼎大名的科学家。

专一与专注改变命运。列文虎克的故事说明，要改变命运，不一定非得有多高的文凭、做很多的事情、干惊天动地的大事，如果你能毕生专注于一件不起眼的小事，将它做到人所不能的极致境界，成就便会不请自来，命运的改变也会水到而渠成。

4 从失恋中奋起的玛丽亚

玛丽亚·斯克沃多夫斯卡·居里，又称居里夫人，是一位法国波兰裔科学家，熟悉她的人都叫她玛丽亚。1883年，聪明伶俐的玛丽亚中学毕业，由于家境不好，她无法去巴黎圆自己的大学梦，不得已只好暂时放弃自己的梦想，到一个乡绅家里去当家庭教师。

后来，玛丽亚与乡绅的大儿子卡西密尔相爱了。可是，正当他俩计划结婚时，却遭到了卡西密尔父母的坚决反对。

卡西密尔的父母深知玛丽亚生性聪明，品行端正。可是，他们认为自己富有的家庭背景，儿子无论如何不能娶像玛丽亚这样的贫穷女子。无奈之下，卡西密尔屈从了父母的意志。

在失恋痛苦的折磨下，玛丽亚曾产生过“告别尘世”的念头。但她毕竟不是一个平凡的女子，在她的生活中，不单只有恋爱，还有科学和亲人。于是，她放下情缘，坚强地振作起来，在从事教学谋生的同时，刻苦自学，奋力前行。同时，她还帮助当地贫苦农民的孩子们学习知识。

几年后，玛丽亚再次与卡西密尔相见。二人进行了最后一次谈话，卡西密尔依然是那样优柔寡断，她终于下定决心彻底斩断情丝，远离家乡去巴黎求学。

这次“幸运的失恋”，进一步促成了玛丽亚追求自奋、自立、自强，献身科学事业的坚强决心。她化失恋痛苦为奋进动力，艰苦卓绝，克难攻坚，对科学事业孜孜以求，终于在放射性物质研究方面取得了无可比拟的成就，奠定了现代放射化学的基础，为人类做出了伟大的贡献。她也因此改变了平凡的命运，造就了自己的辉煌生命。如果没有这次失恋，世界历史的记载中可能不会有属于她的一页，世界上伟大科学家的行列中也可能不会有她的身影。

“失恋”对一个人来说，既是一种磨难，又是一种失去。如果你沉溺于失恋的痛苦中不能自拔，你的命运很可能会走向悲惨；反之，如果你能从失恋中获得强大的进取动力，从失恋中奋起，使自己变得更加坚强和成熟，不断在崇高事业的崎岖山路上攀登，那么你的命运足迹终将会到达人生事业的顶点，你的生命必将会有巨大的荣耀相伴。

5 没有鱼鳔的鱼

以前，在美国某地的一个乡村里，有一个叫哈特的年轻人，因为家贫没有读多少书，但他不甘心长期生活在乡村，就去了城市想找一份工作干。可是，他发现城里没有一个人看得起他，因为他没有文凭，土里土气，人生地不熟。

哈特在决定要离开那座城市时，他忽然想到要给当地很有名气的银行家罗斯写一封信。他在信里抱怨命运是如何对自己不公等，并向罗斯提出，“如果您能借一点钱给我，我会先去上学，然后再找一份好工作。”

信寄出去了，哈特一直住在旅馆里盼望能有回信。几天过去了，毫无音信，他几乎用尽了身上的最后一分钱，只好将行李打包准备离开。就在这时，旅馆老板说他有一封信，是银行家罗斯寄来的。在信里，罗斯并没有对他的遭遇表示同情，而是给他讲了一个故事。

故事说，在浩瀚的海洋里，生活着很多鱼，那些鱼都有鱼鳔，而唯独鲨鱼没有。照理来说，没有鱼鳔的鲨鱼是不可能在海洋中活下去的，因为它行动极为不便，很容易沉入水底，所以只要停下来就有可能丧生。为了生存，鲨鱼只得不停地在海洋里游动。很多很多年之后，不停地游动使得鲨鱼家族成员们逐渐有了强健的体魄，它们不仅体格庞大，而且凶猛异常，成了同类中的佼佼者。

罗斯在信中最后说，这个城市就是一个浩瀚的海洋，拥有文凭的人很多，但成功的人很少。现在，你就是一条没有鱼鳔的鱼……

看信后的当晚，哈特躺在床上久久不能入睡，他一直在想着罗斯信中讲的故事。突然，他改变了自己的决定。第二天，他跟旅馆的老板说，只要给一碗饭吃，他可以留下来当服务生，一分钱工资都不要。旅馆老板不相信世上竟有这么便宜的事，就很高兴地留下了他。

从此，哈特不再抱怨，不再寻求同情，他拼命工作，刻苦学习，积极进取，不断提升自己。

10年后，凭借不懈的努力与拼搏，哈特拥有了令人羡慕的财富，并且娶了银行家罗斯的女儿为妻。再后来，他成了赫赫有名的大企业家，终于用自己的拼搏与进取改变了自己困窘、卑微的命运。

作为一个年轻人，没有文凭不可怕，没有背景也不可怕，因为你还有最为难得而易失的雄厚资本——充足的时间。如果你能将自己当成一条没有鱼鳔的鱼，铸造一颗积极拼搏进取的心，不断用勤奋与努力征服他人和现实，你就能让自己的资本取得最大价值，让自己的时间发挥最大效用，取得人们难以企及的成就，从而铸就自己的辉煌命运。

6 用现在决定未来的姑娘

1920年，在美国田纳西州的一个小镇上，有个女婴出生了。她的妈妈只给她取了个小名，叫小芳。随着年龄的渐渐长大，她感受到了人们对她的明显歧视，小伙伴们都不跟她玩，但她不知道这是为什么。

跟妈妈一起生活的小芳，根本不知道自己的父亲是谁。懂事后，她知道了自己是私生子。每一个人，一生可以做出很多选择，但不能选择自己的父母。她虽然是无辜的，但世俗却是严酷的。

上学后，歧视并未减少，老师和同学们仍以那种冰冷、鄙夷的眼光来看小芳：这是一个没有父亲、没有教养的孩子，一个不好家庭的孽种。因世俗的歧视与冷漠，小芳变得越来越懦弱，不敢与人接触，封闭自我，逃避现实。

小芳最害怕的事，就是跟妈妈一起去镇上的集市。她总能感到有人在背后指指戳戳、窃窃私语："就是她，那个没有父亲、没有教养的孩子。"

小芳13岁那年，镇上来了个牧师。从此，她的命运开始改变了。她听到大人们说这个牧师非常好，人们很喜欢听他授课布道，就非常羡慕别的孩子，一到礼拜天便能跟着自己的双亲，手牵手地走进教堂聆听牧师的教诲。曾经有很多次，她躲在远处，看着镇上的人们兴高采烈地从教堂里走出来，只能通过教堂庄严神圣的钟声和人们面部的表情，来想象教堂里是什么样子，以及人们在里面干些什么。

有一天，小芳终于鼓起勇气，待人们进入教堂后，她偷偷溜了进去，躲在后排倾听牧师的授课："过去不等于未来。过去你成功了，并不代表未来还会成功；过去失败了，也不代表未来就要失败，因为过去的成功和失败，只能代表过去。未来是靠现在决定的，现在干什么，选择什么，就决定了未来是什么！失败的人不要气馁，成功的人也不要骄傲，成功和失败都不是最终的结果，它只是人生过程的一个事件。因此，这个世界上不会有永恒成功的人，也没有永远失败的人。"

小芳被牧师的话深深震动了，她感到一股暖流冲击着她冷漠、孤寂的心灵。但她马上提醒自己：得马上离开，趁同学们、大人们未发现自己时，赶快走！

小芳第一次听了牧师授课后，又听过许多次，但每次都是偷听几句话就快速消失掉，因为她懦弱、胆怯、自卑，认为自己和常人不一样，没有资格进教堂。

终于有一次，小芳听得入迷，忘记了时间，直到教堂的钟声敲响才猛然惊醒，但已经来不及了。率先离开的人们迅速堵住了她出逃的去路，她只得低着头尾随人群，慢慢向门口移动。突然，一只手搭在她的肩上，她惊慌地顺着这只手臂望上去，正是牧师。

“你是谁家的孩子？”牧师温和地问。

这句话是她10多年来最害怕听到的，它仿佛是一支通红的烙铁，触到了小芳受伤的心上。

人们停止了走动，几百双惊愕的眼睛一起注视着小芳。教堂里静得连一根针掉到地上都能听得见。

小芳完全惊呆了，她不知所措，眼里满含着泪水。

这个时候，牧师脸上浮起慈祥的笑容，他说：“噢——知道了，我知道你是谁家的孩子了——你是上帝的孩子。”

然后，牧师抚摸着小芳的头发说：“这里所有人和你一样，都是上帝的孩子！过去不等于未来，不论你过去多么不幸，这都不重要。重要的是你对未来必须充满希望。现在就做出决定，做你想做的人。孩子，人生最重要的不是你从哪里来，而是你要到哪里去！只要你对未来保持希望，你现在就会充满力量。不论你过去怎样，那都已经过去。只要你调整心态，明确目标，乐观积极地去行动，那么成功就是你的。”

牧师的话音刚落，教堂里顿时爆发出一阵热烈的掌声——没有人说一句话，掌声就是理解，心灵的陈年冰封，被一种“博爱”瞬间熔化……小芳终于抑制不住自己，激动的泪水夺眶而出。

从此以后，小芳完全像变了一个人，她不再懦弱，不再逃避，开始勇敢地面对现实，并以积极的心态、超人的勤奋刻苦学习，努力工作，阳光生活……在她的不懈努力和顽强拼搏下，40岁那年，她成为田纳西州的州长。再后来，她弃政从商，出任一家世界著名大公司的总裁。此时的小芳，无论在政界还是在商界，都成了人人羡慕的赫赫有名的成功人士，她彻底改变了自己受人歧视、懦弱、消极、逃避现实的不幸命运。

任何一个人都不能选择自己的父母和家庭。家庭和生活的不幸不可怕，可怕的是你陷于不幸之中而不能自拔。假如你曾经有过或现在还在经历着不幸，但愿你能像小芳那样，尽快从不幸中超脱出来，在心中播种希望，树立标杆，紧紧抓住现在，辛勤耕耘，那么你的命运就会有一个收获丰硕的未来。

7 自杀的川端康成

川端康成，日本新感觉派作家、著名小说家，1968年获得了诺贝尔文学奖，是日本第一位获得该奖项的作家，他还获得过日本政府的文化勋章、德国政府的“歌德金牌”和法国政府的文化艺术勋章等。

可就是这么一个取得令人羡慕的成就的作家，却以“自杀”终结了自己的生命。为什么会这样呢？因为川端康成在获得诺贝尔奖之后，声名大振，常被官方、民间、企业、广告商等拉着做这做那。作为一个文人，他难免有些天真，既不善应酬，又心慈面软，遇事不会推托；做事过于认真，又不懂敷衍，于是陷入了既烦躁又忙乱的俗事重围。他也曾试图努力从俗世重围中解脱出来，但又不知如何解脱。这样，在世俗诱惑面前没有把持住自己的川端，陷入了自己本不擅长的商务和社会活动之中，消磨了自己的才干，脱离了自己的兴趣，失去了自己的追求。对世俗琐事的厌恶与痛苦，最终导致了他以自杀方式来结束自己人生之旅的悲惨命运。

对一位作家来说，能获得诺贝尔奖，说明川端已经达到了很高的文学造诣。如果他不卷入使自己厌烦不堪的世俗琐事，依然宁静度岁，以他丰富晶莹的智慧，或许还会有更多的佳作流传于世。

川端的故事告诫我们，一个人，能认清自己的才能，找到自己的方向，取得卓越的成就，已经很不容易。但更不容易的，是能在命运辉煌的顺境时，保持自己的本色，经得起利益和荣耀的诱惑，抗得住世俗与时尚的冲击。做到了这些，我们才能真正成为自己命运的主宰者和生命的智者、能者。

8 从奋斗中崛起的曾宪梓

曾宪梓，香港金利来集团有限公司的创办人，是倾力支持国家改革开放的著名企业家、慈善家，也是一个通过不懈奋斗改变自己命运的人。

曾宪梓出生于广东梅县，从小家境贫寒，冬天连鞋都穿不上。新中国成立后，他依靠助学金念完了中学和大学。1963年，他到泰国跟着哥哥、叔叔学习经商，1968年又从泰国回到中国香港。初回香港时，他两手空空，处境十分艰难。但艰难的生活，更坚定了他要通过奋斗与拼搏来改变自己命运的决心。

曾宪梓决心通过创办企业来改变自己的困境。他利用晚上时间，认真钻研中国香港的市场状况，发现香港尽管服装业发达，香港人很喜欢穿西服，可是连一家生产领带的工厂都没有。于是，他拿出叔叔资助的6000港元，又腾出自家租住的房子，办起了领带生产作坊。领带生产出来后，如何销售是一个大难题。

一个炎热的午后，大汗淋漓的曾宪梓带着两大盒领带，正疲倦不堪地行走在尖沙嘴旅游区的洋服店一带。他已经奔跑了大半个上午，跑了十多间店铺，竟连一盒领带也没有卖出去。

当曾宪梓走到一家洋服店时，店老板正在殷勤地做一位客人的生意。他当时不知道别人在做生意时，是不准他人打扰的，便拎着领带进了洋服店。店老板一看到他，就像见到瘟神一样，恶狠狠地大声吼叫着，把他给轰了出去。像要饭的乞丐一样遭人呵斥，被人驱赶，一种百感交集的酸楚涌上他的心头。没有人来抚慰他、帮助他，他只能以最快的速度擦去不断夺眶而出的热泪，独自舔着流血的伤口，重新展露出笑颜，继续走街串户，兜售领带。他的汗水洒遍了香港的大街小巷，甚至对马路边的地摊小贩，他也要找机会套近乎，询问他们是否能帮忙代销领带。

“有难关，自己过”“你瞧不起我，我做给你看”。这是曾宪梓一贯的想法和做法。由于曾宪梓勇于面对现实，对困难百折不挠，对事业锲而不舍，通过顽强的拼搏，他终于将小作坊建成了大公司，创立了自己的品牌，奋斗出了自己的名气，从而改变了自己穷困、被人瞧不起的命运，成了一个人生的大赢家。

坚毅的态度与不懈的奋斗改变命运。前行中，我们每个人都会遇到各种困难、挫折和打击，这时候我们的态度就决定了未来的命运。如果我们能像曾宪梓先生那样，面对困难、挫折和打击不气馁，不丧气，锲而不舍，不懈奋斗，就一定能从奋斗中崛起，从而使自己的命运发生巨变，使自己的事业和人生走向辉煌。反之，则只能一直与贫困为伴，一生的命运只会是黯淡无光。

9 被拒1300多次的史泰龙

西尔维斯特·史泰龙，1946年生于纽约，1970年进入演艺圈，曾荣获美国奥斯卡、金球奖、凯撒奖等多项大奖，被誉为“千年动作明星”和“十大铁血猛男”，是一位集演员、编剧、导演及制片人于一身、有耀眼“命运光环”的影视成功人士。但在史泰龙“命运光环”的背后，却隐藏着一种顽强不屈、千百次向命运发起挑战的卓越精神。

史泰龙出生时，由于母亲难产，医生误用助产钳助产，造成史泰龙左脸颊部分肌肉瘫痪，左眼睑与左边嘴唇下垂，口齿不清。他的童年极其悲惨，父亲是一个赌徒，母亲是一个酒鬼。父亲赌输了，打老婆又打儿子；母亲喝醉了，也拿儿子出气发泄。他在拳脚相加的家庭暴力中长大，常常鼻青脸肿、皮开肉绽。读高中时他辍学了，成了社会上的小混混。

到了20岁时，史泰龙才痛下决心，发誓一定要走一条与父母迥然不同的路，活出个人样来。经过慎重考虑，他认为当演员是条好出路，因为当演员不需要文凭，更不需要本钱，而且一旦成功，就可以名利双收。所以，他认定了当演员是他今生唯一出人头地的机会，就是再苦再累也绝不能放弃，一定要成功！

于是，史泰龙来到了好莱坞。在日复一日付出百倍努力刻苦磨炼自己的同时，他找明星，找导演，找制片……，找一切可能使他成为演员的人。他见人弯腰、低头，处处哀求：“给我一次机会吧，我要当演员，我一定能成功！”很显然，史泰龙一次又一次被拒绝了。但他并不气馁，因为他知道，拒绝一定有拒绝的原因。每被拒绝一次，他就认真反省、检讨、学习，努力地完善、提升自己一次，之后再去推荐自己。

直到史泰龙遭到了1300多次拒绝后的一天，一个曾拒绝过他20多次的导演对他说："我不知道你能否演好，但我被你的精神所感动。我可以给你一次机会，先只拍一集，就让你当男主角，看看效果再说。"

为了这一刻的到来，史泰龙已经做了三年多的充分准备，他终于可以一试身手了。机会是如此来之不易，他想自己决不能有丝毫懈怠，一定要百倍地努力、全身心地投入。

功夫不负有心人！史泰龙拍摄的第一集电视剧，竟创下了当时全美最高的收视纪录——他终于迈上了不断走向成功的通途！

在命运光环的背后，往往隐藏着人所不能的努力与拼搏。史泰龙的故事告诉我们，不幸的家庭不可怕，悲惨的童年不可怕，无数次的挫折也不可怕，只要你有足够的决心想要改变自己，看准方向，认准目标，即使面临再多的否定与拒绝也依然不懈地争取，不断向命运发起挑战，你就一定能改变自己糟糕的命运，最终进入成功的殿堂。

10 用努力改变命运的施瓦辛格

对"阿诺德·施瓦辛格"这个名字，想必许多人都不陌生，他不仅是世界健美先生、影坛巨星，还成为美国加州的州长，是一个不断用努力改变命运的人。

1947年7月，施瓦辛格出生在奥地利的一个普通家庭，父亲是一位警长。他从小对体育健身很有兴趣，非常向往到美国去干一番事业，立志要用"努力"改变自己的命运。

十几岁的时候，他曾在日记里发誓：长大后要到美国去当总统。但如何实现这一宏伟抱负呢？经过几天几夜的思索，他拟定了一系列的连锁目标：要做总统，首先得做州长；要竞选州长，必须得到具有雄厚财力的财团支持；要获得财团的支持，就一定得融入财团；要融入财团，最好娶一位豪门千金；要娶一位豪门千金，必须成为一位名人；成为名人的快速方法，就是做电影明星；做电影明星前，得先得练好身体，练出阳刚之气。

按照这样的规划，施瓦辛格步步为营，开始了自己的努力追求之路。某日，他看到著名的体操运动主席库尔后，通过了解，认为练健美是强身健体的好方法，就萌生了练健美的强烈兴趣和愿望。从此，他开始以超人的毅力刻苦练习，渴望成为世界上最结实的壮汉。三年后，凭着自己发达的肌肉、一身雕塑般的体魄，他在健美比赛中出人头地，囊括了欧洲、世界、奥林匹克的健美先生。

1968年，施瓦辛格移居美国，之后在威斯康辛州立大学获得学士学位。1970年，他踏入好莱坞，利用在体育方面的成就，努力拼搏了整整10年时间，一直在塑造坚强不屈、百折不挠的硬汉形象。终于，他在演艺界声名鹊起，获得了观众的高度认可。当他的影视事业如日中天时，女友的家庭在他们相恋九年后，终于接纳了他这位“黑脸庄稼人”，他的女友就是赫赫有名的肯尼迪的侄女。在恩爱地生活了十几个春秋后，他与太太生了四个孩子，建立了一个和美的家庭。

进入21世纪后，他告别影坛，开始从政。他的不懈努力，使他又一次受到命运之神的眷顾，2003年他成功竞选为加州州长，终于使自己攀上了命运规划的第二个高峰。

认准追求目标，做好长远规划，不断发奋努力，是改变命运的必由之路。施瓦辛格的故事告诉我们，从小萌生英雄情结，立壮志、树目标、做规划，并用自己的努力拼搏，步步为营地推进目标实施，你就能实现所追求的目标，成就心目中的大事，获得命运女神的青睐。

11 一个梦想的价值

在美国一所小学的课堂上，品行课老师玛丽·安小姐让班上的学生各说出一个自己的梦想。同学们都非常踊跃，尤其是塞尼，他一气说出了两个：一个是拥有自己的一头小母牛，另一个是去埃及旅行一次。

可是，当玛丽·安小姐问到一个叫杰米的男孩时，不知为什么他竟没有自己的梦想。为了让杰米也能拥有一个自己的梦想，玛丽·安建议杰米向同学购买一个。由于塞尼当时太想有一头小牛了，他就让出了第二个梦想——去埃及旅行。

40年过去了，年近50岁的塞尼，已经在商界小有成就。几十年来，他去过很多地方——瑞典、丹麦、希腊、沙特阿拉伯、中国、日本等。然而，他从来没有涉足过埃及。难道他没想过去埃及吗？他说，自从他卖掉去埃及的梦想后，他就再没忘记过这个梦想。然而，作为一个虔诚的基督徒和一个诚信的商人，他不能去埃及。因为，他把这一行为连同那个梦想一起给卖掉了。

2002年感恩节前夕，塞尼和妻子打算到非洲旅行一次。在设计旅行线路时，妻子把金字塔作为其中的一个观光项目。于是，塞尼决定赎回那个儿时卖出的梦想，他觉得只有这样，自己才可以坦然踏上埃及的土地。

可是，塞尼没能赎回那个梦想，因为经联邦法院审定，那个梦想的价值已达3000万美元，塞尼要赎回去，就必须倾家荡产。

他的同学杰米，在答辩状中做出了自己的解释。

杰米说，在我接到塞尼·史密斯先生的律师送达的副本后，我正在打点行装，准备全家一起去埃及。这好像是我一口回绝塞尼·史密斯先生要求赎回那个梦想的理由。其实真正的理由，不是我们正准备去埃及，而是这个梦想的价值。

杰米继续说，我小时候是个穷孩子，穷到我不敢有自己的梦想。然而，自从我在玛丽老师的鼓励下，用3美分从塞尼那儿买了一个梦想之后，我彻底地改变了，变得富有了。我不再散漫，我的学习有了很大进步。我之所以能考上华盛顿大学，我想完全得益于这个梦想，因为我想去埃及。我能够认识我美丽贤惠的妻子，也是得益于这个梦想。她是一个对埃及着迷的人，如果我不是购买了那个梦想，我们绝不会在图书馆里相遇，更不会有一段浪漫迷人的恋爱。我的儿子现在在斯坦福大学读书，我想也是得益于这个梦想。因为在他小的时候我就告诉他：我有一个梦想，那就是去埃及，如果你能获得好的成绩，我就带你去那个美丽的地方。我想他是在埃及的召唤下，才努力学习考入斯坦福大学的。现在我在芝加哥拥有6家超市，总价值2500万美元左右。我想，我如果没有那个去埃及旅行的梦想，我是绝不会拥有这些财富的。

杰米最后说，尊敬的法官，我想假如这个梦想是你们的，你们一定会认为这个梦想已经融入了你们的生命之中，已经与你们的生活和命运紧密相连、密不可分，这个梦想就是你们的无价之宝。

赎回一个3美分卖掉的梦想，要花3000万美元，这在绝大多数人看来也许没有必要，或者说根本就不值得。然而，据当时《芝加哥电讯报》报道：前不久，塞尼·史密斯先生已经上诉到联邦法院，说哪怕花3亿美元，把官司打到自己曾孙那一代，也要赎回自己儿时的那个梦想。

这是一个典型的梦想改变命运的故事。杰米——那个穷得连梦想都不敢有的小男孩，一旦真正拥有了自己的梦想，就得到了梦想的不断导引，产生了实现梦想的持续动力和行动，因此才能获得命运之神的眷顾，以及爱情、幸福与财富的密切相伴。

所以说，梦想就像人们所说的“蝴蝶效应”中那只美丽的蝴蝶。有了这只蝴蝶不断地扇动翅膀，你的动能才会被不断放大，你的命运之舟才能乘风破浪，驶向富裕、成功与幸福的彼岸。

12 两个打工者的迥异人生

有两个外出打工的美国乡下人，一个准备去纽约，一个要去华盛顿。

可是在候车厅等车时，两人又都改变了主意，因为邻座的人议论说：纽约人精明，外地人问路都收费；华盛顿人质朴，见了吃不上饭的人，不仅给面包，还送旧衣服。

原来想去纽约的人想：还是华盛顿好，挣不到钱也饿不死，幸亏没上车，不然就掉进了火坑。

原来要去华盛顿的人想：还是纽约好，给人带路都能挣钱，还有干什么不能挣钱的？幸亏没上车，不然真就失去了一次致富的机会。

于是，他们在退票处相遇了，原来准备去纽约的得到了去华盛顿的车票，原来要去华盛顿的得到了去纽约的车票。

去华盛顿的人到了之后发现，华盛顿果然好，他初到这里一个月，什么也没干，竟然没饿着。不仅银行大厅里的水可以白喝，而且商场里欢迎品尝的点心也可以随便吃。

来到纽约的人发现，纽约果然是一个可以发财的城市，干什么都可以赚钱，带路可以赚钱，开厕所可以赚钱，弄盆凉水让人洗脸也可以赚钱。只要自己想点办法，再花点力气，不愁自己的腰包鼓不起来。

已在纽约落脚的乡下人，凭着对泥土的感情和认识，来到一个城郊的建筑工地，装了100包含有腐烂碎树叶的沙土，以“花盆土”的名义，向不见泥土而又爱花的纽约人兜售。当天他在城郊间往返6次，净赚了50美元；一年后，凭卖“花盆土”的收入，他竟然在纽约拥有了一间自己的经营门面。

在常年的走街串巷中，他有了一个新发现：一些商店楼面亮丽，但招牌既脏又黑，一打听才知道，原来是清洗公司只负责洗楼的表面而不负责清洗招牌。他当即抓住这一空档，买了人字梯、水桶和抹布，雇佣几个人办起了一个小型清洗公司，专门负责清洗门面招牌。几年以后，他的公司有了150多名员工，业务也发展到多个城市。

有一次，他坐火车去华盛顿考察清洗市场。在火车站，一个捡破烂的人把头伸进软卧车厢，向他要一只空啤酒瓶，就在他递瓶时，两个人都愣住了，因为5年前，他们曾换过一次票。这个捡破烂的人，就是当年由去纽约而改去华盛顿的人。

思想决定命运。同是外出打工的乡下人，但5年后两人的命运却迥然不同：一个成了业务蓬勃发展的公司老板，而另一个却成了如乞丐一般的捡破烂者。两人之所以会有如此迥异的命运，起因完全在于他们最初的想法。一个人的想法是“可以取”，自己挣不到钱也饿不死；另一个人的想法是“能够挣”，自己要发财致富。结果只想“取”的人沦落到了捡破烂的地步，而想着“挣”的人则挣出了自己的事业和财富。

所以，要得到命运之神的青睐，取得成就和成功，我们的思想就必须立足于付出辛劳与智慧的“挣”，而不能沉溺于不劳而获的“取”。

13 25年后的天之骄子

有一年，美国哈佛大学的一群天之骄子要毕业了。他们意气风发，对自己的未来充满希望。当时，他们的智力、社会环境条件都相差无几。

就在离校之前，校方对他们进行了一次关于人生目标的调查。调查情况是这样的：27%的人没有目标，60%的人目标模糊，10%的人有清晰而短期的目标，3%的人有清晰而长远的目标。

25年后，学校再次对这群学生进行了调查。结果是这样的：3%有清晰而长远目标的人，25年来他们始终朝着一个方向不懈努力，不断地践行与实现目标，几乎都成了社会各界的成功人士；10%有清晰而短期目标的人，他们的短期目标不断得以实现，几乎都成了生活在社会中上层的各个领域的专业人士；60%目标模糊的人，他们安稳地生活与工作着，但都没有什么特别的成绩，几乎都生活在社会的中下层；那27%没有目标的人，他们的工作不够稳定，收入和地位都很低，生活过得不如意，并且常常抱怨他人、抱怨社会、抱怨这个"命运不肯眷顾他们"的世界。

故事揭示了人生目标与命运的关系。尽管智力、环境条件基本相同，但当初由于他们目标的有无与不同，结果导致了这些天之骄子25年后截然不同的命运。由此可见，在人生的命运和历程中，"目标"这一因素发挥着十分重要的不可替代的作用。

所以，如果我们能明白生命的意义和价值，胸怀并矢志践行一个清晰而远大的奋斗目标，我们的命运将会常有幸运相伴，事业的成就和人生的成功也会因此卓尔不凡。

14 富翁的儿子

以前，有一位在事业上非常成功的富翁，将自己的两个儿子送到美国上大学。富翁的年轻秘书，每月都要按照富翁的要求，各开一张100美元的支票给他的两个儿子，这是他们可随意支配的零用钱。

秘书对富翁的儿子非常羡慕，怨叹为什么命运之神要把自己降生在贫苦之家，并认为富翁的两个儿子将来会在社会上拥有很高的地位，而自己将会一直是个卑微的职员。

后来，富翁的两个儿子带着文凭回家了，而他们的父亲早已在他的事业中，安排了很好的职位等着他们。

可是，以后的20年光阴，命运却对这一生中似乎从来不必奋斗的两个人，做出残酷的安排。随着他们的父亲逐渐老去，以及他们两人的瞎折腾，父亲挣下的家业已被败光，家里的那栋豪华大住宅已经公开拍卖。再后来，两兄弟中，一个死于精神错乱，另一个则成了精神病院的常客。

为什么会这样？因为在富翁的宠溺下，当初他的这两个儿子不仅从学校带回了文凭，还带回了文凭之外的懒惰、任性、酗酒、挥霍等坏毛病。

“生于忧患，死于安乐。”如果沉溺于安乐、舒适的条件与环境，人就会变得懒惰、任性，懒惰与任性会造成畏缩、苟且，畏缩与苟且则导致进取心的丧失与侥幸心的萌发，从而使人不断步入下行轨道，命运逐渐陷于悲惨境地。所以，心中保持忧患与危机意识，工作与生活中让“慎与勤”常伴身边，不断磨炼自己，是我们保持与创造“好运”的长鸣警钟与苦口良药。

15 由小偷“成就”的长跑冠军

28岁那年，黑人菲力斯成为全欧洲马拉松长跑冠军。

一次，他应邀到全国最大的一所监狱做演讲。面对上千个形形色色的罪犯，菲力斯讲了他贫穷的童年，以及他在坎坷中拼搏奋斗、自强不息、改变自己命运的经历。演讲引起极大反响，全场报以经久不息的掌声。

在他结束演讲即将走下讲台时，一个犯人站起来，请他回答一个问题：“在你的一生中，你最感谢谁？”

菲力斯沉思片刻，说：“我最感谢一个特殊的人，他就是那个当年偷了我的自行车的小偷。”菲力斯的回答引起全场一片哗然。

在人们的惊讶声中，菲力斯道出了事情的原委：那年他13岁，正读初一。

由于家穷，他不能住校，全靠一辆破自行车，每天来往于相隔5千米的家与学校之间。那是一辆破得不能再破的自行车，可有一天他到学校后忘了给车上锁，车子被小偷偷走了。

因为家里根本没钱为他再买自行车，他只好跑步上学，一天10千米，3年下来，他吃了不少苦头。可是每天的跑步，先使他成了全校长跑冠军，后又在全市获得亚军……从此，他走上了运动生涯。他真诚地说："如果不是因为当初丢车，我绝不会有今天的荣誉。"他总觉得对不起那个小偷，也许那是小偷的第一次，由于他的疏忽，让小偷轻易得手，从此可能会一发而不可止……

人们就笑起来，说不会那么巧。可就在此时，台下爆发出一声哭喊："我就是那个小偷！"接着，管教对那人说："希库莱，你搞什么？嫌刑期太短吗？"

菲力斯制止了管教，耐心听那犯人絮絮叨叨哭诉。当他听那犯人说，他偷的那辆自行车是由三种型号的机件拼接而成，车梁有爆痕，后圈有断迹时，他默默走下台来，从胸前摘下一枚奖章，别到希库莱的胸前。希库莱满面羞惭，连说："我不配，我不配。"

大家纷纷惊叹：这真是上帝的安排啊！失者得到最丰厚的馈赠，得者失去了最宝贵的东西。得和失就像一对在岔路口分手的兄弟，走得越远，差别越大。

有时，世上的事就是那么巧合。15年后"丢失"者与"偷得"者在监狱巧遇，而他们的命运却是天壤之别，"丢失"者由懵懂少年成了人们羡慕的长跑冠军，"偷得"者却成了人所不齿的监狱囚犯。

故事启示我们，只要我们能将"失"转化为发动自己的契机，积极克服由"失"带来的困难，在克服困难中奋进，在克服困难中强大自己，就能取得令人羡慕的成就，从而使自己的命运远离平庸，不断走向卓越。

16 3个砌墙工人

据说在早年的深圳，某天有3个工人正在一座高楼的建筑工地上砌墙。有人过来问他们："你们在干什么？"

第一个人抬头苦笑道："这还用问，难道你没见我在砌墙吗？时间一长，这一个个砖头重得要命，我真的累得快不行了，真是倒霉！"。

第二个人回答道："我们在盖一栋高楼。虽然这份工作并不轻松，但还是有意义的"。

第三个人笑容满面地回答道："我们在建设一座美丽的城市，我们建造的大楼将成为这个城市的一幢标志性建筑。我为自己能够参与这个工程感到兴奋和自豪。"

光阴荏苒，一晃10年过去了，当初3个工人10年后的命运究竟如何呢？第一个工人依然在建筑工地上干活，还是个每天出苦力的"泥瓦匠"；第二个工人已经成了一名工程师，坐在宽敞的办公室里搞建筑设计；第三个工人已当上了老板，而且是前两个人所在公司的老板。

故事告诉我们，不同的思想，不同的态度，不同的眼光，决定了3个人不同的命运。如果你的心目中只有树木而没有森林，你就无法成为森林的管理者、拥有者。所以，如能成为一个态度积极、心怀大志、"胸有成竹"的人，就不愁成功不来上你的门，也不愁好的运气不来眷顾你。

17 对职业注入希望的人

在我国某地，有一位经商有成、画坛知名的成功人士，他无论做什么事都十分敬业，有人说他是个"对职业注入希望"的人。

他10岁的时候，迷上了画画，对那些五颜六色的颜料产生了浓厚兴趣，发誓这一辈子一定要成为一个画家。为此，他整整付出了10年的不懈努力。20岁时，在看了他的画作后，美术界的一位老前辈非常委婉且态度鲜明地告诉他："你可以在其他道路上走得更畅通一些，而绝不是在美术上"。

这句话就像炸雷一样，将他孕育10年之久的自信和坚持摧毁了。

"我也许真的不是一块当画家的料？"他这样问自己，然后流着眼泪烧毁了自己所有的画稿，毅然弃画从商。

在以后的日子里，他干过许多行当：摆地摊卖小商品，卖水果，在马路边修自行车……但是无论干什么，他都兢兢业业，尽心尽力，受到了顾客的普遍称赞。

又是10年过去了，通过不懈努力，他终于成了事业有成、拥有巨额资产的企业主。有一次，他儿时的朋友突然对他说了一句话：“我真佩服你对事业的坚持和执着，我敢肯定，你无论干什么事情，都可以干得很好，都可以成功，我相信！”

他被朋友的这句话深深震撼了，认为命运与自己开了一个大玩笑。之后，他又拿起久违的画笔，在绘画园地默默耕耘。几年后，他“画”业有成，画技和名声也与日俱增，成了一位名副其实的画家。在一次画展中，他的一幅作品被美国一位收藏家看中，并以高价买走。

故事告诫我们，一个人的命运，应该掌握在自己的手中，而不应该挂在别人的嘴上。只要你对自己所选的职业注入希望，坚持不懈，尽心竭力，力求做到最好，尽管你可能会遇到暂时的困难与挫折，但你的命运之星终究会灿烂而耀眼。

18 想当作家的书法家

我国有一个农民出身的人，名字叫张文举，他的人生奋斗目标是当个作家。结果，命运却与他开了一个玩笑，最后他却成了硬笔书法家。

从小矢志当作家的张文举，十几岁时就开始在迈向作家的道路上奋力奔跑着。在长达10年的时间，他坚持每天至少写作500字。每写完一篇文章，他都是改了又改，精心地加工润色，然后再充满希望地寄往各地的报刊杂志。但遗憾的是，尽管他很勤奋用功，可他的文章却从来没有一篇得以发表，甚至连一篇退稿信他都没有收到。

29岁那年，他总算收到了第一封退稿信。那是一位他多年来一直坚持投稿的刊物的编辑寄来的，信里写道：看得出你是一位很努力的青年。但我不得不很遗憾地告诉你，你的知识面过于狭窄，生活经历也显得过于苍白。但我从你多年的来稿中发现，你的钢笔字越来越出色……

就是这封退稿信，使张文举找到了困惑自己多年的根源。他毅然放弃写作，转而练起了钢笔书法，果然进步迅速。经过持续、刻苦的磨炼，他终于成了一位有名气的硬笔书法家，从而使自己的命运篇章翻开了崭新的一页。

成就自己的命运，固然需要辛勤耕耘，但如果在不具备条件的沙漠上努力，你的耕耘是无法取得收获的。所以，一个人要在事业上获得成功，使自己的命运闪耀光芒，就要适时舍弃自己不擅长的，转向自己擅长的。这样，你的成功道路就会少走许多弯路，改变命运的奋进之途将会顺畅许多。

19 一次偶然的改变

人生是有许多偶然的。但偶然中孕育着必然，蕴含着改变命运的要素。

16岁时，她只是个很平常的女孩，学习处于中下等，经常和一些已经在社会上打工的女孩子混在一起混。那年，她上初二，不知道自己的明天在哪里，自己的命运将会怎样。

一次期中考试前，她的好友悄悄把她拉过来说："告诉你个好消息，我有这次考试的卷子了。"原来，另一个学校已经考过，而有人告诉她的好友，她们学校这次要考的就是这张卷子。

拿到那张数学卷子后，她下功夫硬是把它背了下来。考试结束后，她的好友只背过其中一部分，考了70多分。如果按她的真实水平，估计只能考三四十分，但她却得了98分，全班第一。虽然考了高分，但她心里七上八下、忐忑忐不安，不知同学们和老师会如何看待自己。分数在班上一公布，几乎所有同学都怀疑她作弊了，但就是作弊也不可能考98分啊，同学们认为其中一定有蹊跷。

在她心神不定的时候，老师却认可并鼓励了她，说她进步很快，以后肯定还会考出好成绩。那一刻，她差点流泪，没想到老师能相信她，况且同学们对她得到老师表扬时的羡慕表情，让她体会到了一种以前从来没有过的喜悦和兴奋。原来，学习好了可以如此自豪啊！

从那以后，为了证明自己没有作弊，为了对得起老师的信任与鼓励，她开始像发了疯一样勤奋学习，并逐渐从学习中体会到了以前完全没有过的趣味和快乐。经过一段时间的拼搏后，她不但数学成绩跃居全班第一，其他各科的成绩也都名列前茅。一年后，她考上了重点高中；四年后，她进了北大。

如果不是那次好友偶然得来的试卷，如果不是老师的信任与鼓励，她本来也会跟那些大多数农村女孩一样，中学毕业以后就去外地打工，然后嫁人生子，作为一个平常的农村妇女默默无闻地生活一辈子。因为那个考了70多分的好友，毕业后先是去一个饭店打工端盘子，后来在农村嫁人生子，过着普通农妇的生活。而她呢，北大毕业后去了美国留学，回国后又经过努力拼搏，成了一位事业有成的知名学者。

由于那次偶然事件，她抓住了老师表扬赐予自己的机会，从此发奋，改变了自己的命运。而她的好友却没有抓住机会，于是两人的命运变得截然不同。

许多年后，她回母校做报告，讲述了自己当年的故事。看望老师时，已白发苍苍的数学老师对她说了真相：孩子，当时我就知道你作弊了，因为以你的能力根本不可能考98分。但我想，也许你能从此发愤，所以，给了你肯定和鼓励。

那一刻，她的泪水流了下来，在人生最关键的时刻，那个最了解她的师长，没有把她当贼一样揪出来，而是给了她信任与鼓励，这才让她的人生命运从此与众不同。

发奋，能使人生从此与众不同，命运从此发生改变。偶然的事件，把故事中的她推到了风口浪尖。在这人生的关键时刻，她得到了贵人相助——老师的信任与鼓励。关键的是，她没有把老师的帮助作为一种侥幸而沾沾自喜，而是作为发奋的警钟、进取的鞭策，使自己从此动力十足地迈上了奋勇拼搏之路，因此才使自己的命运发生了巨大改变。

20 盲人内阁大臣

在英国，有个叫布罗迪的中学退休教师，一次他在整理阁楼上的旧物时，发现了一摞本子，那是25年前他在皮特金中学任教时，班上31位孩子的作文本。本子里有篇春季作文，题目叫：未来我是——

布罗迪随便翻了几个练习本，很快就被当时孩子们千奇百怪的梦想迷住了。比如，有个叫彼得的学生说，未来的他是海军大臣，因为有一次他在海中游泳，喝了三升海水都没被淹死；还有一个说，自己将来必定是法国的总统，因为他能背出25个法国城市的名字，而同班的其他同学最多只能背出7个；一个叫戴维的盲人学生，认为将来他必定是英国的一个内阁大臣，因为在英国还从来没有一个盲人能够进入内阁。31个学生都在作文中描绘了自己的未来，也有想当训狗师的、领航员的，还有想做王妃的……五花八门，千奇百怪。

布罗迪读着这些作文，突然有一种冲动——何不把这些本子重新发到同学们手中，让他们看看现在的自己，是否实现了25年前的梦想呢！

当地的一家报纸得知布罗迪的想法后，觉得挺有意思，就为他发了一则启事。没几天，书信像雪片般向布罗迪飞来。他们中间有商人、学者及政府官员，更多的是普通人。他们都表示，很想知道自己儿时的梦想，也很想得到那个作文本子，布罗迪就按地址一一给他们寄了去。

一年后，仅剩下戴维的练习本没人索要。布罗迪想，这个孩子也许死了。毕竟25年了，这期间什么事都是可能发生的。

就在布罗迪准备把这个本子送给一家私人收藏馆时，他收到内阁教育大臣布伦克特的一封信，信中说：那个叫戴维的孩子就是我，感谢您还为我们保存着儿时的梦想，不过我已经不需要那个本子了，因为从那时起，我的梦想就一直在我的脑子里，我没有一天放弃过。25年过去了，我已经实现了那个梦想。今天，我还想通过这封信告诉我其他的那30位同学，只要不让年轻时的梦想随着岁月飘逝，成功总有一天会出现在你的面前。

梦想与坚持能够改变命运。正是因为“英国还从来没有一个盲人能够进入内阁”，所以作为盲人的戴维，从小立志要将这个“从来没有”变为“有”作为自己的梦想，萌生了长大一定要当内阁大臣的强烈期望。相比于其他30位眼睛正常的同学而言，要将梦想变成现实，可想而知戴维的难度要大得多。但为了实现自己的梦想，戴维没有一天不在巨大的付出中坚持，这种超难度的付出与坚持，使他终于当上布莱尔内阁的教育大臣，成了英国有史以来职位最高的盲人，登上了连正常人都难以企及的命运高峰。

所以，只要心怀梦想，每天为实现梦想坚持不懈地努力奋斗，盲人也能当上内阁大臣。那么，作为正常人的我们，还有什么悲惨命运不能改变？还有什么命运高峰不能攀登呢？

21 以长补短的邓亚萍

邓亚萍，在我国乃至世界乒坛都堪称“大姐大”。自她13岁拿到第一个全国乒乓球锦标赛冠军开始，到1997年5月的第四十四届世界乒乓球锦标赛，在短暂的11年乒乓生涯中，她一共在各种全国性和世界性乒乓球大赛中拿到了153个冠军，在世界级别最高的奥运会、世界杯赛和世乒赛这三大比赛中，获得过18块金牌，在世界乒坛史上写下了辉煌篇章。但在冠军辉煌的背后，却是她顽强拼搏与命运抗争的磨难与艰辛。

4岁时，邓亚萍便表现出了一个“铁娃”本色，平时摔摔打打从不哭闹，不管玩什么都格外专注。对此，作为河南省郑州市体委乒乓球教练的父亲，看在眼里，喜在心头，认定她是一块体育方面的好材料。于是，就顺便在打乒乓球上精心对她进行培养。

一晃5年过去了，邓亚萍在父亲的调教下，球技不断提高。为了使她能得到更好的培养，父亲将她送到省乒乓球队去深造。然而，去后不久，她便被退了回来，理由是“个儿矮、手臂短，没有发展前途”。这次打击，在少年邓亚萍的心中留下了一道深深的伤痕。

令人欣慰的是，在父亲的鼓励下，倔强的邓亚萍非但没有因为打击而一蹶不振，反而训练得更加刻苦，更加勤奋，并发誓有朝一日一定要拼出个样子来。

机遇终于来了。1986年，是邓亚萍一生中出现重大转折的一年。那一年，她仅13岁，临时顶替河南省代表队一名生病的运动员，参加了全国乒乓球锦标赛。赛前，教练们并不对她抱有任何希望，要她顶替上场纯粹是为了不使球队

“弃权”。但出人意料的是，这个名不见经传的矮个小姑娘，竟然接连击败了耿丽娟、陈静等顶尖国手，一举登上了冠军宝座，爆出了此次乒乓球赛的最大冷门，她也成了一匹万众注目的最大“黑马”。

赛后，这位被人判为“无发展前途”的小姑娘，成了当时国家乒乓球副总教练兼女队主教练——张燮林的弟子。从此，邓亚萍在中国“国球”竞技的圣殿里，将她那种在逆境中练就的“铁娃”本色表现得淋漓尽致，并最终登上并长时间占据了国际乒坛女乒霸主的宝座。

体育运动之所以魅力无穷，一个重要原因就在于它充分展示了人类不屈服命运、永不停息地向命运挑战的精神。在1996年亚特兰大奥运会上，国际奥委会主席萨马兰奇之所以一定要亲自给邓亚萍颁发冠军奖牌，就是对勇敢、顽强地向命运挑战这种永不屈服的精神的最高褒奖。

邓亚萍的故事告诉我们，每个人都有自己的短处，但更有自己的长处。面对命运的挑战，只要我们不因自己的短处而自暴、自卑、自弃，而是充分认识、挖掘与发挥自己的长处，激发自己最大的意志和潜能，就足以用长处弥补短处，使短处变得微不足道、消弭于无形，就能取得事业的成就和人生的成功，从而成为主宰自己命运的真正强者。

22 暴富后的乞丐

在一个城市的一条大街边上，一个乞丐正懒洋洋地靠墙坐在地上，他面前放着一只破碗，旁边还放着一根讨饭棍。每天都有很多人在他跟前经过，有的人见他可怜，就在他的破碗里丢几个硬币。

有一天，这个乞丐面前出现了一个穿戴整齐的年轻律师，律师对乞丐说：“先生你好，你的一个远房亲戚不幸去世了，留下了3000万元的遗产，根据我们的调查，你是这笔遗产的唯一继承人，所以请你在这份文件上签个字，这笔遗产就属于你了。”签字后，一无所有的乞丐转瞬间就变成了大富翁，这成了整条街上的大新闻。

很快，有个记者来采访乞丐：“你得到这3000万元的遗产后，最想做的事是什么呢？”乞丐回答说：“我首先去买一只像样一点的碗，再去买一根漂亮的棍子，这样我就可以像模像样地讨饭了。”

一旁的人听了，觉得这个乞丐的回答太让人大跌眼镜了。其实，乞丐的悲哀，不仅在于他在物质上的贫困，更在于他在思想上的空虚。

故事告诉我们，金钱改变不了命运。就像那个乞丐一样，如果他没有不再做乞丐的思想，就是钱再多，他也仍然改变不了一生当乞丐的命运。

思路决定出路，观念决定行动，行动铸就命运。每个人的一生，大致与他的思想保持一致：你想成为什么，才能成为什么，只有你想要对命运做出改变，你才能够付诸行动去改变。所以，如果你想改变自己卑微的命运，就先从改变自己落后、低俗的思想观念开始吧！

23 积极进取的大象

一则寓言故事说，上帝在造大象的时候，因一时疏忽把大象的鼻子拉得又大又长，使大象奇丑无比。她想为大象重新塑造一个鼻子，但转念一想，世界上已经有很多美丽的动物了，比如老虎、豹子、天鹅、孔雀等，也应该有一些丑陋的动物才是，这样世界才会丰富多彩。于是，她决定让大象接受丑陋的事实。

一开始，大象并不知道自己长得丑陋，它喜欢到动物们中间去活动。可是，别的动物见到它，都纷纷躲开了，像是碰到了怪物。大象很纳闷，心想：自己是一个善良温和的动物，从没有伤害过其他的动物，可为什么大家都不愿意和我在一起呢？

一个丽日蓝天的上午，大象去湖边喝水。湖水清如明镜，它仔细地看着自己水中的影子，天哪，自己怎么这么丑呀！它伤心极了，心想：上帝为什么给别的动物制造出比例合适而且好看的鼻子，偏偏给自己造了一个奇大奇丑的鼻子。不过，大象是心胸开阔的动物，它又想：上帝不会给我丑陋的东西。既然有了这个大鼻子，那就用它做些事情吧。

大象先学会了用鼻子吸水。只要自己站在河边上，把长长的鼻子往河中一伸，很容易就能吸到河中的水，别的动物喝不到水的地方，它往往能够喝到。

它还用鼻子去卷树枝、拔树干，用来采摘树叶和水果作为自己的食物。这样一来，丑陋的鼻子反而给大象带来了数不清的好处。

由于大象的鼻子发挥了作用，它吃到、喝到的东西又多又好，而且由于经常使用鼻子干活，身体得到了很好的锻炼，所以它长得越来越强壮。亿万年之后，大象成了陆地上最强大的动物，很少有动物敢挑战它。

一天，上帝突然想起了大象和它的丑鼻子，因自己的疏忽给大象造成了终身缺憾，她感到有些内疚。于是，她想找到大象，给它换一个好看的鼻子。

可是，当上帝找到大象时，却吃惊地发现大象已经不是原来的样子了，它变成了庞然大物，鼻子比原来大多了、长多了，可看上去与身体的比例挺协调，不但不丑，而是显得很有力量。

“天哪！”上帝惊叹一声，说道：“大象是一个聪明的动物，它把自己的丑陋变成了一种力量，丑鼻子已成了它的生存法宝，看来没有必要再改造它了。”

大象的故事说明，只要积极进取，就能改变命运。故事中的大象，并不因自己的丑陋而自卑、丧气，而是把丑陋变成了一种积极进取的动力，它奋发有为，不但学到了别的动物所没有的本领，而且还使自己变得无比强大，最终彻底改变了自己丑陋、被别的动物瞧不起的命运。

因此，如果你长相不好或身有缺陷，在社会上被人看不起，你不必自卑、沮丧，心中不平，而是完全可以通过自己的积极进取、奋发有为来改变这一切。当你变得智慧、强大的时候，你的命运自然就会发生根本性的变化。

24 掉进枯井里的老驴

有则故事说，从前，在一个小村庄里，有头老驴不小心掉到了一个废弃的枯井里，井有些深，所以人们很难将它救上来。主人看它是头老驴，只好让它在井里自生自灭了。

那头老驴一开始也放弃了求生的希望。因为不但没人救它，每天还不断有人往井里倒垃圾。它很生气，心想自己倒霉掉到了井里，主人不救自己不说，每天还有很多垃圾从上面扔下来，就是死也不让自己死得舒服点。

可不久，在无奈之下，这头老驴改变了自己的态度。它不再生气，也不再抱怨，而是主动设法求生，它每天从掉下的垃圾中找到能吃的老菜叶、菜帮、树叶等，来维持自己的生命，同时又不断地把上面掉下的垃圾踩在自己的脚下，而不是被垃圾所掩埋。终于有一天，当垃圾快要将枯井填满的时候，它又重新回到了地面上。

态度决定命运。掉进枯井的老驴，如果态度消极被动，只是一味地烦躁、生气和怨恨，那么等待它的就是被垃圾掩埋的命运；而态度积极主动，垃圾也能成为它的食物来源和不断上升的垫脚料，从而使它重回地面，获得新生，原来的悲惨命运得以改变。

故事启示我们，如果我们遇到了挫折，陷入了困境，命运中出现了黑暗，这并不可怕。只要我们能保持积极主动的态度，不悲叹、不烦躁、不怨恨，冷静分析、积极设法、主动求解，我们的命运就能脱离黑暗而步入光明之境。

25 被尿憋死的小狗

犹太经典书籍《塔木德》上有一则寓言故事，说是在很久以前，狗家族中有一条很有抱负、很勇敢的小狗。有一天，这条小狗在家族中宣布：要去横穿沙漠探险。

听到它的远大抱负，家族中的狗都跑来向它祝贺。在一片欢呼声中，这只小狗带足了食物和水上路了。

可是3天后，却传来了噩耗：小狗死在了沙漠里。这只很有理想、很勇敢的小狗怎么会这么快就丢掉性命呢？检查食物，还有很多；检查水壶，里面水还不少。经过研究分析后，最后大家才得出结论：勇敢的小狗是被尿憋死的。

小狗为什么会被尿憋死呢？原来它和其他的狗一样，都有在树干旁翘起腿撒尿的习惯。可大漠中哪有树呀，可怜的小狗一直憋了整整三天，最后活活被尿给憋死了。

这则故事告诉我们，习惯可以决定命运。一个人的行为习惯是多年养成的，很难改变。但如果在需要做出改变的时候，你能果断摒弃身上不合时宜的旧习惯，及时适应新环境、新形势，你的命运就会向好的方向转化。否则的话，你的人生命运就会被旧的、不合时宜的行为习惯所葬送。

26 蝗虫与小青虫

说起命运，成功人士毕胜先生回忆起了自己小时候的一件事。

毕胜8岁的时候，他的父亲用纸给他做了一条长龙，长龙的腹腔内可以容纳几只蝗虫。毕胜刚好捉了3只蝗虫，就把它们放到纸龙里。可过了一段时间后，3只蝗虫都死在了里面，无一幸免!

毕胜不解地望着父亲，父亲说："蝗虫性子太躁，除了挣扎，它们没想过用嘴巴去咬破长龙，也不知道一直向前可以从另一端爬出来。因而，尽管它有铁钳般的嘴壳和锯齿一般的大腿，也无济于事。"

父亲让毕胜去捉3只与蝗虫大小差不多的青虫，将它们同样放进纸龙里。仅过了几分钟，青虫就一个接一个地从纸龙的另一端爬了出来。父亲对毕胜说："青虫遇事冷静，它们不会对环境变化有过度反应，只知道不停地向前爬。所以前方只要有出口，它们就能从容地爬出来。"

遇事一定要冷静！这是毕胜认为自己从这件事中获得的受用一生的教益。

故事可以给我们这样的启示：命运其实一直藏匿在我们的性格中。有些人走不出人生中或大或小的阴影，无法改变自己的命运，并非因为他们自身的能力、条件比别人差，而是他们的性格使然。

性格暴躁的人，往往遇事不冷静，无法控制自己的情绪，让愤怒、烦躁、沮丧和迷茫充斥自己的大脑，只会将事情办砸，将困境变成绝境，那么，等待他们的将会是坎坷或悲惨的命运。而性格沉稳、平和的人，遇事冷静，会用心观察，主动想办法，采取措施，这样就能克服困难，将事情办好，从而得到好运的眷顾。

27 命运究竟在哪里?

有位白领男士，一次与他的一位事业有成的朋友闲聊，说起了"命运"这一话题。

他问朋友："这个世界到底有没有命运？"

朋友说："当然有啊！"

他再问："命运究竟是怎么回事呢，既然命中注定，那奋斗又有什么用？"

朋友没有直接回答他的问题，而是笑着抓起他的左手，说不妨先看看他的手相，帮他算算命。朋友给他讲了一通生命线、爱情线、事业线等诸如此类的话之后，突然对他说："把手伸好，照我的样子做一个动作。"就是一起举起左手，伸开手指，再慢慢地而且越来越紧地握起拳头。

末了，朋友问："握紧了没有？"

他有些迷惑，答道："握紧啦！"

朋友又问："那些命运线在哪里？"

他机械地回答："在我的手里呀。"

朋友再追问："请问，命运在哪里？"

听到这里，他如醍醐灌顶，恍然大悟：命运原来在自己的手里！

朋友继续平静地说："不管别人怎么跟你说，不管'算命先生'如何给你算，其实，命运就在自己的手里，而不是在别人的嘴里。当然，你再看看自己的拳头，还会发现你的生命线有一部分还留在外面，没有被握住。它又能给我们什么启示？就是说命运绝大部分掌握在自己手里，但还有一小部分掌握在'上天'那里。"

命运就握在自己的手里！真正能够决定我们命运的是自己，而不是别人和上天。所以，要改变、成就命运，就必须靠自己。只有自己的思想彻底觉悟，筑起梦想，树立目标，勤奋努力，积极进取，主动作为，我们的人生就会始终有幸运相伴，我们的命运才能走向光明与辉煌。